21 世纪全国高等院校汽车类创新型应用人才培养规划教材

汽车数字开发技术

姜立标　主　编

内 容 简 介

本书以实现汽车及零部件产品的数字化开发为目标，系统地介绍了现代汽车数字化设计与制造的基础理论、基本内容及其应用系统。全书共分8章，包括汽车数字开发技术引论、汽车产品开发的数字化基础、汽车开发虚拟现实技术、汽车数字化仿真技术、汽车操纵稳定性仿真分析、汽车平顺性仿真分析、逆向工程与快速成形制造技术和数字化工厂技术。

本书可作为高等院校汽车工程、汽车运用工程、交通运输、交通工程、汽车服务以及机械工程及自动化等相关专业的本科生或研究生的教材，也可作为从事汽车及零部件产品数字化设计与制造等领域的工程技术人员和管理人员的参考用书。

图书在版编目(CIP)数据

汽车数字开发技术/姜立标主编. —北京：北京大学出版社，2010.8
(21世纪全国高等院校汽车类创新型应用人才培养规划教材)
ISBN 978-7-301-17598-9

Ⅰ.①汽… Ⅱ.①姜… Ⅲ.①数字技术—应用—汽车—设计—高等学校—教材 Ⅳ.①U462-39

中国版本图书馆CIP数据核字(2010)第149686号

书　　　　名：	汽车数字开发技术
著作责任者：	姜立标　主编
策 划 编 辑：	童君鑫
责 任 编 辑：	宋亚玲
标 准 书 号：	ISBN 978-7-301-17598-9/TH·0209
出　版　者：	北京大学出版社
地　　　　址：	北京市海淀区成府路205号　100871
网　　　　址：	http://www.pup.cn　http://www.pup6.com
电　　　　话：	邮购部 62752015　发行部 62750672　编辑部 62750667　出版部 62754962
电 子 邮 箱：	pup_6@163.com
印　刷　者：	北京鑫海金澳胶印有限公司
发　行　者：	北京大学出版社
经　销　者：	新华书店
	787毫米×1092毫米　16开本　21.75印张　513千字
	2010年8月第1版　2016年1月第2次印刷
定　　　　价：	40.00元

未经许可，不得以任何方式复制或抄袭本书之部分或全部内容。
版权所有，侵权必究　　举报电话：010-62752024
　　　　　　　　　　　　电子邮箱：fd@pup.pku.edu.cn

前　言

随着世界工业市场竞争的不断加剧以及信息技术的快速发展，各国汽车企业纷纷采用各种新概念、新方法、新技术来改进产品的开发过程和开发模式，虚拟设计、并行工程等先进设计及制造理念和方法应运而生。

长期以来，新产品的开发大多使用传统的顺序工程方法，然而面对激烈的竞争，为保证汽车的高性能、高质量和低成本，数字化技术的研究和应用已成为科技人员迫切想了解和掌握的设计制造手段。数字化技术的理论性和应用性都很强，而且是一门交叉性极强的学科，涉及设计与制造学、数理理论、计算机技术、控制理论、智能工程、信息学等多种学科，是以计算机软硬件、外围设备、协议和网络为基础的信息离散化表述、传递、存储、控制的集成技术，它是在计算机技术、网络技术和制造技术不断融合、发展和广泛应用的基础上诞生的。

数字化时代革新了产品设计制造的科学基础，传统制造中许多定性的描述都要转变为数字化定量描述，在此基础上逐步建立不同层面的、系统的数字化模型。基于上述认识，本书围绕汽车及零部件设计制造的实际工程需求，从数字化开发技术的基础知识、基本概念、关键技术等方面入手安排内容，力求使读者尽快了解这一技术的发展前沿。

计算机技术、信息处理技术、CAx(CAD/CAE/CAM/CAPP)技术的迅猛发展，虚拟现实技术的逐渐成熟，为工业产品的研发、设计、制造及性能试验，提供了一种全新的解决方法。在计算机上建立产品完备的三维实体模型，创建虚拟的制造工厂、虚拟的实验室及运行环境，在虚拟的环境下完成各种测试、试验，评定未来产品的制造性能、装配性能、使用性能，会极大地减少样机的试验制造次数，缩短产品的开发周期，降低产品开发成本。

本书共分8章。第1章阐述汽车数字开发概论，主要介绍数字化开发技术的地位和作用；第2章主要介绍数字化产品开发基础、产品建模技术、工程数据库以及并行工程的应用等基本知识，了解数字化设计中的过程管理；第3章介绍虚拟现实技术和软件环境，虚拟设计和虚拟制造的特点；第4章主要介绍有限元分析技术和数字化仿真，汽车虚拟试验场的应用；第5章介绍操纵稳定性仿真分析；第6章介绍影响汽车平顺性的相关激励源，了解随机路面不平度拟合理论；第7章介绍逆向工程与快速成形制造技术；第8章介绍数字化工厂的运行模式、组成模块及其功能。

本书由姜立标博士主编并统稿，此外，刘永花、侯文超、李嫚、赵守月等也参加了部分章节的编写与文字修改工作。在本书的编写过程中，编者参考了国内外许多论文及论著的研究内容，在此对这些论文及论著的作者表示衷心的感谢！在本书的出版过程中得到了一汽集团技术中心、广汽集团研究院、荣成华泰汽车公司、文登黑豹汽车制造公司和北京大学出版社等单位的大力支持，在此表示诚挚的感谢！

本书可作为高等院校汽车工程与机械工程专业的本科生和研究生的教材，也可作为工程技术人员的参考用书。

由于汽车数字化开发技术发展迅速，不断有新的理论和技术产生，加之编者掌握的资料不足及水平有限，书中内容难免有不足甚至错误之处，敬请同行专家和广大读者批评改正！欢迎致信 Jlb620620@163.com 指导交流。

编者
2010 年 6 月

目　　录

第1章　汽车数字开发技术引论 …… 1
1.1　汽车工业现状与展望 …… 2
- 1.1.1　21世纪制造业的特点 …… 2
- 1.1.2　汽车产品开发现状与展望 …… 3

1.2　产品开发概述 …… 6
- 1.2.1　产品开发的内涵及其战略 …… 6
- 1.2.2　产品开发的发展趋势 …… 9
- 1.2.3　数字化制造推动中国汽车工业 …… 11

1.3　数字化产品开发 …… 14
- 1.3.1　数字化设计过程 …… 14
- 1.3.2　数字化开发技术及发展趋势 …… 20

1.4　现代设计方法 …… 21
思考题 …… 27

第2章　汽车产品开发的数字化基础 …… 28
2.1　数字化产品建模技术 …… 29
- 2.1.1　几何建模技术 …… 30
- 2.1.2　特征建模技术 …… 33
- 2.1.3　集成建模技术 …… 35

2.2　汽车的基于知识工程技术 …… 37
- 2.2.1　基于知识工程技术与知识处理 …… 37
- 2.2.2　KBE在汽车产品开发中的应用 …… 41

2.3　可视化技术 …… 44
2.4　工程数据库 …… 48
- 2.4.1　数据库技术概述 …… 48
- 2.4.2　工程数据库概述 …… 49
- 2.4.3　产品数据管理技术 …… 54

2.5　产品全生命周期设计 …… 56

2.6　产品协同设计与网络化制造 …… 60
- 2.6.1　网络化协同设计 …… 60
- 2.6.2　网络化协同设计的关键技术 …… 61
- 2.6.3　网络化协同产品开发机理 …… 62
- 2.6.4　汽车协同设计与网络化开发 …… 62

2.7　产品大规模定制 …… 64
- 2.7.1　大规模定制的内涵及其实现 …… 64
- 2.7.2　大规模定制运作过程 …… 67
- 2.7.3　大规模定制的生产模式及应用 …… 68

2.8　产品并行工程技术 …… 70
- 2.8.1　串行工程与并行工程 …… 70
- 2.8.2　汽车产品并行工程开发 …… 72

思考题 …… 76

第3章　汽车开发虚拟现实技术 …… 77
3.1　虚拟现实技术的概述 …… 78
- 3.1.1　虚拟现实的基本概念 …… 78
- 3.1.2　虚拟现实的分类 …… 80
- 3.1.3　产品的虚拟原型 …… 82
- 3.1.4　虚拟现实在各个领域的应用 …… 83

3.2　虚拟现实硬件的组成 …… 86
- 3.2.1　三维位置跟踪器 …… 87
- 3.2.2　视觉设备 …… 89
- 3.2.3　触觉与力觉反馈装置 …… 92
- 3.2.4　声音设备 …… 93

3.3　虚拟现实的软件环境 …… 94
- 3.3.1　虚拟现实应用工具箱——MRTK软件包 …… 95
- 3.3.2　虚拟显示系统应用工具箱——WTK程序包 …… 97

3.3.3 CDK 软件包 ……………… 98
3.3.4 虚拟现实造型语言 ……… 99
3.4 汽车虚拟设计技术 …………… 101
3.4.1 虚拟设计技术的过程 …… 101
3.4.2 虚拟设计技术的应用 …… 102
3.5 汽车虚拟制造技术 …………… 103
3.5.1 虚拟制造技术概述 ……… 103
3.5.2 虚拟制造的分类 ………… 105
3.5.3 虚拟制造的应用 ………… 107
3.6 汽车虚拟装配 ………………… 108
思考题 ……………………………… 111

第4章 汽车数字化仿真技术 …… 112

4.1 数字化仿真技术概述 ………… 113
4.1.1 仿真技术及其分类 ……… 113
4.1.2 数字化仿真程序 ………… 118
4.1.3 仿真技术的应用与发展 ……………………… 120
4.2 有限元分析技术 ……………… 123
4.2.1 有限元法概述 …………… 123
4.2.2 有限元的基本原理及求解步骤 ………………… 124
4.2.3 有限元分析软件 ………… 126
4.2.4 汽车车架的有限元分析 ………………… 128
4.3 汽车产品优化设计技术 ……… 131
4.3.1 优化设计的数学模型 …… 132
4.3.2 汽车的拓扑优化设计 …… 134
4.4 汽车虚拟样机技术 …………… 137
4.4.1 物理原型和虚拟原型 …… 138
4.4.2 虚拟样机的技术原理 …… 141
4.4.3 虚拟样机分析软件——ADAMS ………………… 142
4.5 汽车虚拟试验 ………………… 147
4.5.1 虚拟试验的应用 ………… 147
4.5.2 虚拟试验的实施方案 …… 148
4.6 汽车虚拟试验场技术 ………… 148
4.6.1 虚拟试验场技术概述 …… 148
4.6.2 VPG 技术的功能和特点 ………………………… 149

思考题 ……………………………… 152

第5章 汽车操纵稳定性仿真分析 … 153

5.1 多体系统动力学基础 ………… 154
5.1.1 多体系统动力学产生的背景 ………………… 154
5.1.2 多体系统动力学简介 …… 156
5.1.3 多刚体系统动力学的研究方法 ………………… 157
5.1.4 多柔体系统动力学的研究方法 ………………… 160
5.2 基于 ADAMS/Car 的整车模型的建立 ……………………… 163
5.2.1 ADAMS/Car 的建模原理 ………………… 163
5.2.2 建立整车数字化模型所需的基本参数 ……………… 164
5.2.3 整车模型的建模过程 …… 166
5.3 汽车前悬架模型的仿真与优化 … 174
5.3.1 评价悬架性能的基本指标 …………………… 174
5.3.2 前悬架模型的仿真结果分析 ………………… 176
5.3.3 前悬架模型的优化设计 ……………………… 179
5.4 汽车操纵稳定性仿真及结果分析 …………………… 185
5.4.1 汽车操纵稳定性评价方法 …………………… 186
5.4.2 操纵稳定性试验标准及 ADAMS 仿真机理 ……… 188
5.4.3 稳态回转试验 …………… 190
5.4.4 转向回正性能试验 ……… 195
5.4.5 转向轻便性试验 ………… 203
5.4.6 转向盘转角阶跃输入试验 …………………… 209
5.4.7 转向盘转角脉冲输入试验 …………………… 215
5.4.8 蛇行试验 ………………… 218
思考题 ……………………………… 222

第6章 汽车平顺性仿真分析 ……… 223

- 6.1 汽车平顺性振动激励分析 ……… 224
- 6.2 随机路面不平度拟合理论 ……… 225
- 6.3 ADAMS 软件的振动力学基础 … 228
- 6.4 人体对振动的反应和汽车平顺性评价方法 …………………… 229
  - 6.4.1 人体对振动的反应 ……… 229
  - 6.4.2 汽车平顺性评价方法 …… 230
- 6.5 汽车平顺性仿真及结果分析 …… 233
  - 6.5.1 随机不平路面平顺性仿真 ……………………… 234
  - 6.5.2 凸块路面平顺性仿真 …… 241
- 思考题 ………………………… 244

第7章 逆向工程与快速成形制造技术 ……………………… 245

- 7.1 逆向工程技术 ……………… 246
  - 7.1.1 逆向工程的研究内容 …… 247
  - 7.1.2 逆向工程关键技术 ……… 250
  - 7.1.3 逆向工程技术的应用 …… 259
  - 7.1.4 逆向工程软件简介 ……… 261
- 7.2 快速成形制造技术 …………… 263
  - 7.2.1 快速成形制造技术概述 ……………………… 263
  - 7.2.2 快速成形制造技术的应用 ……………………… 269
- 7.3 基于逆向工程的快速成形制造技术 ……………………… 270
  - 7.3.1 基于逆向工程的快速成形制造技术的概述 …… 270
  - 7.3.2 逆向工程与快速成形制造的集成 ……………… 272
  - 7.3.3 逆向工程与快速成形集成的关键技术 ………… 273

- 7.4 汽车零部件快速制模与快速试制 ……………………… 274
  - 7.4.1 利用快速成形技术制造模具的一般工艺方法 … 275
  - 7.4.2 快速模具的分类 ………… 276
  - 7.4.3 快速过渡模制造 ………… 284
- 思考题 ………………………… 289

第8章 数字化工厂技术 ………… 291

- 8.1 数字化工厂理论 ……………… 292
  - 8.1.1 数字化工厂概况 ………… 292
  - 8.1.2 数字化工厂的内容 ……… 294
- 8.2 数字化工厂技术概述 ………… 297
  - 8.2.1 工厂和车间层面的数字化 ……………… 297
  - 8.2.2 生产线的规划与仿真 …… 301
  - 8.2.3 数字化装配 ……………… 303
  - 8.2.4 数字化质量管理与检测 ……………………… 313
  - 8.2.5 数字化加工技术 ………… 320
- 8.3 数字化工厂在汽车开发制造中的应用 ……………………… 325
  - 8.3.1 汽车白车身规划与仿真 ……………………… 325
  - 8.3.2 数字化工厂汽车冲压解决方案 …………………… 326
  - 8.3.3 基于 eM-Power 的汽车发动机缸盖解决方案 …… 327
  - 8.3.4 数字化汽车发动机生产线 ……………… 328
  - 8.3.5 数字化汽车总装技术 …… 329
- 8.4 数字化工厂应用软件 ………… 331
- 思考题 ………………………… 336

参考文献 …………………………… 338

第1章 汽车数字开发技术引论

本章学习目标

★ 掌握面向创新的数字化设计的内涵和技术方法,熟悉传统设计与数字化设计的区别和联系

★ 了解产品开发的内涵、战略及其流程,熟悉几种现代的设计方法

本章教学要点

知识要点	掌握程度	相关知识
汽车工业现状与展望	了解21世纪制造业的特点;汽车产品开发现状与展望	中国汽车工业面临的机遇与挑战
产品开发概述	掌握产品开发内涵及其战略;掌握数字化产品开发技术	数字化产品设计过程;数字化制造推动中国汽车工业
现代设计方法	掌握几种现代设计方法	优化设计、参数化设计、CAD/CAM、产品造型技术

导入案例

2009年，我国的汽车年产销突破1300万辆（图1.1），成为世界上第三个达到这一生产规模的国家，汽车正在越来越多地进入普通老百姓的家庭。

凭借汽车生产和消费分别居世界第三、第二位，我国已经成为继美国之后世界上第二个既是汽车生产大国又是汽车消费大国的国家。进入汽车生产和消费大国行列后，下一个关注点自然是我国什么时候能够迈入汽车工业强国的行列。

图1.1　引例图

1.1　汽车工业现状与展望

1.1.1　21世纪制造业的特点

21世纪的产品特点：知识→技术→产品的时间越来越短、结构却越来越复杂。例如1782年摄影原理到1838年照相机耗时近56年，1831年电机原理到1872年发动机耗时41年，1948年半导体原理到1954年半导体收音机只用了6年。

2009年中国制造业在全球制造业总值中所占比例已达15.6%，成为仅次于美国的全球第二大工业制造国，许多行业或产品产量跃居世界前列，被称为"世界工厂"。联合国工业发展组织的统计报告显示，日本为15.4%，美国以19%的份额仍居全球首位。数据显示，2009年，中国粗钢产量为5.68亿吨，占世界47%；水泥产销16.5亿吨，占世界60%以上；港口吞吐量70亿吨，占世界50%以上。但中国制造业大而不强，多数企业尚处于产业链中低附加值的底部。目前，我国许多重大装备尚不具备研究开发与制造能力，不得不主要依靠进口。我国光纤制造装备的100%，集成电路芯片制造装备的85%，石油化工装备的80%，轿车制造、数控机床及胶印设备的70%被进口产品占领。而且，越是重要、高档、技术附加值高的装备，进口就越多，自给率就越低。

21世纪制造业面临的挑战如下：

（1）产品开发周期缩短，上市时间更快，这是21世纪市场环境和用户消费观所要求的，也是赢得竞争的关键所在。这点从美国制造业策略的变化可以看出。美国制造业的策略从20世纪50年代的"规模效益第一"，经过70年代和80年代的"价格竞争第一"和

"质量竞争第一",发展到90年代的"市场速度第一",时间因素被提到首要位置。

(2)提高市场占有率,在T(时间)、Q(质量)、C(成本)、S(服务)、E(环境)目标下,加强时间竞争能力、质量竞争能力、价格竞争能力、创新竞争能力。其中最重要的是创新能力。企业的创新不仅指产品设计和生产工艺上的创新,还包括制造观念的更新,组织和经营重构,资源、技术和过程的重组,特别是从企业局部到全社会的资料、技术和过程的合理配置和重组。创新能力是推动企业发展的动力和最强大的竞争武器。

(3)生命周期内的质量保证。产品质量的完整概念是顾客的满意度,对产品质量更全面的理解是用户占有、使用产品的一种综合主观反映,包括可用、实用、耐用、好用、宜人。21世纪制造业提供给用户的,应该是整个产品生命周期内的产品、服务和信息的动态组合,以逐步代替单纯的产品买卖和有限的担保关系。

(4)企业的组织形式将是跨地区、跨国家的虚拟公司或动态联盟。因特网(Internet)为虚拟公司或动态联盟的实现提供了一定的基础。

(5)生产过程更加精良。产品开发、生产、销售、维护过程更加简化,生产工序更加简单,从而降低成本,提高劳动生产率,缩短上市时间。

(6)智能化程度更高。在产品设计和制造过程中广泛应用人工智能技术,各种设备的智能化程度大大提高。

(7)分布、并行、集成并存。分布性更强,分布范围更广,是全国范围的分布;并行化程度更高,许多作业可以跨地区、跨部门、分布式并行实施;集成化程度更高,不仅包括信息、技术的集成,而且包括管理、人和环境的集成。21世纪制造业的四个关键因素是技术、管理、人和环境。

由于我国工业化进程起步较晚,我国的制造业和制造技术与国际先进水平相比还存在着阶段性差距。这些差距包括产品结构不合理且附加值不高,制造业能耗大且污染严重,产品创新能力较差且开发周期较长,制造工艺装备落后,成套能力不强,生产自动化和优化水平不高,资源综合利用率低,企业管理粗放,国际市场开拓能力弱,战略必备装备和竞争核心技术的开发相对薄弱等。这些差距使得我国的制造业和制造技术还不能很好地满足参与国际竞争的要求。要使我国制造业在国内、国际市场竞争中立于不败之地,尽快形成我国自主创新和跨越发展的先进制造技术体系,积极发展和应用先进制造技术,用信息技术提升和改造传统制造业已经刻不容缓。

世界各国十分重视发展制造业信息化与先进制造技术,许多跨国公司应用一些高新技术实现了设计、制造、管理和经营一体化,加强在国际市场的垄断地位。美国通用汽车公司应用先进集成制造系统技术,将轿车的开发周期由原来的48个月缩短到24个月,碰撞试验的次数由原来的几百次降到几十次,应用电子商务技术降低了销售成本的10%。可见,先进的制造与信息技术应用已经成为带动制造业发展的重要推动力。

1.1.2 汽车产品开发现状与展望

我国汽车工业有四十多年的发展历史,近十年大量技术的引进,使得我国的汽车工业水平有了一个长足的进步,国产汽车市场占有率已经达到98.4%,彻底改变了改革开放初期进口汽车横行国内的局面。不可否认,我国成为汽车产销大国得益于改革开放政策的实施,通过合资企业大大提高我国汽车的制造技术和生产能力。但要成为汽车工业强国就不能单靠这一点,而是需要使我国的汽车工业企业特别是全部由国内资本投资的企业(国有控股企业和民营企业)变得强大起来,以此为基础,才能实现汽车工业强国的目标。

2009年,中国汽车产销量分别完成1379.10万辆和1364.48万辆,同比增长48.30%和46.15%。与此同时,受金融危机影响,美国2009年汽车销量下滑至1043万辆,比2008年减少近280万辆。中国毫无疑义地登上了全球汽车产销第一大国的"宝座"。

对于中国汽车产业取得的这个历史性飞跃,当然应该值得肯定。这不仅有效拉动了内需,还有效拉动了钢铁、轮胎、玻璃等相关产业的发展。更重要的是,汽车大量地进入寻常百姓家,让人们享受到了真正意义上的现代生活和汽车文明。

但是,任何事情有利也有弊。汽车在让人们的生活变得更美好的同时,也有可能让生活变得更糟。对于中国这个新兴第一汽车大国来说,汽车产业的快速发展,带给我们的挑战和问题主要有以下几方面:

(1) 汽车产销本身的持续增长问题。2009年汽车产销的井喷增长,既有2008年被抑制的需求因国家政策而得到释放的因素,以及国内的消费结构由衣食转向住行的影响,也有国家政策拉动的影响。可以说,"购置税减半"和"汽车下乡"两项补贴政策,以及对自主品牌汽车的扶持,对汽车的产销两旺起到了很大的推动作用(图1.2)。但也要看到,2009年汽车产销高速增长,提前透支了部分消费需求。目前的情况是,发达城市的市场已趋于饱和,农村购买力尚未得到有效开发,其他经济欠发达地区的市场尚需一段成长时间。

(2) 大而不强。这是一个老问题,大而不强主要表现为汽车产业没有自己的核心技术竞争力,自主品牌主要位于中低端,市场占有率不高。美、日、德等国之所以被称为汽车强国,在于他们在其国内市场乃至全球市场,均拥有自己的强势自主品牌,如美国的通用、福特,日本的丰田,德国的大众。而在中国市场上,据统计,自主品牌占不到1/3。

(3) 能源消耗和空气污染。汽车是耗能产业,而且对空气污染极大。如果坚持粗放式的扩张,汽车带来的就不会是舒适,而很可能是灾难。为此,必须坚持汽车节能和能源转型(图1.3)。

图1.2 汽车下乡

图1.3 汽车污染

(4) 影响城市化的健康发展。目前,中国几乎所有的大城市都面临着严重的交通拥堵。现在,部分大城市每天增加汽车少则数百辆,多则上千辆,而很多城市对"汽车时代"的到来并没有做好准备,比如街道设计建设落后、停车位置严重不足等。拥堵一方面浪费人们的时间,增加交通事故的概率,另一方面也会降低城市化发展的品质。

此外,相对于美国等成熟的汽车社会,中国的企业管理、市场服务、汽车文化、城市建设等许多方面，都还有很大差距。总之，这些问题肯定会影响到中国汽车产业乃至中国经济的可持续发展。为此，必须设定一个清晰而富有远见的汽车产业发展战略目标，并在这一目标中，把节约资源和改善环境放到优先位置。

由小至大，只要保持足够的增长速度，随时间累积就可实现；而由大至强，不会单靠时间的增加自然形成。目前，我国几乎成为全世界汽车品牌的加工制造之国，也成为全世界各大汽车生产制造商的赢利大户。但是，我们无法跻身世界五大汽车生产国的行列。比起美国的高档豪华车，德国的实用型轿车，意大利的运动跑车，日本的节能轻型车，韩国的中低端车，中国自主品牌的汽车还很弱小，中国设计汽车的经验、水平和能力还尚欠火候。

当今世界汽车工业竞争异常激烈，我国汽车工业面临着巨大的挑战，加强产品开发能力有着巨大的必要性和迫切性。

（1）我国加入世界贸易组织（WTO）给汽车工业带来巨大的压力和冲击。中国加入WTO后为世界经济的增长和稳定发挥了很大作用，也进一步扩大了贸易伙伴的利益。同时，加入WTO又是对我国有重大影响的措施。中国加入WTO，有利于充分利用国内外的市场和资源，加快中国经济与国际经济的融合，参与国际经济大循环，并在国际市场的竞争中处于有利的地位。随着中国加入WTO进程的推进，众多中国汽车制造商心中腾生出隐隐忧虑，即中美协议削减汽车及零部件的高额进口关税，使中国的汽车制造者未来必须面对更大的竞争压力，包括通用、大众汽车等跨国公司在中国的合资企业。汽车工业失去关税和非关税双重保护，那些规模小、成本高、技术水平落后的企业将难以生存。汽车工业进行大规模资产重组是大势所趋。

（2）世界汽车工业重组对中国汽车工业的影响：①国际汽车市场份额的变化，国际性公司将占更大份额，国际汽车生产专业化程度加强，生产成本进一步降低，国际性公司将占更大的价格优势，在国际销售及售后服务网络方面国际性公司的优势更加明显；②国际性汽车公司抢占中国汽车市场份额的意图明显，许多国际性公司已提出与中国各大汽车公司进行合作；③开发迎合消费者的产品，在保证健康利润率的同时以有竞争力的价格销售产品，采用先进的生产技术以及实现足够的规模经济，原本零散的中国汽车和汽车零部件企业当前正经历着稳步的整合。这一方面扩大了规模，为将来采用先进技术和运营方法做了准备，另一方面也控制了采购和实施成本。

值得高兴的是，虽然中国加入WTO后轿车工业所受的冲击显而易见，但也应看到中国加入WTO后产生积极影响的一面，具体表现如下：

（1）加速轿车产业结构和产品结构的调整。一批缺乏竞争力的轿车企业将有停产、转业、破产、倒闭的可能。价格和质量缺乏竞争力的产品，将随着国内市场开放而失去保护，在竞争中被淘汰。

（2）促进中国与国外汽车跨国公司全面合作。国外大的汽车跨国公司已有多家在中国轿车行业投资或经营，如德国大众公司，美国福特公司、通用公司、克莱斯勒公司，法国雪铁龙公司、雷诺公司，意大利菲亚特公司，日本本田公司、大发公司、铃木公司等。与这些大的跨国公司合作，使我国的轿车企业熟悉了现今世界通行的国际规则，学习他们的经营理念与实践操作。只有今天当好这些跨国公司的合作伙伴，明天才可能与他们并驾齐驱并超越他们，因为世界一流企业的大门永远是向能够焕发潜力的强者敞开的。

（3）锤炼先进轿车企业的竞争力。中国加入WTO，意味着中国轿车企业与外国同行竞争直接化，所以要求企业的组织结构、整体素质、规模经济、技术进步、管理文化和经营战略都要有新的动作，增强实力和竞争地位。

中国汽车工业正加速全球化进程，我国汽车工业也正在以积极的姿态融入国际市场。融入世界汽车工业已经成为中国汽车工业发展的总体趋势，中国汽车工业已具备参与国际竞争的能力。汽车强国的汽车产业在一国的工业产值上占有绝对优势，特别是民族汽车工业是一个国家汽车工业的核心。当汽车工业的增加值达到国内生产总值（GDP）的3%时，汽车工业将成为国民经济的支柱产业，汽车工业在一个大国强国的GDP中占据十分重要的地位。今天，中国已提前实现了汽车工业发展"十一五"规划提出的2010年前汽车工业成为国民经济支柱产业的设想，而成为中国经济中不可缺少的重要支柱产业。2007年，汽车工业总产值占GDP的比例已超过4%，2020年中国汽车产业将与国民经济的GDP增长速度保持同步或有可能略高于GDP增长速度。

与此同时，我国汽车产业水平、自主创新能力以及自主品牌汽车占国内市场份额的比例也在不断提高。中国已成为世界第二大汽车消费国，第三大汽车生产国，第一大潜在市场。未来10年，中国对小型汽车的需求量将年增30%左右，约有1.5亿人具有购车能力，汽车私人消费逐渐成为主流，汽车进入家庭已成为必然。

1.2　产品开发概述

1.2.1　产品开发的内涵及其战略

1．产品开发的内涵

产品开发是人类出于生产或生活的需要，而从事的一种创造性劳动。在几千年的演化过程中，人类经历了农业文明、传统工业文明、现代工业文明等不同发展阶段，产品开发的能力不断增加，由此也改善了人们的生活及生产条件。

根据现代设计程式化、逻辑化的产品设计思想，产品的开发有一定程式可循，可以减少开发过程中不必要的重复性劳动，提高产品的开发效率。新技术的开发使生产力得到极大提高，传统的卖方市场已不复存在，取而代之的是日益明显的买方市场。随着世界经济一体化的形成，制造企业面临的竞争已是全球范围内的竞争，这种竞争可以反映到不同层面上，如产品之间、企业之间、国家之间、不同地理区域之间等。激烈的市场竞争对制造企业提出诸多新的挑战。制造企业要想在竞争中取胜，就必须生产出比竞争对手交货期更短、质量更高、成本更低、服务质量更优，以及满足环境保护要求的新产品。

信息时代的产品开发在产品生命周期中的地位越来越重要，可以说，在信息时代，产品的增值活动将由制造转到设计开发阶段，自动化水平也将由制造转向设计开发阶段。长期以来，从自动化的角度讲，设计开发一直落后于加工制造，而信息技术的发展，尤其是计算机、数据库、多媒体、虚拟现实技术的发展，将引起一场设计上的革命。在这场革命中，集成是核心。围绕着产品开发集成技术，目前已出现了新的设计开发理论、方法、工具和模式，例如面向产品全生命周期的设计理论、并行产品开发方法和工具、虚拟产品开发方法和工具、单件订制开发模式等。产品开发流程如图1.4所示。

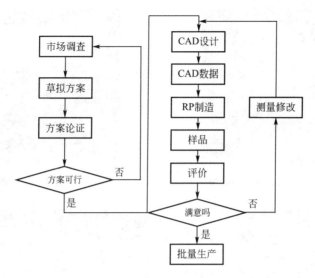

图 1.4　产品开发流程图

汽车的结构设计，应考虑尺寸、外观、结构、生产、安装的设计，比如汽车上大量使用的塑料卡扣，要根据不同的使用目的进行选择或自主设计。装门板上的车门内开拉手就是一个由多个单件组成的机构，在设计时要考虑它的大小、深度、与门护板的配合方式、单件之间的间隙段差、每个单件的大小、料厚等问题，最后做出一个三维模型来，这就是结构设计。汽车车身塑料件的一般材质为聚氯乙烯（PVC）、聚氨酯（PU）、聚乙烯（PE）、纤维增强复合塑料（FRP）或片状模塑料（SMC）。所用部位一般是保险杠、翼子板、发动机盖、散热格栅、行李箱盖、上车踏板及裙部防擦板等处。

车身塑料外饰设计的基本流程：

（1）相似借鉴，手绘初步设计效果图；

（2）制作油泥模型；

（3）曲面设计。曲面的表面应光顺平滑，曲面曲率应均匀、连续，反射光、斜率在曲面上光形条纹要顺畅、均匀、无拐点；

（4）结构设计。在曲面设计完成后，通过曲面质量评审后开展结构设计，用快速成形的方法加工样品，根据样品完善数模；

（5）开发模具，生产加工。

对保险杠和中网进行结构设计时，在 A 级曲面或造型面设计完成后，便可进行结构设计(图 1.5)。结构设计要从外观、结构、生产、安装等多方面考虑。

所谓 A 面（造型面）就是那些露在外面或车内能够被使用者直接看到的面的统称（图 1.6），它有很多光顺性评定标准。例如必须满足相邻曲面的间隙在 0.005mm 以下（有些汽车厂甚至要求到 0.001mm），切率改变（tangency change）在 0.16°以下，曲率改变（curvature change）在 0.005°以下，符合这样的标准才能确保钣件的环境反射不会有问题。

一般塑料件的结构设计要从以下一些方面考虑：零件拆分、零件间的过渡、连接、间隙；零件强度与连接强度；拔模斜度，注塑变形等（图 1.7）。零件本身的强度，由壁厚塑料件、结构形式(平板形状的塑料件强度最差)、加强筋与加强骨共同决定。

图 1.5 保险杠和中网三维结构数模

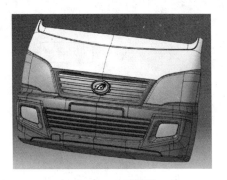

图 1.6 A 面数模

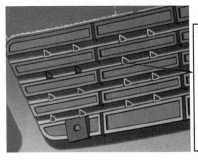

零件本身的强度，不仅取决于壁厚，还有加强筋和加强骨。此处加有加强筋，在保证强度的同时，还可减小其壁厚，从而节省材料

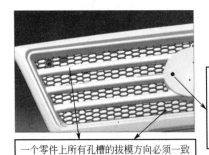

塑料件的很多连接都采用自攻螺纹，其孔径都有相应的规格标准

一个零件上所有孔槽的拔模方向必须一致

图 1.7 车身塑料外饰设计

2. 产品开发战略的出发点

产品开发战略是指考虑在现有市场上通过改良现有产品或开发新产品来扩大销售量的战略。产品开发战略有以下几种出发点：

（1）从消费者需求出发。通过问题分析、缺口分析、细分市场、相关品牌归类等方法，以顾客为关注焦点，来分析满足顾客的现实需求、潜在需求和未来需求。

（2）从挖掘产品功能出发。所谓挖掘产品功能，就是通过功能分析、用途分析、品质扩展、系统分析、独特性能分析、等级设计、弱点分析等方法，来分析企业现有产品存在的问题，挖掘产品新的功能、新的用途。在现成产品的基础上挖掘新的产品功能，无疑是一条风险较小的、能迅速获得市场认同的途径。

（3）从提高产品竞争力出发。新产品的竞争力除了取决于产品的质量、功能以及市场的客观需求外，也可以采取一些其他策略来提高新产品的竞争力，如抢先策略、紧跟策略、低成本策略等。

（4）从分析产品/市场矩阵出发。企业通过改进广告、宣传、短期削价、推销、在某些地区增设商业网点，借助多种渠道将同一产品送达同一市场等措施，在现有市场上扩大现有产品的销售；企业通过在新地区或国外增设新商业网点或利用新分销渠道，加强广告促销等措施，将现有产品扩大、推广到新市场；企业通过增加花色、品种、规格、型号等，向现有市场提供新产品或改进产品；企业尽量增加产品种类，跨行业生产、经营多种产品或服务，扩大企业的生产范围和市场范围，使企业的特长得到充分发挥。

产品开发战略的类型，按产品开发的新颖程度进行分类如下：

（1）全新型新产品开发战略。全新型新产品是指新颖程度最高的一类新产品，是运用科学技术的新发明而开发和生产出来的，具有新原理、新技术、新材质等特征的产品。采取这种战略，企业努力追求产品技术水平和最终用途的新颖性，保持技术上的持续优势和市场竞争中的领先地位。当然这要求企业有很强的研究与开发能力。

（2）换代型新产品开发战略。换代型新产品使原有产品发生了质的变化。选择和实施换代型新产品开发战略，只需投入较少的资金，费时不长，就能改造原有产品，使之成为换代新产品，具有新的功能，满足顾客新的需要。

（3）改进型新产品开发战略。所开发的新产品与原产品相比，只发生了量的变化，即渐进的变化，同样能满足顾客新的需求。这是代价最小、收获最快的一种新产品开发战略，但容易被竞争者模仿。

（4）仿制型新产品开发战略。开发这种产品不需要太多的资金和尖端的技术，因此比研制全新产品要容易得多，但企业应注意对原产品的某些缺陷和不足加以改造，并结合市场的需要进行改进，而不应全盘照抄。采取这种战略，企业并不抢先研究新产品，而是当市场上出现较好的新产品时，进行仿制并加以改进，迅速占领市场。这种战略要求企业具有较强的跟踪竞争对手情况与动态的技术信息机构与人员，具有很强的消化、吸收与创新能力，容易受到专利的威胁。

中国汽车工业在由大至强的时候，需要全行业在战略思考方面达成共识。判定汽车企业是否强大，应当着重考察企业是否具有自主创新、自主开发的能力；是否具有极具竞争优势的产品；是否具有不断扩张市场和潜在目标客户群的能力；是否具有较好的持续盈利的能力。四个方面相互关联，缺一不可。汽车企业要做强，首要考虑的应该是根据以上四个方面制订完整的战略规划，而扩大规模仅是其中某个阶段的战术而已，不应作为重点，更不是全部。只有中国汽车工业的骨干企业都强了，中国的汽车工业才会强大。

世界汽车工业发展的历史和现状，为我国如何成为汽车工业强国提供了可借鉴的经验或教训。只有在全行业统一的战略规划下，企业根据各自特点制订有效的实施计划，全行业步调一致地行动，才能使我国汽车工业抓住历史机遇，以稳健的步伐达到成为世界汽车工业强国的目标。

1.2.2　产品开发的发展趋势

随着网络信息技术的进步和社会信息化程度的不断提高，尤其是电子商务的出现，一个由庞大的网络产业带动，并导致整个经济社会产生巨大变革的数字经济时代已经离我们越来越近。同时，产品的技术含量和复杂程度在不断增加，而产品的生命周期在不断缩短。因此，缩短新产品的开发和上市周期就成为企业形成竞争优势的重要因素。在这种形势下，在计算机上完成产品的开发，通过对产品模型分析，完成产品设计方案，在数字状态下进行产品的虚拟试验和制造，然后对产品进行改进和完善的数字化产品开发技术变得越来越重要。与此同时，产品开发的概念和内涵也在不断地改变和拓宽。

1) 单目标规划向多目标规划的转变

传统产品开发仅考虑产品性能要求，而在信息时代，则要考虑产品生命周期内所有阶段的要求，尤其是对材料、能源、环境的要求已变得日益重要，产品规划已变成多目标的全局规划。

2) 串行设计向并行设计的转变

传统产品开发是个顺序过程，如概念设计完成之后，才能进行详细设计、工艺设计。信息时代的产品开发除信息的交换和共享之外，并行是最显著的特性。

3) 工艺设计向过程设计的转变

传统产品开发中的生产准备主要是指工艺规划和刀具、夹具、量具的准备，这是一种局限于面向制造的观点。信息时代的生产准备应理解为过程设计，不仅包括工艺过程设计，还包括装配过程设计、使用过程设计、维修过程设计等。

4) 实物样品向虚拟样品的转变

传统产品开发是采用"试凑法"，因此有些情况下，为保证产品质量，实物样品的测试不可缺少。信息时代的产品开发，基于数字化模型和虚拟现实技术，可以部分取代实物测试。同时，严格分工向自主管理的项目小组的转变、设计方法的改变，必然引起组织管理模式的改变，如采用多学科工作小组的方式，以及网上的合作等。

传统产品开发模式的主要缺点在于不能在产品的开发设计阶段就对其生命周期全过程中的各种因素考虑周全，以至于在产品设计甚至制造出来后才发现存在的问题，因而延长了产品开发的周期，增加了成本，甚至导致最终丧失商机。现代产品开发要求有效地组织利用计算机辅助工具，考虑设计整个周期，生产出满足市场需要的产品。产品开发技术呈现出以下趋势：

（1）数字化。产品在其生命周期内的数字化建模是现代产品设计方法的关键技术之一，包括：①全局产品的信息定义，用计算机来支持产品生命周期的全过程；②产品的数字化工具，即广义的计算机辅助工具，能将产品信息自动数字化；③产品数据管理，即用计算机对产品开发与生产全过程中的大量数字化信息进行全面的管理与控制。

（2）并行化。它是在计算机软硬件支持的信息共享基础上，采用团队工作模式，可在异地进行设计、开发的一种现代设计方法与手段。它有助于实施强强联合，优势互补，极大地提高企业的产品设计开发能力。

（3）智能化。它是指现代设计方法及技术越来越明显的智能化倾向。它具有如下特征：不需要设计开发人员了解设计开发低层的全部细节，而由计算机智能地设计并最终制造出合乎要求的产品。

（4）集成化。它是指现代设计系统不再是单一的 CAD，CAM 或 CAPP 系统，而是支持产品生命周期全过程的现代设计集成系统。

传统的汽车开发过程，从概念到实物的整个过程包括需求分析、效果图、造型设计、总体布置、详细设计、强度校核、运动仿真、加工制造、小批试制、批量上市等各个阶段，整个设计过程技术复杂、周期长、成本高。在产品复杂性不断增长，企业间竞争日趋激烈的今天，传统的产品设计方法已经很难满足企业生存和发展的需要。为了在竞争中获得主动，实现产品的数字化开发势在必行。现代汽车的设计，以数字化设计为主，综合应用先进的计算机辅助技术，如 CAD、CAE、CAM 以及虚拟样机等，提高了设计质量，缩短了设计周期，降低了设计成本(图 1.8)。

汽车产品的数字化开发建立在计算机辅助技术的基础之上，CAD 技术的发展使三维设计和虚拟装配成为现实；逆向工程(RE)技术极大地缩短了从造型到产品的转换周期；CAE 技术使结构分析和运动校核可以在设计阶段完成，避免了反复试验和试制；CAM 技

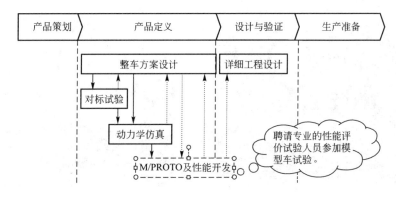

图 1.8 整车性能开发

术使设计数据直接用于加工，大大缩短了产品的制造周期。这些技术的广泛采用使汽车产品开发发生了根本性的变革，使汽车产品也可以按照不断变化的客户需求进行及时响应，开发一个全新车型的周期已经从 4~5 年缩短到 18 个月左右。

1.2.3 数字化制造推动中国汽车工业

信息化时代，各个领域都在讲求数字化，自动控制已经越来越多的取代了过去人和机械才能完成的任务。熟悉 IT 的人士会发现，一年以前市场上最先进的计算机，如果放在现在来看，几乎成为无人问津的淘汰货。某项产品一旦出现数字化，它的发展速度将远远超过人们的想象能力。这种状况与机械领域有着显著的差别，人们不断认知到数字化威力的同时，也会不停的追逐其更新更好的功能。在软件方面新的需求比硬件更为明显，新的操作系统和应用软件，不停地被安装在计算机上，更新的界面和更强大的功能，可以满足人们日益提高的需求。

数字化汽车，就是以 CAE(计算机辅助工程)分析技术为核心的现代数字化设计验证技术。集成数字化汽车设计开发技术是面向汽车产品设计、开发全过程的整车及其组成系统的计算机辅助设计、性能预测和虚拟试验评价技术等与 PDM 等支撑技术相结合的集成化 VPD(virtual product development)系统技术，包括虚拟样车(virtual prototype, digital mockup)技术、VPG(virtual proving ground)仿真技术、并行设计技术、反求设计技术、高性能计算机集群系统技术、虚拟现实系统技术等。

CAE 技术应用非常广泛，可用于虚拟试验(virtual test)、虚拟试验场(VPG)、整车开发的虚拟现实(VR)技术、汽车操纵动力学模拟器、汽车多体系统动力学分析、轿车白车身固有振动模态的有限元分析、轿车碰撞的有限元仿真分析、液阻型橡胶隔振器三维液体-橡胶耦合动力学特性的有限元仿真分析、筒式液阻减振器三维液体-结构耦合动力学特性的有限元仿真分析、制动器热弹性耦合有限元分析、流体系统仿真分析(CFD)、发动机开发中的 CAE 技术等领域(图 1.9)。

自从宝马 i-Drive 系统诞生以后，驾驶者与汽车之间的交流，已经与普通家用计算机有相似之处。正如 IT、家电领域的发展一般，汽车的数字化运用将会越来越多受到市场的关注，并且其发展速度会异常惊人。国内市场对于数字化的接受速度，要比发达国家更快，这一点从 IT 和家电领域都能看出来。国内的手机、彩电等产品，其先进程度，甚至是欧美家庭都不具备的。

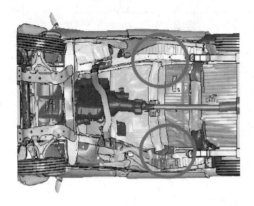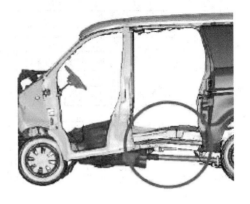

图 1.9　CAE 的应用

这个特点同样会被反映在汽车领域。由于数字在生活中的比重越来越大，众多消费者，特别是年轻人，已经不能满足于车辆只作为代步工具存在，他们希望能与自己的爱车有更好的交流，并且能够像计算机那样不停地刷新界面和软件，同时也可以在车上播放网络上广为流传的音乐或者电影。对于这种新兴的需求，熟知本土市场的自主企业在某些方面已经走到了合资产品的前面，许多自主车型的计算机，已经可以与众多数字化产品，如 MP3 播放器、闪存盘乃至 iPod 播放器接驳。

在 2008 年北京车展上展出的荣威 550（图 1.10）是国内首款以数字化作为开发重点的新车。荣威 550 被称作是"D5 全时数字轿车"，大量的数字化装备在其身上得以配备，这使得其在汽车数字化领域，走在了同级的合资车前面。荣威 550 采用的总线控制系统比目前许多车采用的 CAN - BUS 系统集成程度更高，通过数据交换，可以实现对整车众多部位的软件更新，不仅涉及动力、传动系统，其他如人机界面、音响控制等，都可以做到与时俱进。荣威 550 拥有强大的多媒体交互系统，可以满足车主对于数字化文件的播放需求。

图 1.10　荣威 550 在数字化方面进行了有利尝试

"D5 全时数字轿车"集中体现在：①可扩展 RMI 数字多媒体交互系统蓝牙免提、数字全息影像倒车雷达、GPS 等，信息中心菜单有点类似于奥迪的 MMI 多媒体操作系统；②Dual - Bus 数字智能行车管家系统比 CAN - BUS 更先进，极大地提高了信息传递的可靠性，另一方面大幅降低电气系统的故障发生率，带来全新的动态稳定驾驶理念；③Syn - Tech 数字个性升级模块可以通过对行车计算机的数据升级，刷新发动机管理参数,为懂得享受驾驭的用户提供"超频"选择;④SilverStone一体化数字仪表显示以锋利的雕刻般的炫红光线环绕仪表,速度显示以数字呈现,结合脉冲式转速感应设计,动感十足;⑤Press-to-go智能一键启动等作为标配,刷新中级车数字化标杆。荣威550的数字化技术应用还包括SCS六位一体主动安全控制系统、胎压智能监视系统(TPMS)、电子制动辅助系统(EBA)等的智能电子底盘系统,这些都是最缜密的"数字智能",为消费者提供全方位保障。

尽管荣威550的数字化程度与全球最先进的豪华车采用的操作系统仍然有一定差距,但它让人们看到了汽车数字化在国内应用的前景。荣威550在这一领域做了很好的尝试,这种特殊设计也会吸引到众多车主的关注,并且在整个市场产生了一定的影响力。如果荣威550因为数字化而大受欢迎,这将会影响到整个国内汽车产业。

汽车工业是一个技术高度成熟的产业部门,产品开发是工业技术的核心,其本身也是一项重要技术。当代的汽车新产品开发技术,从其基本理念、组织形式到实施步骤和开发手段,都已经形成一个全新的过程。后起国家汽车工业的发展,不仅要通过CKD(购进散件,组装整车)生产,引进发达国家汽车大批量生产的先进技术和工艺,提高零部件和整车国产化水平,更重要的是通过不断学习和积累,逐步掌握汽车设计和大批量生产专用设备、工装的制造技术,从而形成本国自主的技术开发能力。这种自主技术开发能力,是民族汽车工业自立的根基所在。我国《汽车工业产业政策》中,明确提出要形成我国汽车产品自主开发能力。开发能力的形成和生产一样,需要很多要素共同扶持,如人才、资金、设备等。产品开发能力的提高,将促进中国汽车工业技术进步,促进中国汽车工业和世界汽车工业的共同发展。

各大汽车公司的开发过程大同小异,一般分为商品计划、产品开发、生产准备三个阶段。产品开发的基本思路是通过市场调查,详细地掌握客户需求,并定量地反映到产品中,确定产品设计目标及开发方案,满足不同地域,不同消费层次消费者的需求。同时还要掌握竞争对手的产品状况,以求在新产品问世时保证应有的市场份额。

在产品开发方式和组织结构上,目前通行的作法是按车型设立项目组。每一个项目组不仅有传统的产品开发人员,还有产品计划、工艺、生产、财会、采购与销售等专业人员。项目经理负责纵向管理,应用同步工程(SE)、客串工程(GE)等方式和易制造易装配设计(DFM,DFA)等新的管理科学,项目组全体人员互相配合,交叉作业。计算机的广泛使用,使其可以共享资料,按照既定工作程序互通信息,解决造型、工艺和生产中的问题。在产品开发中,国外汽车集团还大量地采用了超前概念车的作法,即把众多新科研项目汇集到一个车上,并不断地把其中的成熟技术及时应用到新开发即将投放市场的车型上。

上述开发体制、方式的改革,使同步工程和计算机技术最大限度地融合,发挥最大效能,达到缩短开发周期、提高产品质量与降低成本的目的。

但是,人类追求更高、更快、更强技术的步伐无法阻挡。数字化从20世纪30年代开始就在汽车上逐步使用,从最开始的燃油控制系统到随后的安全系统、汽车电子系统到如今的汽车娱乐系统中,数字化已经开始大规模普及。业界同样也有四种观点:

(1) 数字化是大势所趋。数字化的运用确实给人类的汽车生活带来了好处,目前被普遍应用到汽车开发过程中的数字化技术,如数字化计算、数字化仿真模拟系统等,节省时间的同时,能有效节省汽车的开发成本。

(2) 数字化已深入汽车内核。在谈到汽车的数字化时,消费者最先想到的可能是

GPS、蓝牙免提等功能配置。但实际上，更多隐藏在汽车内部，带给汽车更好操控、更高安全的"数字化"的东西才是关键所在。比如汽车的核心，发动机和驱动控制，在变得更强劲的同时也更省油、更洁净，这主要归功于电子技术，因为燃烧控制得更精确。

（3）东方消费者对数字化更有趋同感。如果在美国推出一款车，强调的更多是运动特征。但如果说在亚洲，整个东方，包括中国、日本、韩国，大家对西方的技术和概念都感兴趣，年轻人对科技的、数码的东西接受得非常快。

（4）数字化不仅仅是高档车的代名词。在A级车上也同样需要有完美的性能。从近几年的发展趋势来看，很多用户都希望将B级、C级车所拥有的技术应用在A级车上。

1.3 数字化产品开发

1.3.1 数字化设计过程

数字化产品是指信息、计算机软件、视听娱乐产品等可数字化表示并可用计算机网络传输的产品或劳务。实质上是基于产品描述的数字化平台，建立基于计算机的数字化产品模型。

在数字经济时代，这些产品可不必再通过实物载体形式提供，可在线通过计算机网络传送给消费者。它具有有形资产的特征，也具有无形资产的性质，但同时既不同于有形资产，又不同于无形资产。

数字化产品开发是信息时代产品开发的新概念，与计算机技术、信息技术在制造中的应用密切相关。数字化产品开发的概念不仅指产品数据模型、数值分析、仿真及其产品数据管理，更重要的，它是一种新的产品开发概念。它突破了传统的产品设计开发的内涵，通过对知识、信息的统一管理，实现产生高附加值产品的集成开发活动。图1.11所示是在整车开发中应用数字化设计的流程图。

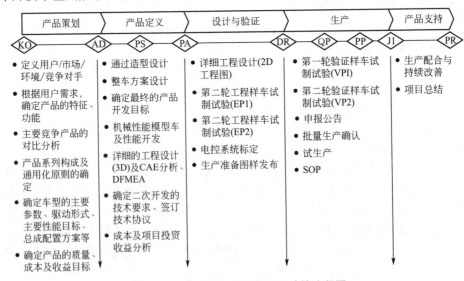

图1.11 整车开发中数字化设计的流程图

1. 数字化设计内涵

数字化产品开发有着丰富的内涵及研究内容。其中，以计算机辅助设计(CAD)、计算机辅助工程(CAE)分析为基础的数字化设计(Digital Design，DD)技术和以计算机辅助制造(CAM)为基础的数字化制造(Digital Manufacturing，DM)技术，是产品数字化开发技术的核心。

从人类发展的历史进程看，产品数字化开发技术的成熟和广泛应用具有深远意义。它使得以直觉、经验、图样、手工计算等为特征的产品开发模式逐渐淡出历史舞台。要准确地理解产品的数字化开发技术功用及价值，有必要仔细地分析产品开发的主要环节及过程。典型的产品开发周期如图1.12所示。

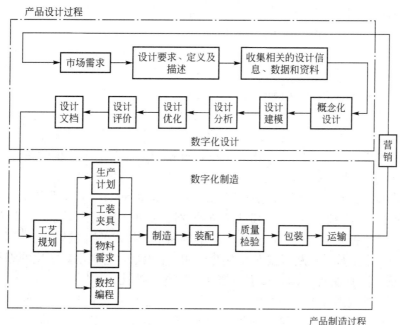

图1.12　产品开发周期与数字化开发技术之间的关系

产品开发源于用户及市场需求，总体上，从市场需求到最终产品经历两个主要过程：设计过程和制造过程。其中，设计过程源于客户及市场需求，止于产品的设计文档，包括产品工程图、三维模型等；制造过程从产品的设计文档开始，直到实际的产品包装、运输为止。

为预测和评价产品概念设计的性能，需要以定量方法对概念化设计模型进行描述，这就是产品建模。产品建模为进行产品分析创造了条件。分析阶段是产品设计过程的重要组成部分。设计人员对产品模型进行分析、优化和评价后，综合各方面因素，决定最终的产品设计方案。在计算机环境下，可以利用各种算法、软件对设计方案进行设计、分析和优化，有利于做出更好的决策。典型的产品分析包括应力分析，以确定结构的强度是否满足要求；装配体中零件的干涉分析，以检查运动和装拆时是否会发生碰撞；运动学分析，以检查产品是否满足规定的运动要求。分析阶段的结果是生成设计文档，包括图样、材料明细表、成本分析及其他文件，为产品的制造过程做准备。

图1.12不仅清楚地描述了典型的产品开发过程，还描述了数字化设计与数字化制造

技术在产品开发中的地位和作用。从图1.12可知,数字化设计是产品设计过程的一个子集。当设计者的思维中形成了产品的概念化设计模型时,可以利用CAD软件及相关建模工具定义产品的几何模型,将设计者的思想表达出来。

综上所述,数字化设计是以实现新产品设计为目标,以计算机软硬件技术为基础,以数字化信息为辅助手段,支持产品建模、分析、修改、优化以及生成设计文档的相关技术的有机结合。因此,任何以计算机图形学为理论基础、支持产品设计的计算机软硬件系统都属于产品数字化设计技术的范畴。

广义的数字化设计技术涵盖以下内容:

(1) 利用计算机进行产品的概念化设计、几何造型、虚拟装配、工程图生成及设计相关文档。

(2) 利用计算机进行产品外形、结构、材质、颜色的优选及匹配,以满足顾客的个性化需求,实现最佳的产品设计效果。

(3) 利用计算机分析产品公差、计算质量特性、计算体积和表面积、分析干涉现象等。

(4) 利用计算机对产品进行有限元分析、优化设计、可靠性设计、运动学及动力学仿真验证等,以实现产品拓扑结构和性能特征的优化。

其中,第(1)、(2)两项在产品的数字化开发中具有重要地位,为数字化开发提供了基础的产品模型数据,可以为数字化仿真、数字化制造阶段节省大量的建模时间,减少因重新建模而可能产生的错误。狭义的数字化设计只包含第(1)、(2)两项,也就是计算机图形学(CG)和计算机辅助设计(CAD)所涵盖的内容。第(3)、(4)项的内容则属于计算机工程辅助分析(CAE)技术涵盖的范围,也是数字化仿真(Digital Simulation,DS)技术的一部分。

数字化制造(DM)技术以产品制造过程的规划、管理、控制为对象,以计算机作为直接或间接工具,以控制生产设备,实现产品制造和生产技术的有机集合。其中,数控(数字控制,NC)技术是数字化制造技术最为成熟的应用领域。它利用数字化的编程指令来控制数控机床及其刀具实现车削、铣削、磨削、钻孔、锉孔、冲压、剪切、折弯等加工操作,以实现零件的成形加工。随着数字化设计与数字化制造技术的集成,越来越多的数控编程指令都直接根据产品的几何模型生成,从而有效地提高产品开发的质量和速度。

根据现代设计程式化、逻辑化的产品设计思想,产品的开发有一定的逻辑可循。一般来说,产品的设计过程可以分为五个阶段:计划阶段、设计阶段、试制阶段、批量生产阶段和销售阶段,如表1-1所示。

表1-1 机械产品开发流程

设计阶段		目 标	方 法
一	计划阶段	可行性研究报告、设计任务书	调查研究、技术预测
二	原理方案设计	原理方案图	系统化设计、机构综合设计法、参数优化法、相似设计法
	结构方案设计	结构设计图	有限元设计,可靠性设计,强度、刚度设计
	总体设计	总装配图	计算机辅助设计(CAD)
	施工设计	零件、部件工作图,技术文件	计算机辅助设计(CAD)

(续)

设计阶段		目　　标	方　　法
三	试制阶段	样机试验大纲	试验设计(CAT)
四	批量生产阶段	工艺文件、修改设计图	计算机辅助制造(CAM)
五	销售阶段	信息反馈	反馈控制法

产品计划阶段主要解决产品的规划问题，包括产品需求调查、市场预测、可行性论证及确定设计参数、选定约束条件，最后提出详细设计任务书等步骤。在此阶段，设计者应尽可能全面地了解所要研究的问题，例如，弄清设计对象的性质、要素、解决途径等。

在产品设计阶段中，原理方案设计占有重要位置，它关系到产品设计的成败和质量的优劣。在这个阶段，设计者运用他们所有的经验、创新能力、洞察力和天资，利用前一阶段收集到的全部资料和信息，经过加工和转换，构思出达到期望结果的合理方案。结构方案设计是指对产品进行结构设计，即确定零部件形状、材料和尺寸，并进行必要的强度、刚度、可靠性计算，最后画出产品结构草图。总体设计是在方案设计和结构方案设计的基础上全面考虑产品的总体布置、人机工程、工艺美术造型、包装运输等因素，画出总装配图。施工设计是将总装配图拆成部件图和零件图，并充分考虑冷、热加工的工艺要求、标注技术条件，完成全部生产用图样，编写设计说明书、使用说明书、列出标准件、外购件明细表以及有关的文件。

产品试制阶段是通过样机制造、样机试验来检验设计图样的正确性，并进行成本核算，最后通过样机评价鉴定。在此阶段，设计师深入生产车间，跟踪产品各个加工工序，及时修正设计图样，完善产品设计。

批量生产阶段是根据样机试验、使用、鉴定所暴露出的问题，做进一步设计修改，以完善设计图样，保证产品设计质量，验证工艺的正确性，以提高生产效率，确保成批生产质量。

销售阶段就是通过广告、宣传、展览会等形式将产品向社会推广，接受客户订货。同时，设计人员要经常收集用户的信息反馈，加以分析整理，用于改进下一代。这种用户反馈是改进设计、提高设计质量的重要信息来源。

在进行数字化产品开发时，设计者也应该遵循产品开发的一般进程，以减少设计过程中的反复，提高设计效率。同时，产品的并行设计、数据共享和管理会得到更充分的认识和利用，数字化设计技术为逻辑化的现代设计方法的应用提供了更完善的平台。

2. 产品开发与数字化设计关系

表1-2给出了产品不同设计阶段与数字化设计之间的关系。

表1-2　产品设计与数字化设计技术之间的关系

设计阶段	数字化设计技术
概念设计	几何建模、造型辅助、可视化操作、图形变换
设计建模	几何建模、特征建模、造型辅助、模具设计、造型软件
设计分析及优化	有限元分析、形状、结构化程序、运动学及动力学仿真
设计文档	工程图、装配图、物料单、数控编程等

利用快速成形制造技术，可以由产品的 CAD 模型直接驱动快速成形机快速制造出产品原型，以便对产品设计做出评估。快速成形制造是一种全新的产品加工理论与技术，也是数字化制造的重要研究内容和发展方向。本书第 7 章将介绍快速成形制造技术。

利用虚拟现实技术，可以以计算机仿真技术为基础在计算机中构筑数字化的产品虚拟原型，并利用虚拟原型对产品的结构、外观和性能做出评价。随着相关技术的发展，虚拟原型已经与实际原型越来越接近，正在逐步取代传统的实际原型和样机试验，从而有效地缩短了产品的开发周期，也有利于提高产品质量。

数字化设计及数字化制造技术深刻地改变了传统的产品设计、制造和生产组织模式，成为加快产品更新换代、提高企业竞争力、推进企业技术进步的关键技术。产品数字化开发技术的发展和应用水平也已成为衡量国家工业化水平和综合实力的重要标志之一。

近年来各种数字化开发技术开始交叉、融合、集成，从而构成体系更完整、信息更畅通、效率更显著、使用更方便的产品数字化开发集成技术。实现产品集成化、数字化开发的关键技术有单一数据库技术、网络技术以及经典产品数据交换标准等。单一数据库技术是指就某一特定的产品而言，它在数据库中的所有信息是单一的、无冗余的、全相关的，用户对该产品所做的任何一次改动都会自动地、实时地反映到产品的其他相关数据文件中。此外，现代网络技术与环境为产品不同开发阶段的信息交流与共享提供了理想工具，而有关产品数据及产品数据交换的国际或行业标准也为信息的准确获取和交流提供了基本条件。

为了提高产品开发的创新性，提出一种面向产品创新的数字化产品开发模式，如图 1.13 所示。在该图中，产品的计算机辅助创新设计将解决产品方案设计的生成问题。对于生成的以符号表达的产品设计方案，通过符号识别方法，得到产品的设计方案，并自动化地对其进行运动分析和结构设计，通过"后台预置装配"技术，根据运动分析结果，将结构设计的结果预置到给定的空间位置上，实现对产品的自动装配。在此基础上，通过空间布局、工业美学设计、三维虚拟仿真等过程完成对虚拟样机的完善。如不特殊指明，数字化产品开发即为图 1.13 所示的面向产品创新的数字化产品开发模式。

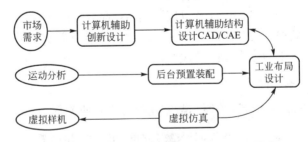

图 1.13　面向产品创新的数字化产品开发模式

传统机械产品设计方式，即大循环过程，不仅难于提高产品质量，而且耗费大量的时间和金钱，如图 1.14 所示。

新的概念设计和详细设计方式，加入虚拟样机设计，即小循环过程，不仅节省时间和金钱，还可以大幅度地提高设计质量，如图 1.15 所示。

图 1.14　传统机械产品设计方式

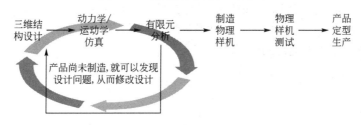

图 1.15　产品创新设计方式

3. 数字化设计过程

传统的产品设计过程通常是以串行方式进行的,承担各设计阶段任务的不同职能部门或人员在执行任务前从上游接收数据,并在任务完成后将数据输出到下游。其设计方式是建立在经验设计基础上的手工作业,设计过程通常是"抛墙式"的串行设计。在这种产品设计模式中,各职能部门的责任明确,管理相对容易,在过去很长的一段时间内企业基本上采用的都是这种开发模式。

随着计算机软硬件功能与性能的快速发展与提高,特别是 CAD 技术、集成技术及网络通信技术在产品设计中的广泛应用,彻底改变了传统的产品设计工作模式,如计算机绘图取代了手工绘图、三维模型取代了二维图样、数字样机取代了物理样机等。本节首先对传统设计与数字化设计在设计手段、工作方式等方面的特点进行分析,进而介绍由于上述特点的差异引出的几种设计过程模型,最后在此基础上阐述数字化设计过程的工作模式。

综上所述,产品数字化设计过程具备以下的特点:

(1) 广泛采用 CAx 工具。CAx 软件的应用是数字化产品设计的基础,这些软件工具的应用表明制造业已经开始利用现代信息技术来改进传统的产品设计过程,标志着数字化设计的开始。

(2) 面向产品全生命周期。数字化产品设计必须考虑产品生命周期的各个环节,包括设计、分析、装配、试验、加工、维修、销售、服务等。设计过程中,各环节的相关人员从各自角度及早发现问题,并提出修改意见。

(3) 基于知识的设计。产品设计的每一步都渗透着设计者的知识和经验,知识获取是其中最为重要、最为繁重,也是最需要在大范围中进行广泛合作的过程。

(4) 跨地域。制造的全球化使得参与设计过程各个阶段的设计人员分别来自不同的部门、地区,甚至不同的国家。为了实现设计过程中的相互协作,产品设计人员可以在 PDM 支持的网络环境下,并行协同地完成产品设计、制造活动。

(5) 并行性。在产品设计过程中,下游设计人员,如工艺设计人员,可以对产品模型的可制造、可装配性进行评价,通过 PDM 向设计人员及时反馈评价结果或修改建议;生产制造人员可以通过对加工过程的仿真模拟来检验工艺路线的可行性和合理性,向工艺人员反馈仿真结果或修改意见。

(6) 协同性。在设计过程中,不同阶段、不同学科或是不同部门、不同地区的设计人员经常需要进行协同交互,因此,数字化设计需要在线交互的通信工具的支持。

(7) 群体性。产品设计过程中,涉及多领域、多学科知识的集成,整个开发过程往往不是一个人、一个部门或是一个企业所能完成的,而是多个领域的设计专家共同协作完成的。

(8) 异构性。数字化设计中所采用的操作系统及相应的 CAD/CAM/CAE/CAPP 等软件工具可能是不相同的;计算机配置、网络环境等硬件平台也可能是不相同的。因此,数字化设计是在异构环境中运行的。

1.3.2 数字化开发技术及发展趋势

近年来,计算机技术、信息技术、网络技术以及管理技术的快速发展,对制造企业和新产品开发带来巨大挑战,也提供了新的机遇。总的来说,在网络信息时代,产品的数字化设计与制造技术呈现出以下发展趋势:

(1) 利用基于网络的 CAD/CAPP/CAE/CAM/PDM 集成技术,以实现全数字化设计与制造。

CAD/CAM 应用过程中,利用产品数据管理(PDM)技术实现并行工程,可以极大地提高产品开发的效率和质量。例如,过去波音公司的波音 757 型、767 型飞机的设计制造周期为 9~10 年,在采用 CAx、PDM 等数字化设计与制造技术后,波音 777 型飞机的设计制造周期缩短为 4.5 年,使企业获得了巨大的利润,也提高了企业的竞争力。

随着相关技术的发展,越来越多的企业将通过 PDM 进行产品功能配置,利用系列件、标准件、借用件、外购件以减少重复设计。在 PDM 环境下进行产品设计和制造,通过CAD/CAE/CAM 等模块的集成,实现完全无图样的设计和全数字化制造。

(2) CAD/CAPP/CAE/CAM/PDM 技术与企业资源计划、供应链管理、客户关系管理结合,形成企业信息化的总体构架。

CAD/CAPP/CAE/CAM/PDM 技术主要用于实现产品的设计、工艺和制造过程及其管理;企业资源计划(enterprise resource planning,ERP)以实现企业产、供、销、人、财、物的管理为目标;供应链管理(supply chain management,SCM)可以实现企业内部与上游企业之间的物流管理;客户关系管理(customer relationship management,CRM)则可以帮助企业建立、挖掘和改善与客户之间的关系。

上述技术的集成,可以由内而外地整合企业的管理,建立从企业的供应决策到企业内部技术、工艺、制造和管理部门,再到用户之间的信息集成,从而实现企业与外界的信息流、物流和资金流的顺畅传递,从而有效地提高企业的市场反应速度和产品开发速度,确保企业在竞争中取得优势。

(3) 通过 Internet 将企业的业务流程紧密地连接起来,对产品开发的所有环节(如订单、采购、库存、计划、制造、质量控制、运输、销售、服务、维护、财务、成本和人力资源等)进行高效、有序的管理。

(4) 虚拟工厂、虚拟制造、动态企业联盟、敏捷制造、网络制造以及制造全球化,成为数字化设计与制造技术发展的重要方向。

以数字化设计与数字化制造技术为基础，可以为新产品的开发提供一个虚拟环境，借助产品的三维数字化模型，可以使设计者更逼真地看到正在设计的产品及其开发过程，认知产品的形状、尺寸和色彩基本特征，用以验证设计的正确性和可行性。通过数字化分析，可以对虚拟产品的各种性能和动态特征进行计算仿真，如质量特征、变形过程、力学特征和运动特征等，模拟零部件的装配过程，检查所用零部件是否合适和正确；通过数字化加工软件定义加工过程，进行NC加工模拟，可以预测零件和产品的加工性能和加工效果，并根据仿真结果及时修改相关设计。借助于产品的虚拟原型，可以使设计人员直接与所设计的产品进行交互操作，为相关人员的交流提供了统一的可视化信息模型，能有效地缩短产品的开发周期，提高产品质量。

20世纪末以来，不少发达国家就将"以信息技术改造传统产业，提升制造业的技术水平"作为发展国家经济的重大战略之一。日本的索尼公司与瑞典的爱立信公司、德国的西门子公司与荷兰的飞利浦公司等先后成立"虚拟联盟"，通过互换技术工艺，构建特殊的供应合作关系，或共同开发新技术，或开发新产品等，以保持其在国际市场上的领先地位。

1.4　现代设计方法

数字化产品设计离不开先进的设计理论、方法和数字化设计手段的支持。设计理论是对设计过程的系统行为和基本规律的科学总结；设计方法是指导产品设计的具体实施指南，是使产品满足设计原则的依据；设计手段是实现人的创造性思想的工具和技术。在现代设计方法中，计算机技术、信息技术、软件技术、数据库技术和网络技术的发展对设计方法和设计手段的变革起到了决定性的作用。以计算机为工作平台的数字化设计工具被广泛应用于设计过程的各个阶段，取代了传统手工设计使用的图板、丁字尺、圆规等，使得设计效率、设计水平和设计质量得到了全面提高。产品设计过程中采用的设计手段与方法主要包括以下内容。

1. 优化设计

在人类生产活动中，人们做任何一件事都期望得到最满意或最好的结果或效果。为了实现这种期望，就必须有好的预测和决策方法，方法正确，事半功倍。优化方法就是各类设计决策方法中普遍采用的一种方法，是以最优化数值计算方法为基础，借助计算机等先进的技术工具和手段，来求得工程设计中的最优化设计方案的一种先进设计方法。

最优方案，就是使某一项指标达到最小（如质量）或最大（如效率）。机械设计的问题一般都较复杂，求最小值或最大值的问题并不是用微分方法求极值就能简单地予以解决的。数学领域的分支——数学规划理论，提供了很多求优的数值方法，这些方法都以在计算机上进行的大量的数值迭代计算为基础。为了采用这些优化方法，就需要将具体设计问题的物理模型转化为一个数学模型。

工程设计已经历了100多年历史，在各个专业领域内已逐步演变和总结出一套传统设计方法，为人类设计出丰富多彩的产品提供了经验和具体方法。由于市场竞争的激化，人们都不断地追求产品设计的优化,企图使之性能好、结构紧凑、质量轻、造价低廉、节约能源和减少污染等。但传统设计方法大多靠分析、试凑或经验类比等方法来确定复杂的结构参数,难以或不可能达到设计上的优化,往往要经几代人的不断研制、实践和改进,才能使某类产品达到较满意的程度。由于缺乏明确的定量优化目标、科学地建立优化数学模型的方法、良好的寻优方法和运算工具(计算机)等,难以或不能实现预期目标,导致设计周期太长、设计质量差和设计成本高等严重缺陷。因此,国内外产品设计都力图使产品更新快、质量好、成本低和物美价廉,达到"人慢我快、人无我有、人有我新、人新我优"的目标,一般传统设计方法就难以达到这些要求。物竞天择和优胜劣汰是事物发展的规律,用优化设计方法来改造传统设计已成为各国竞相研究和推广的主流,并可带来设计方法的重大变革。

2. 可靠性设计

可靠性理论是近几十年发展起来的一门新兴学科。从 20 世纪 60 年代以来,逐渐进入机电产品设计领域,使机电产品发生了深刻的变化。可靠性是一项包括管理和技术两个方面,涉及许多领域贯穿汽车产品由开发到生产、销售以及售后服务的全过程。可靠性设计是应用可靠性理论、技术和设计参数的统计数据,在给定的可靠性指标下,对零部件及整个系统进行设计。

可靠性的概念是人们早就熟悉的,一部机器、一个零部件是否可靠,在寿命期内能否实现其正常功能,会不会出现早期失效,这都是用户最关心的问题。但是,对可靠性从开始的定性认识到现在进入定量的系统的研究是经历了一段漫长的发展过程。它是将概率论、数理统计引入机械设计中而形成的一种设计技术,将物理量都视为按某种规律分布的随机变量,用概率统计的方法确定零部件的主要参数和尺寸,使机械满足所提出的可靠性指标。

衡量产品可靠性的指标很多,各指标之间有着密切联系,其中最主要的有四个,即可靠度 $R(t)$、不可靠度(或称故障概率)$F(t)$、故障密度函数 $f(t)$、故障率 $\lambda(t)$。

美国的宇宙飞船阿波罗工程有 700 万只元器件和零件,参加人数达 42 万人,参与制造的厂家达一万五千多家,生产周期达数年之久。像这样庞大的复杂系统,一旦某一个元件或某一个部件出现故障,就会造成整个工程失败,造成巨大损失。所以可靠性问题特别突出,不专门进行可靠性研究是难于保证系统的可靠性的。

为了提高汽车的可靠性,企业建立了汽车可靠性信息管理系统,储存整车质量抽查试验、整车可靠性试验、发动机台架试验、售后三包服务信息以及使用跟踪调查中得到的大量可靠性信息。在系统中,根据可靠性数据的特点,建立相应的数学模型,编制可靠性分析软件。利用微型计算机对汽车可靠性信息进行分析,可得到汽车可靠性的变化规律(整车的累积故障强度函数、零件的故障分布的密度函数)及相关的可靠性特征量。可靠性的定义通常是指产品在规定条件下规定时间内完成规定功能的能力。这里的"规定条件"包括工作条件、使用条件和环境条件;"规定时间"是指寿命、工作循环次数或行驶里程;"规定功能"是指技术文件规定的功能,包括精度及容许的波动范围。由于对产品功能的判断依据不同,同一种产品对可靠性可能有不同的评定指标。另外,一种产品可能规定有多项功能,评定时要考虑主要功能或用综合概率评价。

3. 概念设计

自从帕尔和拜茨于1984年在其《工程设计学》一书中提出概念设计这一名词以来，人们已经对概念设计进行了十几年的研究。他们将概念设计定义为："在确定任务之后，通过抽象化，拟定功能结构，寻求适当的作用原理及其组合等，确定出基本求解途径，得出求解方案，这一部分设计工作叫做概念设计。"

概念设计首先是要弄清设计要求和条件，然后生成框架式的广泛意义上的解。在此阶段中对设计师的要求较高，但却可以广泛地提高产品性能。它需要工程科学、专业知识、产品加工方法和商业运作等各方面知识相互融合在一起，以做出一个产品全生命周期内最为重要的决策。在这里"框架式的解"是指设计问题的一个轮廓，每个主要的功能都可以对应于其上，使其有机地结合起来。我们从这个框架中得到产品大致的成本、质量或总体尺寸，以及在目前环境下的可行性等。这个框架只需对一些特征或部件有一个相对明确的描述，但并不要求详细（图1.16）。

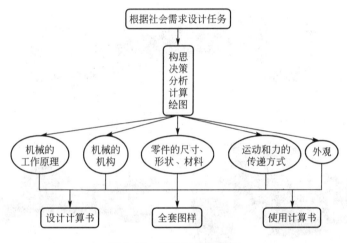

图1.16　设计任务的确定

由此看来，概念设计不能简单地等同于过去理解的方案设计。概念设计的内涵是十分广泛和深刻的，那么什么是概念设计呢？

概念设计是根据产品生命周期各个阶段的要求，进行产品功能创造、功能分解以及功能和子功能的结构设计；进行满足功能和结构要求的工作原理求解和进行实现功能结构的工作原理载体方案的构思和系统化设计。概念设计的过程是一个发散思维和创新设计的过程，是一个求解实现功能的，满足各种技术和经济指标的，可能存在的各种方案并最终确定综合最优方案的过程。在概念设计过程中，要求设计人员掌握现代设计方法、先进制造技术、专业理论、商业运作等方面的知识。

在历届的国际汽车大展之中，各大汽车公司都会发布和推出许多的概念汽车，这些概念车除去造型优美之外，还更多地融入了大量现代的高新技术及手段，概念汽车的推出成为汽车公司引以为豪的理念。概念汽车的研究与开发往往都伴随着新技术和新材料的使用，带有一定的前瞻性，预示着一个新的发展阶段和开端，因为这个原因，汽车公司对概念汽车的开发都投入极大的人力和物力，以其显示汽车公司的强大发展势头。各种高科技的应用，使得汽车慢慢地演变为信息、通信、娱乐中心并可与外界进行信息交换，计算机功能及互联网的全方位介入,车载信息,娱乐设备,高级导航设备,实时交通信息功能日趋普及。这些高新技术必然要求汽车设计师们建立起一种超越时空的新的全球性的价值体系,尖端技术成为开启时代大门的钥匙,各种新技术的出现为汽车设计赋予了更为广阔自由的空间。汽车的功能也进一步扩展,在概念汽车的开发中,汽车逐渐由冰冷的机器变成人类交流的信息平台,如有的概念车有自己表达感情的方式,具备有喜、怒、哀、乐等表情,这些都使得概念汽车高高地超越于量产汽车,成为一个新的时代的开端与象征。概念汽车的设计对汽车产品产生越来越大的影响,代表了汽车产业的发展方向和基本思路,是汽车公司设计水平和科技水平的象征。

产品概念设计中并不要求具体的设计细节,而体现一种设计思想和设计理念的情况下,汽车的美学设计、人机工程设计更是不可忽视的。近年来展出的概念车等概念设计产品都给人一种强烈的印象,对用户极具吸引力,图1.17所示是几种概念车举例。

图 1.17 概念车举例

4. 产品工业造型设计

工业设计(industrial design,ID)是一个新兴的、具有文理渗透特征的综合性学科,包含3个工作领域:

(1) 产品设计:又称工业(产品)造型设计。

(2) 企业形象设计和视觉传达设计:后者包括产品的包装装潢、广告、展示等方面的设计。

(3) 环境设计:包括建筑与室内装饰设计、店容与橱窗设计、庭院与园林设计等内容。

在工业设计的三个领域中,产品设计是主体与核心,且唯有产品设计与以机械工业为基础的制造业直接相关、密不可分。工业设计发展特别注重设计方法及设计手段的现代化。现代工业设计方法和设计技术是建立在计算机技术、人机工程、价值工程、技术美学、设计方法学和设计管理学等学科的基础上的。特别是计算机辅助工业设计(CAD)将成为设计不可缺少的工具(图1.18)。

图 1.18 现代工业设计方法和技术

工业造型设计的基本内容有:

(1) 产品的人机工程设计,或称宜人性设计:使产品与人的生理、心理等方面因素相适应,以求得人-机-环境的协调和优良匹配,从而达到产品使用的安全、舒适和高效。

(2) 产品的形态和色彩设计:使产品的形体构成符合美学法则,具有适宜的色彩配置、表面质感和肌理,获得能给人美感的产品款式。这是把文化、精神因素融汇到工业产品中去的创造活动。

(3) 产品的标志、铭牌、包装、样本及说明书等的设计。这是提升产品的市场亲和力、认知性,增强产品在社会经济中运作活力的手段。

现代的技术和生产条件的进步是以数字化技术等为代表的,高技术与高情感设计是未来设计的最高境界(图 1.19)。造型有以下几种风格与趋势:

图 1.19 工业造型图举例

(1) 个性化设计——新鲜感、差异性、时尚性、独特感;
(2) 动感性——整车风格与局部协调审视;利用仿生学和几何学;
(3) 实用性——消费特点、经济实用、安全环保。

5. 计算机辅助工程设计与计算机辅助设计技术

计算机辅助工程(CAE)是一种迅速发展的信息技术,是实现重大工程和工业产品的计算分析、模拟仿真与优化设计的工程软件,是支持工程科学家进行创新研究和工程师进行创新设计的最重要的工具和手段。

从字面上讲其包括工程和制造业信息化的所有方面,但是传统的 CAE 主要指用计算机对工程和产品的功能、性能与安全可靠性进行计算、优化设计,对未来的工作状态和运行行为进行模拟仿真,及早发现设计缺损,改进和优化设计方案,证实未来工程或产品的可用性与可靠性。

先进装备和工业产品设计中的 CAE 技术,是创新设计和数字化设计制造的核心技术,其应用范围覆盖了装备制造业 70% 的设计工作。

CAD 技术产生于 20 世纪 50 年代后期，是一种应用计算机软、硬件系统在工程和产品设计的各个阶段和过程中，为设计人员提供各种快速、有效的产品设计工具和手段，加快和优化设计过程和设计结果，以达到最佳设计效果的一种技术。其是工程技术人员以计算机与 CAI(计算机辅助教学)软件为工具，结合各自的专业知识，对产品进行设计、分析和编写技术文档、优化设计方案，并绘制出产品或零件图的过程。CAD 一词，习惯上指应用于几何建模和结构设计的计算机辅助设计技术，其功能一般有几何建模、特征建模、物性计算等，以及一般软件使用操作，数据存储、显示和输出等。CAD 系统的发展和应用使传统的、依靠手工绘图的产品设计方法发生了深刻的变化，产生了巨大的社会经济效益(图 1.20)。

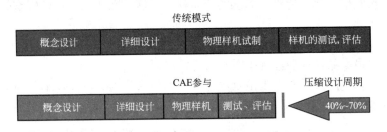

图 1.20 计算机辅助工程(CAE)设计

6. 参数化设计

参数化设计方法作为一种全新的设计方法现在已广泛被工业界所采用。它所具有的高效性、实用性等特点使其成为设计工作的发展方向。作为制造业的中坚力量，汽车工业对参数化设计方法的需求就更加迫切了。参数化设计应用水平的高低直接决定了企业设计效率与设计质量的高低和企业核心竞争力的强弱。这是关系到企业长久生存与发展的重大问题。

参数化设计(parametric design)是一种设计方法，采用尺寸驱动的方式改变约束构成的几何模型，在求解几何约束模型时，采用顺序求解的方法，一般要求全约束。

在参数化设计系统中，设计人员根据工程关系和几何关系来指定设计要求。要满足这些设计要求，不仅需要考虑尺寸或工程参数的初值，而且要在每次改变这些设计参数时来维护这些基本关系，即将参数分为两类：其一为各种尺寸值，称为可变参数；其二为几何元素间的各种连续几何信息，称为不变参数。参数化设计的本质是在可变参数的作用下，系统能够自动维护所有的不变参数。因此，参数化模型中建立的各种约束关系，正是体现了设计人员的设计意图。

参数化程序设计的基本过程是：创造原始图形；确定绘图参数；由专业知识确定原始图形参数与具体结构参数之间的关系；产生设计图样及相关文档。其整个过程需要数据库及数据库管理系统对各种数据、图形进行存储及管理。利用参数化技术进行设计可以十分容易的修改图形，并能将以往的某些产品设计的经验和知识继承下来。设计人员就可以把时间、精力集中于更富创造性的概念和整体设计上去，因此可以充分发挥创造力，提高设计效率。

产品设计大多数都是从已有产品中进化而来的。利用参数化、变量化、模块化建模技术，不仅可以充分利用已有的产品设计成果，方便地修改设计，提高设计的效率，同时也易于保证设计的质量和可靠性。CAD 中的尺寸驱动法和变量约束法是利用参数化、变量化技术修改设计的有力工具。另外，参数化、变量化技术也是配置设计和按订单设计的基础。利用广义相似理论，通过对功能单元、结构单元的重组可以获得不同结构形式的系列化产品。据有关资料统计，典型订单产品中的标准件、外购件或变型件约占 90%，全新的零件只占 10%左右，所以对已有产品进行局部修改，进行相关功能、结构参数的变型设计仍是新产品开发中的主要工作。

思考题

1. 论述 21 世纪制造业面临的机遇与挑战。
2. 产品开发战略有几种出发点？请举例说明产品开发战略的类型。
3. 数字化设计有什么内涵？
4. 试述数字化设计与产品生命周期的关系。
5. 什么是概念设计？其内涵是什么？
6. 试论数字化开发技术的发展方向。

第 2 章
汽车产品开发的数字化基础

本章学习目标

★ 熟悉数字化产品开发的建模基础,掌握数字化原型制造
★ 学习基于知识的工程、工程数据库、产品全生命周期的关键技术和原理
★ 掌握具有代表性的、典型的设计理论和方法,了解数字化设计中的过程管理,并能应用于生产加工中

本章教学要点

知识要点	掌握程度	相关知识
数字化产品建模技术	掌握几种建模的基本知识	几何建模、特征建模、集成建模
基于知识的处理	掌握KBE技术与知识处理; 了解知识的表示方法	KBE的技术体系结构; KBE在汽车产品开发中的应用
可视化技术	了解可视化的分类; 掌握可视化仿真技术	可视化的应用
工程数据库	掌握数据库、数据库系统、数据库管理系统的概念	常用数据库系统; 产品数据管理(PDM)技术
产品全生命周期设计	熟悉产品全生命周期与产品寿命的区别	全生命周期设计的前沿问题
协同设计与网络化制造	掌握网络化协同设计的关键技术	网络化协同产品开发形成过程
大规模定制和并行工程	掌握大规模定制的内涵及其实现; 了解大规模定制运作过程; 实施并行工程的关键技术	大规模定制的生产模式及应用; 汽车产品开发并行工程的应用; 串行工程与并行工程的区别

导入案例

波音777型飞机(图2.1)作为世界上第一个采用全数字化定义和无图样生产技术的大型工程项目，成为20世纪90年代制造业应用信息技术的标志性进展。波音777型飞机的开发、研制、制造、一次试飞成功的根本途径就是采用数字化技术和并行工程。

波音公司有多年数字化技术试验的扎实基础，具有充分的技术积累和组织管理经验，并在研制波音777型新机过程中全面应用了这一新技术。这个新技术主要体现在三个方面：零部件的100%三维数字化定义、数字化预装配和以精益制造思想为指导。共建立238个设计建造团队(DBT)实施并行工程。在此过程中，采用数字化预装配技术取代了主要的实物样机，修正了2500处设计干涉问题，方便了测定间隙、确定公差以及分析质量、平衡和应力等，使设计更改和返工率减少了50%以上，装配时出现的问题减少了50%~80%，使波音777型飞机于1994年4月提前1年飞上天空。

图2.1 波音777型飞机

2.1 数字化产品建模技术

企业要想实现数字化设计及制造，构建数字企业，首先需要进行数字化建模。数字化建模是一个通用的术语，涉及一组活动、方法和工具来建立描述企业不同侧面的模型。数字化建模是数字化设计制造的基础，研究产品全生命周期中的数字化产品建模、过程建模、工艺建模和数字化企业建模等，核心技术是产品的建模技术。没有数字产品模型，数据的交换、共享与集成就失去了对象。

产品建模又称产品造型，可以将物体的形状及其各种属性存储在计算机内部，形成该物体的几何模型。这样的几何模型是对原物体确切的数学表达，或对其某种状态的真实模拟。根据几何模型提供的各种信息，可以进行装配件的干涉检查，进行有限元分析、结构分析、仿真、生成数控加工程序等后续应用。建模技术又是CAD系统的核心技术，计算机集成制造系统(CIMS)的水平与集成在很大程度上取决于三维几何建模软件系统的功能与水平。因此，产品建模技术在很大程度上决定了数字化设计技术的水平。

对于现实世界中的物体，从人们的想象出发，利用交互的方式将物体的想象模型输入计算机，计算机以一定的方式将模型存储起来，这个过程称为建模。如图2.2所示，首先研究物体的描述方法，得到一种想象模型，它表示了用户所理解的事物及事物间的关系，然后将这种模型转化为用符号或算法表示的形式，最后形成计算机内部的模型。因此，建模过程就是一个产生、存储、处理、表达现实世界的过程。

由于对客观事物的描述方法、存储内容、存储结构的不同，存在不同的建模方法和产品数据模型。目前主要的建模方法有几何建模、特征建模、装配化建模和近年来新发展起

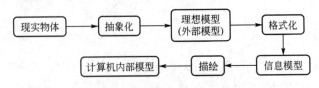

图 2.2 建模的基本过程

来的集成化建模技术等。而产品数据模型又有二维模型、三维线框模型、曲面模型以及最新发展起来的生物模型等。传统的建模方法，通常是根据原理推导出模型结构或者根据实验以及经验选取各种参数或修正系数，但是对于一些较为复杂的产品或过程建模，往往很难用解析方法来表述。从 CAD/CAM/CAPP 集成及协同设计的角度出发，要求从产品整个生命周期各个不同阶段的需求来描述产品，能够完整地、全面地描述产品，使得各应用系统可以直接从模型中抽取所需要的信息。

2.1.1 几何建模技术

几何建模以几何模型为中心，包含满足产品全生命周期信息处理的基础信息，由线框建模、表面建模、实体建模，逐步发展到现在的基于特征的建模。几何建模是数字产品建模的技术基础，而特征建模是数字产品建模的主要形式。

所谓几何建模系统是指能够定义、描述、生成几何实体，并能交互编辑的系统。模型一般由数据、数据结构、算法三部分组成。计算机内部几何的表达方式可以是二维或三维模型。二维模型几何表达的基本元素是点、线、面或符号，主要用于细节部分的设计和计算机工程图的绘制。而目前，常用的三维几何造型系统有线框、表面、实体。几何建模是形体的描述和表达建立在几何信息和拓扑信息基础上的建模，主要处理零件的几何信息和拓扑信息。几何信息一般是指物体在欧氏空间(欧氏几何所研究的空间称欧氏空间，是现实空间的一个最简单并且相当确切的近似描述)中的形状、位置和大小，一般指点、线、面、体的信息。拓扑信息则是指物体各分量的数目及其相互间的连接关系。

1. 自由曲线

所谓自由曲线通常是指不能用直线、圆弧和二次圆锥曲线描述，而只能用一定数量的离散点来描述的任意形状的曲线。在实际应用中往往是已知型值点列及其走向和连接条件，利用数学方法构造出能完全通过或者比较接近给定型值点的曲线(曲线拟合)，再计算出拟合曲线上位于给定型值点之间的若干点(插值点)，从而生成相应的参数曲线。

曲线可以用隐函数、显函数或参数方程表示。曲线用隐函数表示不直观，作图不方便；用显函数表示虽然简单直观，但存在多值性和斜率无穷大等问题。因此，隐函数、显函数只适合表达简单、规则的曲线。复杂的曲线如自由曲线，一般用参数方程来描述。

参数表示的过程如下：

(1) 拟合：通过给定型值点来构造曲线。

(2) 插值：求给定型值点之间在曲线上的点称为曲线的插值。

(3) 逼近：求出在几何形状上与给定型值点列的连接线相近的曲线，这种曲线不必通过型值点列。

常用自由曲线有三次参数样条曲线、圆弧样条曲线、贝塞尔(Bessel)曲线、B 样条曲线和 NURBS 曲线等。

2. 线框建模

线框模型是三维模型中最简单的一种形式，利用基本线素来定义、设计目标的棱线部分而构成的立体框架图。线框建模生成的实体模型是由一系列的直线、圆弧、点及自由曲线组成，描述的是产品的轮廓外形。在计算机内部生成三维影像，还可实现视图变换及空间尺寸的协调。线框模型在计算机内部的信息数据结构是表格结构，如图 2.3 所示。

图 2.4 所示为发动机活塞的线框模型图。在线框模型中由于没有面和体的概念，因此无法区分物体的内部和外部，断面也无法表达。由于表面信息的缺乏，对于图形描述来说，消隐工作无法自动进行，必须采用烦琐的交互工作方式来完成，中等复杂程度的零件用这种方式进行建模就已经非常困难，更别提由许多简单的几何对象连接而成的构造复杂的零件。线框建模有很多的局限性：几何意义的二义性，即一个线框模型可能被解释为若干个有效几何体；结构体的空间定义缺乏严密性；拓扑关系缺乏有效性；描述的结构体无法进行消隐、干涉检查、物性计算。因此，在数字产品的建模中基本不单独采用线框建模。

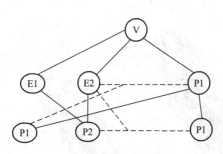

图 2.3 计算机内部线框模型的表示

图 2.4 发动机活塞的线框模型图

3. 表面建模

表面建模是将物体分解成组成物体的表面、边线和顶点，用顶点、边线和表面的有限集合来表示和建立物体的计算机内部模型，通过对实体的各个表面或者曲面进行描述而构成实体模型的一种建模方法。表面建模用面来定义一个物体，并能精确确定物体表面上任意一个点的 X、Y、Z 坐标值。

表面模型有两种描述方法：一是基于线框模型扩充为表面模型，可以将封闭的边界定义成一个环，或有向边界，则由此封闭边界所定义的为一个面；另一个是基于曲线曲面的描述方法，将物体分解成组成物体的表面、边线和顶点，用顶点、边线和表面的有限集合来表示和建立物体的计算机内部模型。

表面建模的特点：

（1）表面建模表达了零件表面和边界定义的数据信息，有助于对零件进行渲染等处理，有助于系统直接提取有关方面的信息，生成数控加工指令，因此，大多数 CAD/CAM 系统中都具备曲面建模的功能。

（2）在物体性能计算方面，表面建模方面信息的存在有助于对物性方面与面积有关的特征计算，同时对于封闭的零件来说，采用扫描等方法也可实现对零件进行与体积等物理性能有关的特征计算。

（3）表面建模方式生成的零部件及产品可分割成板、壳单元形式的有限元网格。

表面建模事实上是以蒙面的方式构造零件形体，因此容易在零件建模中漏掉某个甚至某些面的处理，这就是常说的"丢面"。同时依靠蒙面的方法把零件的各个面贴上去，往往会在两个面相交处出现缺陷，如重叠或间隙，不能保证零件的建模精度。综上所述，表面建模并不宜用于表示机械零件的一般方法。

4. 实体建模

实体建模是三维建模最重要的方法，可以在计算机内部对物体进行唯一的、无冲突的和完整的几何描述。实体建模定义一些基本体素，通过基本体素的集合运算或变形操作生成复杂形体。其特点在于三维立体的表面与其实体同时生成。由于实体建模能够定义三维物体的内部结构形状，因此能完整地描述物体的所有几何信息和拓扑信息，包括物体的体、面、边和顶点的信息（图 2.5、图 2.6）。实体建模通常是多种技术的结合，包括了从二维网格建模、三维网格建模，直到三维表面建模系统所有已知的建模技术。它不仅定义了形体的表面，而且还定义了形体的内部形状，使形体的实体物质特性得到了正确的描述，是三维 CAD 软件普遍采用的建模方式，也是特征建模的基础。

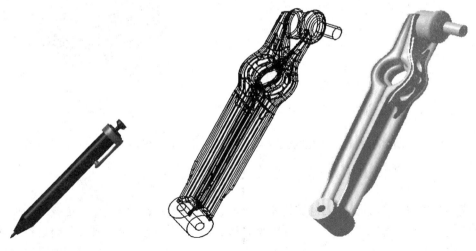

图 2.5　铅笔实体建模图　　　　　　图 2.6　悬架侧壁线框与实体模型

实体建模的特点如下：

（1）可以提供实体完整的信息；

（2）可以实现对可见边的判断，具有消隐的功能；

（3）能顺利实现剖切、有限元网格划分、直到 NC 刀具轨迹的生成；

（4）实体建模只存储了形体的几何形状信息，缺乏产品开发全生命周期所需的信息，如材料、加工特征、尺寸公差、形位公差、表面粗糙度、装配要求等信息，因此不能构成符合产品模型数据交换标准（STEP）的产品模型，导致 CAD/CAM/CAPP 集成及更大范围集成的困难。

计算机内部表示三维实体模型的方法很多，但根据产品模型的生成描述方式不同，实体造型生成物体的方法主要有体素法、扫描法两种。

1) 体素法

利用一些基本的体素(如长方体、圆柱、圆环、圆球等)通过集合运算(布尔运算)组合成产品模型。根据设计需要,对基本几何形体的尺寸参数进行赋值即可得到对应的几何形体。

2) 扫描法

利用基体的变形操作实现表面形状较为复杂的物体的建模方法称为扫描法,又分为平面轮廓扫描和实体扫描两种方法。

基本原理:用曲线、曲面或形体沿某一路径运动后生成二维或三维的物体。扫描变换需要两个分量:一是给出一个运动形体,称为基体;另一个是指定形体运动的路径。

(1) 平面轮廓扫描法。由任一平面轮廓在空间平移一个距离或绕一固定的轴旋转就会扫描出一个实体,如图 2.7 所示。

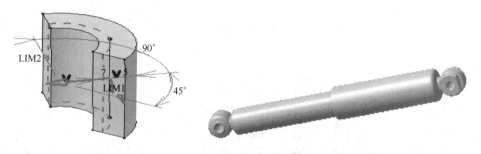

图 2.7　平面轮廓扫描法

(2) 实体扫描法。三维实体扫描法就是首先定义一个三维实体作为扫描基体,即一个"运动的物体",让此基体在空间运动,运动可以是沿某一方向移动,也可以是绕某一轴线转动,或绕某一点摆动,如图 2.8 所示。

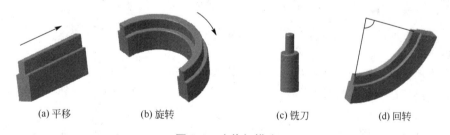

(a) 平移　　(b) 旋转　　(c) 铣刀　　(d) 回转

图 2.8　实体扫描法

2.1.2　特征建模技术

以几何学为基础的三维几何建模,其数据结构主要适应了图形显示的要求,却没有考虑生产过程等其余环节的要求,因此几何建模很难满足集成的要求。这主要表现在以下两方面:

(1) 低层次的几何信息。通常 CAD 系统只产生层次较低的几何信息,而 CAPP 系统及 CAM 系统则需要较高层次的信息,主要包括几何形状、形状特征、尺寸、公差、材料特性、表面粗糙度、装配要求等。

(2) 低层次的设计环境。一般实体建模系统利用体单元和平面轮廓扫描等造型，这样以某种结构形状来表达某种功能的设计思想，容易限制设计者创造性思维的发挥。另外，实体模型一旦建立，修改不方便，难以满足工程设计中重复设计、反复修改的设计方法。

为了解决几何建模中产品信息定义的不完备性和低层次的抽象性问题，特征造型技术应运而生。特征建模被誉为 CAD/CAM 发展的里程碑，它的出现和发展为解决 CAD/CAE/CAPP 集成提供了新的理论基础与方法。

例如，计算机辅助工艺编制（CAPP）不仅需要由 CAD 系统提供被加工对象的几何与拓扑信息，还需要提供加工过程中所需的工艺信息。为提高生产组织的集成化和自动化程度，实现 CAD/CAE/CAPP 和 CAM 等过程的集成，就要求由产品的几何模型向产品模型发展。特征建模技术是建立产品模型的一个重要途径。STEP 将形状和公差等特征列为产品定义的基本要素，从而确定了特征建模在国际标准中的法定地位。

建立基于特征的产品定义模型，使用特征集来定义零件，能很好地反映设计意图并提供完整的产品信息，使 CAPP 系统能够直接获取所需的信息，实现 CAD/CAE/CAPP 的集成。

特征建模有以下特点：

(1) 着眼于表达产品数据的完整性，为建立数字产品多态信息模型提供信息服务。

(2) 设计工作在更高层次上进行，设计人员操作的对象不再是原始的线条和体素，而是产品的功能要素，如螺纹孔、定位孔和键槽等。

(3) 采用反映各环节特性要求的特征集来进行设计，使数字产品在设计时，就考虑了各环节的要求，这为数字设计、数字分析、数字加工、数字装配、数字检测和数字销售等后续工作提供了依据。同时通过使用特征的方法，还可以进一步建立和不断完善特征库，以便在后续产品开发中尽可能减少重复劳动，这有利于产品的创新设计。

通过分析机械产品大量的零件图样信息和加工工艺信息，可将构成零件的特征分为六大类：

(1) 管理特征。与零件管理有关的信息集合，如标题栏信息（零件名、图号、设计者、设计日期等）。

(2) 技术特征。用于描述零件的性能和技术要求等信息。

(3) 材料特征。用于描述零件材料、热处理和条件等有关的信息，如材料性能、热处理方式、硬度值等。

(4) 精度特征。用于描述零件几何形状、尺寸的许可变动量的信息集合，包括公差（尺寸公差和形位公差）和表面粗糙度等。

(5) 形状特征。用于描述与零件几何形状、尺寸相关的信息集合，包括功能形状、工艺形状（如退刀槽、工艺凸台等）、装配辅助形状等。

(6) 装配特征。用于描述零件在装配过程中使用的信息，如零、部件的相关方向、相互作用面和配合关系等。

除上述六类特征外，针对箱体类零件提出方位面特征，即零件各表面的方位信息的集合，如方位标识、方位面外法线与各坐标平面的夹角等。另外，工艺特征模型中提出尺寸链特征，即反映轴向尺寸链信息的集合。形状特征是其中最基础、最重要的特征。各种工程专业领域中，所遇到的形状特征存在很大差异，特征数量极其庞大。

1) 几何层面形状特征的分类方法

图 2.9 所示为一种形状特征的分类方法。在该图中，基本形状特征是表达一个零件总体的类特征，附加形状特征是对零件进行修改的类特征。基本形状特征可以单独存在，可不与其他特征发生关联，而附加形状特征不能单独存在，必须与基本形状特征或附加形状特征发生联系，进行修改。一个零件可由一个基本形状特征和若干个附加形状特征来描述。

2) 面向加工的形状特征

在面向加工的特征定义中，特征的确定原则是一个特征对应一个或几个加工工序，这样的特征就可以与 CAPP 共享特征信息。按照设计特征构造出来的零件模型在与 CAPP 集成时，还需要将设计特征映射成加工特征。为保证设计过程中确定的形状特征能够为工艺过程规划和数控加工提供完整的信息，应该从加工的观点而不是从描述零件实际结构的观点来归纳特征，即特征应与特定的工艺规程相对应。

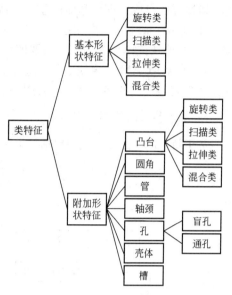

图 2.9 一种形状特征的分类方法

例如，对某型号飞机结构件的详细分析，可以归纳出的特征有总体特征、轮廓、槽腔、曲壁、肋、孔、分布孔、倒角或倒圆、下陷和凸缘、面、工艺凸台以及开口等。随着加工对象和加工习惯的不同还可以归纳出其他特征，或者是相同的特征具有不同的属性。

不同应用领域的特征都有其特定的含义，以机械设计为例，机械零件在实体系统中设计完成以后，需要进行结构、应力分析、工艺设计、加工和检验等。用户进行工艺设计时，需要的并不是构成形体的点、线、面这些几何和拓扑信息，而是需要高层的机械加工特征信息，如光孔、螺孔、环形槽、键槽、滚花等，并根据零件的材料特性，加工零件的形状、精度要求、表面粗糙度要求等，以确定所需要的机床、刀具、加工方法、加工用量等，传统的几何造型系统远不能提供这些信息，以至 CAD 与 CAPP 成为世界性的难题。

再如机械加工的孔，我们会想到，是光孔，还是螺孔，孔径有多大，孔有多深，孔的精度是多少等。特征的形状常用若干个参数来定义，如圆柱和圆锥特征用底面半径 R 和高度 H 来定义，方块特征用长度 L、宽度 W 和高度 H 来定义。所以，在几何造型系统中，根据特征的参数我们并不能直接得到特征的几何元素信息，而在对特征及在特征之间进行操作时需要这些信息。

2.1.3 集成建模技术

产品模型的建模技术从简单到复杂、从局部到整体、从单一功能到覆盖整个产品生命周期内各项活动的过程。其中几何建模技术已经成熟并得到了最广泛的应用，但其缺陷在于不能表达非几何语义，为后续的集成带来了困难。特征模型是为了弥补几何模型的不足而产生的，它适应各种工程应用的要求，将面向几何的产品信息模型扩展，解决不能表达非几何信息的问题。基于特征的建模方法可以有效地描述局部信息，但不能完整地表达产品全局信息。较为完整意义上的产品建模应能将产品生命周期内的信息"集成"在一个产品模型中，可完全支持产品开发全过程中的各种活动。

就信息集成角度看，集成是指 CAD、CAPP、CAM 各模块之间信息的提取、交换、共享和处理的集成，即信息流的整体集成。实现这种集成需具备两个基本要素：

(1) CAD 系统能提供完备的、统一的、符合某种标准的产品信息模型，使 CAPP 及 CAM 环节能从该模型中获取所需要的信息，并最终将 CAD 模型转换成制造模型。

(2) CAD/CAM 各模块之间能通畅地进行数据传递与交换，交换方式可以是数据库接口或符合某种规范的格式文件或数据库。

1. 基于特征的产品信息模型

基于特征的产品信息模型包括三个层次的信息，即零件层、特征层和几何层（图 2.10）。

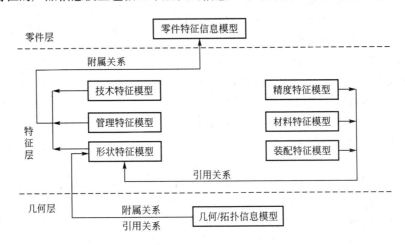

图 2.10 基于特征的产品信息模型结构

1) 零件层

零件层主要反映零件的总体信息，其中包括零件的名称、编号、批量、材料名称、材料牌号和性能、设计者及设计日期等信息。

2) 特征层

特征层主要反映零件的形状、精度和加工要求。组成零件的所有特征，其定型、定位参数（包括公差、粗糙度、材料热处理要求）和与一定加工方法相对应的形状特征、特征的主辅层关系和加工方位等均在特征层中表示。

3) 几何层

几何层主要反映零件点、线、面的几何/拓扑信息，是实体造型系统的基本单元。因此，对零件数据的处理可以面向特征，而不必简单地面向几何要素，从而使整个产品信息模型具有丰富的工程意义。

2. 基于 STEP 的产品集成模型

STEP 是一套关于产品整个生命周期内数据的表达与交换的国际标准。它提供了一种不依赖于具体系统的中性机制，用以描述产品整个生命周期中的数据信息，包括进行设计、分析、制造和测试、检验零部件或机构所需的几何、拓扑、公差、属性和性能等信息，也包括一些与处理有关的信息。

完整的STEP产品信息模型如图2.11所示。STEP的产品模型对于生产制造、直接质量检测和支持产品新功能的开发提供了全面的信息。其中形状特征信息模型是STEP的核心，在此基础上可以进行产品模型定义数据的转换。

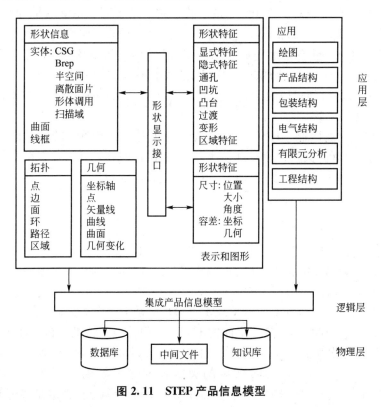

图2.11　STEP产品信息模型

2.2　汽车的基于知识工程技术

2.2.1　基于知识工程技术与知识处理

1. 基于知识工程技术

随着各类技术尤其是信息技术的高速发展，知识与信息跃升到与传统经济杠杆（如人力、财力和物力）同等重要，甚至更为重要的地位。目前，不少发达国家的GDP中知识产品已占了一半以上。典型企业内有90%的交换过程都涉及数据的交换，而这其中又有大约75%可以归类为知识或信息，知识正成为最重要的资本和生产力。对知识与信息开发、获取、扩散和运用程度的高低将直接决定一个企业的整体实力和水准。新经济的到来，新一代的制造方式要求企业不仅能快速响应市场，而且能够快速生产出高知识含量的产品，使企业在激烈竞争的市场中赢得生存和可持续发展的空间。

基于知识工程（knowledge based engineering，KBE）的基本思想就是重复利用知识和经验。传统的CAD技术无法支持方案的分析、推理和决策，KBE技术能贯穿于整个设计过程，并且把一些成熟的经验知识、理论公式、设计规范等直接应用到设计过程中的各个环节，使设计有各种约束条件，并且为推理提供依据。KBE 技术还可以把每次的设计实例与获得的知识和经验积累起来，以便重复利用。

KBE 技术是知识系统与工程相结合的产物，它依赖于知识系统的推理和知识的重用，解决 KBE 设计等问题。KBE 的知识包括手册、技能、经验、原理、规范等已有知识，在知识的驱动下，系统能够自动地完成产品的工程设计问题。KBE 技术与模块化技术和面向对象技术相结合，通过面向对象技术将组成产品的模块进行封装，只要给封装系统提供少量的信息，KBE 系统便可以自动化地完成产品工程设计的全过程。因此，KBE 可以大大地提高产品开发的效率。

受知识获取能力的限制，KBE 系统一般较难获得具有创新性的产品设计方案，因此多用于具有特定结构（方案）或子系统（模块）的工程设计问题，如齿轮系的设计问题等。其主要解决的设计问题为产品尺度的确定、材料的选择、运动方案的设计等可以利用现有知识、手册和经验进行工程设计的场合。

2. 基于知识工程的技术体系结构

KBE 技术在层次结构上可以分为 3 个层次（图 2.12）。

（1）核心层。它以智能技术为核心，主要涉及领域知识的获取技术、表示方法、推理与匹配机制和领域知识的维护。

（2）集成技术层。它包括 CAD、CAM、CAE 以及 PDM 等技术的集成。

（3）应用层。它反映了 KBE 技术面向不同的应用领域时的机制和管理体系。

分析 KBE 的层次结构和体系结构（图 2.13）可以看出，KBE 是一个典型的 CAD/CAM/CAE/AI 的集成体系，KBE 实施的关键技术除了集成技术外，还取决于 CAD、CAM 和 CAE 各单元技术本身的实施。产品的设计、制造和分析技术是实施的基础，关键技术是知识系统的重新运用。

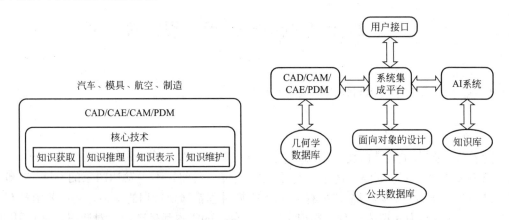

图 2.12　KBE 结构层次　　　　图 2.13　KBE 的技术体系结构

知识系统主要用于工程设计知识的表示和处理。工程设计 KBE 系统的知识系统应该具备下列三方面的特征：①面向工程设计人员，体现系统的智能化水平；②知识获取技术主要用于工程设计知识的获取，包括自动获取和人工获取，体现工程设计 KBE 系统获取知识的能力，可以修正和提炼各领域专家的知识，使整个设计系统逐步地改善工程设计能力和分析能力，从而使系统达到工程设计 KBE 系统的目标；③在知识获取技术的支持下，使工程设计 KBE 系统随着时间的积累，越来越能够充分表示工程设计知识，提高 KBE 系统的设计效率。

3. 基于知识工程的知识处理

KBE 知识处理系统是组成 KBE 系统的关键环节。合理地确定 KBE 的知识处理系统，可以使 KBE 系统充分发挥其本身的推理、学习等优势，帮助设计人员高效地、自动化地获得能够满足需求的设计方案。KBE 的知识处理技术主要包括三个方面：知识的获取、知识的表达和知识的推理。

1) 知识的获取

数据仅描述了所发生事件的部分事实，并不提供对事件的判断或解释，也不为行为提供持久可靠的基础。信息是具有关联性和目的性的结构化、组织化的数据。与原始数据不同，信息具有意义，也就是具有"可读性"，可以解读其含义，明确地知道它要表达的意思。数据在制造者添加了意义之后就成为信息。

可以利用计算机对数据进行加工，将数据转换为信息。知识既不是数据，也不是信息，是结构性经验、关联信息及专家见识的流动组合，是对信息的应用。数据、信息和知识之间的关系如图 2.14 所示。

图 2.14 数据、信息和知识之间的关系

要解决某类特殊的产品开发中遇到的问题，就需要获得该领域的领域知识。这些领域知识的获得方式有与多个专家面谈，从专业设计手册、专业期刊和专业学术会议等获得。

目前，知识获取领域的研究热点是用数据库管理系统来存储数据，用机器学习的方法来分析数据，挖掘大量数据背后的知识。从数据库中挖掘出来的知识可以应用于信息管理、过程控制、决策支持和工程设计等领域。

2) 知识的表达

知识的表达方法，往往直接影响到系统的知识处理能力和问题求解的效率。不同领域的问题通常具有不同的特点和属性，因而其知识的表示方法也不尽相同。因此，知识的表达必遵循一定的原则与方法。一般评价一个具体领域内知识表达的方式是否合理，应依据以下四个原则：

(1) 表达的充分性，指是否有能力表达有关领域中所需的各种知识。

(2) 推理的充分性，指是否有能力以有效的方式来管理知识表示的结构，进而能从旧知识中推理出新的结构，以解决各种不同类型的问题。

(3) 推理的有效性，指能否方便地使用这些结构所表达的知识进行推理，并以高效的方式支持问题求解过程。

(4) 获取的有效性，指能否方便而有效地将新知识添加到表示结构中，并在适当的时候方便地对知识进行删除、修改等。

迄今为止，在人工智能领域已有许多不同的知识表达方法，如一阶谓词逻辑、产生式系统、语义网络、框架、语义原语、脚本等。所有这些方法从技术角度看，大致可分为两类,即说明型表达方法和过程型表达方法。

说明型表达方法的基本思想是用一个事实集表示那些已知的固定不变的事实型知识,再用一组通用的过程或规则来控制这些事实的应用和推理。这样一方面由于事实与过程相分离,每个事实只需存储一次,当需要时可在不同的地方对其多次使用;另一方面由于系统具有良好的模块性,因此很容易对系统进行知识的更新,而不会改变其他知识内容。基于说明型表达方法的系统通常用于解决某类专门的问题,或完成某项特殊的工作,其推理过程十分直接。

过程型表达方法把知识组织成为如何应用这些知识的过程,也即把每种知识用一小段程序来描述。这种方法很容易表达关于如何去做某件事的知识,其问题求解过程实际上就是各种程序模块之间的相互调用过程。过程型方法具有较强的灵活性和有效性,知识的维护也十分方便,而且基于过程型方法的系统往往具有较强的分解能力。在实际工作中,大多数领域不仅存在多种有关状态方面的知识,如有关事物、事件、对象及其之间关系的知识,而且同时存在如何应用这些知识求解现实问题的知识。因此,许多成功的专家系统大都采用说明型表达方法与过程型表达方法相结合的方式,以形成具有多种知识表达方式的复杂系统。

3) 基于知识的推理

推理就是按某种策略由已知判断推出另一判断的思维过程。一般来说,推理都包括两种判断:一种是已知的判断,包括已掌握的与求解问题有关的知识及关于问题的已知事实;另一种是由已知判断推出的新判断及推理的结论。

知识推理方法一般可分为数据驱动(又称自底向上、向前链和先行推理)、目标驱动(又称自顶向下、向后链和后行推理)和混合驱动(数据驱动与目标驱动相结合)等方法。我们在实际应用中采用数据驱动的推理方法。其推理原理是,将求解问题的已知条件与知识库中的知识(规则)的前提条件进行匹配,若某条知识匹配成功,则知识的结论就是问题的解。

推理机制是与规则的表示方式相对应的,因此相应的有产生式规则推理机、框架推理机、面向对象的推理机、方法推理机和元推理机等。

4. 基于知识工程的产品开发系统

基于知识工程的产品开发系统的核心是重用以前的各种知识,主要包括设计标准、设计经验和已有设计成果(如零部件)等。因而与产品开发的一般过程相比,基于知识工程的产品开发有单独的配置设计阶段。实现配置设计的方法一般有基于规则的方法、基于模型的方法和基于实例的方法等。根据基于知识的产品开发的特点,在配置设计阶段我们一般采用基于实例的方法和基于规则的方法相结合来实现。配置设计阶段就是根据规则(概念设计得到的各种约束条件)从实例库(零部件库)中搜索出可用的实例(零部件),并利用参数化技术得到满足设计要求的零部件。对于没有可用实例的零部件,就要根据产品的各种约束条件进行全新设计,并将其设计结果加入到实例库(零部件)中。

基于知识工程的产品开发系统主要由 CAD 系统和 AI 系统组成,其系统如图 2.15 所示。AI 系统可用商业数据库,如 Oracle,DB2,SQL Server 等建立;CAD 系统可采用大型的三维 CAD 系统,如 UG,Pro/E 和 CATIA 等;CAD 系统与 AI 系统的集成一般采用 CAD 系统的 API,并结合 C 语言(或 C++等)对 CAD 系统进行二次开发来实现。

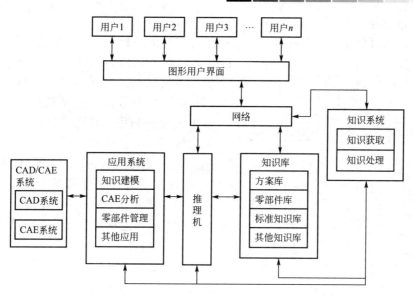

图 2.15 基于知识工程的产品开发系统框图

2.2.2 KBE 在汽车产品开发中的应用

在国外，KBE 在工业领域的应用研究于 20 世纪 80 年代就开始了，主要应用于飞机、汽车制造业、工业设备和建筑业。该研究以欧盟为先导，如 KBE 的旗舰产品——KTI 公司的 ICAD(智能计算机辅助设计)和 KBO 已应用于世界发达国家的工业领域，如欧洲的空中客车公司，德国的宝马汽车公司，美国的福特汽车公司、波音飞机公司、通用汽车公司等。

ICAD 采用面向对象的编程语言 IDL，捕捉每个产品开发过程的规则性的专家经验，利用产品的几何与非几何信息，如产品结构、开发过程、工程标准、制造规则等，进行产品全开发过程建模。通过通用信息的捕捉，把它作为生成模型时的可重用的对象，当功能要求改变时可迅速进行新产品的设计、定制。

其后的基于企业级别的知识管理软件 KBO 是 KTI 公司提供的"基于知识的应用"的集成解决方案。通过这个环境，企业可以捕捉、提炼、分发、挖掘、存储及重用企业级的各种知识。这些知识可以是工程过程知识、企业的规定和标准、以往的设计经验等。

目前欧盟在 KBE 领域的一些主要研究工作如下：KBE 的应用研究；支持 KBE 应用开发的方法和工具研究；工程知识的管理和网络联盟企业 KBE。对 KBE 在机械工程领域的应用研究主要有以下几个方面：①产品的集成设计；②工艺过程规划(创成式工艺过程规划、基于特征的专家制造工艺规划)；③公差设计；④制造系统研究；⑤产品造型技术；⑥协同产品开发；⑦夹具设计与分析；⑧基于专家系统的复合式设计。

在复杂的汽车制造系统中，所需要使用的制造生产线资源种类繁多，数量庞大，来源各异，同时又处于不断更新变化中，如果仅凭人工经验对其进行生产线规划管理，由于不同的技术人员具有不同的技术背景以及主观因素的影响，采取的规划方法存在很大的随意性。

1. 白车身生产线规划管理系统

汽车白车身制造生产线复杂，因此，可以考虑借助计算机完成对白车身的生产线规划，创建一个有力的白车身规划平台，并积累各种新进车型的生产线规划知识，形成公司内部的数据知识库。

目前现有的白车身工艺规划商业软件都建有支持协同和并行工程的公共平台,这样,制造信息得以共享,工艺人员借助工具,进行工艺规划。然而,这些白车身规划商业软件也有不足之处:其零件库、资源库和操作库等是建立在基于信息共享的基础之上,不具备工艺知识利用、知识处理的功能,也没有工艺推理、工艺解释和提示功能。这些软件是工艺人员的强有力工具,而不是得力"助手"。这些软件在国外汽车企业中使用较多,在国内汽车企业中尚未广泛使用。

白车身工艺及生产线规划知识管理系统将生产线规划软件与知识库结合,图 2.16 所示是该系统示意图。本系统以知识库为基础的工艺信息平台,知识库是整个系统的核心。

白车身生产线规划是根据产品零件信息、装配信息和工艺装备资源信息进行白车身生产线规划设计的(图 2.17)。其主要内容如下:

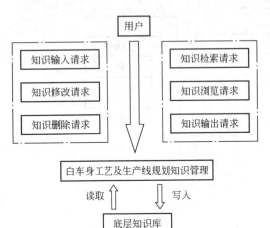

图 2.16　白车身工艺及生产线规划知识管理系统示意图

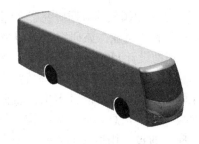

图 2.17　客车车身设计模型图

(1) 建立一个完整的白车身规划和制造的工艺信息平台,利用此信息平台,白车身工艺规划人员可方便地进行信息查询、浏览;对产品零件进行三维浏览;对所关心的各种工艺装备和资源进行二维或三维浏览;对白车身生产线和工位布局进行二维、三维浏览;可方便地查询产品零件信息；可方便地查询各种工艺信息包括工艺装备和资源、工艺规划信息；实现相关部门、工艺人员之间在工艺制造信息方面的共享，信息的及时发布与沟通，提高协同工作的效率与工作质量。

（2）根据产品零件信息、装配信息和工艺装备资源信息进行白车身工艺规划设计。利用此软件编制各种工艺文件，如焊接工程图解、白车身制造流程、工艺规划、成本核算、工时分析等文件；可编制白车身零件谱，产品工艺简图；可编制工艺规划文件（如工艺流程图 PERT 图、EBOP 表等）；可进行生产线和工位的布局设计；编制制造工艺文件和工艺流程设计并进行工艺检查。

（3）根据产品系列和产品配置实现工艺规划的变型管理，比较不同产品之间工艺规划的变化点，比较同一产品不同配置的工艺规划的异同点。

（4）实现白车身工艺规划的焊接管理：焊点信息的查询；焊点相关设备信息的浏览；焊点分配情况的浏览。

2. 客车总布置系统的知识库总体设计

本系统是以知识库为基础的工艺信息平台，知识库是整个系统的核心。知识是经过加工整理的数据，需要存储在知识库中。所有的工艺信息、生产线信息，如零件的编号和名称、焊点编号、生产线布局图等都以数据的形式存储在数据库中。好的数据库不能随便产生，拙劣的数据库往往可能导致错误的决策，而错误的决策可能导致一个企业的失败。数据库的设计分为概念设计、逻辑设计与物理设计 3 个阶段。概念设计是数据库的基础；逻辑设计是数据库的结构蓝图；物理设计是数据库的关键技术。知识库开发流程如图 2.18 所示。

我们应用以上基于知识工程产品开发思想开发的客车车身总布置系统为例，来说明系统运行。

客车车身总布置系统是在 UG 平台上，利用 UG 二次开发技术和 SQL Server 数据库实现的。其中 UG 进行三维模型处理，SQL Server 数据库实现车身实例库、零部件和知识库等，UG 二次开发工具用来实现知识的检索、推理和繁衍等。其系统流程如图 2.19 所示。

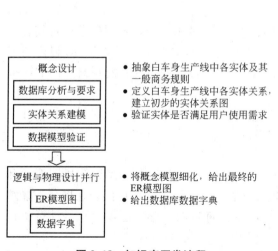

图 2.18　知识库开发流程

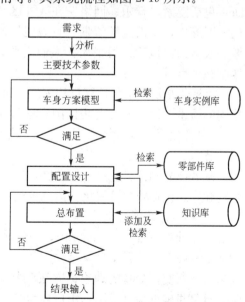

图 2.19　客车车身总布置系统流程

客车车身总布置的零部件库包括零部件的三维模型和模型参数驱动的参数表。配置设计就是利用规则在零部件库中检索出满足要求的零部件，并通过参数驱动得到新的三维零部件。对于那些不能检索出满足要求的零部件，就需要全新设计。设计完成后将其加入到零部件库中，从而在以后的布置中能得到重用。

总布置阶段涉及许多参数，这些参数一般都有其标准规定的范围。我们将这些参数的标准编制成规则性知识存储在知识库中。在布置时，我们将这些标准要求的参数在 UG 中用 Expression 或 Geometry Expression 的形式表示。在布置过程中提取这些参数的值，并通过规则来判断是否符合标准。如果所有参数都符合标准，则布置完成；否则，按照经验知识所给定的参数调整顺序进行布置调整，直到所有参数都符合标准为止。

通过客车车身总布置系统的运行，一辆客车总布置可在几个小时内完成，同时通过知识繁衍得到新的总布置设计知识。由此可以得出基于知识的产品开发系统有以下优点：

（1）通过系统进行产品开发可以节省开发时间，从而缩短新产品上市时间；
（2）系统在保证产品开发质量的前提下，可减少产品开发的成本和产品本身的成本；
（3）系统的运行对于企业设计知识的沉淀、积累和保护起到了一定的积极作用；
（4）系统可用于产品开发人员的培训，并能规范企业产品开发流程。

2.3　可视化技术

1. 可视化的分支

可视化是一种用图形化来表现数据集的技术。当数据非常复杂或是抽象时，可视化技术可以让人们更加容易理解。目前一些已经创造出来的可视化工具几乎涵盖了各个方面，包括搜索、音乐、网络、在线社区和更多你能想象得到的方面。本意是使某物图像化、图形化，从而能够清晰、直观地呈现事实，将任何抽象的事务、过程变成图形、图像的表示都可以称为可视化。人们用可视化符号展现事物的方法可以追溯到远古时代，如结绳记事等。

可视化是从多个与计算机相关的学科中孕育与产生的技术领域，不同的学科对其有不相同的描述。1987 年 1 月美国国家科学基金会(NSF)组织有关专家召开的 VISC 讨论会定义："可视化是一种计算方法。它将信号转换成图形或图像，使研究者能观察它们的模拟与计算"。

随着社会和计算机技术的发展，到今天，可视化技术的大家庭中不仅仅只有科学计算可视化，还包括数据可视化、信息可视化、知识可视化等一系列分支。

1) 科学计算可视化

科学计算可视化(visualization in scientific computation，VISC)是用计算机图形学和图像处理技术，将科学计算过程中产生的数据及计算结果转换为图形或图像在屏幕上显示出来并进行交互处理的理论、方法和技术。它涉及计算机图形学、图像处理、计算机视觉、计算机辅助设计及图形用户界面等多个研究领域。

科学计算可视化的目的是理解自然的本质。要达到这个目的，科学家把科学数据，包括测量获得的数值或是计算中涉及、产生的数字信息变为直观的、以图形、图像形式表示的、随时间和空间变化的物理现象或物理量呈现在研究者面前，使他们能够观察、模拟和计算。

这个过程可细化为以下四个步骤：

（1）过滤，预处理原始数据、转换数据形式、滤掉噪声、抽取感兴趣的数据等；

（2）映射，将过滤后的数据映射为几何元素，常见有点、线、面、三维体图元等；

（3）绘制，几何元素绘制，得到结果图像；

（4）反馈，显示图像，并分析得到的可视结果。

可视化技术的意义重大，它实现了人与人、人与机器之间的图像通信，增强了人们观察事物规律的能力，使科学家在得到计算结果的同时，知道在计算过程中发生了什么现象，并可改变参数，观察其影响，对计算过程实施引导和控制。

2）数据可视化

近年来，随着数据仓库技术、网络技术、电子商务技术等的发展，可视化技术涵盖了更广泛的内容，并进一步提出了数据可视化的概念。所谓数据可视化是对大型数据库或数据仓库中的数据的可视化。它不仅包括科学计算数据的可视化，而且包括工程数据和测量数据的可视化。现代的数据可视化技术指的是运用计算机图形学和图像处理技术，将数据转换为图形或图像在屏幕上显示出来，并进行交互处理的理论、方法和技术。它是可视化技术在非空间数据领域的应用，使人们不再局限于通过关系数据表来观察和分析数据信息，还能以更直观的方式看到数据及其结构关系。

数据可视化技术的基本思想是将数据库中每一个数据项作为单个图元元素表示，大量的数据集构成数据图像，同时将数据的各个属性值以多维数据的形式表示，可以从不同的维度观察数据，从而对数据进行更深入的观察和分析。

那么怎样来分析大量、复杂和多维的数据呢？答案是要提供像人眼一样的直觉的、交互的和反应灵敏的可视化环境。因此，数据可视化技术的主要特点有：

（1）交互性，用户可以方便地以交互的方式管理和开发数据；

（2）多维性，可以看到表示对象或事件的数据的多个属性或变量，而数据可按其每一维的值，将其分类、排序、组合和显示；

（3）可视性，数据可以用图像、曲线、二维图形、三维体和动画来显示，并可对其模式和相互关系进行可视化分析。

数据可视化有非常重要的意义，它大大加快了数据的处理速度，使时刻产生的海量数据得到有效利用，从而使人们能够观察到数据中隐含的现象，为发现和理解科学规律提供有力工具；可以实现对计算和编程过程的引导和控制，通过交互手段改变过程所依据的条件，并观察其影响。

3）信息可视化

信息可视化是从科学计算可视化、数据可视化逐步发展起来的，可以看作是从数据信息到可视化形式再到人的感知系统的可调节的映射。

信息可视化使用计算机支撑的、交互性的、对抽象数据的可视表示法，以增强人们对抽象信息的认知。它实际上体现了人们不仅需要对海量数据进行存储、传输、检索及分类等，还迫切地需要了解数据之间的相互关系和发展趋势。实际上，在激增的数据背后，隐藏着许多重要的信息，人们希望能够对其进行更高层次的分析，以便更好地利用这些数据。

表2-1所示为数据可视化、信息可视化、知识可视化的比较。

表 2-1 数据可视化、信息可视化、知识可视化的比较

分类	数据可视化	信息可视化	知识可视化
可视化对象	空间数据	非空间数据	人类的知识
可视化目的	将抽象数据以直观的方式表示出来	从大量抽象数据中发现一些新信息	促进群体知识的传播和创新
可视化方式	计算机图形、图像	计算机图形、图像	绘制的草图、知识图表、视觉隐喻等
交互类型	人机交互	人机交互	人机交互

2. 生活中的可视化

地质勘探利用模拟人工地震的方法，可以获得地质岩层信息；通过数据特征的抽取和匹配，可以确定地下的矿藏资源；用可视化方法对模拟地震数据的解释，可以大大提高地质勘探的效率和安全性。

气象预报的准确性依赖于对大量数据的计算和对计算结果的分析。一方面，可视化可将大量的数据转换为图像，在屏幕上显示出某一时刻的等压面、等温面、旋涡、云层的位置及运动、暴雨区的位置及其强度、风力的大小及方向等，使预报人员能对未来的天气做出准确的分析和预测；另一方面，根据全球的气象监测数据和计算结果，可将不同时期全球的气温分布、气压分布、雨量分布及风力风向等以图像形式表示出来，从而对全球的气象情况及其变化趋势进行研究和预测。

阅读材料2-1

以设计一种新型汽车为例。在真车建造之前的很长一段时间，就需要制作若干实际尺寸的模型，这样才允许工业造型设计师们观察并推敲最终的产品，并在此阶段对设计进行修改，制作模型的费用很昂贵。这种模型也允许设计师察看车子的内部设计。然而通过可视化的CAD设计工具，不仅可以设计出车内各个部分，包括座椅、转向盘、变速杆、安全气囊、指示表、风窗玻璃上的刮水器、驻车制动器、车门手柄等，而且通过CAD软件的三维实体成像功能可以呈现设计结果，得以观察设计的产品，从而节约了费用。汽车内部的三维实体图，如图2.20所示。

图 2.20 汽车内部的三维实体图

3. 可视化仿真技术

可视化仿真的实质是采用图形或图像方式显示对仿真计算过程的跟踪、驾驭和结果的后处理,同时实现仿真软件界面的可视化。仿真技术建立在计算机控制理论和相似原理基础之上,其发展同计算机技术的发展密切相关。随着计算机软、硬件技术的飞速发展,仿真技术经历了由数字仿真到可视化仿真等阶段,可视化仿真是数字模拟与科学计算可视化技术相结合的产物。

可视化仿真中"可视化"的含义由两方面组成:①将科学计算的结果转换为图形或图像的形式;②仿真交互界面可视化,即图形用户界面(GUI)的设计。在仿真技术中引入科学计算可视化和 GUI 技术而形成的可视化仿真技术具有多方面的重要意义:它大大加快了数据的处理速度,使庞大的数据得到有效的利用;能把不能或不易观察到的工程现象变为容易发现和理解的被设计和被研究对象所产生的物理机理,从而提出改进设计的具体措施;可以实现对计算过程的引导和控制,通过图形交互手段可以方便快速地改变设计和计算的原始数据和条件,并通过三维图形或动画来显示和观察改变原始数据对设计和研究对象基本特性的影响,达到对象优化设计的目的。

4. 可视化编程技术

以图形方式观察和认识现实世界的客观事物,是人类最为便捷的一种认知方式。各种可视化编程工具的不断发展,使得当今大多数的程序开发人员可以利用一系列高效的、具有良好可视化效果的编程工具来开发专业级的 Windows 操作系统(简称 Windows)和网络应用软件。

可视化编程是可视化技术的重要应用之一。所谓可视化编程,是指在软件开发过程中,用直观的具有一定含义的图形化的对象取代原来完全依赖人工进行的逐行编辑、运行、调试等操作。

20 世纪 90 年代以来,可视化程序设计随着以 Windows 为代表的图形界面的出现而受到广泛重视,其"所见即所得"的特征在程序设计开发中体现为基于面向对象和组件的程序设计方法。

程序设计思想与方法的不断改进直接促进了编程环境的更新换代。20 世纪 90 年代初,可视化编程环境的出现,无疑给众多的程序员带来了福音。基于可视化对象的操作简化了传统的命令行方式,取而代之的是人性化的图形用户界面(graphical user interface,GUI)。在图形用户界面下,用户不必再死记硬背各种命令,而仅以鼠标点击图形界面对象便可运行程序或进行各项操作。要实现这一点,若不借助于任何可视化开发工具,对于一个普通的程序员来说,将是一种极大的挑战,因为可视化窗口的程序设计要比传统的程序设计复杂得多。正是在这种新的需求的推动下,可视化的编程工具应运而生。

多媒体技术和图形图像技术的进步,使可视化技术得到广泛的重视。可视化技术的最大特点就是把原来抽象的数字、表格、功能逻辑等用直观的图形、图像的形式表现出来。其方法是在建立用户界面时,不必编写程序来描述输入和输出界面的外观和配置,而是直接使用可视化编程环境提供的各种开发工具,通过对各种图形化对象的创建和设置来完成,在程序设计阶段即可实现所谓的"What You See Is What You Get"(所见即所得)的效果。

目前，各种可视化的开发工具不断涌现，从微软公司的 Visual 系列到 Borland 公司的 C++ Builder 等，一系列功能强大的可视化编程工具既简化了基于窗口的应用软件的开发工作，同时也使众多的编程人员得以从大量枯燥烦琐的界面设计和难度较大的程序底层支持功能实现中解脱出来，将其主要精力集中于程序核心逻辑及用户逻辑的实现上。

Borland 公司的 Turbo C/C++ 和 Borland C/C++ 曾经是许多程序员踏入 C 语信和 C++ 程序设计殿堂的入门语言，并在实际系统的开发中得到广泛应用。C++ Builder 是 Borland 公司继 Borland C++ 和 Delphi 之后开发的又一个通用的 Windows 应用程序开发工具，为使用者提供了强大的快速应用程序开发功能。C++ Builder 以其具有的面向对象、可视化、组件齐全和简明易用的特性为多媒体应用、数据库应用和网络应用等提供了一个便捷、稳定和高效的应用开发环境，得到广大程序员的普遍认可。同时，C++ Builder 上手也比较容易，是学习可视化程序设计方法的理想途径和工具。

总之，首先，可视化技术必须同数据挖掘有更紧密的联系；其次，可视化系统需要提高数据可视化技术的人机交互能力；再次，可以先开发针对某类特定领域的可视化系统，针对某类型的数据开发相对应的可视化系统，使相应的数据得到充分的显示和分析，然后再考虑推广到更广泛的信息资源中应用。

2.4 工程数据库

2.4.1 数据库技术概述

1. 数据库技术的产生

随着计算机技术在制造企业中的广泛应用，产生了大量的数字化信息，而这些数字信息以各自独立的形式存储，数据的存取需要通过应用软件按文件标识符或文件中的记录标识来完成。这些数据缺乏有效的管理，不仅造成信息资源的再利用和查找困难，同时还存在以下问题：

（1）数据冗余，容易出错。由于不能实现以记录和数据项为单位的数据共享，各个用户都需要建立自己的文件系统，造成数据大量冗余，不仅浪费存储空间，增加硬件开销，而且容易产生数据的不一致性，引发很多严重问题。

（2）缺乏数据独立性。由于应用程序和数据文件的数据结构互相依赖，如果因需要改动了数据结构，就必须随之改动相关的程序，造成使用上的不便。

（3）不能统一管理数据，难以保证数据的完整性和安全性。

（4）在传统的机械设计中，当要利用各种数据、参数、性能表及一些图形时，必须依靠设计人员手工查询。并且很多查询到的数据不能够直接使用，必须经过预处理，这就加大了设计人员的工作量。

越来越多的企业迫切需要采用数据库技术解决这一难题。制造过程的数据信息主要围绕着产品的生产过程而产生，研究产品相关数据的管理技术在国外早已引起企业的重视。在产品开发的设计、分析、制造等过程中，都要查阅各种标准、规范等相关资料，并产生各个阶段的结果数据信息,包括图形和数据。这些数据信息如何进行管理,直接影响设计系统的应用水平。随着计算机技术的发展,CAD/CAM系统中的信息管理从文件模式发展为数据库模式,直至目前流行的工程数据库模式。

国内也已开始重视产品数据的管理技术。这一技术起初在国内外有各种名称,如工程数据管理(EDM)、产品信息管理(PIM)、技术数据管理(TDM)、技术信息管理(TIM),最终国内外研究人员都统一称为产品数据管理(PDM)。PDM技术就是解决企业产品大量数据化信息管理的一门技术。数据库技术是在文件系统基础上发展起来的、专门研究数据库存储、设计、管理和使用的一门学科,可为用户提供使用方便、功能强大的数据处理手段。采用数据库技术进行数据处理不仅能提供较高的数据独立性,减少数据冗余度,同时还可提供较为完备的数据控制功能,使用户对数据能实现集中、统一、高效的管理。

2. 数据库、数据库管理系统和数据库系统

数据库技术包括数据库及其管理系统。数据库可以简单地理解为具有某种规律或联系的文件及数据的集合,数据库管理系统则是用于对数据库及系统资源统一管理和控制的软件。

数据库(DB)是可长期保存在计算机中的、可共享的、有组织的且能统一管理的相关数据集合。

数据库管理系统(database management system,DBMS)是位于计算机用户与操作系统之间的专门用于管理数据库的系统软件,是数据库系统的管理核心。DBMS能为用户或应用程序提供访问DB的方法,实现对DB的定义、建立、维护、查询和统计等操作功能,并完成数据完整性和安全性监测等各种数据控制功能。

数据库系统(database system,DBS)是采用数据库技术对数据库进行数据管理的计算机系统,包括计算机硬件系统、DB、DBMS、数据库应用系统和与之相关的各种人力资源。

3. 数据库技术的特点

数据库技术通过DBMS统一管理用户文件,能够解决数据冗余及数据一致性问题。另外,它把用户观念的数据逻辑结构从整体逻辑结构中独立出来,在用户数据的逻辑结构与数据存储结构之间插入一层整体逻辑结构,使数据存储结构的变化不影响数据的逻辑结构和应用程序,从而解决了数据的独立问题,实现了数据的共享,并且完整性和安全性问题也都得到了相应的解决。

数据库结构一般分为层次模型、网状模型和关系模型。关系型数据库具有数据结构简单、符合工程习惯、数据独立性高及数学基础严密等优点,是目前数据库应用的主流。近年来,随着面向对象技术的推广应用,数据信息广泛采用了类和对象的方法来描述和封装,面向对象数据模型的数据库技术越来越受到重视。

2.4.2 工程数据库概述

1. 工程数据库定义

所谓工程数据库,是指能满足人们在工程活动中对数据处理要求的数据库。理想的

CAD/CAM 系统,应该是在操作系统支持下,以图形功能为基础,以工程数据库为核心的集成系统,从产品设计、工程分析直到制造过程中所产生的全部数据都应维护在同一个工程数据库中(图 2.21)。

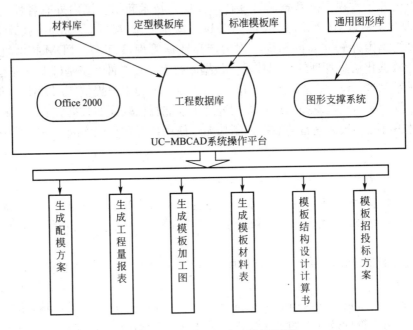

图 2.21 工程数据库工作原理图

工程数据库系统与传统的数据库系统有很大差别,主要表现为支持复杂数据类型、复杂数据结构,具有丰富的语义关联、数据模式动态定义与修改、版本管理能力及完善的用户接口等。它不但要能够处理常规的表格数据、曲线数据等,还必须能够处理图形数据。举例来说,要建立一个材料加工特性数据库,由于牵涉到材料种类、加工方法、加工设备、加工刀具、加工批量等多种因素,如何有效地建立这个数据库,需要做大量的工作。工程数据库有以下特点:强大的建模能力、高效的存取机制、良好的事物处理能力、版本管理能力、模式进化功能、灵活的查询功能、网络化和分布式处理功能。

在工程领域,数据的特点是量大和复杂。如 CAD 中实体的参数化模型既有数值信息,也有非数值信息,相互联系非常复杂,一个较复杂的实体的信息量也很大。因此层次性、网状性、关系性这三种常用的数据模型均不能完全适合需要,而正在发展中的面向对象性被普遍认为是最适合于工程领域的。

在工程数据库中,数据模型的必备特性有:
(1) 支持复合对象;
(2) 支持对象标识;
(3) 支持封装性;
(4) 支持类或类型;
(5) 支持继承性。

2. 工程数据类型分析

在工程应用中,要处理的数据非常多,包括文字与图形等。作为支持整个生产过程的工程数据,可分为以下几种类型:

(1) 通用基础数据。指产品设计与制造过程中所用到的各种数据资料,如国家及行业标准、技术规范、产品目录等方面的数据。这些数据的特点是数据结构不变,数据具有一致性,数据之间关系分明,数据相对稳定,即使有所变动,也只是数值的改动。

(2) 设计产品数据。指在生产设计与制造过程中产生的数据,如产品功能要求描述数据、设计参数及分析数据及各种资源描述数据,包括各种工程图形、图表及三维几何造型等数据。由于产品种类及规格等的变化,这类数据是动态的,包括数值、数据类型及数据结构等。

(3) 工艺加工数据。指专门为 CAD/CAM 系统工艺加工阶段服务的数据,如金属切削工艺数据、磨削工艺数据、热加工工艺数据等。

(4) 管理信息数据。在高度集成的 CAD/CAM 系统中,还应包括生产活动各个环节的信息数据,如生产工时定额、物料需求计划、成本核算、销售、市场分析等管理信息数据。

3. 对工程数据库管理系统的基本要求

工程数据库管理系统一般应满足以下要求:

(1) 支持复杂工程数据的存储和管理。即能够处理工程数据的非结构化变长数据和特殊类型数据,支持多媒体信息的集成管理。这包括多方面的具体要求,如:图形、图像数据多种格式存储,不同媒体数据类型格式转换与控制,多种媒体数据输入/输出设备的驱动,多种媒体数据编辑处理,支持复杂实体的表示及实体间关系的处理,支持超文本数据的存储和处理,支持动态变长数据记录和超长数据项的存储等。

(2) 支持数据模式的动态修改和扩充。即不仅能对结构化数据进行静态建模,而且能够动态地进行模型的建立、修改和扩充,这样才能适应工程数据库对反复改进的工程设计的支持。

(3) 支持工程事务处理和恢复。工程事务大都具有长期性,工程数据中有一批数据要使用很长时间,由于一个工程事务不可能成为处理和恢复的最小单位,必须分层次、分类别、分期保存中间结果,以进行较短事务处理。因此,从使用安全性考虑,要具备适合工程应用背景的数据库恢复功能,以实现对长事务的回退处理。

(4) 支持多库操作和多版本管理。由于工程设计用到的信息多种多样,需要在各设计模块间传送数据,所以需要提供多库操作和通信能力。由于工程事务的复杂性和反复试验的实践性,要求工程数据库系统具有良好的多版本管理和存储功能,以正确地反映工程设计过程和最终状态,不仅为工程的实施服务,而且为今后的管理和维护服务,同时也为研究和设计类似工程提供可借鉴的数据。

(5) 支持同一对象的多种媒体信息表现形式和处理功能,以适应不同要求。

(6) 支持工程数据的长记录存取和文件兼容处理。工程数据中,有些数据不适合在数据库中直接存储,以文件系统为基础来设计其存储方式,会更为方便并提高存取效率,如工程图本身。

(7) 支持智能型的规则描述和查询处理。即具有一定的语义识别、推理和查询规则能力，能够自动检测和维护设计规则。

（8）具有良好的数据库系统环境和支持工具，以适应大容量、快速和分布式设计环境的要求。

工程数据库系统往往要求在多用户环境下实现各专业的协同工作，因此必须保证各类数据的语义一致性和系统集成性。由于通常支持 CAD/CAM 系统的硬件是由异种机组成的计算机网络系统，因此，要求工程数据库管理系统应是一个分布式数据库管理系统（图 2.22），并为所有基本单元系统存取全局数据提供统一的接口标准。为保证 CAD/CAM 系统能适应柔性制造系统的要求，能灵活、动态地变更和重组加工制造的环境条件，要求工程数据库管理系统能向用户提供透明性，利用整个系统的计算机网络进行通信。

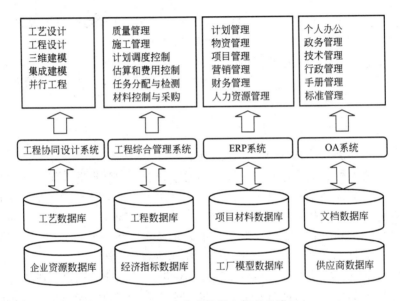

图 2.22　分布式数据库管理系统

4. 工程数据管理技术

目前，令人满意的通用工程数据库系统还未出现。实践表明，以现有商用数据库为基础进行有针对性的增补修改，或利用大型 CAD/CAM 软件中数据管理模块与商用数据库结合，是当前实现工程数据库管理的有效途径。近年来，为适应远程多用户需要而发展起来的分布式数据库管理系统，为工程数据库管理系统的设计与应用提供了新的环境。另外，多媒体、面向对象等技术的发展使工程数据库管理更加完善。随着计算机技术和软件工程方法的发展，工程数据库技术必将会更加完善、实用。

目前常用的数据处理的方法主要有：

（1）根据经验公式将数据拟合成计算公式，在计算过程中，将离散的数据输入程序，然后运行程序得出计算结果。

（2）以文件的形式保存。数据以文件的形式保存，因为文件独立于程序，所以只有当程序需要调用相关数据时才能打开文件，而且一旦数据文件的程序语句定下来之后，数据文件的结构不能随意改变。

(3) 采用数据库储存、管理各类数据。数据库及其管理系统为数据信息处理提供了有效的工具，工程数据库（即 CAD 数据库）是建立 CAD 系统的关键技术之一。

前两种数据处理的方法都比较烦琐，需要针对不同的数据编写不同的程序，而且计算结果也不直观。

5. 常用数据库系统简介

1) Oracle

Oracle 是美国 Oracle 公司的数据库产品，它以结构化查询语言 SQL 为基础，分布式数据库为核心，具有较好的可靠性和安全性，是目前流行的大型关系数据库之一。Oracle 具有良好的可移植性、可兼容性和可连接性，能在多种软硬件平台上运行；支持大型数据库、多用户的高性能的事务处理；遵守数据库存取语言、操作系统、用户接口和网络通信协议的工业标准；实施完全性控制和完整性控制；支持分布式数据库和分布处理，可通过网络方便地读写远端数据库里的数据，并有对称复制技术。同时 Oracle 提供了新一代集成软件生命周期开发环境，可以实现高生产率、大型事务处理及客户机/服务器结构的应用系统；提供了与第三代高级语言的接口软件系列，能在 C 语言、C++等主语言中嵌入 SQL 语句及过程化（PL/SQL）语句，对数据库中的数据进行操纵；提供了基于角色（Role）分工的安全保密管理；支持大量多媒体数据，如二进制图形、声音、动画以及多维数据结构等。

2) SQL Server

SQL Server 最初是由微软、Sybase 和 Ashton - Tate 三家公司共同开发的关系型数据库管理系统，后来微软与 Sybase 分道扬镳，独自将其针对 Windows 平台进行了升级改写，目前有 SQL Server 2000 和 SQL Server 2005 两个发布版本。

SQL Server 2000 是为创建可伸缩电子商务、在线商务和数据仓储解决方案而设计的真正意义上的关系型数据库管理与分析系统，针对包括集成数据挖掘、OLAP（联机分析处理）服务、安全性服务及通过 Internet 对多维数据集进行访问和链接等在内的分析服务提供了新的数据仓储功能。SQL Server 2000 还提供了丰富的数据库编程能力，支持 VB 语言、VC 语言等多种客户端开发工具，以及 ODBC（开放的数据库连接）等标准接口；支持 XML（可扩展置标语言），利用 Transact SQL（T-SQL）实现 XML 数据操作能力；灵活而强大的 Web（万维网）分析功能以及利用 HTTP（超文本传送协议）进行 Web 数据访问等特性；支持集中数据库管理功能而且还最大程度实现了管理与优化工作的自动化；支持对称多处理（SMP）硬件方面所具有的可伸缩性和较低的数据库维护需求，使其被广泛应用于客户关系管理（CRM）、商务智能（BI）、企业资源计划（ERP）及其他在线商务等多个方面。

SQL Server 与 Windows 操作系统集成紧密，便于充分利用主流微机系统所提供的特性。它采用二级安全验证、登录验证及数据库用户账号和角色的许可验证；使用了 Windows 平台内建的网络功能组件，支持多种不同类型的网络协议，如 TCP/IP，PX/SPX，Apple Talk 等。另外，它还支持数据复制、数据仓库、分布式事务处理，并且具有易于创建、管理和配置，便于与微软产品集成等优点。

较常用的大型数据库还有 DB2、Sybase 以及 Informix 等，而对于一些小规模的应用还有 MySQL、MS Access 等数据库系统，如一些 Windows 平台的 CAD 系统就是采用

Access 来存储数据的。

2.4.3 产品数据管理技术

1. 产品数据管理的基本概念

产品数据管理（product data management，PDM）技术最早出现在 20 世纪 80 年代初期，目的是为了解决大量工程图纸、技术文档以及 CAD 文件的计算机化的问题，然后逐步扩大到产品开发整个生命周期的产品数据管理问题。数据管理相关的应用也从早期的专用 CAD/CAM/CAE 集成系统、电子文档管理系统，发展到目前的产品数据管理系统。PDM 是一种工具，它提供一种结构化方法，有效地、有规则地存取、集成、管理、控制产品数据和数据交换。

随着网络、数据库技术的发展，尤其是关系数据库和面向对象技术的风行，集数据管理、网络通信和过程控制于一体的 PDM 技术迅速得到企业界的广泛关注。目前，PDM 的研究相当热门，其技术发展十分迅速。企业采用 PDM 技术，可以有效地管理 CAD/CAM/CAPP 异构电子文档，同时也为企业各部门及时传送准确的产品信息，是企业实现协同设计和 CIMS 信息集成的平台，是企业各部门信息沟通的桥梁。使用 PDM 系统能够给用户带来这样一些好处：缩短产品上市时间，提高设计效率，改善设计和制造的质量，更好地保证产品数据的准确性、一致性和安全性，有利于引进新的产品开发模式和开发过程等。PDM 系统通过计算机将产品设计、工艺设计、生产制造和质量检验以及用户反馈等方面信息集成在一起，对产品整个生命周期内的数据进行统一有效的管理与控制，准确地描述产品工作过程的全部信息。PDM 依据全局信息强调共享的观点，扩大了产品开发建模的含义，它为不同地点、不同部门的人员营造一个协同工作环境，使他们可以在同一数字化的产品模型上一起工作。在这种虚拟的环境中，PDM 远比 CAx 和工程技术群体文件管理器的功能强大得多，是所有信息的主要载体。PDM 作为沟通企业中各种信息的桥梁，已成为协同设计的关键技术之一（图 2.23）。

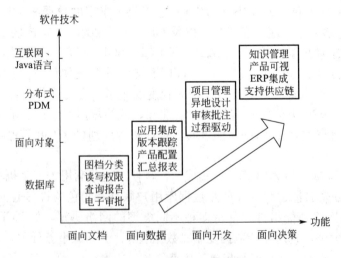

图 2.23 PDM 技术的应用目标

目前，PDM 技术还没有一个统一的定义，不同的研究者和研究机构给出了不同的定义。

专门从事 PDM 和 CIM 技术咨询服务的 CIMdata 公司总裁 Ed. Miller 在"PDM Today"一文中给出的定义是:"PDM 是管理所有与产品相关的信息和过程的技术;与产品相关的所有信息,即描述产品的各种信息,包括零部件信息、结构配置、文件、CAD/CAM/CAPP 电子文档、异构数据、审批信息等与产品相关的所有过程,即对这些过程的定义和管理,包括信息的审批和发放"。但是,真正意义上的 PDM,远非三言两语的"定义"可以"简而言之"。实际上,从来没有纯粹的、抽象的"PDM 系统",也没有哪一家企业单纯地引进"一个 PDM 系统",其一定与企业的具体目标相辅相成。所以 PDM 技术不是拿来就能用的工具,它与企业的应用背景与文化密切相关。通常引进了 PDM 技术后还要做相应的二次开发工作,同时,也不能把不同层次的 PDM 混为一谈,因为不同层次的 PDM 应用于企业不同层次的需求,而企业的终极目标是企业信息集成。

从软件来看,PDM 是一个介于信息结构软件和应用软件之间的一种框架软件系统,以此框架为基础,高度集成各种应用而组成,可给制造者提供全面管理、紧密跟踪、适度控制、适时查看与产品设计及与产品相关的数据。PDM 包括:

(1) 与产品相关的信息,即描述产品的各种信息等;

(2) 对产品相关的所有过程定义和管理,包括信息的审批、分配以及更改等。

但是,这只是从技术的角度给 PDM 下了一个"准确"的定义。真正意义上的 PDM 远不止如此。如果一定要探索 PDM 究竟是什么,不妨这样定义:PDM 是依托 IT 技术实现企业最优化管理的有效方法,是科学的管理框架与企业现实问题相结合的产物,是计算机技术与企业文化相结合的一种产品。

2. PDM 的技术特点

PDM 是一种帮助设计者和其他人员管理产品数据的工具。PDM 系统能够提供设计、制造所需的数据和信息,并由此支持和维护产品开发过程的协同性。其主要特点是:

(1) PDM 作为一个独立的应用系统,擅长于产品数据的存储与检索,按照用户定义的属性查找数据,协调不同类型数据之间的关系,管理文件的进出,提供产品设计工艺、生产等需要的数据与信息。

(2) 为了进行快速的产品开发或设计,设计人员必须拥有完备的数据和信息流,将数据文档转换成纸质文档,即文件复制工作往往是必要的。这时可以利用专门的复制管理系统对所有打印和绘图工作进行统一管理、监督和控制。也就是说,利用 PDM 系统,可以快速地检索复制所需的工程图,利用复制管理系统可以很快地绘制出图样。

3. PDM 现状及国内外发展趋势

PDM 技术在国外、国内都有一定的研究和应用,典型的如美国著名的 PTC 公司已经开发出了管理 Pro/ENGINEER 产品数据和软件 Pro/INTRALINK;Windcill 技术更是基于 Web 技术的、跨异构系统的、可管理跨国跨地区的大公司的 PDM 系统,其产品已广泛应用于各个行业。

Motiva 软件公司专门从事企业范围内数据管理解决方案,其 DesignGroup2.0 软件可以管理产品和项目信息定义,并支持设计组人员通过 Internet 电子协作直接访问企业内部网管理全球的工作成员。其可扩展性能支持日益增长的企业需求,可使企业根据需要扩展系统。

AutoDesk 公司是 CAD 软件的最著名的厂商之一，该公司密切关注设计信息的管理，并联合 Motiva 软件公司，开发了管理文档数据和工作流自动化的 WorkCenter 软件。

由上可知，在国外，PDM 技术已经进入应用软件的开发和企业的成功实施阶段。但不同的 PDM 软件在功能上有差别，有的软件在功能上更全面，有的仅集中在 PDM 的文档管理、数据仓库功能上，有的仅适合在企业内部网上实施，有的却能在 Internet 上实现。

我国许多 CAD 产品厂商如华软、高华、利玛等公司都密切关注 PDM 技术的发展，并推出了 PDM 产品。这些产品在一些企业中得以实施，提高了企业的计算机管理水平，给企业带来了较大的经济效益。但是我国对 PDM 技术的研究还很落后，虽然在"九五"期间已经对 PDM 技术的研究有了一定的基础，但还比较薄弱，特别对 PDM 的应用领域的范围还比较狭窄，仅局限于制造业，对理论和实现的方法研究还不足，研究 PDM 集成技术的各软件开发商各自为政，标准接口还有待于研究、规范和推广。根据 CIMdata 公司的市场统计，全球 PDM 市场正在迅速增长，所以我国必须加强 PDM 技术的研究和软件的开发，为企业成功实施 PDM 提供解决方案。PDM 实施是一个技术和管理相结合的复杂系统，因此必须在技术上、管理上、实施范围上给予充分的研究和组织。

2.5 产品全生命周期设计

1. 产品的全生命周期与产品的寿命

产品的全生命周期与产品的寿命是两个不同的概念。产品的全生命周期包括产品的孕育期(产品市场需求的形成、产品规划、设计)、生产期(材料选择制备、产品制造、装配)、储运销售期(存储、包装、运输、销售、安装调试)、服役期(产品运行、检修、待工)和转化再生期(产品报废、零部件再用、废件的再生制造、原材料回收再利用、废料降解处理等)的整个闭环周期。而产品的寿命往往指产品出厂或投入使用后至产品报废不再使用的一段区间，仅是全生命周期内服役期的一部分。传统设计主要是指产品的运行功能设计和产品的使用寿命设计，以及近年来日益重视的产品自然寿命设计。

基于产品的社会效应，全生命周期包括对产品的社会需求的形成，产品的设计、试验、定型，产品的制造、使用、维修以及达到其经济使用寿命之后的回收利用和再生产的整个闭环周期。如图 2.24 所示，机械的全生命周期涵盖全寿命期，全寿命期涵盖经济使用寿命和安全使用寿命。

全生命周期设计意味着在设计阶段就考虑产品

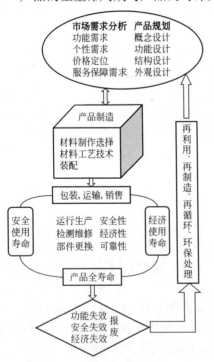

图 2.24 全生命周期与全寿命期

生命历程的所有环节，以求产品全生命周期所有相关因素在产品设计阶段就得综合规划和优化。新产品是一个相对概念，具有很强的时间性、地域性和资源性，全生命周期设计的最终目标是尽可能在质量、环保等约束条件下缩短设计时间并实现产品全生命周期最优。

用系统论和全生命周期综合考虑的观点提出产品的合理开发进程、开发的组织结构、研究解决产品开发各阶段的关键技术、建立全生命周期设计理论体系、开发出相应的计算机辅助产品，创新设计工具，进而实现产品开发时全、快、优的全生命周期设计思想。以往的产品设计通常包括可加工性设计、可靠性设计和可维护性设计，而全生命周期设计并不只是从技术角度考虑这个问题，还要考虑产品美观性、可装配性、耐用性甚至产品报废后的处理等。

产品功能和性能设计一直是机械设计的核心，也贯穿全生命周期设计的所有环节。与传统的设计相比，现代产品具有一系列新的特征。产品功能和性能的开发和提高依赖于相关多学科的发展和技术突破，同时也受市场需求的推动。模块化和标准化已被证明是保证产品高性能、低成本和短开发生产周期的有效方式，但随着人类生活水平的提高，对产品多样性和个性化的要求日益突出，在全生命周期设计中如何将模块化和标准化要求与多样化和个性化要求相协调统一是争夺市场的重要问题，但这并非是难以解决的矛盾。在产品性能与功能方面，可以充分发挥模块化和标准化的优势，而在产品的表现形式、外部结构等方面尽量满足多样化和个性化的市场要求。例如汽车的设计，在发动机和驱动装置方面应注重功能和标准化，但车的外形和车内布局则要多样化和个性化。

2. 全生命周期设计的目的

全生命周期设计的主要目的可以归结为三个：

（1）在设计阶段尽可能预见产品全生命期的各个环节的问题，并在设计阶段加以解决或设计好解决的途径。现代产品日趋复杂、庞大和昂贵，其中的知识含量也与日俱增，一旦出现问题仅靠用户的经验和技能很难有效解决和保障设备的有效运行。

（2）在设计阶段对产品全生命周期的所有费用（包括维修费用、停机损失和报废处理费用）、资源消耗和环境代价进行整体分析规划，最大程度提高产品的整体经济性和市场竞争力。

（3）在设计阶段，从选材、制造、维修、零部件更换、安全保障直到产品报废、回收、再利用或降解处理的全过程对自然资源和环境的影响进行分析预测和优化，以积极有效的方法利用和保护资源，保护环境，创造好的人机环境，保持人类社会生产的持续稳定发展。

3. 全生命周期设计的主要内容

全生命周期设计实际上是面向全生命周期所有环节、所有方面的设计。图 2.25 所示为全生命周期设计所面向的全过程。其中每一个面向都需要专门的知识、技术做支撑，这种技术采用专家系统、分析系统或仿真系统等智能方法来评判概念设计与详细设计满足全生命周期不同方面需求的程度，发现所存在的问题提出改进方案。但是，全生命周期设计不是简单的面向设计，而是多学科、多技术在人类生产、社会发展、与自然界共存等多层次上的融合，所涉及的问题十分广博、深远。

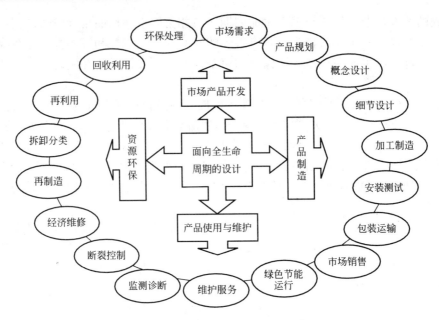

图 2.25 面向全生命周期的设计

4. 全生命周期设计的前沿问题

全生命周期设计基于知识对产品全生命期的所有关键环节进行分析预测或模拟仿真,将功能、安全性、使用寿命、经济性、可持续发展性等方面的问题在设计阶段就予以解决或设计好解决的方式、方法,是现代机械设计的必然发展方向。但是因涉及的学科、知识、技术和思想观念十分庞杂,目前全生命周期设计仍处于见仁见智的阶段,有许多前沿问题需要研究解决。

1) 知识库、数据库和知识共享

面向全生命周期的设计必须建立在现代最先进的知识平台之上。建立面向全生命周期各阶段设计的知识库、数据库并通过各种方式共享知识是实现全生命周期设计的重要基础。同时,如何通过网络实现知识共享是现代机械设计面临的紧迫问题。

2) 计算模拟和仿真技术

对初始设计进行制造和装配工艺的仿真、动力学仿真、运行过程仿真等是发现设计问题、改进设计方案从而实现设计优化的最经济省时的有效途径。采用计算机虚拟试验替代实物试验是机械设计发展的必然方向。对全生命周期机械行为和社会环境影响进行计算模拟和能力仿真,实际上是实现全生命周期设计的技术保障。

3) 经济性全局分析与评价体系

实现全生命周期经济性的优化是全生命周期设计的重要目的之一,也是指导全生命周期设计的指标。除了产品本身的成本和使用的经济性,全生命周期设计还需综合产品的终生维修服务费用、能源和资源的消耗、对环境影响的代价等复杂因素进行全面分析,做出全局最优的方案选择。

4) 全寿命分析与等寿命设计

产品的设计寿命和经济使用寿命是传统机械设计的指标,也是产品全生命周期的主要有效组成部分。对一些大型、复杂、造价很高的设备,保证一定期限的日期寿命是实现产品全生命周期高经济性的重要途径。

5) 全生命期的安全监测与保障

尽管有损伤容限与耐久性设计方法和可靠性分析方法,建立有效、经济的全生命期的安全检测与保障体系越来越迫切。智能材料结构、现代测试技术、计算与信息处理技术、微机电技术和分析模拟技术的发展已为安全监测与保障体系的建立提供了良好的知识平台。同时面向全生命期的后勤服务保障也日益科学化。

6) 维修和再制造工程

如何在设计阶段制定面向全生命周期的经济安全便利的产品维修服务方案,并在产品的设计中尽可能保证使用维护的经济性,对提高产品的竞争力十分重要。

7) 知识集成与全面设计优化

不同于传统的机械设计,全生命周期设计必须面向产品开发、使用、维护、报废及其后的处理全过程的经济性、人机协调性、环境影响、资源的有效使用等众多目标进行全面优化,涉及多学科的知识集成和应用。

由上可知,全生命周期设计的概念从并行工程思想发展而来,它同时考虑从产品概念设计到详细设计过程中的所有阶段,包括需求识别、产品设计、生产、运输、使用、回收处理等阶段。也就是说,全生命周期设计就是面向产品全生命周期全过程的设计,要求从市场需求识别开始就要考虑产品生命周期的各个环节,以确保缩短新产品上市时间、提高产品质量、降低成本、改进服务、加强环境保护意识,实现社会可持续化发展。

产品全生命周期设计是设计领域发展的新趋势,它必将为市场提供更富有竞争力、更高质量的环境友好性产品,是推动企业面向未来市场最有效的动力和措施之一。因此应结合我国国情开展系统的全生命周期设计研究,尽快使我国的产业与国际市场接轨,提高竞争力,实现经济、社会与环境保护同步发展。

5. 汽车产品生命周期各阶段的营销策略

汽车产品在不同时期的现象不同,比如说,产品导入期一般只有少数汽车公司,甚至是独家公司生产的式样,因为产量和技术方面的问题,使得汽车成本高、售价也高;而汽车成长期销售迅速增长,早期使用者喜欢该产品,其他消费者也开始追随领先者;同时新的竞争者加入,他们通过大规模生产来提高吸引力和利润;汽车进入成熟期以后,其消费者也更加看重汽车的设计品位。在产品同质化趋势日益明显的竞争化市场中,单纯的利益需求不一定能打动消费者的心,而能够满足消费者的自尊、自我实现的高品位设计更容易引起消费者的注意。所以,品牌汽车更应该注意自身设计的个性和品位,这样才可能在成熟期争取到更多的消费者。

所以,针对汽车不同的时期应该采用不同的营销策略(表 2-2)。

表 2-2 汽车产品各生命周期营销策略

产品生命周期	营销策略
导入期	公司必须把销售力量直接投向最有可能的购买者,尽量缩短引入期的时间
引入期	快速掠取、缓慢掠取、快速渗透和缓慢渗透等策略
成长期	针对成长期的特点,公司为维持其市场增长率,使获得最大利润的时间得以延长,可采取改善产品品质、寻找新的细分市场、改变广告宣传重点和降价等策略

(续)

产品生命周期	营销策略
成熟期	对成熟期的产品,只能采取主动出击的策略,使成熟期延长,或使产品生命周期出现再循环。为此,可以采取市场改进、产品改进和市场营销组合改进等策略
衰退期	面对处于衰退期的产品,企业需要进行认真的研究分析,决定采取什么策略以及在什么时间退出市场,通常可以采用继续、集中、收缩和放弃等策略

对于汽车来说,其自身的功能应该是其增加自身魅力的最重要属性。随着技术的不断进步,汽车功能的改进速度越来越快,品牌汽车的制造企业应该加大技术研发的投入,开发新技术完善该车的功能。同时对汽车样式的改变也不能忽略,车型既要能体现流行时尚,又要具有自身独特的内涵,这样才能在款式繁多的汽车市场中独树一帜。

从目前的状况来看,我国汽车的价格仍然较高,还有一定的下降空间,品牌汽车可以适当降价,以争取更多消费者。但是,汽车无论作为代步工具还是身份的象征,其价格因素并不是唯一影响其购买的因素,消费者在购买汽车时往往更加注重其性价比。汽车的生产企业千万不要仅仅在价格上做文章,而应该重视汽车的整体性能,以及售后服务水平的加强,以提高整体的价值。分销渠道上,汽车可以通过汽车品牌店和汽车连锁店进行销售。在销售中,要特别注意汽车的融资方式。在我国,公款购车的数量在减少,私人购车的数量在不断增加,而分期付款是私人消费者购买汽车的主要方式之一,所以汽车的制造企业要注意加强与汽车融资公司的合作。在促销上,车展对汽车销售的意义重大,所以品牌汽车的制造企业要注意利用好车展的机会。同时,汽车在电视、报刊以及杂志上的广告应该更加注重艺术性,突出汽车的特点。另外,要注重不断改善售后服务,这也是消费者非常看重的一个方面。

2.6　产品协同设计与网络化制造

2.6.1　网络化协同设计

网络化协同产品开发是随着 Internet 技术日益成熟而产生的一种先进产品开发策略,旨在建立共享、集成及协作的产品开发模式,进一步缩短产品开发周期,提高产品质量,从而在激烈的市场竞争中获胜。

网络化协同设计(network-based collaborative design,NCD)又称异地远程设计,或直接简称协同设计(collaborative design,CD)。它是计算机支持的协同工作在设计领域的应用,是对并行工程、敏捷制造等先进制造模式在设计领域的进一步深化。网络化协同设计系统以协同工作环境为基础,以 PDM 系统为支撑,通过产品协同设计子系统进行产品的异地协同设计,通过协同设计评价子系统对协同设计质量进行评价和决策。

目前企业中广泛使用的计算机辅助工具,包括实体造型软件、有限元分析程序、计算机辅助绘图软件、数控加工程序及数据管理工具,通常都是独立开发的,没有考虑集成,而且都已经建立了各自庞大的数据库,因此,任何大的改动都会遇到许多困难。采用这种协同方式能够使现有的计算机辅助工具平滑地集成。由于区分的因素不同,协同设计的分类方式也不尽相同。以时间和地点考虑协同设计的类型,可以得到下面的矩阵(图 2.26):

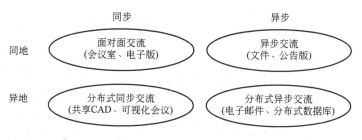

图 2.26 协同设计的分类方式

网络化协同设计的基本特点:

(1) 群体性。指设计活动由两个或两个以上设计专家参与,而这些设计专家通常是相互独立的,并且各具有领域知识、经验和一定的问题求解能力。

(2) 并行性。多设计专家要实现的最终设计目标是共同的,他们在各自的岗位上并行、协同地进行各自的设计。

(3) 动态性。参与设计的专家数目可以动态地增加或减少,协同设计的体系结构也是灵活的、可变的。

(4) 异地性。设计专家所在的位置,物理上可能是分离的。

(5) 协同性。具有一种协同各个设计专家完成共同设计目标的机制,包括通信协议、通信结构、冲突检测与仲裁等。

2.6.2 网络化协同设计的关键技术

这种新的产品开发模式根据虚拟研究所成员的数量以及产品的特点等涉及多个协同过程,如企业与产品开发合作伙伴的协同,客户与企业的协同,客户与企业产品开发合作伙伴的协同,产品开发合作伙伴之间的协同,产品结构设计、功能设计、原理设计等之间的协同,产品设计与设计评价和产品分析之间的协同,等等。

1. 协同设计过程的规划与控制

设计过程规划的复杂性在于:

(1) 设计子任务之间的时间约束关系具有多样性,有串行关系和并行关系;

(2) 在设计任务完成之前,每个子任务都可能被修改;

(3) 子任务之间大多数是互相依赖的,即一个子任务的修改可能导致其他子任务的修改。

协同控制的功能在于监控、协调设计过程中的各种冲突,管理各个功能小组(或单个设计人员)的活动等,包括项目管理、版本管理、通信、冲突消解、存储管理等几个模块。其中冲突消解模块是整个系统的核心。

在设计过程,设计人员之间、各个小组之间由于各自的目标不同、设计规则不同、知识经验不同等差异,必然引起设计内容及参数确定上的不同,这些因素必然导致协同设计过程中冲突的产生。在产品设计过程中,冲突无处不在,不可避免,从某种意义上说,协同设计的过程就是一个冲突产生、识别和消解的过程。冲突消解模块就是用来完成这些功能的。

2. 多媒体技术

以音频和视频技术为主要内容的多媒体技术也占有重要地位，音频和视频信息交流是人类在协作过程中使用最多和最自然的方式。协同设计系统支持群体协同工作，强调人人交互，而多媒体技术则是加强人与人之间沟通的有效手段。

多媒体被集中到一起更加方便了用户的使用，使信息的处理更加直观。在计算机支持的协同设计环境中，多媒体交互界面可以增强用户之间的协同。在一个工作组中，组员可能分散在不同的地点，可以利用多媒体的环境来帮助协同地创建、分析、操作一个任务。在初始阶段，多媒体信息可以帮助组员们方便地交流思想，迅速地提出初始方案。在进行过程中，可以通过多媒体界面随时了解任务的进展情况，并且能方便地交流信息。多媒体技术可以传送工作组内组员间那些不易用文字表达的信息，还可以通过音频、视频及动画图像直观地看到结果。但多媒体信息量大仍是妨碍多媒体应用的一大障碍。为了有效地支持协同设计，多媒体技术尤其是多媒体通信技术尚需进一步发展。

2.6.3 网络化协同产品开发机理

网络化协同产品开发通过网络将地理位置上分散的企业和各种资源集成在一起，形成一个逻辑上集中、位置上分散的系统，并通过系统的运作实现对市场需求的快速响应，提高参与网络化协同产品开发企业群体的市场竞争能力。其组织机理可概括为四个走向：从位置分散走向集中，从混沌无序走向有序，从独立自治走向协同以及从单元支持走向集成。

（1）从位置分散走向集中。网络化协同产品开发首先是将地理位置上分散的企业组建成一个逻辑上集中的企业联盟。

（2）从混沌无序走向有序。由于每个企业相对独立，运行模式和运行状态各不相同，这些不同的运行状态构成的状态空间整体上呈现一种混沌的形态。但是，当这些企业通过网络构成一个虚拟联盟时，又呈现有序的状态。因此，网络化协同产品开发是将处于混沌状态的产品开发活动组织成为有序的协同产品开发链。

（3）从独立自治走向协同。参与网络化协同开发的每个企业都有其独立的组织体系、决策机制、运作方式和管理方法，在决定企业的行为方式上高度自治。但是，在参与到网络化协同产品开发中时，它们又必须是协同的，需要采用相同方式来参与协同的联盟经营决策，需要制订一个共同的并能协调各方的生产周期，需要采用相同的数字化模型来交换信息等。因此，网络化协同产品开发将企业产品开发由独立模式转变至协同模式。

（4）从单元支持走向集成。不同的企业由于侧重不同而拥有不同的产品开发工具，如CAD、CAE、CAPP和CAM等企业纵向的单元技术，ERP、SCM、CRM等信息管理系统。但是，在参与网络化协同产品开发中时，需要基于统一的应用平台对产品的设计、开发、工艺和制造等进行集成。因此，网络化协同产品开发将单元支持系统转变为集成系统。

Internet的发展为制造企业进行网络协作提供了便捷、经济的信息平台，是网络化协同产品开发形成不可缺少的技术基础。但是Internet仅仅提供了企业交互的一种联系手段，如何面向市场需求，快速有序地组织合适的企业联盟进行协同产品开发，产生社会经济价值才是网络化协同产品开发的本质意义所在。

2.6.4 汽车协同设计与网络化开发

下面以国内某汽车企业的汽车产品开发为例来说明网络化协同产品开发的思想。该企业汽车产品开发过程十分复杂，其产品开发流程如图 2.27 所示。

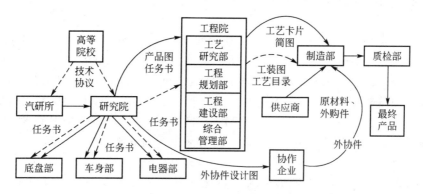

图 2.27　某企业汽车产品开发流程

通过上面的描述，结合本文所提出的网络化协同产品开发思想，我们可以做出如下分析：

（1）汽车产品开发过程是一个典型的网络化协同产品开发过程，它由来自多个部门与单位的不同专业领域的人员组成协同开发小组协作完成，因此需要组建多领域多功能团队。

（2）整个开发过程需要统一规划和控制，而且在开发过程中有可能需要根据实际情况对预定的开发过程做出调整，因此需要引入项目管理与过程控制机制。

（3）产品开发任务可能具有耦合性，需要不同部门或单位的设计人员实时协同讨论才能圆满解决设计中遇到的问题，因此实时协同工具也必不可少。

（4）为了实现对开发过程中成员、任务、数据等方面的有效管理，需要建立统一的网络化协同产品开发平台（图 2.28）。

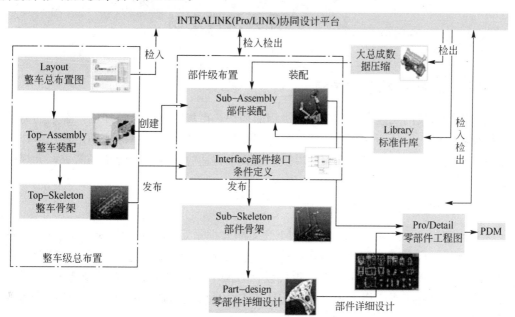

图 2.28　商用车 TOPDOWN 设计流程

阅读材料2-2

Mazda汽车公司在其Mazda Digital Innovation Program中实施并导入数字原型件制作的软件。这个计划结合了并行工程、虚拟制造、Digital Vehicle Mockups及仿真分析来改善整体开发过程。目前Mazda汽车公司正在新的并行工程系统中使用数字原型件制作,设计及制造新款的车辆,使得跨部门、分散于企业各处的设计团队彼此能够天衣无缝地协同工作在数字原型件制作,使得Mazda汽车公司的工程师们能够视觉显示整台车辆的三维模型,并与之灵活操作与互动,更有效地沟通联系,因而降低产品开发成本、加速产品上市。

Mazda汽车公司之所以能够顺利地实现并行工程,可以说是得益于数字原型件制作,它集成了所有制造过程中所需产品资料,于单一的环境中视觉显示。事实上,导入数字原型件制作项目的推行是相当成功的,设计产品不同部分的各群组人员均可在一个无缝的协同环境中一起工作,而这些设计团队的人员可能是位于同一栋办公大楼或者是同一所学校的校区内工作,但也可能是彼此身处相隔好几十公里远,甚是在跨越海洋以外的距离下一起协同工作。数字原型件制作集成了不同设计团队的设计资料,完成一件优质的模型设计。在大多数的情况下,每一组设计团队工作进行中的资料都是在夜间传输进入中心数据库中的,一旦设计资料存入后,供数字原型件视觉显示的档案便会自动地产生出来,为所有工程团队提供便利的显示及分析的视觉资料。因此,每一团队人员可读取已传入中心数据库的资料,或是读取他们目前工作中的资料,也可以是不同团队以外的资料,进行数字原型件的浏览与分析仿真。

2.7 产品大规模定制

2.7.1 大规模定制的内涵及其实现

随着现代科技的飞速发展和全球化进程的加快,市场的竞争日益加剧,客户的需求日渐多样化和个性化,从而使企业竞争的焦点逐渐集中在如何才能更好地满足客户多样化的需求上。在这种形势下,传统的大规模生产模式不再适应快速多变的市场需求,大规模定制这种崭新的生产方式应运而生。

1. 大规模定制的内涵

大规模定制(mass customization,MC)又称大批量定制或批量化定制,是一种集企业、客户、供应商和环境等于一体,在系统思想指导下,用整体优化的观点,充分利用企业已有的各种资源,在标准化技术、现代设计方法学、信息技术和先进制造等的支持下,根据客户的个性化需求,以大规模生产的低成本、高质量和高效率提供定制产品和服务的生产方式。

其基本思想是通过产品重组和过程重组,运用现代信息技术、新材料技术、柔性制造技术等一系列高新技术，把定制产品的生产问题转化为或部分转化为规模生产问题，以大规模生产的成本和速度，为单个用户或小规模多品种市场定制任意数量的产品。我国学者祁国宁、顾新建和李仁旺提出了客户订单延迟点（customer order decoupling point, CODP）的概念。它是指企业生产过程中由基于预测的库存生产转向响应客户需求的定制生产的转换点。大规模定制虽然脱胎于大批量生产模式，但在指导思想上与具体措施上有着本质的区别。表2-3从两者的管理导向、生产驱动模式、战略和特征等方面进行比较，展示了主要区别所在。大规模定制面临的最大挑战是如何减少定制的成本、缩短定制的时间，使定制产品能同大批量生产的标准产品相抗衡。需求的分散性是大规模定制模式的关键特征，作为一种新的制造模式，大规模定制具有更为广阔的前景和更强的生命力。

表2-3 大规模定制与大批量生产的比较

比较项目	大批量生产	大规模定制
管理导向	以产品生产为中心	以顾客需求为中心
生产运作理念	生产导向，根据市场预测安排生产的推动式生产方式	顾客导向，根据客户订单安排生产的拉动式生产方式
生产的安排	按计划生产	按订单生产
竞争优势	高生产效率、低成本	高度个性化产品、较低价格、快速响应变化的市场需求
战略	成本领先战略； 通过降低成本、提高生产效率获取竞争优势，稳定的需求	差异化战略； 通过快速反应、提供个性化产品获得竞争优势，分散的需求
主要特征	巨大统一的市场； 低成本、稳定的质量、标准产品和服务； 产品开发周期长； 产品生命周期长	不同的小市场； 低成本、高质量、定制的产品和服务； 产品开发周期短； 产品生命周期短
适用范围	稳定的可预测的需求市场	分化的不可预测的需求市场

从以上比较可知，大规模定制生产模式把大规模生产和定制生产这两种生产模式的优势有机地结合起来，在不牺牲汽车企业经济效益的前提下，了解并满足单个顾客的需要，从而使汽车企业获得了巨大的竞争优势，具体表现如下。

（1）成本优势。大规模定制是按订单生产，可以消除汽车企业的成品库存，减少供应链的零件库存，从而降低成本。

（2）价格优势。因为定制的产品更好地满足了客户的需求，对客户来说价值更高，所以，定制产品就有可能具有溢价，溢价的幅度可能在10%～50%之间。

（3）销售优势。大规模定制能够充分考虑统一市场"边缘客户"的需求，从而增加销售量，扩大市场份额。

（4）竞争优势。按照客户需求而定制的产品可能只有极少数，甚至根本没有竞争对手，所以在某种程度上居于垄断地位，具有所有的价格优势。

（5）市场优势。大规模定制是一种进行市场研究的好方法。通过定制某些产品，能够预知与大规模生产相关的客户偏好。由于定制的产品能够更好地预测市场，所以标准产品能更好地上市。

（6）敏捷优势。大规模定制能够迅速地适应市场、技术、标准、潮流等方面的变化。柔性的操作可以迅速地生产出所需要的产品。采用大规模定制生产模式的汽车企业能够利用各种标准模块，很快地生产出满足环境变化的新产品。另外，迅速地交货要迅速地付款，可以把快速交货作为要求客户迅速付款的基础，这将节约投入到产品生产中的资金的利息开支。

（7）双赢优势。通过实施产品（或服务）定制，真正体现了产品（或服务）的内涵——双赢。汽车厂商以卖产品和服务的形式满足了客户的需求，客户又利用厂商提供的贴身产品（或服务）提高了竞争力，二者相得益彰。

确定定制化程度是大规模定制争论的一个主要焦点。理论家认为定制的产品要满足顾客的所有要求，而实施的企业认为大规模定制只是根据用户的选择来提供产品，与实际提供的选择数量无关。有些研究者认为这个争论的解决方法在于确定产品或服务定制的范围，以及顾客在这个范围内如何做出选择，成功的大规模定制系统应该能够将真正的个性化与高弹性的部件变化和标准的过程综合在一起。实际上，客户应该能够在价值链的任何点进行定制，包括从用户对产品的最简单的修改到产品设计、制造、装配、销售、运送以及售后服务的全盘定制化。

2. 大规模定制的实现

大规模定制的前提是所生产的产品必须是面向某一产品族的。品种多的产品，生产线复杂，生产线上的物流复杂，不能实现规模经济，从而不能大规模定制。大规模定制生产需要解决的主要问题是满足消费者的个性化需求与大规模生产之间的矛盾，解决此矛盾的基本思路是确定客户订单延迟点。如图 2.29 所示，在 CODP 之前，是推动式的大规模通用化半成品生产阶段，能形成规模经济，生产是按预测进行。这些中间产品生产出来后，就保持在这种中间状态，将以后的加工装配成形过程延迟，顾客的需求信息在 CODP 切入生产过程。接到用户的订单后，根据确实掌握的订单资讯，尽快地将中间产品按客户的订制要求加工成最终产品，实现快速的有效顾客反应，因此，CODP 之后是拉动式的差别化定制阶段。大批量定制的核心策略是增加库存生产的比例，将 CODP 尽可能向生产过程的下游移动，减少为满足客户订单中的特殊需求而增加设计、制造及装配等环节中的各种费用。

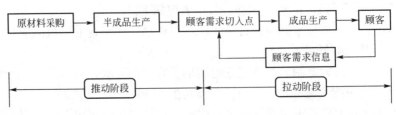

图 2.29　客户订单延迟点

2.7.2 大规模定制运作过程

大规模定制过程主要有六个活动组成，其模型如图 2.30 所示。

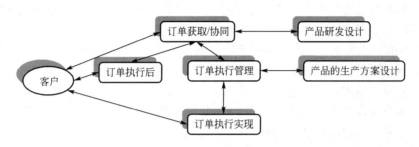

图 2.30 大规模定制的过程

1) 订单获取/协同

该过程是企业获取订单的过程。在该环节当中，企业与客户进行互动，获取客户的需求并将客户需求进行可行性分析，为客户提供一个满足客户个性化需求的产品解决方案并以订单的形式呈现。双方对企业提供的解决方案以及订单上的各类细节问题进行沟通协商，最终达成一致，企业获取订单。

2) 订单的执行管理

该过程主要是对产品价值链上各种活动进行管理，包括企业的供应链。该活动与订单获取/协同过程是相互影响的。当订单执行过程能够按照一个订单上的细节控制订单执行过程中的各个活动时，表示客户的个性化需求是可行的，在订单获取/协同过程来看，企业就可以针对客户的个性化需求为客户提供一个产品解决方案。

3) 订单执行实现

该过程主要是依据订单把产品生产出来并交付到客户手中的过程，主要是指产品的实现过程，同时还包括供应链上的活动以及产品交付活动。

4) 订单执行后

主要是指订单完成后所进行的活动。即将定制化产品交付到客户手中后，还要处理客户抱怨、技术指导、客户维持，以及进一步与客户互动，了解客户需求等活动。

5) 产品研发设计

该环节主要是在公司生产能力范围内为客户研发设计个性化需求产品。在大规模定制下，该环节要遵循模块化产品族设计原则、客户参与的指导原则。

6) 产品的生产方案设计

该过程是将产品设计方案进一步转化成产品生产工艺流程，并衍生一系列的制造工艺和规则。一般情况下，该部分会生成定制产品的物料清单。

这六个过程是相互联系的，比如订单获取/协同的过程必须考虑订单执行管理的结果，而订单执行管理的发生实际上也是在获取订单后，根据订单的细节来进行的。在这个模型中，这六个环节并不像产品生命周期那样具有很明显的时序关系，因此，在这里有必要把整个运作过程按照时序关系进行过程分解，以便对大规模定制的实施具有更有意义的指导作用。

2.7.3 大规模定制的生产模式及应用

大规模定制是大规模生产与完全定制生产的有机结合。在汽车行业,定制并非是一个新的概念,如劳斯莱斯汽车公司的完全定制生产,每一个部件从材质、品种到颜色,都是按照客户不同要求定制的。这种完全按客户需求进行定制的生产方式,其对产品的设计和制造往往是一切从头开始,一切靠企业自己,虽然满足了客户的个性化需求,但服务的市场面偏窄,制作周期较长,成本高昂,从而使企业在竞争中处于不利的地位。与大规模生产、完全定制生产相比,大规模定制选取的竞争战略、追求的目标和采取的手段不同,导致了它们之间具有许多不同的特征。表 2-4 从竞争战略的角度对三种生产方式进行了比较,从中可以看出大规模定制的特征。

表 2-4 汽车大规模定制与大规模生产方式、完全定制生产方式的比较

比较项目	汽车大规模生产	汽车完全定制生产	汽车大规模定制生产
竞争战略	成本领先战略。使低成本成为产品最重要的优点	差异化战略。强调差异化特征,索取额外的价格来弥补差异化特征带来的额外成本	成本领先与差异化融合的战略。以较低的价格提供有效的差别,从而为客户提供最佳的效用——价格比
竞争手段	稳定性和控制力取得高效率	改变或修改设计流程来满足客户的个性化需求	采取延迟制造策略和模块化技术。尽可能压缩非标准件或非标准工艺的比例,最大限度地增加标准件或标准流程的比重,从而达到减少产品内部多样化,增加产品外部多样化的目标
竞争目标	以几乎人人买得起的低价格开发生产、销售、交付产品或服务	完全按客户的个性化要求单独地为客户开发、生产、销售、交付每一件产品或服务	以几乎每个客户都能接受的低价格开发、生产、销售、交付几乎是每个客户真正想要得到的产品或服务
生产方式优缺点	产品成本低、质量高、交货期短。但品种单一,无法满足客户的个性化需求	完全按客户需求定制,针对性强、特色明显、价格高、利润率高。但产品成本高、交货期长、敏捷性差	产品多样化、个性化、质量稳定、成本较低、敏捷性高

从以上比较可知,汽车大规模定制把大规模生产和完全定制生产这两种生产方式的优势有机地结合起来,在不牺牲企业经济效益的前提下,了解并满足单个顾客的需要,从而使汽车制造企业处于一种更加有利的竞争地位:企业既降低了成本,又创造出了差异化价值;既利用了大规模生产的优势,又可以对客户的个性化需求做出快速反应。面对竞争日益激烈的市场以及需求日趋多样化、个性化的顾客,如果某个汽车制造企业能够成功实施大规模定制,就可以兼得低成本与差异化的好处,获得超过行业平均水平的利润,从而在

激烈的市场竞争中脱颖而出。

汽车大规模定制的实施策略有下面几点。

1) 加强客户关系管理，准确把握顾客真实需求

汽车制造企业通过客户关系管理系统把经过分析和处理的客户信息与有关客户的各种业务领域进行无缝连接，让企业的各部门及经销商能共享客户资源，使企业可以根据客户的喜好和需求提供有针对性的服务，从而为大规模定制企业更快、更好为客户定制产品提供保证。

2) 采取平台战略和模块化设计

汽车平台泛指多个不同车型的通用部件，有时也特指汽车底盘。所谓的平台战略就是指以汽车构成中不变的总成和零部件为基础组成一个平台，在这个平台上再加上可变的总成及零部件，从而在一个平台上能够生产出多品牌、多款式的汽车。实施平台战略的目的是为了快速而又低成本地推出客户所需的各种各样的产品。模块化设计是对一定范围内的不同功能或相同功能、不同性能、不同规格的产品进行功能分析，划分并设计一系列功能模块，通过模块的选择与组合构成不同的产品，以满足市场的不同需求。采用模块化思想设计的汽车，当同一个模块中选用不同的零部件或总成时，就可以得到这一模块的变形，所以按照这种设计思想开发汽车能够满足消费者对个性化的需求。

3) 利用网络与信息技术，支持大规模定制生产

通过网络与信息技术设施的建设，把汽车制造企业间内外部信息环境集成为一个统一的平台。通过这一平台，实现对供应链上各种信息资源的有效整合，最终使得从订货到交付的各个环节，包括产品配置、订单处理、资金往来、物流配送、配件供应、维修服务等都能够在网络上实现或通过网络提供信息支持，从而提高汽车制造企业的运作效率和响应性，满足大规模定制对低成本、快速反应的要求。

4) 建立柔性的制造系统

大规模定制需要柔性的制造能力，这包括柔性的制造设备，适应性的制造工艺和多面手的工人，应用柔性的制造能力实现大规模定制的高效率和低成本的制造。

5) 建立高效的物流支持系统

实施大规模定制战略的汽车制造企业必须建立起高效的物流支持系统，通过采购与上游供应链连接，通过客户关系管理与下游分销商和客户连接，促进整个供应链物流渠道的畅通，从而达到降低定制成本和加快定制速度的目的。

6) 实施有效的供应链管理

基于一个企业因其自身的能力和资源的有限性，实现这一目标的有效途径之一就是开展企业间的合作，使各种优势互相集成，催生出更加强大的综合优势，以整体的优势应付多变的市场，快速提高汽车制造企业的竞争能力。因此，实施企业间的战略联盟，加强供应链管理，成为保障大规模定制有效运作的一个关键因素。

当前，由于汽车市场需求的不确定性及客户需求的个性化，在发达国家，越来越多的汽车制造企业正在从大规模生产转向按客户订单进行大规模定制生产，汽车制造企业在满足客户定制化要求的同时千方百计地降低生产成本，这对于我国汽车制造企业来说是一个严峻的挑战。我国汽车制造企业应该认真研究和把握客户消费的特点和规律，正确理解和运用大规模定制，以迎接个性化消费时代的来临。

2.8 产品并行工程技术

2.8.1 串行工程与并行工程

1. 并行工程的产生

全球性的竞争要求制造企业必须具有快速应对市场变化的能力,为适应上述竞争形势,建立在数字化设计、数字化制造和信息技术基础上的并行工程应运而生。

1988年,美国国家防御分析研究所(institute of defense analyze,IDA)完整地提出了并行工程(concurrent engineering,CE)的概念,即并行工程是集成地、并行地设计产品及其相关过程(包括制造过程和支持过程)的系统方法。这种方法要求产品开发人员在一开始就考虑产品整个生命周期中从概念形成到产品报废的所有因素,包括质量、成本、进度计划和用户要求。并强调各部门的协同工作,通过建立各决策者之间的有效的信息交流与通信机制,综合考虑各相关因素的影响,使后续环节中可能出现的问题在设计的早期阶段就被发现,并得到解决,从而使产品在设计阶段便具有良好的可制造性、可装配性、可维护性及回收再生等方面的特性,最大限度地减少设计反复,缩短设计、生产准备和制造时间。

并行工程是一种新的设计哲理,它集成了制造业中许多新技术、新模式和新思想,将先进的管理思想和现代的产品开发手段结合起来,采用集成化和并行化的思想设计产品及其相关过程,以提高产品质量、降低成本、缩短产品开发周期和产品上市时间为目标。并行工程与传统模式开发周期的比较如图2.31所示。

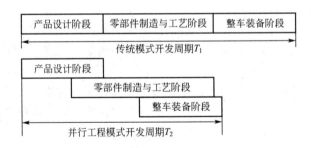

图 2.31 并行工程缩短开发周期工作方式

2. 并行工程与串行工程的区别

传统的串行设计过程,也就是常说的串行工程(serial engineering,SE)(图2.32)。该方法是基于二百多年前英国政治经济学家亚当·斯密的劳动分工理论。该理论认为分工越细,工作效率越高。因此串行方法是把整个产品开发全过程细分为很多步骤,每个部门和个人都只做其中的一部分工作,而且是相对独立进行的,工作做完以后把结果交给下一部门。西方把这种方式称为"抛过墙法"(throw over the wall),他们的工作是以职能和分工任务为中心的,不一定存在完整的、统一的产品概念,一个小组的设计方案形成并通过后,送给另一小组修改。每个小组依次修改设计方案以满足自己的设计目标,如果一个小组做出的修改不能被另一个小组接受,那么就得由最初的设计小组重新修改设计方案,如此反复进行。

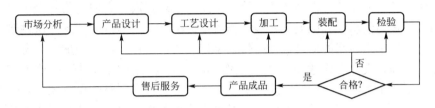

图 2.32 串行工程的概念

在串行设计中,由于设计部门独立于生产过程开发产品,因此这些产品很少能一次就可以顺利投入批量生产。设计错误往往要在设计后期,甚至在制造阶段才被发现,使得返工增加、返工周期长、成本高,从而增加了产品的成本和开发时间,严重地影响着产品的竞争力。综上所述,这种设计方法的问题在于以下几点:

(1) 每个小组都从自己的利益和观点出发修改设计方案,忽视了对其他小组的影响。当类似情况反复出现时,就产生了不必要的重复。当存在数百个元件、数百个约束和许多相关利益的部门代理时,设计问题就会变得非常复杂,降低了设计效率。

(2) 信息流动是单向的、串行的,设计、制造过程中缺乏必要与及时的信息反馈,在设计的早期不能全面地考虑下游的可制造性、可装配性等多种因素,致使经常需要对设计进行更改,构成了从概念设计到设计修改的大循环。

(3) 由于设计质量难以保证,使得产品成本难以降低,产品开发周期难以缩短,质量难以保证。

为克服串行工程的缺点,人们提出了并行工程思想。在并行工程中,开发者一开始就要考虑到整个产品生产周期中从概念到产品的所有要求,包括质量、成本、进度计划以及用户要求等。与串行工程相比,并行工程具有以下特点:

(1) 并行工程强调面向过程和面向对象。并行工程特别强调设计人员在设计时不仅要考虑设计,还要考虑这种设计的工艺性、可制造性、可生产性、可维修性、等等,工艺部门的人也要同样考虑其他过程,设计某个部件时要考虑与其他部件之间的配合。所以整个开发工作都是要着眼于整个过程和产品目标。从串行到并行,是观念上的很大转变。

(2) 并行工程强调系统集成与整体优化。并行工程并不完全追求单个部门、局部过程和单个部件的最优,而是追求全局优化,追求产品整体的竞争能力。对产品而言,这种竞争能力就是由产品的 T、Q、C、S 综合指标——交货期、质量、价格和服务。在不同情况下,侧重点不同。在现阶段,交货期可能是关键因素,有时是质量,有时是价格,有时是它们中的几个综合指标。对每一个产品而言,企业都对其有一个竞争目标的合理定位,因此并行工程应围绕这个目标来进行整个产品开发活动。

(3) 并行工程把全生命周期作为研究过程。并行工程将整个研究对象的生命周期分解为许多阶段,每个阶段有自己的时间段,组成全过程,时间段之间有一部分相互重叠,重叠部分代表过程的同时进行。一般情况下相邻两个阶段可以相互重叠,需要时也可能出现两个以上阶段相互重叠。相互重叠的设计阶段间实行并行工程,显然首先要求信息集成和相互间的通信能力,其次要求以团队的方式工作,这些团队不仅包括与相应设计阶段有关的人员,还应包括参与产品生产和销售过程的相关部门的人员。

并行工程与串行工程的比较见表2-5。在并行工程中,并行工作小组可以在前面的工作小组完成任务之前开始他们的工作。第二个工作小组在消化、理解第一个工作小组已做的工作和传递来的信息的基础上,开展工作,依此类推。与串行设计的一次性输出结果不同,相关的工作小组之间的信息输出与传送是持续的,设计工作每完成一部分,就将结果输出给相关过程,设计工作逐步完善,工作小组不再有输出需求时,设计工作完成。所以,所有的工作小组不仅要做好本小组的工作,更需要考虑到整个设计团队的工作,设计小组应该把完成相关小组的需求看成自己必须完成的工作,显然,并行工程完成产品设计的时间远远小于串行工程所用的时间。

表2-5 串行工程与并行工程的对比

竞　争	并行工程	串行工程
产品质量	在生产前已注意到产品的制造问题	设计与制造沟通不足
生产成本	产品的易制造性提高,生产成本较低	新产品开发成本低,但制造成本较高
生产柔性	适于小批量、多品种 适于高新技术产品	适于大批量、单一品种 适于低技术产品
产品创新	较快速推出新产品,吸取经验,创新、新产品投放市场快速,竞争能力强	不易获得最新技术和市场需求变化趋势,不利于产品创新

并行工程实施是以最终需求为核心,按照并行工程的哲理,对团队组织、经营管理、技术这三要素进行合理组织,并基于集成的支撑环境,使各类活动中的信息流、物流、价值流(资金流)优化运行,达到赢得市场竞争的目标。因此从广义上讲,并行工程的实施是一项复杂的系统工程,要依靠工业工程技术、运筹学方法、管理科学、社会人文科学和现代高科技,并且涉及企业的人、经营过程、技术、组织结构和企业文化等各个方面,将数据交换技术、系统结构分析、实施过程分析、开发过程重组、组织形式及工作环境作为实施并行工程的管理使能技术加以分析是必要的。并行工程的实施并不是一蹴而就的事,它作为一种先进的管理思想,早在20多年前就有人提出,但是在实际的操作中,由于种种技术原因而没有得到很好的执行。

2.8.2 汽车产品并行工程开发

在目前的汽车制造企业中,并行工程可谓大行其道,涉及开发团队建设、项目规划及进程控制、产品开发过程、技术开发工具、数字化建模、产品数据管理及产品质量管理等各领域之中,以下主要谈谈并行工程在整车开发项目团队建设及项目规划中的应用。

1. 并行工程在整车技术开发项目团队建设中的应用

正如并行工程的特点中所描述的,要实施并行工程,其开发团队必须是一个跨部门的项目团队来进行整车项目开发。图2.33是国内其整车厂技术开发团队示意图。

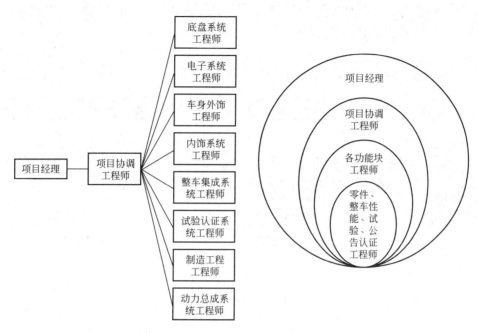

图 2.33　国内某整车厂技术开发团队示意图

由于一辆整车涉及上万个零件，按所处整车系统位置不同，划分到各个功能块，如动力总成、底盘、内外饰等。如图 2.33 所示，整个团队的基石是由负责细分零件的工程师组成。

对于每个功能块，又设置了一位系统工程师，如发动机系统工程师等。系统工程师总协调该功能块零件开发状态，及时向项目组汇报状态及风险信息，同时将项目进程和策略信息传递给细分零件的工程师。因此对于系统工程师的要求，不仅要熟悉本功能各零件及特点，而且要熟悉项目开发流程，能起到项目与零件工程师的纽带作用。

项目协调工程师负责协调各功能块系统工程师，由项目经理领导，负责日常项目进度跟踪及其具体项目协调工作。项目经理是由公司高层委派的，对完成项目负责，其主要职责是安排项目开发计划并进行项目执行控制。

这种技术团队综合了职能型和项目型两种组织的优点，是专业化的项目管理组织形式。它与职能型组织不同之处在于，各职能部门抽调来的系统工程师组成一个项目团队，由项目经理领导。对一个工作人员来说，他既属于团队也属于职能部门，即双重领导。但在一定时间段内，他主要是做项目工作，由项目经理领导。自然有时也会发生冲突，需要项目经理和职能经理之间的沟通和理解。因此，这类组织既能发挥职能部门业务精通优势，又有项目团队及项目经理构成的强有力的队伍，为按期、优质完成任务提供了组织保证，充分实现了公司资源的最优配置。

同时需要注意的是，这类组织形式的缺点在于团队成员存在两个领导，职能经理和项目经理，常有无所适从之感，多数情况下也许更注重接受职能经理的领导。因此对于项目经理来说，不仅要有很强的对外联系和谈判能力，而且要有很强的内部组织和指挥能力。

汽车开发是一项复杂的系统工程。它的开发流程(图 2.34)包括创意、造型、设计、工程分析、样车实验、工装设计及加工、调试、生产等工作。如果不能很好地协调各环节，汽车开发必然是费时费力的浩大工程。尤其是这几年国内汽车业迅猛发展，各汽车厂竞争空前激烈，汽车开发周期、质量、成本显得尤为重要。

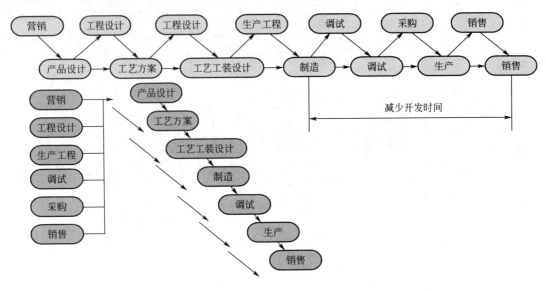

图 2.34　汽车开发的一般流程

注：浅色部分为常规的汽车开发流程；深色部分为采用了并行工程的开发流程

2. 并行工程在各阶段的具体应用

采用并行工程可以在汽车的开发过程中缩短产品开发周期、提高产品质量、降低产品开发成本。并行工程在先进制造技术中具有承上启下的作用，这主要体现在以下几个阶段。

1）并行工程在策划阶段的运用

在策划阶段，相关决策层首先应该考虑开发的产品是否能为企业带来经济效益；开发的产品是否具有先进性、可行性、经济性、环保性等优点；开发的产品是否具有潜在市场；竞争对手是否也在开发同类型产品，他们的水平如何；开发产品是否符合国内外法律法规和专利要求等方面的可行性。如果通过论证认为可行，则立即组建产品开发并行工程项目小组。

企业应从与产品开发相关的部门，选定有一定技术专长和管理能力的产品设计、产品工艺、质量管理、现场施工、生产管理等人员（如有必要还可邀请产品的使用客户代表参加）组成并行工程项目小组，同时明确小组成员的工作职责。

2）并行工程在设计阶段的运用

并行工程要求产品开发人员在制定产品设计的总体方案时就考虑产品生命周期中的所有因素，解决好产品的 T、Q、C、S 难题，即以最快的上市速度、最好的质量、最低的成本及最优的服务来满足顾客的不同需求和社会可持续发展的需求。总体方案的设计与论证作为以后详细设计的依据，必须从总体上保证最优，包括优化设计、降低成本、缩短研制周期。

在设计阶段，产品开发并行工程项目小组应根据用户要求确定所开发产品的设计目标。要确保所开发产品能使用户满意，就必须以用户关注的项目开发周期、项目开发成本和预定的最优效果作为所开发产品的设计目标。设计目标是并行工程项目小组的行动纲领，这些目标都是充分研究国内外经济形势、顾客合理要求、市场总体需求、国家法律法规要求和企业内部客观条件，并在全面收集竞争对手有关资料的基础上确定的。设计目标确定后，要采用既合理又简便的方法，根据用户要求，找出关键目标，并将设计目标分解为若干个分类目标。这样，并行工程项目小组就能自上而下地把设计目标层层展开，企业各部门并行地开展工作，并按关键目标要求，对产品开发过程进行评价得出最优设计结果。

3）并行工程在样品试制阶段的运用

并行工程在样品试制阶段的工作重点是实现产品各方面的优化。并行工程项目小组应建立典型产品的设计模型。汽车企业进行典型产品设计、可靠性设计和可靠性试验的目的，就是为了建立典型产品的设计数据库，并通过现代计算机的应用技术，将设计数据实现信息收集、编制、分配、评价和延伸管理，确立典型产品设计模型。并通过对确立的典型产品设计模型的研究，利用信息反馈系统进行产品寿命估算，找出其产品设计和产品改进的共性要求，实现产品的最优化设计。要使开发的汽车产品设计最优化，还必须了解同类产品的失效规律及失效类型，尤其是对安全性、可靠性、耐久性有重要影响的产品设计时，要认真分析数据库内同类产品的失效规律及失效类型作用，采取成熟产品的积累数据，通过增加安全系数、降低承受负荷、强化试验等方法，来进行产品最优化设计。

4）并行工程在小批量试制阶段的运用

并行工程在小批量试制阶段的工作重点是实现生产能力的优化。应按产品质量要求对生产能力进行合理配置。生产过程的"人员、设备、物料、资金、信息等"诸要素的优化组合，是实现用最少投入得到最大产出的基础，尤其是在产品和技术的更新速度不断加快、社会化大生产程度日益提高的今天，要实现产品快速投放市场，就更需要对工艺流程、工序成本、设备能力、工艺装备有效性、检测能力及试验能力的优化分析，实现生产能力的合理配置。

国内目前还没有掌握汽车开发的核心技术，一般以车身改型开发为主。由于涂装、总装的生产线通用性很强，只需要改变一下生产线的吊具及总装的一些专用工具和适当地调整一下工位的布置基本上就可以满足生产了。而对于冲压、焊接，由于造型结构的改变，就不可避免地造成相应的模具、夹具的重新开发。这个开发以模具的周期为最长（最长可达到12个月），制造冲压模包括工艺分析、工序布置（D/L图）、工艺数模发布、铸造毛坯、加工和研配调试等过程。铸造毛坯以前的工作统称为生产准备阶段，一般周期为2～3个月。我们将模具的生产准备阶段和车身设计并行展开。产品工程师发布车身原始设计数模，提交给模具工艺人员，进入生产准备阶段。待所有零件原始数模完成后，再进行车身的运动校核、干涉分析、安装工艺分析等设计工作，提交最终数模并进入模具的制造阶段。其核心是最终数模的修改量不大于铸造毛坯的加工余量。

对于一个车型的开发，一般来讲，工艺工装的设计周期为5～6个月；工装制造的周期为12个月；整个开发周期历时2～3年。由于采用了并行工程，一些车型的开发就能做到在产品数据冻结1个月完成工艺工装的设计，6个月完成工装制造，整个开发周期仅历时14个月。

综上所述，并行工程的实施将从根本上改变现行的制造模式，在国外已经取得了大量的成功应用。对此我们必须引起高度重视，跟踪世界先进水平开展适合我国国情的研究工作，在汽车产品开发中运用并行工程，就是为了将满足客户需要的高品质汽车产品快速投入市场。总的来说以整车企业与配套企业互利互惠为原则，采取从概念设计到产品销售各阶段有关人员共同考虑汽车全生命周期内质量、成本、价格、服务和产品开发速度一体化实施的过程，就是我们所探讨的并行工程在汽车开发中运用的目的，为并行工程在我国的广泛应用打下坚实的基础。

1. 三维几何建模系统中有哪几种常见的建模方式？它们各自有什么特点？
2. 什么是参数化设计？请说明参数化设计在产品设计中的意义。
3. 什么是特征建模？与实体模型相比有什么优点？请举例说明。
4. 基于知识的工程的层次结构和技术体系是什么？
5. 论述目前常用的数据处理的方法。
6. 论述产品的全生命周期与产品的寿命之间的区别与联系。
7. 分析网络化协同设计的关键技术及产品开发机理。
8. 分别论述大规模定制的运作过程、生产模式与应用。
9. 串行工程与并行工程的联系与区别，并行工程的关键技术是什么？
10. 论述并行工程在汽车产品开发流程各个阶段的具体应用。
11. 论述 STEP。它包含哪些主要内容？

第3章 汽车开发虚拟现实技术

本章学习目标

★ 了解虚拟现实的概念，掌握虚拟现实的分类
★ 掌握虚拟现实的硬件组成和软件环境
★ 掌握虚拟设计和虚拟制造的特点

本章教学要点

知识要点	掌握程度	相关知识
虚拟现实	了解虚拟现实的概念； 重点掌握虚拟现实的分类及其特点	虚拟现实的定义； 虚拟现实的分类
虚拟现实的硬件组成	掌握虚拟现实的硬件组成	虚拟现实的硬件组成部分及各个部分的特点
虚拟设计技术	了解虚拟设计技术的应用； 掌握虚拟设计的过程	虚拟设计的概念； 虚拟设计的步骤
虚拟制造技术	掌握虚拟制造技术的特点	虚拟制造的定义、特点

汽车数字开发技术

导入案例

美国人詹姆斯·特拉菲尔在《未来城》中十分形象地描述这种虚拟场景：卡洛走进工作室的时候，天已经黑了……她走进房间，戴起控制手套，要了一间办公室。她的四周立刻出现整面墙壁的真皮精装书，前面则出现了一张办公桌。"让我们看看上个月的销售数字吧"，她一开门，桌上就出现了一卷数字报表并开始卷动。卡洛一边看，一边指出一些需要调整的数字。

几个小时以后，有个声音提醒她说，日本的同事已经准备好了。办公室的一端突然消失，出现了一个男人坐在阳光照耀的泳池边。他俩开始比较彼此的分析结果，并一起准备几个小时以后的一个电话会议。

最有趣的是那些真皮精装书、办公桌、游泳池，甚至太阳，全都是虚拟的，是根本就不存在的。

3.1 虚拟现实技术的概述

Jaron Lanier 在 20 世纪 80 年代初提出了虚拟现实（virtual reality，VR）的概念，以表达借助计算机及最新传感器技术创造的一种崭新的人机交互手段。1992 年美国国家科学基金（National Science Foundation）资助的交互式系统项目（Interactive System Program）工作组的报告中对 VR 提出了较系统的论述，并确定和建议了未来虚拟现实环境领域的研究方向。

可以认为，虚拟现实技术综合了计算机图形技术、计算机仿真技术、传感器技术、显示技术等多种科学技术，它在多维信息空间上创建一个虚拟信息环境，使用户具有身临其境的沉浸感，且有与环境完善的交互作用能力，并有助于启发构思。图 3.1 所示为虚拟现实中的汽车。

图 3.1 虚拟现实中的汽车

3.1.1 虚拟现实的基本概念

虚拟现实的概念可以从两个方面进行描述：一是从纯粹的技术层面加以描述；二是在技术的基础上结合使用者的感知加以描述。

1. 技术层面的描述

从技术上来讲，虚拟现实是从计算机仿真发展而来的，其实质是一种逼真的仿真模型。约翰·L·卡斯蒂在《可能的世界：计算机仿真如何改变科学的疆域》一书中指出，计算机仿真涉及三个世界：真实世界、数学世界和计算世界。这是一种客观化的视角，其基础是基于科学理论的观测、建模和再现。其中，真实世界对象由时间、位置等直接可观测量，或者由它们导出的能量之类的量所组成，如行星的可观测位置或蛋白质的可观测结构。一般的可观测量由有限数字集中取值的离散测量集合构成，即以离散取样描述连续过程。而且由于观察的影响，测量在本质上是不确定或测不准的。在数学世界中，人们用符号表示真实世界的可观测属性，而符号通常被假定为时空的数据流，并被赋予某一数集（如整数、实数、复数）的数字值。第三个世界就是生成虚拟现实的计算世界：它的一只脚在物理器件和光影流转的真实世界里，另一只脚则在抽象的数学世界之中。

"完整"的虚拟现实的过程是：

（1）对真实世界的事物 A 进行观测，并将观测量转换成数学世界中的数据流；

（2）在真实世界中，利用数据流确定的参数，生成具有光影和声音等能够被感知的感觉特性，使人获得与事物 A 一致的感觉。

2. 用户层面的描述

虚拟现实试图从身体感官和知觉等感性层面进行仿真，这种仿真的基础又是理性层面的科学理论。虚拟现实的精致程度要受到科学理论和技术手段的制约，对决定感觉参数的数据流的处理是问题的关键。虚拟现实与真实世界中的联系是间接的，虚拟现实实际上也可以不受常识和因果规律的制约而随意虚构。

计算机生成的虚拟现实是："所有系统的核心是数据库……它们能够再现所有事物。处理能力强大的计算机通过精致的三维图像精确地再现了数据所记录的事物，给人们一个新世界……虚拟现实与其他计算机图像技术的不同之处有二：一是它们还能够传达多种感知信息——声音、触觉——使环境更具有真实感；二是交互作用……"

虚拟现实是一种人可以进入其中的计算机仿真场景，即由计算机生成的三维图像和立体声所展现的能够与人互动的场景（事物和环境）。所谓互动，意味着我们不再仅是场景的观察者，而且是事件的参与者，即我们能够在某种程度影响到场景的展现。

3. 虚拟现实的技术基础性描述

将真实感的传达和交互两个方面综合起来就形成了虚拟现实的基本概念。迈克尔·海姆在《虚拟实在的形而上学》一书中对虚拟现实作了较为全面的描述，内容涉及七个方面：

（1）模拟性。虚拟现实是计算机图像系统对真实景象的逼真模拟，三维音频令虚拟现实增色。

（2）交互作用。虚拟现实就是他们能与之进行交互作用的电子象征物。

（3）人工性。虚拟现实是一种人造物。

（4）沉浸性。虚拟现实的音像和传感系统能够使使用者产生浸没于虚拟世界中的幻觉，即虚拟现实意味着在一个虚拟环境中的感官沉浸。

（5）到场。虚拟现实能够使人实时地以远程的方式于某处出场，即虚拟出场。此时，出场相当于"在场"，即你能够在现场之外实时地感知现场，并有效地进行某种操作。

（6）全身沉浸。这是一种不需要人体传感器的方式，摄像机和监视器实时地跟踪人的身体，将人体的运动输入到计算机中，人的影像被投影到计算机界面上，这使得人通过观察他的投影的位置，直接与计算机中的图形物体（图片、文本等）发生交互作用。

（7）网络通信。虚拟现实可以通过网络实现共享，使用者通过自行规定并塑造虚拟世界中的物体和活动，就可以不用文字或真实世界的指标来共享幻象的事物和事件。

3.1.2 虚拟现实的分类

交互和沉浸是所有虚拟现实的两个实质性的特征。因此，根据虚拟现实应用的不同，即虚拟现实的程度，可以分成不同的类别。早期的虚拟现实可能只有部分虚拟现实的特性，例如环幕电影或立体电影。实际应用中，不同虚拟现实系统设计的侧重点和所受约束各不相同，有些应用也不需要完全的沉浸和投入，受资金限制不能装备最先进的硬件设备，或是硬件本身的性能达不到要求，这样系统的计算速度、交互手段可能就会受到影响。此时从软件上着手可以弥补某些缺陷，例如虚拟全景空间、虚拟仿真等。由于工程应用本身并不限制使用的技术范围，只要能达到目标，就可以把各种技术有效地集成起来，设计出一个成功的虚拟现实系统。

按虚拟现实系统沉浸的程度不同，虚拟现实系统可分为桌面虚拟现实系统（desktop VR）、沉浸式虚拟现实系统（immersion VR）、分布式虚拟现实系统（distributed VR）。

1. 桌面虚拟现实系统

桌面 VR 系统使用 PC 和低级工作站实现仿真，计算机的屏幕作为参与者观察虚拟环境的一个窗口，各种外部设备一般用来驾驭该虚拟环境，并且用于操纵在虚拟场景中的各种物体。桌面 VR 系统虽然缺乏头盔式显示器的那种完全沉浸功能，但依然比较普及，主要是因为其成本相对较低。

桌面 VR 系统要求参与者使用位置跟踪器或手拿输入设备，如 2～6 自由度鼠标器、游戏操纵杆或力矩球，参与者虽然坐在显示器前面，但可以通过计算机屏幕观察 360°范围内的虚拟环境。但参与者并没有完全沉浸，因为他仍然会受到周围环境的干扰。

在桌面 VR 系统中，立体视觉效果可以增强沉浸的感觉。三维眼镜和安装在计算机上的立体观察器、液晶显示光闸眼镜等都会产生一种三维空间的幻觉。由于它采用标准的 CRT 显示器和立体（stereoscopic）图像显示技术，其分辨率高，价格便宜。图 3.2 所示为桌面 VR 系统的基本结构。

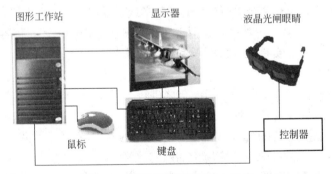

图 3.2　桌面 VR 系统的基本结构

2. 沉浸式虚拟现实系统

沉浸式 VR 系统利用头盔式显示器和数据手套等交互设备把用户的视觉、听觉和其他感觉封闭起来，使参与者暂时与真实环境隔离，从而真正成为 VR 系统内部的一个参与者。它可以利用各种交互设备操作和驾驭虚拟环境，其系统基本组成如图 3.3 所示。沉浸式 VR 系统为了提供"真实"的体验，总是尽可能地采用最先进的硬件设备和软件工具。

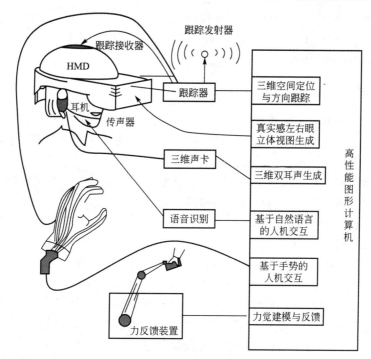

图 3.3 沉浸式 VR 系统的基本组成

3. 分布式虚拟现实系统

分布式 VR 系统是在沉浸式 VR 系统的基础上将不同的用户（参与者）连接在一起，共享一个虚拟空间，使用户协同工作达到一个更高的境界。分布式 VR 系统的基础是分布交互模拟（distributed interactivity simulation，DIS），如图 3.4 所示。

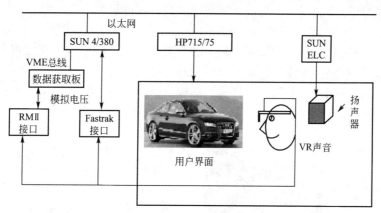

图 3.4 分布式 VR 系统的基本体系

前面所述的 VR 技术可以使动态的虚拟环境栩栩如生，但并未解决资源共享的问题。许多 VR 应用要求若干人能参与同一个虚拟环境，这就是协同工作的 VR（Cooperative VR）。在分布式 VR 系统中，人们通过运行于网络系统的软件资源联系在一起，既可以在同一地方，也可以在世界各个不同的地方协同工作。应用软件与渲染工具、音频工具以及其他快速存取工具，分别在各自独立的系统上运行。各个独立的系统可以通过共享的存储器联系起来，在系统中传送有关物体的状态信息。状态信息和数据结构以"数据包"的形式发送到网络其他各系统中，以保证各个系统具有一致的虚拟场景。分布式 VR 系统最重要的特性是对多用户协作模拟具有适应能力。

3.1.3 产品的虚拟原型

虚拟环境是能产生沉浸感的高级用户界面，从而以较简单的操作为用户提供丰富的和容易理解的信息。它的多通道的信息描述方式允许用户在多目标权衡情况下，做出更精确的决策；利用其实时交互性，可使设计方案迅速达到最优化。此外，由于信息高速公路和通信技术的日益完善，在虚拟环境中进行产品开发时，很容易实现不同地域的团队成员协同工作，在联盟企业中进行并行设计。虚拟环境的这些特性，有助于加速新产品的开发进程，从而提高企业的竞争能力，使其有可能成为开发新产品及其生产过程和设备的有力工具。因此，虚拟环境技术引起了制造业、特别是汽车工业的广泛兴趣。

新产品的开发，需要考虑诸多的因素，例如在开发一种新车型时，其美学的创造性要受到安全、人机工程学、可制造性及可维护性等多方面要求的制约。过去，为了在这方面做出较好的权衡，需要建立小比例（或者是全比例）的产品物理原型，用原型供设计、工艺、管理和销售等不同经验背景的人员进行讨论。这些来自不同部门的人员不仅希望能有直观的原型，而且原型最好能够迅速地、方便地修改，以便能体现讨论的结果，并为进一步讨论做准备，但这样做不仅要花费大量的时间和费用，有时甚至是不可能的。

虚拟原型(virtual prototyping)是利用虚拟环境在可视化方面的优势以及可交互地探索虚拟物体的功能，对产品进行几何、功能、制造等方面交互的建模与分析。它是在 CAD 模型的基础上，使虚拟技术与仿真方法相结合，为原型的建立提供的新的方法。虚拟原型技术可用来快速评价不同的设计方案，与物理原型相比较，虚拟原型生成的速度快，生成的原型可被人们直接感触、操纵和修改，且数据可被重新利用。运用虚拟原型技术，可以减少甚至取消物理原型的制作，从而加速新产品的开发进程。

图 3.5 所示为雪铁龙 GT 概念车的虚拟原型。虚拟原型必须能够反映物理原型的特性，包括外观、空间关系以及运动学、动力学等方面。用户应能从不同的角度、以不同的比例观察虚拟原型，还能够通过操纵虚拟原型对产品的功能进行定性的判断。因而，要使虚拟原型技术发挥作用，必须将虚拟环境、建模、仿真等技术结合起来，形成集成的、能提供所需要信息及实时交互性的虚拟原型开发环境。

因此，除了建立虚拟环境的装置和软件以外，还需要建立产品的虚拟现实数据模型。虚拟现实数据模型是对设计对象进行的虚拟原型描述。它包含物体在虚拟环境中进行显示和操作所需要的信息，使产品可视化。虚拟环境数据模型包含由建模、显示和仿真工具产生的几何和光照渲染信息，通过人机交互操作装置解释用户的操作，进而改变相关参数，生成仿真操作的逻辑事件。集成的仿真工具将提供有关产品功能的实时信息，并允许虚拟原型对用户的操作做出响

图 3.5 雪铁龙 GT 概念车的虚拟原型

应,将仿真的实时反馈传输到人机交互装置中去。虚拟环境界面中的虚拟原型和人机交互操作一起可以为用户提供操纵真实物体的感觉。另外,为使用现有的软件,并将虚拟原型集成到产品开发过程中,还需要下列两个接口:①虚拟环境和外部工具之间的接口;②与产品数据模型库的接口。

虚拟原型不是要代替现有的 CAD 技术,而是在 CAD 数据的基础上进行工作,虚拟原型给所设计的物体提供了附加的功能信息。产品数据模型库将包含完整的、集成的产品模型数据及管理,从而为产品开发过程各阶段提供共享的信息。

美国密歇根大学(University of Michigan)的虚拟现实试验室曾经在克莱斯勒汽车公司的资助下对建立汽车虚拟原型的过程进行了研究,包括如何从一个产品的 CAD/CAM 模型创建虚拟原型以及如何在虚拟环境中使用虚拟原型,开发了人机交互工具、自动算法和数据格式等,结果使创建虚拟原型所需的时间从几周降低到几小时。

建立虚拟原型的主要步骤如下:
(1) 从 CAD/CAM 模型中取出几何模型;
(2) 镶嵌:用多面体和多边形逼近几何模型;
(3) 简化:根据不同要求删去不必要的细节;
(4) 虚拟原型编辑:着色、材料特性渲染、光照渲染等;
(5) 特征轮廓的粘贴,以更好地表达某些细节;
(6) 增加周围环境和其他要素的几何模型;
(7) 添加操纵功能和性能。

3.1.4 虚拟现实在各个领域的应用

1. 虚拟现实在工程中的应用

虚拟现实技术已成为新产品设计开发的重要手段。在 VR 环境下进行协同设计,团队成员可同步或异步地在虚拟环境中从事构造和操作虚拟对象的活动,并可对虚拟对象进行评估、讨论以及重新设计等活动。分布式虚拟环境可使地理位置分布的设计人员面对相同的虚拟设计对象,通过在共享的虚拟环境中协同地使用音频和视频工具,在设计初期消除设计缺陷,减少上市时间,提高产品质量。此外,VR 已成为构造虚拟样机,支持虚拟样机技术的重要工具。虚拟环境可使工程师在三维空间中实时地与他们的设计样机(虚拟样机)进行交互。

目前许多企业、院校和研究机构都在从事虚拟样机在产品开发中的应用研究,并取得了一定的研究成果。比如,美国计算机辅助工业信息设计中心(CAIIDC)的研究人员同 Division 公司一同致力于浸入式虚拟现实系统在工业概念设计和评估上的应用。他们主要研究如何同虚拟汽车进行交互,以及如何从功能、装配、维修等方面对设计进行评估。

2. 虚拟现实在医学中的应用

虚拟现实在医学领域的应用前景十分广泛,可以应用于手术模拟、远程医疗、辅助诊断、医学康复、医学教育、人员训练等方面。德国汉堡大学用数学和计算机进行解剖三维可视化来研究虚拟人体图谱,利用虚拟人体开展虚拟解剖学、虚拟放射学等学科的计算机辅助教学。清华大学研制了一套计算机辅助立体定向神经外科手术系统,对患者的脑部模型进行坐标校准,医生能够利用安装在机械臂上的手术器械完成立体定向神经外科手术,而且还可以进行虚拟手术和培训。美国斯坦福国际研究院研制了一套远程手术试验系统,能够使医生对虚拟病人进行手术操作,并通过高速宽带网络将医生的动作传送到网络的另一端的手术机器人,由机器人进行真实手术。美国加州洛玛琳达大学研制的"神经康复工作站"采用压力传感器、生物传感器,具有数据手套和视线跟踪系统的可视化系统,用于诊断因严重事故或先天性引起的身体缺陷,针对病人缺乏运动的情况,使其沉浸于拟真的虚拟世界中,有助于恢复病人的感觉或克制运动障碍。

世界著名的虚拟技术研究机构加拿大卡尔加里大学的科学家们把洞穴虚拟现实系统应用于医学研究获得初步成功,制造出了第一个数字模拟人体,如图 3.6 所示,这将极大地发展数字虚拟技术在医学临床领域的应用和发展。

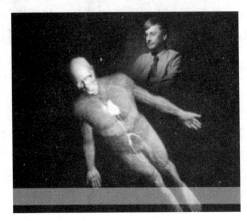

图 3.6　数字模拟人体

3. 虚拟现实在航天和军事中的应用

虚拟现实技术的发展源于航天和军事部门,虚拟现实技术的最新成果往往率先用于航天和军事领域。虚拟现实技术可以用于武器装备的需求分析、设计、制造样机和批量生产,用于部队的模拟训练和战备,用于指定合成作战条令、应急计划、战后评估和战史分析等几乎全部军事活动中,为其提供一体化的作战环境。对军事人员的战略生涯规划、作战和预算等方面的培训是虚拟现实技术的一个普遍应用。讨论式 VR 和途径式 VR 通常被作战指挥学院及军事指挥部门用来提高军事人员认识和理解能力。另外,分布式虚拟现实系统能够方便地实现作战模拟、决策及作战演习,进行各种复杂的作战任务的训练,而且降低了训练费用,确保了人员与设备的安全,如在陆军作战中,装甲兵、机械化步兵、武装直升机、固定翼飞机和防空火力等在高度逼真的虚拟环境中参与对抗军事演习(图 3.7)。CyberView 是美国海军战斗机飞行员训练的虚拟环境系统,能够为飞行员提供大规模的态势强化训练,而且向飞行员直观展示飞行错误,可以使战斗决策者方便完成战术决策的对比研究并优化作战方案,为军事自动化演习提供试验。美国麻省理工学院媒体实验室(Media Lab)实现了一个作战规划虚拟环境系统,可仿真战场上各种复杂的战况。美国加州蒙特雷海军研究院在 SGI 工作站上用 6 年时间开发出一个虚拟现实环境,包括 POG-M 导弹模拟器、VEH 飞行模拟器、可移动平台模拟器和水下运输模拟器等,能够逼真地展现飞行器在地面和空中的运动,以及地面建筑、道路和地表等景象。

图 3.7　用于军事的虚拟武装

4. 虚拟现实在商业中的应用

电子商务是一种新型的基于 Internet 技术，是企业和企业、企业和客户之间在 Internet 上进行的商业活动方式。借助电子商务，人们只需要轻轻地单击一下鼠标，就可以在家中随心所欲地选购到自己喜爱的各种商品。对于商家，电子商务可以扩大贸易机会，降低运营成本，为其带来可观的利润。虚拟现实技术应用到电子商务中，能够克服传统网上交易的局限，全方位地展示商品，为消费者提供更为详细的各种特征。

在线产品虚拟制造通过网络的虚拟环境向顾客提供产品的模型，顾客可以根据自己的需要对模型提出修改意见或自己动手修改，并将结果反馈给商家。双方以直观的方式交流意见，可以避免歧义，使产品更好地反映顾客需求。网上购物虚拟场景可以使顾客如同进入一个真实的商场，可以与商品进行实时交互，极大激发顾客的购买欲望，提高交易量。

5. 虚拟现实在环境管理中的应用

环境问题是近年来人类最为关心的重要问题之一。虚拟现实凭借其强大的与自然用户交互的能力，改变以往环境管理中缺乏直观、可视化环境支持的状况，以全新的概念和技术为环境管理提供支持。虚拟现实技术可以应用于环境规划、环境治理、环境决策、环境预测以及教学科研等方面。尤其是随着虚拟现实技术和地理信息系统集成的技术系统——虚拟系统的发展，建立集 GIS，VR 技术和环境信息于一体的虚拟环境决策支持系统，能够对环境管理的自动化、信息化和可视化起到极大的推动作用。

6. 虚拟现实在娱乐、艺术和教育中的应用

虚拟现实在娱乐、艺术和教育方面的应用是目前最为丰富的应用领域之一。虚拟教室、虚拟博物馆、虚拟电影、虚拟游戏等新名词都随着虚拟现实的出现而出现。英国某工业公司研制出虚拟现实游戏设备，配有声音和位置信号的头盔，参与者可以进行漫游并自由控制武器操纵杆。美国芝加哥伊利诺斯大学是目前最大虚拟现实系统的安装基地，BattleTech 系统可以使多达 32 个用户通过一个巨大的前视屏幕或一个小的卫星观察屏幕来操作，用户相互之间可以进行单人对抗或编组对抗游戏。

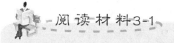
阅读材料 3-1

虚拟博物馆

Smithsonian 虚拟博物馆（图 3.8）的整个虚拟博物馆展览内容涉及古代近代海洋、恐龙、早期生物化石、动植物、非洲文化、冰川时代、西方文化、爬行动物、昆虫、地质学等多方面的自然历史。参观时只需点按"播放"钮就可以在博物馆内从一个展厅到另一个展厅自动地游遍整个博物馆。对于一些特殊的对象或展览面板，展厅还提供了"照相机"进行单独放大。另外，虚拟博物馆的地图还会对已参观过和未参观过的区域进行标识。

图 3.8 Smithsonian 虚拟博物馆

7. 虚拟现实在车辆工程方面的应用

计算机技术的不断发展，硬件性能的不断提高，推动了虚拟现实技术在车辆工程方面的应用。1972年，美国通用汽车公司首先开发了车辆动力学和燃油经济性的通用预测程序GP-SIM。该程序可以模拟汽车在任何行驶工况下的瞬时油耗、累计油耗、行驶时间和距离，预计汽车设计参数(质量、传动比、空气阻力系数等)的变化对汽车的影响。美国能源复用试验室 NREL(National Renewable Energy Laboratory)在 MATLAB 的环境下，利用 Simulink 工具开发的 ADVISOR(Advance Vehicle Simulation)能够在汽车未成形前评价出普通汽车、电动汽车和混合动力汽车的动力性、经济性和排放等性能。它已经被很多企业在实际工作中使用，其中包括知名企业 Chrysler Corp.、General Motors Corp. 等。美国北卡大学虚拟实验环境试验室，开展了车辆驾驶员虚拟环境的研究，具有极强的工程应用性。美国 MID 公司开发的 ADAMS 软件是构成产品的虚拟原型的一个很好平台，其中的 Car 模块是 MID 与 Audi、BMW、Renault 和 Volvo 等公司合作开发的整车虚拟设计软件包，集成了它们在汽车设计、开发等方面的经验。利用该模块，工程师可以快速建造高精度的整车虚拟样机(包括车身、悬架、传动系统、发动机、转向机构、制动系统等)并进行仿真，通过高速动画直观地显示在各种试验工况下(如天气、道路状况、驾驶员经验等)整车动力学相应输出标志，操纵稳定性、制动性、乘坐舒适性和安全性的特征参数，从而减少对物理样机的依赖。图 3.9 所示为汽车在 ADAMS 中的试验。VTL(virtual test lab.)系统，通过在产品或部件上安装虚拟传感器，并将虚拟原型安装在不同的实验环境中，可获得产品的疲劳强度、动态特性、操作稳定性、噪声以及振动等实验结果。在 VTL 环境中，一旦虚拟模型确定，可以反复进行试验，并根据虚拟实验结果对设计进行反复的修改，从而获得最佳的设计方案。

图 3.9 在 ADAMS 中建立的半分析载荷的 VPD 强化试验

3.2 虚拟现实硬件的组成

从 3.1 节对虚拟现实系统的描述，可以得出结论，一般的 VR 系统由下列部分组成：①检测输入装置；②图像生成和显示系统；③音频系统；④力、触觉系统；⑤高性能计算机系统。系统的检测输入装置主要包括位置跟踪系统(头盔中的定位器及眼球跟踪检测等)、数据手套、数据衣、三维鼠标、空间球等,以检测用户位置、姿态、运动方向或抓取动作。显示系统、音频系统及触觉系统构成 VR 的输出,生成环境效果信号及对外部世界的反馈信息。虚拟现实由软件与硬件结合构成。最常用的虚拟现实工具有三维位置跟踪器、视觉设备、数据手套、三维声音设备等,使用这些工具可以将用户的视、听、触觉等各种感官通道与计算机相连,实现信息交互。

3.2.1 三维位置跟踪器

为了实现在虚拟现实中的漫游,必须知道浏览者在三维(3D)空间中的位置和方向,尤其是必须知道头部的位置与方向,以相应改变场景。这就需要位置跟踪器跟踪头部的位置与方向,也就是需要位置跟踪器描述物体的 3D 位置。

3D 位置描述:在 3D 空间,物体的位置用六个参量表示,即在 x,y,z 三个方向的位移及物体绕 x,y,z 轴的旋转角度(图 3.10)。

在 VR 环境中,当使用输入装置(如数据手套、3D 鼠标)等对 3D 物体操作时,物体的坐标是这样设置的:即物体的左右方向为 x 轴,前后方向为 y 轴,上下方向为 z 轴。以飞机为例,定义机翼方向为 x 轴,机身方向为 y 轴,垂直方向为 z 轴,绕 x,y,z 轴的旋转分别称为俯仰(Pitch)、滚动(Roll)和偏航(Yaw),其相应转角分别称为抬升角、转角和方向角。

目前采用的位置跟踪器有磁场式、超声波式、红外线式及发光二极管式等,但使用较多的是磁场式及超声波式。

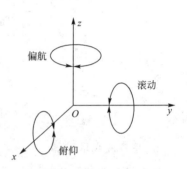

图 3.10 运动物体坐标系统

1. 磁场式跟踪器

磁场式跟踪器有低频磁场式及直流磁场式两种。它们都由磁发射器、磁接收器和计算模块组成,磁发射器和磁接收器由绕在边长约 25mm 的立方铁心上的 3 组正交线圈组成。低频磁场发射器发射低频调制信号(30~120Hz),载波频率通常为 7~14kHz。直流磁场式跟踪器采用脉冲调制信号,发射器依次向 3 组发射线圈输入直流电流。一个完整的测量周期是 10ms,由 4 个 2.5ms 的区间组成,在 4 个区间内依次向 3 组发射线圈输出电流脉冲。由于电流脉冲具有严格控制的上升时间,因此在电流稳定后,磁场也达到稳定状态,减小了周围金属导体中涡流对环境磁场的干扰。

磁发射器安装在运动物体上,根据磁发射器接收到的磁场信息,经计算模块计算出相对于发射器的方向和位置,并经电缆传送给主计算机。发射器安装在头盔或手套上就可跟踪头部或手的 3D 位置。

Polhemuslnc 制造了三种低频磁场式跟踪器:ISO-track、SpaceTracker 和 Fastrak。

ISO-track 跟踪系统支持 1 个磁发射器,其他两种系统都支持 4 个磁发射器。当使用 1 个磁发射器时,3D 数据更新速率为 40Hz,测量时间为 12ms,计算时间为 5ms,数据传输时间为 6ms,共需要 23ms。使用 4 个磁发射器时,数据更新速率下降了 3/4(约为 11Hz),且延迟时间较长(120~200ms)。Fastrak 跟踪器采用特殊的超低噪声微分输入放大及数字信号处理(DSP)技术,是目前应用最多,性能较好的低频磁场跟踪器。图 3.11 所示是 Fastrak 系统总体结构,其跟踪位移精度为 0.76mm,角度精度为 0.15°,更新速率为 120Hz,延迟时间为 4ms。

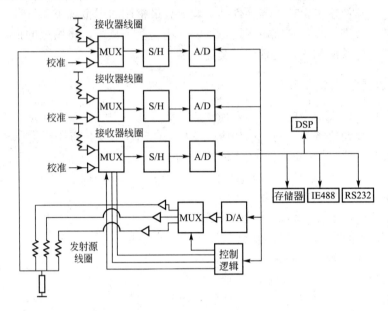

图 3.11　Fastrak 系统总体结构

2. 超声波式跟踪器

波跟踪器是另一类常用的跟踪系统。它采用频率为 40~50kHz 的超声波信号,通过多个发射器和接收器进行测量(图 3.12)。测量算法有飞行时间法(time of flight)和相位相干测量法(phase coherent measurement)。飞行时间法是通过测量声波从发射器到接收器的传播时间来判断被测物体的方向和距离。该法可以测出发射器与接收器之间的绝对距离,但测量结果易受环境声(包括回声)的干扰,同时由于两个发射脉冲之间具有一定的时间间隔,因此不能进行连续测量。

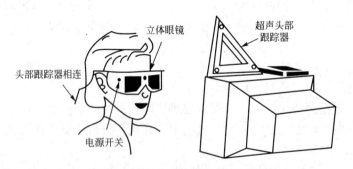

图 3.12　超声波跟踪系统

美国林肯实验室研制的林肯棒就是 1 个笔式的飞行时间测量装置,具有 4 个发射器和 1 个接收器。发射器每隔 10ms 发射 1 个声脉冲。

Mattel Power 数据手套在手套背面装有 2 只超声发射器,3 个接收器装在荧光边框上的 L 形框架上，其有效测量范围为 3～4.5m，坐标测量精度为 6mm。

头盔式显示器采用了相位相干测量系统。系统在头盔上安装 3 个发射器，每个发射器使用 40kHz 左右的频率单独发射超声波，4 个接收器排成正方形安装在天花板接收信号。相位相干测量法可以排除噪声的干扰，且可以进行连续测量，具有测量精度高、数据更新速率高和鲁棒性好的优点，但容易产生积累误差，故活动范围受到限制。

Piltdown 三维罗盘是 6 自由度的相位相干测量系统，发射器是排成三角形的 3 个超声传声器，每个传声器发射不同频率的超声波，接收器由 4 个接收传感器和电子线路组成。在位置跟踪测量时，控制单元驱动发射框架上的 3 个发射器发射超声信号，每个发射信号都被 4 个接收器所接收，由此产生 12 个接收信号。发射超声信号的时间由控制单元控制，并建立参考信号，当信号从接收器传回时，将每一频的信号与参考信号相比较，形成 12 个相位差数据集。由于接收框架是刚性铝结构框架，其接收器之间相对位置不变，由此可以计算出与上次接收器位置的相对变化，并报告主计算机。其跟踪范围为 4.572m^3；跟踪精度误差小于 2mm；分辨率为 0.1mm；角度精度误差小于 1°；更新速率为 60Hz。

3.2.2 视觉设备

1. 人眼立体视觉原理

人类获取信息的途径是通过视觉、听觉、触觉和味觉。研究表明，视觉为人类提供了 70% 以上的信息。这说明，视觉是人类获得信息的主要途径。

人眼由眼球和眼的辅助器官组成。眼球为视觉器官，由眼球壁及内部晶状体组成。眼的辅助器官包括眼帘、结膜、眼球外肌等，对眼球起保护作用。图 3.13 所示为人眼及其神经系统的结构图。解剖学研究表明，人眼的水平视野一般在 50°左右，而垂直视野可以达到 100°。人用眼睛观察事物，从而产生对事物认识的过程称为视觉理解。二维视觉理解与三维视觉理解的区别在于增加了深度维的理解。人脑感知的深度信息有两种，即绝对距离信息和相对距离信息。视觉系统通过四种线索可得到深度感知，即静态图像中的深度线索、动态图像中的运动深度线索、生理上的深度线索和双目视差线索。

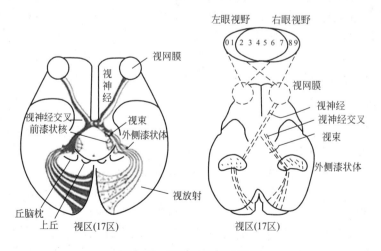

图 3.13 眼睛神经解剖结构

(1) 静态图像中的深度线索。当我们用一只眼睛看静态图像时，仍可从下面五方面获得深度信息：一是图像中物体的明暗变化及阴影等；二是重叠；三是熟悉物体的尺寸大小；四是利用物体上直线的投影角度来判断距离，称为线性透视；五是通过纹理。

(2) 运动深度线索。当用一只眼睛看几个没有相互遮挡的物体时，很难判断物体的相对远近，但当你左右移动一下头部时，物体远近就容易判定了，这是因为近处的物体在你看来移动得快或多，而远处的物体则动得慢一些。

(3) 生理上的深度线索。实际上，近处物体最重要的深度信息要靠两只眼睛去获取。当看近处物体时，因为两只眼睛要看同一处，眼球就要向脸的中心线移动。物体越近，眼睛转动就越多。如果看的物体在六七米之外，两眼视线就基本平行了。所以，眼球转动的角度提供了深度的信息。另外，从眼睛聚焦的过程来看，为了要看清一个物体，我们的眼睛要调节晶状体使得物体的像能清晰地聚焦在视网膜上，这调节过程能给我们一些深度的线索。

(4) 双目视差线索。解剖学的研究表明，人眼的两套神经系统在大脑前有一个交叉点，并且在交叉点后分开(图 3.13)，进入眼睛的光线根据左右位置的不同分别进入交叉点后的左右神经。换句话说，对于每个眼睛，部分光线进入左神经，部分光线进入右神经。因此，当我们用双眼看同一景物时，由于左、右眼位置不同，这就意味着我们总是从两个略有不同的角度来观察物体的两个侧面，这样形成的两幅图像不完全一致，称这种差别为双目视差。

当这两幅图像被大脑接收理解时，大脑把其融合成一幅可用的图像，这一融合过程称为汇聚。虽然我们还不大清楚大脑是如何把两幅不完全相同的图像汇聚起来加以理解的，但我们确实可以从双目视差中获得立体信息，称为双眼体视(简称体视)。在虚拟现实的显示技术中，利用双目视差来造成立体感是一个很重要的方法，我们可以用硬件模拟人的双眼观察方式，生成含有双目视差的视频信号，或依据双目视差测距模型计算生成含有双目视差的视频数据，再通过适当显示方式实现立体视觉。

要达到物体自然的立体效果，就必须用"两只眼睛"看物体。物体运动产生的动感和位置变化，计算机必须实时地计算和处理图像。为了获得平滑稳定的图像，而不会出现闪烁感，每幅图像的显示时间必须超过人的视觉暂留时间，所以一般三维动画的帧频不少于 30 帧/s。在桌面虚拟现实系统中，目前常用的是在普通显示器上显示双目图像或交替显示双目图像，再通过开关式立体眼镜分离两眼看到的图像。因此，采用双目图像交替显示时，显示器的帧频必须是普通显示方式的两倍以上，再考虑到立体眼镜的延迟，帧频一般不少于 80 Hz 才不会出现闪烁现象。目前帧频可达到 160Hz。

2. 立体眼镜

立体眼镜是比较简单的虚拟现实系统观察装置，主要有双色镜(red/blue glasses)、偏光镜(polarized glasses)和开关式立体眼镜(shutter glasses)三种。立体图像分别采用时间平行(time parallel)和时间多路复合(time multiplex)显示方式。

时间平行显示方式是将左右眼视图同时显示在一个屏幕或 CRT 显示屏上，当用户带上具有不同滤光片的立体眼镜时，左右眼只能分别看到相应的左眼视图或右眼视图，产生立体感。例如双色眼镜的两个镜片分别具有蓝色(左)膜和红色(右)膜，而左右眼视网则分别以红色(左)和蓝色(右)表示并投影到屏幕上。当观察者戴上双色眼镜时，通过红色滤光膜，右眼看不到红色的左眼视图，而只能看到蓝色的右眼视图；而左眼通过蓝色滤光膜也只能看到红色的左眼图像，从而产生强烈的立体感；偏光镜则利用偏光方向不同的两个镜片实现滤光作用。

开关式（或液晶式）立体眼镜，如图 3.14 所示，用于采用复合方式的显示设备中。这种显示方式是将左右眼视图以一定的频率交替显示在液晶屏上，例如使用 80Hz 的更新率，每秒扫描 40 幅左眼视图和 40 幅右眼视图，即采用 40Hz 隔行扫描显示器，把左视图写到偶扫描行，把右视图写到奇扫描行。镜片用液晶材料制造，可在电压控制下变成透明或不透明。用显示器的帧号控制立体眼镜的透明与否，当显示左眼视图时，左眼液晶透明，则左眼只能看到相对应的左眼视网。图 3.14 所示为兰钛克公司提供的 Stereo Eyes 低成本的无线开关式立体眼镜，可用于任何 PC 用户。该立体眼镜系统可支持 OpenGL 的立体可视化应用。

图 3.14　无线开关式立体眼镜

3. 头盔显示器

头盔显示器由显示源、光学系统、跟踪系统和立体声系统组成，在其里面有两个监视器，在人的双眼前面直接立体地显示视觉空间。观察者的头部运动和由此引起的视角变化通过传感器传给计算机，计算机相应变化图形，就像人在给定的环境中环视所见到的那样。作为头部运动传感器，应用了高灵敏度磁场探测器，可记录六个自由度，并且借助于串行接口通过 A/D 转换器进一步传送给计算机。这些必须能够实时进行，否则输入的数据将使得反应时间变得过长。为了获得与实际接近的声音印象，采用了立体声耳机，它以播音室的质量级别将噪声（如关门声）向用户传送。所应用屏幕的清晰度允许与前面安置的广角镜结合生成粗糙的点阵图像。

头盔显示器也可分为封闭和半封闭式两种。使用封闭式头盔时，用户只能看到头盔内显示的图像，而使用半封闭式头盔时，用户可同时看到现实世界和计算机产生的图像。图 3.15 为半封闭头盔显示器及光学系统光路图。

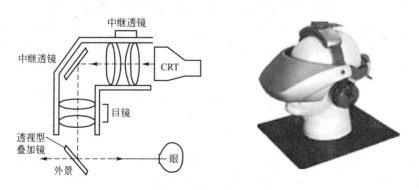

图 3.15　半封闭头盔显示器及光学系统光路图

显示器的图像经中继透镜（物镜）、目镜和透视型叠加镜映入观察者眼中。叠加镜使外部景象进入人眼，与计算机图像叠加，故称为叠加镜，叠加镜也可使用曲面镜，以放大被反射的图像。对于封闭式头盔，其叠加镜只是一个反射镜。

3.2.3 触觉与力觉反馈装置

在虚拟现实中为了产生真实的感觉，必须提供触觉和力觉反馈，特别在遥控机械手等开放型虚拟现实系统中更是这样。在遥控系统中人们通过虚拟手控制器操作相应的执行器模型或操作按钮，此虚拟手控制器通过触觉和力觉反馈提供操作真实感。使用时计算机首先检测使用者手的位置和运动，然后将数据输入到虚拟世界发生器中，在头盔显示器或显示屏中显示虚拟手图像，并随着使用者手的移动而移动。当虚拟手与虚拟世界中的物体接触或抓握物体时，计算机再将相应触觉和力觉反馈给使用者。

1. 触觉手套

Teletact 触觉反馈系统是英国 Advanced Robotics Research Center（ARRC）开发的。Teletact 系统是利用分布在手指上的气袋向手提供触觉刺激，各气袋的压力数值由计算机根据试验结果计算确定。试验是用系统提供的专用试验数据手套进行的。该试验数据手套上装有 20 个压敏元件，当戴上手套抓取物体时，压敏元件的输出经信号处理后送到计算机，生成相应的力模式。

图 3.16 为 Teletact 触觉手套 II 气袋分布图，有分辨率较高的指尖气袋，较大的手掌气泡提供了握力反馈，手背的气泡可响应手背与物体的接触。图 3.17 为触觉反馈手套的工作原理示意图。

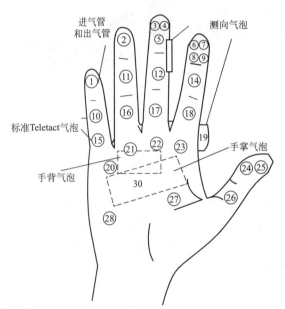

图 3.16 Teletact 触觉手套 II 所袋公布图

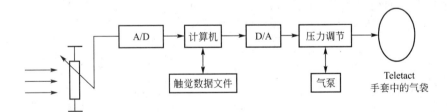

图 3.17 触觉反馈手套的工作原理示意图

2. 数据手套

数据手套（data glove）是一种把手势输入计算机的工具。戴上数据手套后，当手活动时手套检测这些活动，并向计算机送出相应数据，计算机将这些数据转化为虚拟手的动作，如握拳、手平直、伸出食指等。根据系统的规定，不同的手势可以表示不同的控制指令，例如用手平直指出飞行的方向，用握拳表示返回等。

图 3.18 所示是 VPL 公司的数据手套专利产品，它使用磁性三维位置传感器检测手的位置和方向，每个手指都有 2~3 条光纤，光纤的远端配备 1 个发光二极管（LED），另一

端与光电传感器相连。手指弯曲时,在弯曲处因部分光线入射角小于临界角而逸出,使到达光电传感器的光通量减小,因此可通过测量接收端光通量的大小而检测出手指关节的弯曲角度,其分辨率为 1°。数据手套由计算机通过 25 条指令进行控制,识别速度为 30~60 次/s。数据手套上还安装有气囊式触觉反馈装置。

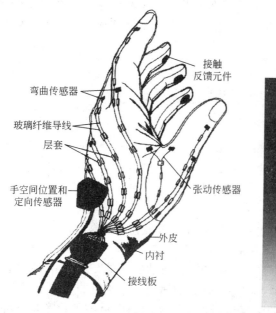

图 3.18　数据手套

3. 空间球

作为个人计算机附件的鼠标在二维图形空间中获得广泛的应用,但为了在三维空间内工作,就需要空间球及三维鼠标等工具。空间球(Space Ball)又称跟踪球(Track Ball),它是一个放在带有一系列开关的底座上的小球(图 3.19),球中心有一个固定的小塑料柱,柱上安置了六个红外发光二极管。球的外壳可以活动,外壳上装有六个光电传感器,接收来自中心的红外线。当用手握住这个小球向某个方向推动或转动小球时,就能在虚拟现实中移动光标或虚拟对象。

图 3.19　空间球

3.2.4　声音设备

计算机立体声合成技术具有相当的难度,这与听觉感知的复杂性有关。人对声音的定位是根据两耳的听觉时间差和声音强弱差来确定的,同时人耳对声音的传递功能,对于声音的定位和识别也有重要作用,这个传递功能用"头部关联传递函数"(head related transfer function,HRTF)表示。每个人的 HRTF 都因耳廓曲线的不同而不同。

3D 声音设备就是根据人的听觉感知机理,在不同的声音环境(如室外、室内等)和耳朵、声源的不同方位下,提供相应的声音。Convolutron 系统是 Crystal River Engineering 公司应 NASA 要求研制的 3D 声音系统,在 VPL 公司以 AudioSpher 名称出售,这是当前最成功的 3D 声音系统。系统包括磁场式头部跟踪器、音频卡和音频数字信号处理器,可以根据头部关联传递函数将模拟声音信号转换成 144 个不同位置的声音,并通过插值产生各种位置的虚拟立体声。

3D 声音效果的生成可以由事先录制的声音生成声音文件,在虚拟现实生成器中将声音文件附加在相应的虚拟对象上,例如将汽车发动机启动的声音文件附在启动按钮上,当按下启动按钮时,就会有相应 3D 声音效果产生。本文就不再详述,有兴趣的读者请参阅这方面的参考书。

3.3　虚拟现实的软件环境

具有视觉、听觉、触觉及跟踪系统的虚拟现实系统还只是一些硬件的堆砌,还需要相关支持软件的辅助,才能使用户交互地考察系统所生成地虚拟世界。虚拟现实系统的设计就是利用各种先进的硬件技术及软件工具,设计出合理的硬、软件体系结构及交互手段。虚拟现实软件是一个相当复杂的系统,要求程序员具有实时系统、面向对象语言、网络、实施多任务等多方面的知识,而具有这些知识的人不可能完全了解应用领域(如医药、建筑等)的知识。解决这个矛盾的唯一可靠的方法是最大限度地利用现有的虚拟现实开发工具。虚拟现实开发工具能帮助用户尽快建立模型,将自然的三维交互综合到模型和实时运行系统中,因为工具软件是专为虚拟现实系统设计的面向对象函数的可扩充库。面向对象的设计方法极大地简化了复杂世界的程序设计难度,因为面向对象函数库具有可扩充性,开发者可以编制专门应用模块,而且仍然使用于相同的模拟核心。虚拟现实工具软件还具有硬件独立性,编写的函数使用于各种硬件平台而且本质相同,通过底层的转换器辨别运行试验的具体 I/O 工具,而高层函数具有硬件无关性,这对于把应用软件从一个平台移植到另一个平台来说非常方便。

一个成功的虚拟现实工具软件应具有以下四个特征:

(1) 有效性。开发的软件系统的质量依赖于用户观察到的图像对用户动作的响应。

(2) 灵活性。虚拟现实是一种新型交互技术,发展速度很快,因此虚拟现实开发工具必须足够灵活,以适应新技术带来的硬、软件的变化,必须很容易支持新的设备并提供新的交互手段。

(3) 分布式。目前构造的虚拟现实软件系统很复杂,都需要多台工作站协同工作。典型的系统一般使用两条工作站,一台产生头盔显示器所需的图像,另一台工作站处理待显示的信息。这种处理不能由应用开发人员完成,而应由虚拟现实开发工具完成。

(4) 实时性。虚拟环境用户界面要求用户行为对头盔显示器反映的延迟最小。

虚拟现实的软件实现包括虚拟物体的几何模型、运动模型和物理模型的建立,虚拟立体声的产生,模型管理技术及实时模拟技术等,其总体结构如图 3.20 所示。

图 3.20　虚拟环境软件建模图

(1) 虚拟物体的几何模型建立。几何模型包括虚拟物体的形状、表面信息(如纹理、表面反射系数、颜色)及分辨率等。

(2) 运动模型的建立。仅仅对虚拟物体做静态描述是不够的，因为虚拟环境是一个动态的交互式环境，对虚拟物体运动的描述包括虚拟物体位置的实化、虚拟物体的碰撞、旋转、放大、缩小及表面变形等。

(3) 物理模型的建立。为了使物体不仅具有视觉上的真实性，而且具有感觉上的真实性，必须考虑其物理特性。如虚拟物体的质量、表面硬度及粗糙度、物理温度等。

(4) 输入/输出映射。它用于检测使用者的外部输入命令和计算机的输出命令与虚拟环境中的情况是否一致，从而保证计算机能实时、准确地和用户交互。

(5) 模型的分割。它包括两个部分，首先是虚拟环境的分割，将复杂的虚拟环境分割成若干个独立的小单元，只有当前单元中的物体被感觉到；另一部分是对当前的所观测到的虚拟物体的距离远近进行分类，距离近的物体可采用高分辨率的显示方式，对距离远的物体可采用低分辨率的显示方式。这样可以降低系统的软件复杂程度。

(6) 声音建模。主要为 3D 虚拟立体声的模拟。

(7) 模型管理。它将现阶段任务分成若干独立的部分，并分配相应的软、硬件资源。

(8) 虚拟现实系统的数据库的建立和管理。它存放的是整个虚拟环境中所有物体的各方面信息。

现有的开发工具大致可以分为三维建模软件、实时仿真软件以及与这两者相关的函数库三种类型。所有的工具软件都支持某种网络格式，允许并行或分布处理以及多用户交互功能。这对于一组人员同时工作是十分有利的，不仅提高了效率，而且更利于系统的完整性。现有的大多数工具软件都支持 CAD 3D 标准数据交换文件，所有的虚拟现实工具软件都有内置通信驱动器，用以驱动普遍使用的 I/O 工具，诸如三维鼠标、三维跟踪器、数据手套等设备。随着虚拟现实技术的发展，现在已经开发出了很多专门的虚拟现实开发软件工具，以下介绍几个有代表性的虚拟现实系统的支撑软件。

3.3.1 虚拟现实应用工具箱——MRTK 软件包

MRTK (Minimal Reality Tool Kit)是加拿大 Alberta 大学的 Mark Green 教授领导的研究小组开发的虚拟现实应用工具箱。MRTK 是一个支持虚拟系统开发的程序库，具有很好的移植性，能运行于多种工作站，并支持各种输入、输出设备，还支持分布式用户界面、数据共享、各种交互技术、实时性能分析等。MRTK 没有提供高层次的虚拟现实环境构造工具，该工具箱可用 SGI 和 DEC 工作站上的 C 语言直接调用。

MRTK 包括三个层次的库函数。底层包括一组设备支撑函数包。每一函数包支持一种设备，并称之为客户/服务器对，其中客户部分是一组服务器接口库函数，服务器部分则是一个连续采样设备并完成诸如过滤的底层操作进程。当服务器连续采样设备时，客户函数可以很快地获得最新数据，客户/服务器模型便于在系统中增加新设备。第二层是一组处理从设备获得的数据并将其转换为程序员方便使用的格式的库函数。这一层的函数还提供了诸如在工作站和工作空间匹配之间的数据传输的标准服务。对于数据手套，可完成手势识别和手套状态的视觉反馈。最顶层的库函数为程序员提供一组打包服务，这些服务基于一般虚拟现实系统的要求，它还用来产生双目显示的工作站之间数据结构和显示操作的同步问题。

MRTK 的应用程序由一个唯一的主程序和几个附属程序组成，主程序控制整个应用并负责其他程序运行初始化，从属程序用于产生图形输出，不负责应用的其他计算。例如使用头盔显示器需要两个程序，其中主程序产生左眼视觉图像和从属程序的初始化，从属程序产生右眼的图像。

MRTK 应用程序包括应用配置和应用计算两部分，配置部分初始化工具库，并处理应用配置文件。该文件允许用户指定一些配置信息，而不是应用程序中的代码。MRTK 程序数据结构具有共享性，如计算结果和双眼的视觉信息等数据结构可以多个程序共享。共享的数据结构可以在程序的配置部分予以标志，它们在多个程序之间自由传输。MRTK 使用的是一种简单的数据共享模型，设定主程序有所有共享数据的副本。由于程序间数据结构传输是单向的，使得建立复杂的进程结构成为可能。应用计算部分完成 MRTK 指派给程序的任务。对于从属程序，等待来自主程序和信息包的信息，然后生成下一图像。对于计算程序，产生下一结果，并将其传送给主程序，然后等待下一次计算。程序的计算部分首先要建立应用环境，然后完成与用户的交互操作。

MRTK 程序包提供大多数虚拟现实应用所需的设备、服务的高级接口和应用的简单接口。大部分函数并不能提供设备的所有功能，而只是最有用的功能。由于程序包只提供有限的功能，因此与设备的接口更加简单。MRTK 提供了六个程序包。

（1）数据共享程序包。该程序包用于在各应用程序间传递数据。表示计算结果的数据结构由主程序和产生该数据的计算程序共享。数据共享程序使得两个程序能共享同一数据结构。每个程序都有一份数据副本，在程序的关键地方对数据进行同步处理，即一个程序将其数据结构的内容送到另一程序。因此在上述例子中，每一次计算结束时，计算程序把数据的最新的值送到主程序。

（2）VPL Data Glove 程序包。它是 MRTK 中最复杂的一个，该程序包分为两级：第一级支持与 Data Glove 的基本交互，将其数据信息送到用于产生虚拟手图像的从属进程；第二级支持人机交互技术的手势识别。

（3）坐标映射程序包。该程序包是将设备坐标映射到虚拟环境坐标中。在虚拟环境系统中有三类输入输出坐标系：设备坐标系、工作空间坐标系及应用环境坐标系。从设备坐标到工作空间坐标的映射依赖于设备在工作空间的位置。因为一般输入设备并不经常移动，所以这类映射一般可看作常量。设备坐标到工作空间坐标之间的映射关系存放在工作空间文件中，以供各种应用访问。工作空间坐标到应用环境坐标的映射与应用有关，每个运用都有自己的坐标系，所以这种映射随着不同的环境变化而改变。

（4）Polhemus Isotrak 数字化程序包。该程序包支持 Polhemus Isotrak 数字化仪的使用。数字化仪报告传感器的位置和方向，程序包产生的位置和方向将送到应用程序。

（5）语音合成程序包。语音合成程序包提供了一个简单的与设备无关的语音合成接口。该程序包的主要目的是产生声音效果以实现对用户行为的响应。语音处理软件包分为两个部分：与语音合成设备接口的服务器和由程序调用的客户机进程。

（6）显示设备程序包。这种程序包要支持用于虚拟环境系统的很多种显示设备，从用户的角度来看，显示设备程序包只考虑显示设备的主要信息而屏蔽其他信息，这样更容易将其从一种应用设备移植到另一种应用设备。应用所显示的设备的参数将在应用的配置部分设定。

3.3.2 虚拟显示系统应用工具箱——WTK 程序包

WTK 是由美国 Sense8 公司开发的虚拟显示系统应用工具箱，是用 C 语言开发的面向对象的 VR 库函数，可以运行于 PC 和工作站等各种硬件平台。WTK 提供了大量的数学函数来管理对象的动态行为和处理三维操作任务。对用户来讲，WTK 提供了一个完整的用于生成虚拟环境应用的开发工具。该软件包不依赖于硬件环境的改变，具有良好的可移植性。WTK 是基于应用的系统工具，一般由 WTK 库、C 语言编译器、位图编辑软件、3D 软件包及图像捕获软件组成。这里对 WTK 库简要介绍。

1. WTK 库中的主要组成类

WTK 用一种面向对象的命名方式来组织，主要组成类有场景类（universe）、对象类（object）、多边形类（polygon）、路径类（path）、传感器类（sensor）、视点类（viewpoint）、光源类（lightsource）、入口类（port）和动画类（animation）。

其中场景类属于最高层次类，一个 WTK 环境只有一个场景是活跃的（Active），它包括虚拟环境中所有对象，包括传感器、光源、入口、视点、动画等对象。场景对象由 WTK 的仿真管理器管理和维护。仿真管理器是 WTK 工具的重要部分，控制虚拟环境中场景的建造，并实时更新场景以适应环境的变化。例如 WTK 函数 Universe‐new 用于创建场景，它完成图形设备的初始化操作、设置视点和 WTK 的内部进程。场景对象分静止和运动对象两类，每一对象都用 DXF 或 WTK NFF 文件格式存储。当程序运行时，所有对象文件通过两次函数调用读入内存。函数 Universe-Load 读入静止对象，函数 Object-new 读入运动对象。运动对象通过作业指派出行为特征，通过调用函数 Universe-go 将控制权交给实时仿真管理器。

多边形对象是场景对象的基本要素，其中一部分是静止对象，另一部分是运动对象，其按层次组织，并能相互操作。由于对象可以是动态的，所以 WTK 可以控制对象的行为。多边形对象由支持 AutoCAD DXF 格式或 WTK NFF 格式的 CAD 软件包建模。为了改善对象的视觉外观，可以在其表面增加纹理。WTK 还可以产生地貌这种特征对象，地貌对象可定义为平坦的、随机的或由给定地貌数据来生成。在对象产生后，它将自动加入场景并成为仿真的内容。多边形对象可以赋予诸如速度等行为特性，一旦赋予行为属性，将在仿真循环中不断调用。场景由一系列有序的对象组成，这些对象必须按照一定的次序操作，否则将会产生意外的事件。

在 WTK 中，传感器的概念适用于任何为计算机提供输入的外部设备，对其抽象就形成了传感器类。传感器对象主要用于控制对象的位置和方向，改进场景对象的行为。传感器对象还能用于控制参与者的视点，WTK 支持的虚拟环境外围设备主要有光学操纵杆、跟踪器、三维鼠标及空间球等。

光源对象用于与传感器对象连接以便能在场景中移动。WTK 提供两种模型：一种是环境光，它使用背景光均匀地照亮场景中的所有多边形；另一种模型是使用任意多的有向光源，它可以放在环境中的任何位置，参与者可以控制其位置和方向。当增加新光源或有光源移动时，所有图形实体的明暗都需要重新计算。

视点对象允许用户指定观察参数，以便从任意位置、方向和视角观察虚拟环境。在同一场景中可以保留几个不同的视点，但在同一时刻只能使用其中一个。对于视点对象，用户可以制订以下参数：视点位置、视点方向、视点角度、邻近剪裁面、双眼距离、立体显示标志及左右眼屏幕像素补偿等。视点可以与传感器连接，以便根据传感器的运动动态地改变视点。例如，视点可以与戴在头上的空间跟踪器连接，由此建立了一个视觉耦合系统。WTK 提供了几个操纵视点的库函数以备运用程序使用。

入口对象可以使所有操作和动态行为不被限制在局部环境中，并可以将相邻场景合并，实现不同场景中的运动。当用户的视点经过指定的多边形时便进入了相邻场景。每一场景可看成是一个分离的实体，其对象可以有不同的运动行为或规则。在很多情况下，可以创建几个小规模的场景来构造一个大的虚拟环境。

2. WTK 的主要特点

由于 WTK 是按十几个类来组织的，并采用了面向对象的设计方法，因此具有以下特点：①对各种虚拟系统的硬件设备提供软件支持，且对特殊的设备也可利用 WTK 迅速开发接口；②提供了几百种功能的 C 语言库，可在短时间内建立起实时三维图形的应用系统；③WTK 的应用对象模型是利用三维计算机辅助设计系统制作的，通过将 DXF 文件以外的三维数据变换为 DXF 文件格式，就可以构造出虚拟应用环境；④可实时、高速地将纹理粘贴在三维图像表面并能简便地对三维空间的对象表面进行设计；⑤在虚拟世界里，可配置多个光源，也可实时移动或更换光源，进而创建更为真实的三维空间。

3.3.3　CDK 软件包

CDK 软件包是一种在 DOS 下运行的软件包，具有灵活建模的特点。它是由 Auto Desk 公司开发、使用面向对象的语言编写的，共有 1 200 多个库函数和 140 个类，都具有类的典型属性——继承性和多态性。根据功能的不同，可以把 CDK 软件包分为几何结构(geometry)、几何输入和输出(geometry import and export)、显示(display)、声音(audio)、传感器(sensor)、排表(scheduling)、事件(events)、物理现象(physics)、观察者(viewers)、分布模拟(distributed simulation)和线性代数及运用(linear algebra and utitze)等 11 组。

CDK 软件包具有灵活建模的功能，程序员可以自由选择建模的物理特性，可以用于各种复杂的模拟环境。CDK 中最为重要的是 CyBase 类、几何结构类和物理类。CyBase 类及其子类定义了模拟的方法，在每个模拟循环中都有模拟调用这个方法，大约 40% 的 CDK 类是定义事件处理函数的 CyBase 类及子类。几何结构类分为刚体集合类(CyRBeset) 和固定集合类(CySolid)。固定集合类包括物体子类，比如球类(CySolSph)、环形(CySolCon)、盒类(CySoBox)。CDK 定义的固定物体对象具有不可变形特点。如果在虚拟环境中存在物体变形(如受挤压压缩等)，可用刚体类的子类非刚体(CyNonRigidBody)来表示柔性物体，非刚体类中所有物体都用多边形片(CyPolymesh)和矩形片(CyRectmesh)来构造模型，因此其表面变形是可视化的。物理类为模拟物体动态变化，物体对外力反应和其他物理效应提供了方法。而 CyPhisical 为物体几何结构与物理行为之间架起了沟通通道。重力、弹力和摩擦力模拟分别由 CyGravity、CySpring 和 CyFriction 来完成，CyResolove 将这些类提供的力转换成 CyPhysical 物体的位置及速率。物体的质量参数用 CyMassProperty 类定义，带有 CySolMassProp 和 CyAMEMassProp 两个字类，因此质量参数从 AME

文件中获得或直接从内置模块中计算而得。物理类中的子类 CyCollisionServer 用于处理物体的碰撞，创建 CyCollisionEvent 类型的物体，并监视成对实际物体之间的碰撞。CDK 调用 CySpace，设置所有在模拟盒中发生碰撞的物体 CyCollisionBox 和成对碰撞的物体 CyCollisionSphere。

另外，CDK 软件包具有可扩充性，易于与多种硬件设备接口和使用者的二次开发。

3.3.4 虚拟现实造型语言

1. 虚拟现实造型语言的概念及功能

虚拟现实造型语言（virtual reality modeling language，VRML）是用来在因特网上构造虚拟世界的。其产生的基础一是 WWW（world wide web），利用 HTTP 协议传输数据；另一个是 SGI 设计的 Open Inventor 文件格式，目的就是要使 VRML 成为一个标准语言，能在因特网上变换虚拟世界，同时具有良好的交互性用以支持大量用户。众所周知，由于 HTML 的局限性，VRML 之前的网页只能是简单的平面结构；即使采用 Java 语言也只能进行平面设计，而且实现环境和参与者的动态交互是非常烦琐的。被称为第二代 Web 语言的 VRML，尤其是新的 VRML2.0 标准，改变了原来 WWW 上的单调、交互性差的弱点，将人的行为作为浏览的主体，所有的表现都随使用者的行为而变化。VRML 在计算机网络上创造了一个可进入和可参与的三维立体世界，使用户可以在网络上自由地遨游。

2. 虚拟现实造型语言的语言结构及特点

自提出以来，VRML 一直没有一个传统的语言标准。后来一个研究组开始了标准的制定，参加标准制定的专家选用了 SGI 的 Open Inventor 作为底板，修改后产生了第一个 VRML 版本——VRML1.0。在 VRML1.0 中，整个场景都是用节点组成的，但描述的场景是静态的。后来又推出的 VRML2.0，则增加了使场景中的物体具有程序所赋给的智能，从而使场景在一些特定的情形下可以产生一系列特定的动作。

VRML 程序结构的基本单位是节点（Node），整个程序由许多个节点组成，节点经过有层次的组合，最后形成 3D 场景。节点具有以下几个要素：①节点的种类，一个节点可能为一个形状、一个纹理或一个变换等；②节点的参数，这些参数通常称为域，一个节点可有零到多个参数；③子节点，一个节点可能包含其他节点，被包含的节点就是子节点，在润色时，子节点将按一定的顺序被遍历到。

VRML 定义了许多节点，按照作用性质可分为七类，起主要作用的是以下四类：①形体节点，包括 Cone, Cube, Cylinder, Sphere 等，主要任务是完成虚拟三维实体的构建；②性质节点，这种类型的节点最多，主要用于规定形体结构的性质，对形体节点施加影响，这类节点有 Coordinate, Font Style, Lod, Material, Texture2, Matrix Transform, Rotation, Scale, Perspective Camera, Direction Allignt, Spot Light 等；③组结点类，该节点类可含有子节点，往往一个 VRML 程序就由一个大的组节点构成，其下分为 N 个子节点，形成一种树状结构，该种类型的节点有 Group, Separator, Switch, Transform Separator, WWW Anchor 等；④感知节点，该节点主要用于产生一些事件，包括 Proximity Sensor, Time Sensor, Visibility Sensor 等。VRML 有类似于其他编程语言中数据类型的东西，一个节点由一些不同的参数来说明，这些参数的类型称为域。VRML 的域分为两大类：单值域和多值域。单值域一般只含有一个数和一个向量，而多值域由一系列的单值组成。

从某种角度来说，VRML 与 HTML 语言是一个层面上的语言，但其区别也是明显的：首先从设计目标上看，VRML 是为产生虚拟现实境界而设计的，因此它是面向图形的，而 HTML 是面向文本的；其次，VRML 提供了人机交互，VRML 中人处于中心地位，而 HTML 则是以数据为中心的。VRML 是面向网络的，有两个显著的特征：①平台独立性，当今的 Internet 是异构型网络，要求一种语言能用于各种机器来连接网络，VRML 是基于文件运行机制，用语言编制的程序不必进行任何的编译连接等处理，当要进入虚拟场景时，文件从网络上传输过来时，由浏览器对该文件进行分析显示，所以只要机器配备了 VRML 浏览器就可浏览从网上传输过来的虚拟场景；②可扩充性，除了 VRML 自身提供的节点，VRML 还支持自定义的节点，从而使 VRML 描述世界的能力得到很大的增强，新节点可以直接创建，也可以在已有节点的基础上扩充内容来创建。

3．虚拟现实造型语言的发展目标及意义

如果要选择三个最具代表性的名词来预测未来的信息社会，就应该是多媒体（Multimedia）、因特网（Internet）和虚拟现实（VR）。虚拟现实造型语言正是这三种新技术的交叉点。与这三项新技术相比，VRML 是一个成熟的新生儿。说其是新生儿，是因为 VRML 的历史最早只能追溯到 1994 年；说它成熟，是因为它已经于 1998 年 1 月被 ISO 正式批准为国际标准（ISO/IEC 14772—1：1997，通常称为 VRML，1997），创造了国际标准化过程仅 18 个月的记录〔从 1997 年东京会议上 ISO JTC1 和 VRML 体系结构组织（VAG）签署合作协议开始算起〕。VRML 还是第一个采用 HTML 编写的国际标准。

作为一种建模语言，VRML 具备了分布式、三维、交互性、多媒体集成、境界逼真性等基本特征，其基本目标就是要建立因特网上的交互式三维多媒体，既可用来描述三维物体及其行为，又可构建虚拟境界。因此，VRML 的出现，使得虚拟现实如多媒体和因特网一样逐渐走进我们的生活。简单地说，第一代万维网＝多媒体＋因特网，象征着一个多媒体通信（Multimedia Communication）时代的到来；以 VRML 为基础的第二代万维网＝多媒体＋虚拟现实＋因特网。第一代万维网是一种访问文档的媒体，能够提供阅读的感受，使那些熟悉 Windows 风格和 PC 环境的人们容易使用因特网，而以 VRML 为核心的第二代万维网将使用户如身处真实世界，在一个三维环境里随意探索因特网上无比丰富的信息资源。每个人都可以从不同的路线进入虚拟世界，和虚拟物体交互，这时控制感受的就不再是计算机，而是用户自己。事实上，目前采用 VRML 技术取得成功的案例已经很多，例如探路者到达火星后的信息就是利用 VRML 在因特网上即时发布的，网络用户可以以三维方式随探路者探索火星。

VRML 在电子商务、教育、工程技术、建筑、娱乐、艺术等领域的广泛应用，将会促使它迅速发展，并成为构建虚拟现实应用系统的基础。虚拟现实作为一种全新的人机接口技术，必须研究用户和计算机之间的协调关系问题，这样一个问题只有通过大量的使用才能逐步解决。VRML 以因特网作为应用平台，最有希望成为构筑虚拟现实应用的基本构架。总之，VRML 将创造一种融多媒体、三维图形、网络通信、虚拟现实为一体的新型媒体，同时具有先进性和普及性。

3.4 汽车虚拟设计技术

3.4.1 虚拟设计技术的过程

虚拟设计概念最早是由美国科学家拉厄尔于20世纪80年代初提出的，现在已被广泛应用于社会生活的各个方面，如"虚拟生产"、"虚拟贸易"、"虚拟市场"、"虚拟网络"等，它是通过"虚拟现实"的手段，追求产品的设计完美和合理化。

虚拟设计通过"三维空间计算机图像"达到：①真实，借助计算机和其他技术，逼真地模拟人在自然环境中的各种活动，把握人对产品的真实需要；②交互，实现人与所设计对象的操作与交流，以不断改进设计模型；③构想，强调三维图形的立体显示，使设计对象与人、环境更具现实感和客观性。

虚拟设计，就是设计人员用一个虚拟的产品来分析、研究、检查所设计的产品是否合理，有无毛病，应如何修改。在对虚拟产品的品评和考查中，如发现问题，可再修改设计，使产品设计得更好，而不是在投产前先制造一个模型或样品。

例如，美国伊利诺斯州的科普利纪念医院病房设计出来之后，请一大批残疾的老战士，坐在轮椅上，戴上有显示器的头盔和数据手套，进入虚拟现实世界，对病房的设计进行检查、评论。他们从头盔中看到的是犹如真的病房一样，他们到处查看，结果发现水池上方的水龙头调节手柄距离地面太远，坐轮椅的人够不着。用虚拟现实世界检查出设计中的毛病，就可以改进设计了。

虚拟设计在设计建筑物时，可以让设计人员在虚拟建筑物内漫游，获得第一手材料，来验证自己设计的建筑物是不是合适。在建筑设计中，除要考虑结构及强度等问题外，还要考虑采光、声音效果、通风等许多问题，而这些问题要预先估计出来是比较困难的。利用虚拟现实技术，虚拟出建筑物，让设计人员到室内考查，这就方便多了。对于讲演厅、电影院的设计，则可用虚拟现实技术来考查声音效果，帮助设计人员改进设计。

现在，汽车设计、舰船设计也都可以采用虚拟设计。德国汽车业应用虚拟现实技术最快也最广泛，德国所有的汽车制造企业都建成了自己的虚拟现实开发中心。奔驰、宝马、大众等大公司的报告显示，应用虚拟现实技术，以"数字汽车"模型来代替木制或铁皮制的汽车模型，可将新车型开发时间从1年以上缩短到2个月左右，开发成本最多可降低到原先的1/10。美国福特汽车公司科隆研究中心设计部经理罗勃认为，采用虚拟设计技术，可使整个设计流程时间减少2/3。

下面是虚拟设计技术的一般过程。

1) 几何概念设计

在这种情况下，虚拟原型的形状能够直观、方便地被改变，也就是说数据模型在实时反馈的作用下可被交互地改变。此时，集成的建模工具的功能不一定异常强大，但必须是方便易用的。这一功能的原理源于"陶塑"的思想，通过数据手套，用户可指向模型上需要改进的地方，实时的碰撞跟踪功能按照手部的运动改变模型的形状。这一功能对于产品开发的概念设计有重要意义。

2) 机械概念设计

对于机械设计来讲,在概念设计阶段经常讨论的一个问题就是运动学特性,另外还有可接近性和可装配性。IGD开发了一个研究性的装配系统,在这个系统中,用户可用手抓取物体,然后在适当的位置放开。系统可进行精确的碰撞跟踪,当两个物体之间位置调整对齐之后,系统的抓取机制可将两个零件自动装配起来。

3) 虚拟现实仿真

虚拟现实仿真技术主要体现在计算机根据所建立的领域知识库和数据库,运用人工智能、模式识别等技术,由主控机构进行建模、学习、规划和计算,通过三维动画制作和显示头盔进行该领域的视觉模拟,通过传感机制和触觉手套进行该领域的触觉模拟,通过音响制作和音效卡进行声音模拟,通过机械控制和传动装置进行动感模拟,然后将人对这些感官刺激所做的动作反应反馈给主控机构,从而实时产生对新的模拟模型的各方面,包括视觉效果、各零部件间的几何关系等的评价。这样,设计人员在产品的开发过程中即可提出修改意见,而不必等到产品开发后期不能进行大修改的时候。

对于汽车而言,基于虚拟样车的设计技术,设计者在物理样车制造出来之前,就可以通过计算机仿真分析、比较各种不同设计方案,并进行性能匹配、优化。这样在设计的早期阶段就能较精确地预测汽车整车的各项性能,从而大大地缩短新产品的设计开发周期,降低开发费用及制造成本,增强产品在国际市场上的竞争力,从而实现基于虚拟样车的汽车的虚拟设计、虚拟开发。

3.4.2 虚拟设计技术的应用

虚拟设计技术在产品设计、制造过程中具有重要的应用,可大大提高产品的技术水平,例如福特汽车的外形设计与碰撞试验、工厂和建筑物的漫游等。目前应用效果最好的有以下几个方面:

(1) 产品的外形设计。例如汽车外形造型设计(图3.21)是汽车的一个极为重要的方面。以前多采用泡沫塑料制作外形模型,要通过多次的评测和修改,费工费时。而采用虚拟现实建模的外形设计,可随时修改、评测方案确定后的建模数据,可直接用于冲压模具设计、仿真和加工,甚至于广告和宣传。在其他产品(如飞机、建筑和装修、家用电器、化妆品包装等)外形设计中,均有较大的优势。

图 3.21 虚拟设计在汽车外形设计的应用

(2) 产品的布局设计。在复杂产品的布局设计中,通过虚拟现实技术可以直观地进行设计,避免可能出现的干涉和其他不合理问题。例如,工厂和车间设计中的机器布置、管道铺设、物流系统等,都需要该技术的支持。在复杂的管道系统、液压集流块设计中,设计者可以"进入"其中进行管道布置,检查可能的干涉等错误。在汽车、飞机的内部设计中,"直观"是最有效的工具,虚拟现实技术可发挥不可替代的积极作用。

(3) 产品装配仿真。机械产品中有成千上万的零件要装配在一起,其配合设计、可装配性是设计人员常常出现的错误,往往要到产品最后装配时才能发现,造成零件的报废和工期的延误,不能及时交货,造成巨大的经济损失和信誉损失。采用虚拟现实技术可以在设计阶段就进行验证，保证设计的正确。

（4）产品加工过程仿真。产品加工是个复杂的过程。产品设计的合理性、可加工性、加工方法和机床的选用、加工过程中可能出现的加工缺陷等，有时在设计时是不容易发现和确定的，必须经过仿真和分析。例如，冲压件的形状或冲压模具设计不合理，可能造成冲压件的翘曲和破裂，造成废品；铸造件的形状或模具、浇口设计不合理，容易产生铸造缺陷，甚至报废；机加工件的结构设计不合理，可能产生无法加工，或者加工精度无法保证，或者必须采用特种加工，增加了加工成本和加工周期。通过仿真，可以预先发现问题，采取修改设计或其他措施，保证工期和产品质量。

（5）虚拟样机与产品工作性能评测。许多不合理设计和错误设计只能等到制造、装配过程时，甚至到样机试验时才能发现。产品的质量和工作性能也只能当产品生产出来后，通过试运转才能判定。这时，多数问题是无法更改的，修改设计就意味着部分或全部的报废和重新试制，因此常常要进行多次试制才能达到要求，试制周期长，费用高。而采用虚拟制造技术，可以在设计阶段就对设计的方案、结构等进行仿真，解决大多数问题，提高一次试制成功率。采用虚拟现实技术，可以方便、直观地进行工作性能检查。例如，美国的 John Deere 公司采用该技术，对新产品反铲装载机的三个技术方案进行建模仿真，结果否定了其中的两个方案，节约了大量的研制经费。

（6）产品广告与漫游。用虚拟现实或三维动画技术制作的产品广告具有逼真的效果，不仅可显示产品的外形，还可显示产品的内部结构、装配和维修过程、使用方法、工作过程、工作性能等，尤其是利用网络进行的产品介绍，广告效果很好。例如，在 Internet 上某复印机的产品介绍和用户使用说明，可在网上进行操作：复印，打开复印机侧板显示内部结构，更换墨盒，清洁磁鼓，去除卡着的纸，关上侧板等，生动、直观。

3.5 汽车虚拟制造技术

3.5.1 虚拟制造技术概述

虽然，虚拟制造概念从提出到现在已有 10 多年的历史，但迄今为止国内外对于虚拟制造概念的含义还没有一个统一的认识。国内外许多学者曾经从不同的角度出发，对虚拟制造做出了相应的定义。各国学者对于虚拟制造是一个什么性质的概念这一基本问题存在着分歧。有些定义认为虚拟制造指的是一个过程，有些定义认为虚拟制造指的是一个系统或环境，还有少数定义则认为虚拟制造是其他性质的一个概念。我们倾向于认为虚拟制造一词指的是一个过程，而不是一个系统或环境，更不是其他。对于承担虚拟制造这一过程的实际系统而言，则用虚拟制造系统(virtual manufacturing system)一词来表示。

进一步分析以上定义还可以看出，以上定义对于虚拟制造过程的内容、目的以及所依赖的软硬环境没有一个全面的、完整的阐述，并不能体现虚拟制造过程的本质。

鉴于上述分析，可以将虚拟制造概念重新归纳定义为：虚拟制造是一个在计算机网络及虚拟现实环境中完成的，利用制造系统各个层次、不同侧面的数学模型，对包括设计、制造、管理、销售等各个环节的产品全生命周期的各种技术方案和技术策略进行评估和优化的综合过程。其目的是在产品设计阶段或产品制造之前，就能实时、并行地模拟出产品的未来制造全过程及其对产品设计的影响，预测产品的性能、成本和可制造性，从而有助于更有效、更经济和更灵活地组织生产，使工厂和车间的资源得到合理配置，使生产布局更合理、更有效，以达到产品的开发周期和成本的最优化、生产效率的最高化。

在虚拟制造定义的基础上，笔者对虚拟制造技术和虚拟制造系统分别定义如下：

虚拟制造技术（virtual manufacturing technology）是一门以计算机仿真技术、制造系统与加工过程建模理论、VR 技术、分布式计算理论、产品数据管理技术等为理论基础，研究如何在计算机网络环境及虚拟现实环境下，利用制造系统各个层次、各个环节的数字模型，完成制造系统各个环节的计算与仿真的技术。

虚拟制造系统是一个在虚拟制造技术的指导下，在计算机网络和虚拟现实环境中建立起来的，具有集成、开放、分布、并行、人机交互等特点的，能够从产品生产全过程的高度来分析和解决制造系统各个环节的技术问题的软硬件系统。

1. 虚拟制造的特点

虚拟制造具有集成性、反复性、并行性和人机交互性等特点。

（1）集成性。集成性首先表现在虚拟制造并不是一个单一的过程，它是一个具有不同目的的各类虚拟子过程的综合。这一特点是由实际制造过程的多样性决定的。实际的制造过程既要完成产品的设计，还要完成生产过程的规划、调度和管理等事务。与此相应，虚拟制造包含了虚拟设计、虚拟加工、虚拟装配等过程，以完成产品的设计、生产过程的优化调度等任务。其次，虚拟制造的集成性还表现在诸多子过程并不是独立运行的，而是彼此之间相互影响、相互支持，共同完成对实际制造过程的分析与仿真。

（2）反复性。反复性指的是虚拟制造大多数环节都遵循"方案拟订→仿真评价→方案修改"的一个多次反复的工作流程。在虚拟设计环节中，设计人员在网络和虚拟现实环境中，根据自己积累的经验以及计算机提供的各种知识，同时借助于计算机提供的各种设计工具，首先拟定出产品的设计方案。而产品可制造性和可装配性评价，是在对产品建模和对加工过程建模的基础上，通过仿真和虚拟来进行的。最后，可制造性和可装配性评价结果反馈给设计者，作为设计者修改设计方案的依据。一个成功的设计方案是上述过程多次反复，不断完善的结果。

（3）并行性。并行性指的是分布在不同节点的工程技术人员、计算仿真资源和数据知识资源，在计算机网络和分布式虚拟现实环境下，针对生产中的某一任务，群组协调工作。虚拟制造过程的这种并行性一方面是由虚拟制造系统中的人员、资源的分布性决定的，另一方面也是受目前的硬件条件限制，必须采取的提高仿真和计算速度的一种策略。因为实际制造系统是一个复杂的大系统，目前凭单一的计算机完成对复杂的实际制造系统的虚拟和仿真是不可能的，必然采用分布式计算和仿真理论，利用计算机网络，群组协调工作，完成实际制造系统的虚拟和仿真任务。

（4）人机交互性。虚拟制造通过虚拟现实环境将计算机的计算和仿真的过程与人的分析、综合和决策的过程有机地结合起来。虚拟制造的这种特点可以充分发挥人的定性思维和计算机的定量计算的各自优势，这在人工智能技术还没有充分发展的今天，是一种有效而现实的解决工程实际问题的办法。此外，在虚拟培训、虚拟原型评价等过程中，人机交互是一个必不可少的环节，操作者或者客户的参与就构成了一个人在回路（Human-in-the-Loop）的仿真过程，通过虚拟现实环境操作者或者客户就可以得到一个逼真的、具有沉浸感的虚拟场景。

2. 虚拟制造与实际制造的关系

实际制造过程包括产品设计、生产工艺拟定、生产管理、产品销售等环节。早先，这些环节都是由技术和管理人员根据自己掌握的知识和积累的经验来完成的。后来，随着计算机技术在制造业各个环节的渗透日益加强，出现了各种单项的计算机辅助技术，如计算机辅助设计(CAD)、计算机辅助工艺设计(CAPP)等等，在此基础上还提出了计算机辅助工程(CAE)的较为综合的概念，使得传统的制造业发生了很大的变化。随着计算机技术在生产制造各个环节的渗透日益深入，产生了虚拟制造技术。但是虚拟制造不等同于原来的各种单项的计算机辅助技术，而是一种更高层次上的计算机技术在设计、制造、管理等各个环节中的应用，它能更加全面地实现原来各种单项的计算机辅助技术的功能。可以预计，随着虚拟制造技术的发展，实际制造过程中的设计、管理、决策等环节将逐步地引入虚拟制造技术，虚拟制造将成为未来制造过程中的有机组成部分，这是虚拟制造与实际制造之间的第一层关系。

虚拟制造与实际制造之间的第二层关系可以表述为：虚拟制造是对实际制造活动的抽象，即虚拟制造是建立在实际制造过程数学模型的基础之上的。从虚拟制造的定义可知，虚拟制造是一个以实际制造数学模型为基础，对实际制造系统进行仿真和分析的过程。数学模型的准确性，对于虚拟制造过程分析结果的有效性和可靠性起着至关重要的作用。但是，应该指出的是并不是每一个虚拟制造子过程都要求建立实际制造过程的包括几何、物理等全方位的数学模型，而只要根据其目的建立相应的反映实际制造过程的某些侧面的数学模型即可。例如，在虚拟培训过程中，观察者需要观察其所编制的数控程序的走刀轨迹是否正确，加工过程中是否存在碰撞干涉等问题，此时只要建立加工过程的几何模型即可，没有必要对加工过程中的切削热、切削力、加工表面质量等复杂的物理规律进行建模。

虚拟制造与实际制造之间的第三层关系是：实际制造是虚拟制造的实例。也就是说，虚拟制造仿真、分析的最终目的是要为生产实践提供科学的、全面的指导依据。例如，对某一 FMS 系统进行计算机仿真和分析，其目的就是为了优化实际 FMS 的运行过程。

3.5.2 虚拟制造的分类

虚拟制造系统的功能多种多样，涉及生产制造过程的方方面面，如虚拟设计、生产过程优化与调度、厂区规划和车间布局、生产线设计与评价、生产工艺设计与评价、加工过程切削参数优化、数控设备软件的编制与验证、三维空间漫游、虚拟培训等等。虽然，虚拟制造的这些功能较为繁杂，但是，根据它们的特点，可将其分别归类为三种类型的虚拟制造，即以设计为中心的虚拟制造、以生产为中心的虚拟制造和以控制为中心的虚拟制造，如图 3.22 所示。

1. 以设计为中心的虚拟制造

快速虚拟设计是虚拟制造中的主要支撑技术。由于产品设计过程的复杂性，以及设计对制造全过程的重大影响，因此需要设计部门与制造部门之间在计算机网络的支持下协同工作。虚拟设计平台是在 Internet 的支持下工作的，其基本功能及模块包括产品异地设计、产品优化设计和产品性能评价等。异地，可以是同一地区的不同协作单位，亦可以是不同地区和不同国家，通过对产品信息综合分析，对产品实现建模以及产品的优化设计和

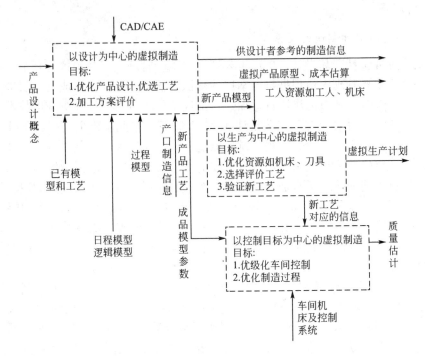

图 3.22 虚拟制造及其分类

零件的分析优化。这种综合分析,主要是对产品的性能进行分析,并通过反复迭代,达到产品零部件及产品整体的优化。在此基础上,通过产品性能评价及产品可制造性评价软件模块,对产品的结构、产品制造及产品装配和产品质量、产品可制造的经济性等进行全面分析,从而为用户提供全部制造过程所需要的设计信息和制造信息,以及相应的修改功能,并向用户提出产品设计修改建议。

整个设计过程是在一种虚拟环境中进行的,由于采用了虚拟现实技术,通过高性能、智能化的仿真环境,可以使用户达到高度的真实化。使用某些数字化仿真工具,可使操作者与虚拟仿真环境有着全面的感官接触与交融,使操作者有身临其境之感,从而可以直接感受所设计产品的性能、功能并不断加以修正,尽可能使产品在设计阶段就能达到一种真正的性能优化、功能优化和可制造性优化。此外还可通过快速原型系统输出设计的产品原型,进一步设计并进行评估和修改。

2. 以生产为中心的虚拟制造

它涉及虚拟制造平台和虚拟生产平台乃至虚拟企业平台,贯穿于产品制造的全过程,包括与产品有关的工艺、工具、设备、计划以及企业等,通过对产品制造全过程模型进行模拟和仿真,实现制造方案的快速评价以及加工过程和生产过程的优化,进而对新的制造过程模式的优劣进行综合评价。产品制造全过程的模型主要包括虚拟制造环境下产品/过程模型和制造活动模型,这是现实制造系统中的物质流和信息及各种决策活动在虚拟环境下的映射,包括生产组织、工艺规划、加工、装配、性能、制造评估等制造过程信息及相应活动。

通过仿真,建立产品制造过程的虚拟设备、虚拟传感器、虚拟单元、虚拟生产线、虚拟车间及虚拟工厂(公司)以及各处虚拟设备的重组和基于动画真实感的虚拟产品的装配仿真、生产过程及生产调度仿真、数据加工过程的仿真等，从而实现产品制造的局部过程最优或全局最优。如产品的开发周期和成本的最小化，产品制造质量的最优化以及生产效率的最高化等。

3. 以控制为中心的虚拟制造

为了实现虚拟制造系统的组织、调度与控制策略的优化以及人工现实环境下虚拟制造过程中的人机智能交互与协同，需要对全系统的控制模型及现实加工过程进行仿真，这就是以控制为中心的虚拟制造。

它利用仿真中的加工控制模型，实现对现实产品生产周期的优化控制。一般来说，以设计为中心的虚拟制造过程为设计者提供了产品设计阶段所需的制造信息，从而使设计最优；以产品为中心的虚拟制造过程则主要是在虚拟环境下模拟现实制造环境的一切活动及产品的全过程，对产品制造及制造系统的行为进行预测和评价，从而实现产品制造过程的最优；而以控制为中心的虚拟制造过程则更偏重于现实制造系统的状态、行为、控制模式和人机界面，通过全局最优决策的理论和技术，突破企业的有形界限和延伸制造企业的功能，根据最优原理，以及环境和目标的变化进行优化组合，动态地调整组织机构，创建地域上相距万里的虚拟企业集团，以全局优化和控制为目标，对不同地域的产品设计、产品开发、市场营销、加工制造、装配调试等，通过计算机网络加以连接和控制。

3.5.3 虚拟制造的应用

虚拟制造在工业发达国家，如美国、德国、日本等已得到了不同程度的研究和应用。在这一领域，美国处于国际研究的前沿。福特汽车公司和克莱斯勒汽车公司在新型汽车的开发中已经应用了虚拟制造技术，大大缩短了产品的发布时间。波音公司设计的 777 型大型客机是世界上首架以三维无纸化方式设计出的飞机，它的设计成功，已经成为虚拟制造从理论研究转向实用化的一个里程碑。图 3.23 为圆柱齿轮减速器的三维虚拟装配模型图。

图 3.23 圆柱齿轮减速器的三维虚拟装配模型

在我国，清华大学、北京航空航天大学、哈尔滨工业大学等科研教学单位也已经开展了这一领域的研究工作。当前我国虚拟制造应用的重点研究方向是基于我国国情，进行产品的三维虚拟设计、加工过程仿真和产品装配仿真，主要是研究如何生成可信度高的产品虚拟样机，在产品设计阶段能够以较高的置信度预测所设计产品的最终性能和可制造性。在对产品性能具有高科技含量要求的行业中，如航空航天、军事、精密机床、微电子等领域，随着研究的不断深入和相关技术的发展，虚拟制造必将得到日益广泛的应用。基于产品的数字化模型，应用先进的系统建模和仿真优化技术，虚拟制造实现了从产品的设计、加工、制造到检验全过程的动态模拟，并对企业的运作进行了合理的决策与最优控制。虚拟制造以产品的"软"模型(Soft Prototype)取代了实物样机，通过对模型的模拟测试进

汽车数字开发技术

行产品评估,能够以较低的生产成本获得较高的设计质量,缩短了产品的发布周期,提高了企业生产效率。企业的生产因为虚拟制造技术的应用而具有高度的柔性化和快速的市场反应能力,因而市场竞争能力大大增强。作为一种先进的制造模式,虚拟制造的应用范围必然会不断扩大,给更多的企业带来更大的收益。

3.6 汽车虚拟装配

虚拟装配是虚拟制造的重要组成部分,利用虚拟装配,可以验证装配设计和操作的正确性,及早发现装配中的问题,对模型进行修改,并通过可视化显示装配过程。虚拟装配系统允许设计人员考虑可行的装配序列,自动生成装配规划。虚拟装配系统包括数值计算、装配工艺规划、工作面布局、装配操作模拟等。

虚拟装配既可看做是虚拟设计的组成部分,为面向装配的设计(DFA)提供手段,又可看做是装配规划的技术保证与实现环境。虚拟设计是以虚拟现实技术为基础,以机械产品为对象的设计手段。借助这样的手段,设计人员可以通过多种传感器与多维的信息环境(视觉、听觉、触觉及声音、手势等)进行自然地交互,完成设计工作。虚拟现实技术和产品设计的结合不仅可以帮助人们进行装配图形处理、产品预装配,而且可以帮助人们进行创新设计。它可以把设计人员从键盘和鼠标上解脱出来,与设计对象进行更自然和更直观地交互。

虚拟现实技术与CAD技术的结合为工程设计领域带来了全新的环境。在虚拟环境下的设计和装配可以充分利用虚拟环境特有的操作自然、模拟环境真实、可视感强等优点,使设计人员在设计过程中,模拟真实环境进行操作,发现设计中的问题。在实施并行工程的先进制造思想指导下,采用虚拟装配可以真正在产品设计阶段就考虑制造装配环节的影响,通过虚拟装配发现产品设计过程中存在的问题,从产品整体考虑设计是否需要更改,是否符合可装配性,同时还可直接观察装配的动态过程。

虚拟装配设计采用虚拟现实技术,具有直观的三维可视化界面,能够清晰地表达产品的设计概念,摆脱对实物样件的依赖。设计人员可以通过对虚拟模型的分析、评价和修改,最后完成产品的定型,并最终指导生产过程的装配。

虚拟设计和装配在机械设计中具有广泛的应用前景。虚拟装配的研究已经引起国外发达国家的关注,美国麦道飞机公司在飞机与发动机协调设计中就进行了虚拟装配的研究,采用沉浸式虚拟现实系统辅助新型号的发动机设计,重点研究了发动机的拆装过程,在这个过程中对装配干涉问题进行检测。整个发动机的拆装过程在虚拟环境下进行。虚拟拆卸发动机的过程是首先扣开虚拟的发动机舱门,把拖车放在发动机的下面,然后用千斤顶把拖车顶到一定高度,用虚拟工具把发动机的螺栓松开,再把发动机固定在拖车上,降低拖车,把发动机移出去进行维修或替换。安装发动机的过程与拆卸的过程类似,只是过程序列相反。发动机拆卸后还可以进一步分解,最终可拆卸到零件级。利用虚拟装配系统,人们可以为特定的零件开发专用工具,检查零件是否拆装方便,这在发动机真实装配和维修方面具有重大的应用价值。

虚拟装配环境中的装配建模是通过三维可视化图形界面以及对模型的三维操作实现的。虚拟装配过程是在零件识别、特征对识别、特征元素约束的基础上完成的。

1. 装配结构模型

装配结构反映了产品的构成，装配结构可以使用层次模型。装配模型中的层次关系指一个产品可以分解为不同层次的子装配体和零件，子装配体可以分解为若干个子装配体和零件，从而表现出一定的层次性。通常把装配体、子装配体、零件之间的这种层次关系直观地表示成一棵装配树结构，用装配树的层次关系表达其之间的父子从属关系。根节点表示产品，有分支的节点表示子装配体，无分支的节点为零件。图3.24所示为装配结构树。

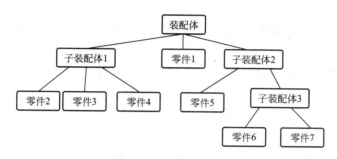

图3.24 装配结构树

在产品设计中，装配结构模型的作用主要是：

(1) 装配结构的层次模型，可以支持并行装配，若干个子装配体可以分别装配，再进行整体装配，从而提高装配的效率。

(2) 快速了解装配体的基本构成，定制产品的结构，实现面向客户化的产品配置。可以加入一定的配置条件，根据用户提出的条件，快速重组产品结构。

(3) 构造装配BOM(物料表)。产品结构树为BOM的生成提供了基本数据来源。

(4) 产品预装配规划的信息来源，按照这些信息进行装配序列规划。

2. 装配约束关系

装配约束关系是指零件之间的几何定位约束关系，利用这些关系可求出装配变换矩阵。常用的约束有：

面贴合——两个面的法矢方向相反，两个面位于同一面上[图3.25(a)中F2与定位面]，扩展到圆柱面(即孔轴装配)是指其轴线对齐，半径相等；沿径向的法矢方向相反。

面对齐——两个面的法矢方向相同，两个面位于同一面上[图3.25(b)中F1与定位面]，扩展到圆柱面是指其轴线对齐，半径相等。

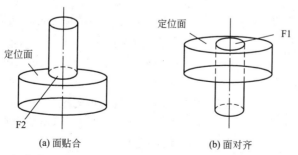

图3.25 虚拟零件之间的约束关系

线对齐——孔轴类的中心轴线在同一直线上。
度——两个物体的一对表面法矢相差一个角度。
距离——两个平行的线、两个平行的面以及两个平行的线面之间的距离。
对称——两个物体关于参考对象的对称装配。
相切——两个物体相切接触的装配。
组合——上述约束的组合。

3. 电子装配过程

电子装配过程是指在传统 CAD 系统中的装配过程。这个过程分成两个部分：建立装配结构树和施加定位约束。

(1) 建立装配结构树：装配结构树是按照层次链接节点建立的。由用户交互指定一个零件或子装配体，链接到某个节点下面，构成了装配关系。用户可以先不考虑具体的几何约束，将所有的零部件链接到装配树上。每个节点的信息包括了零件的几何信息以及其父节点和子节点指针，但是不包含零件之间的约束关系。由此建立起产品的结构。

(2) 施加定位约束：通过添加几何关系约束零件的位置和方位。

① 用户交互指定两个零件或子装配件。

② 选择装配约束类型。

③ 按照约束类型的要求，指定两个零件之间的配合特征对（两个零件之间装配约束的几何对象构成的一对几何元素称为配合特征对），例如元素之间的配合面或轴线。

④ 通过零件的当前位置以及装配约束推导出装配变换矩阵。

⑤ 将这些变换矩阵作用于待装配的部件，完成零件的定位装配。

⑥ 装配信息存放于相关的节点中。

这种实现方式需要用户不断地指定约束类型和约束对象，得出装配转换矩阵。

4. 虚拟装配过程

虚拟装配过程与电子装配过程不同，在虚拟现实环境中，它把由用户交互指定对象的操作过程变成了系统识别的过程，即通过自动识别零件之间的配合特征对及其之间的配合约束，将用户从传统装配造型过程中的烦琐操作中解放出来，通过自动的配合约束满足特征元素的装配，从而大大简化装配过程，使装配过程更加趋向自然，并通过干涉碰撞检测，对装配过程出现的问题进行实时反馈。虚拟装配建模过程如图 3.26 所示，主要包括五个基本步骤。

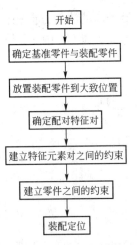

图 3.26 虚拟装配建模过程

(1) 确定基准零件和装配零件：对于屏幕上有 M 个零件的环境，需要装配约束的零件一次只能选定一对，称为零件对。为了识别和操作零件对的方便，假定相对固定的零件称为基准零件，可移动的零件称为装配零件。用户用手移动零件（装配零件），使其靠近另一个零件，系统会高亮显示该零件，并由用户确认，一旦确认，该零件即为基准零件。否则继续寻找基准零件。

(2) 放置装配零件到大致位置：将装配零件放到基准零件上，识别装配零件与基准零件之间的面配合约束，一旦识别出来即以高亮醒目显示,并由用户确认。

(3) 确定配合特征对:在初步定位之后,系统要进行配合特征对的识别。有些特征对还带有子特征,需要识别特征对及子特征对,并判别特征对是否匹配。例如孔轴特征是可匹配的,而一个圆柱类特征与一个平面类特征是不可匹配的。

(4) 建立特征元素对之间的约束:特征对确定后,特征对相应的特征元素之间的约束关系被确定。这主要是为装配建模提供约束信息,同时将装配零件上的特征可允许动作映射到装配零件上。

(5) 建立零件之间的约束:装配过程的结束,可以随操作过程结束而终止,也可由用户抓握一个新的零件而终止。一旦装配过程即将结束,系统自动搜集整理已有特征对的约束,并将其存入装配约束模型,从而建立起零件之间的约束。

图 3.27 所示为汽车转向系统按照上述步骤操作的一个装配实例。

图 3.27　转向系统的虚拟装配

1. 根据虚拟现实系统沉浸的程度不同,虚拟现实系统可分为哪几种?
2. 什么是虚拟原型?怎样建立虚拟原型?
3. 论述一下虚拟现实在各个领域中的应用。
4. 虚拟现实硬件由哪几部分组成?
5. 虚拟现实工具软件应具有哪几个特征?
6. 虚拟制造可分为哪几种?
7. 虚拟装配建模有哪些步骤?

第 4 章
汽车数字化仿真技术

 本章学习目标

★ 熟悉仿真技术的分类及其应用,掌握有限元分析技术的基本原理及其求解步骤
★ 掌握优化设计的原理及多目标优化方法的应用
★ 了解虚拟样机分析软件——ADAMS,掌握虚拟试验技术及虚拟试验场

 本章教学要点

知识要点	掌握程度	相关知识
数字化仿真技术	了解数字化仿真技术的基本知识	仿真技术分类及其基本步骤; 仿真技术的现状与发展
有限元分析技术	掌握有限元的基本原理及求解步骤; 了解有限元分析软件	汽车车架的有限元分析
优化设计技术	了解优化设计技术的应用	建立数学模型; 多目标优化方法
虚拟试验技术	掌握虚拟样机技术原理; 掌握虚拟试验的应用; 掌握虚拟试验的实施方案; 了解汽车虚拟试验场功能和特点	虚拟样机分析软件——ADAMS; 虚拟试验在车辆工程方面的应用; 虚拟试验的应用; 虚拟试验场技术的提出和发展

导入案例

襄樊汽车试验场（图 4.1）始建于 1985 年，隶属东风汽车工程研究院，占地面积 2902 亩，内有高速环道、直线性能路、2 号综合路、比利时环道等近 30 公里试验路面和溅水池、涉水池、标准坡道、灰尘洞等试验设施，设有汽车整车、总成、零部件等试验室十余个，国家进出口汽车商检试验室两个，可满足国内外机动车辆的新产品开发试验、产品质量鉴定的需要，是一个集室内零部件台架试验、整车试验以及道路试验、服务保障于一体的综合性的汽车产品研发阵地，同时还具有汽车质量监督检验、进出口汽车商品检验、机动车排气污染监督检验、新产品定型以及汽车专用仪器和汽车检测线检验、校准等能力，是目前全国功能最全、管理最好、服务一流的现代化汽车试验基地。

图 4.1　襄樊汽车试验场及试验室

4.1　数字化仿真技术概述

4.1.1　仿真技术及其分类

20 世纪初仿真技术已得到应用，例如在实验室中建立水利模型，进行水利学方面的研究。20 世纪 40～50 年代航空、航天和原子能技术的发展推动了仿真技术的进步。20 世纪 60 年代计算机技术的突飞猛进，为仿真技术提供了先进的工具，加速了仿真技术的发展。

仿真（simulation）是通过对系统模型的试验，研究已存在的或设计中的系统性能的方法及其技术。仿真可以再现系统的状态、动态行为及性能特征，用于分析系统配置是否合理、性能是否满足要求，预测系统可能存在的缺陷，为系统设计提供决策支持和科学依据。仿真技术就是以相似原理、系统技术、信息技术及其应用领域有关的专业技术为基础建立起系统模型，以计算机和专用物理效应设备为工具，利用系统模型对实际或设想的系统进行试验研究的一门多学科综合性技术。

例如，研制新型飞机时，一般先要对按比例缩小的飞机模型进行风洞试验以验证飞机的空气动力学性能；开发新型轮船时，一般先要在水池中对缩小的轮船模型进行试验，以了解轮船的各种性能；设计新的生产线时，要先对生产线的性能作出评估等。

系统仿真是基于系统模型的活动，需要建立一定的环境，因此，建立系统仿真环境，实现系统仿真的各组成部分所形成的有机整体称为仿真系统。系统是研究的对象，系统模型是系统本质的描述，最终目的是解决系统问题，如何来实现系统仿真的方法和手段，系统模型比研究目的所要求的更简单。模型的详细程度和精度必须与研究目的相匹配。用来表示一个系统的模型并不是唯一的，对于同一个系统，当研究的目的不同时，所要求收集的与系统有关的信息也不同，由于关心的方面不同，对于同一个系统可能建立不同的模型。系统模型以各种可用的形式，如数学的或实体(物理)的，给出被研究系统的信息，具有与系统相似的数学描述或物理属性。

计算机是一种解算工具。计算机的发展经历了模拟计算机(analog computer)、数字计算机(digital computer)、混合计算机(hybrid computer)的历史过程。相应仿真的发展也经历了模拟仿真、数字仿真和混合仿真的历史过程。目前，采用数字计算机的数学仿真获得了普遍应用。

1. 仿真的分类

系统仿真可以有多种分类方法：①按所用模型的类型(物理模型、数学模型、物理-数学模型)分为物理仿真、计算机仿真(数学仿真)、半实物仿真；②按所用计算机的类型(模拟计算机、数字计算机、混合计算机)分为模拟仿真、数字仿真和混合仿真；③按仿真对象中的信号流(连续的、离散的)分为连续系统仿真和离散系统仿真，连续系统是指系统状态随时间发生连续变化，如化工、电力、液压-气动系统、铣削加工等，连续系统的数学模型有微分方程、状态方程、脉冲响应函数等形式，离散事件系统是指只有在离散的时间点上发生"事件"时，系统状态才发生变化的系统，其数学模型通常为差分方程，制造领域中的生产线/配线、路口的交通流量分布、电信网络的电话流量等都是典型的离散事件系统；④按仿真时间与实际时间的比例关系分为实时仿真(仿真时间标尺等于自然时间标尺)、超实时仿真(仿真时间标尺小于自然时间标尺)和亚实时仿真(仿真时间标尺大于自然时间标尺)；⑤按虚实结合的程度分为结构仿真、虚拟仿真和实况仿真；⑥按功能用途可分为工程仿真和训练仿真。

物理仿真通过对实际存在的模型进行试验，以研究系统的性能，如飞机的风洞试验、建筑及城市规划模型等。数学仿真是利用系统的数学模型代替实际系统进行试验研究，以获得现实系统的特征和规律。无需昂贵的实物系统，也无需模拟生成客观真实环境的各种物理效应设备，而是建立数学模型，按数学模型选好合适的算法，编好程序，在计算机上进行试验，再现和评价客观世界的客观事物特性。数学仿真试验时，通过键盘等输入设备改变系统参数或系统结构，通过CRT、打印机、绘图仪等输出设备显示仿真结果，或者将仿真结果存储在磁盘上，如图4.2所示。数学仿真尤其适用于方案论证、研究开发和设计分析。

物理-数学仿真是前两者的有机结合，如各种航空、航天仿真训练器等。显然，如果采用数学仿真可以研究实际系统性能的话，将能显著地降低模型试验的时间及成本。

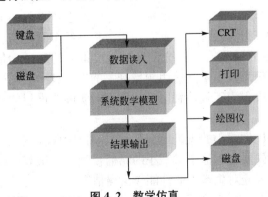

图4.2　数学仿真

2. 仿真的三要素及要求

数学仿真(即计算机仿真)的三个基本要素是系统、模型、计算机,联系着其三项的基本活动是模型建立、仿真模型建立(又称二次建模)、仿真试验,如图4.3所示。

数学仿真采用数学模型,它是用数学语言来描述系统行为子集的特性。其工作过程一般是:首先建立系统的数学模型;然后建立系统的仿真模型,主要是设计算法,并转换为计算机的程序,使系统的数学模型能为计算机所接受并能在计算机上运行;最后,是对仿真模型的运行,进行仿真试验,再根据仿真试验的结果,进一步修正系统的数学模型和仿真模型。

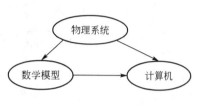

图4.3 仿真的三要素及三项基本活动

仿真建模的基本要求如下:

(1) 清晰性。一个大的系统往往由许多子系统组成,因此对应的系统模型也由许多模型组成。在子模型与子模型之间,除了为实现研究目的所必需的信息联系以外,相互耦合要尽可能少,结构尽可能清晰。

(2) 切题性。系统模型只应该包括与研究目的有关的方面,也就是与研究目的有关的系统行为子集的特性的描述。对于同一个系统,模型不是唯一的,研究目的不同,模型也不同。如研究空中管制问题,所关心的是飞机质心动力学与坐标动力学模型;如果研究飞机的稳定性与操纵性问题,则关心的是飞机绕质心的动力学和驾驶仪动力学模型。

(3) 精确性。同一个系统的模型按其精确程度要求可分为许多级。对不同的工程,精确度要求不一样。例如用于飞行器系统研制全过程的工程仿真器要求模型精度高,甚至要考虑到一些小参数对系统的影响,这样的系统模型复杂,对仿真计算机的性能要求也高;但用于训练飞行员的飞行仿真器,则要求模型的精度相对低一些,只要被培训人员感到"真"即可。

(4) 集合性。集合性是指把一些个别的实体能组成更大实体的程度,有时要尽量从能合并成一个大的实体的角度考虑对一个系统实体的分割。如对武器射击精度鉴定,并不十分关心每发子弹的射击偏差,而着重讨论多发子弹射击的统计特性。

3. 仿真工具

如前文所述,系统仿真是研究系统、解决问题的方法和手段。面向问题的仿真工具主要指的是仿真系统硬件和仿真系统软件。

(1) 仿真硬件中最主要的是计算机。用于仿真的计算机有三种类型:模拟计算机、数字计算机和混合计算机。数字计算机还可分为通用数字计算机和专用数字计算机。模拟计算机主要用于连续系统的仿真,称为模拟仿真。在进行模拟仿真时,依据仿真模型将各运算放大器按要求连接起来,并调整有关的系数器。改变运算放大器的连接形式和各系数的调定值,就可修改模型。仿真结果可连续输出。因此,模拟计算机的人机交互性好,适合于实时仿真。改变时间比例尺还可实现超实时的仿真。

仿真系统硬件可分为仿真计算机、接口、连接电缆、非标设备、信号产生与激励设备、数据采集与记录显示设备、通信指挥监控设备、能源动力系统、系统测试设备及各类辅助设备等(图4.4)。

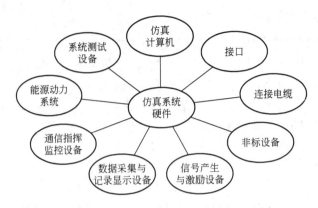

图 4.4 仿真系统的硬件组成

20世纪60年代前的数字计算机由于运算速度低和人机交互性差,在仿真中的应用受到限制。现代的数字计算机已具有很高的速度,某些专用的数字计算机的速度更高,已能满足大部分系统的实时仿真的要求,由于软件、接口和终端技术的发展,人机交互性也已有很大提高。因此数字计算机已成为现代仿真的主要工具。混合计算机把模拟计算机和数字计算机联合在一起工作,充分发挥模拟计算机的高速度和数字计算机的高精度、逻辑运算和存储能力强的优点。但这种系统造价较高,只宜在一些要求严格的系统仿真中使用。除计算机外,仿真硬件还包括一些专用的物理仿真器,如运动仿真器、目标仿真器、负载仿真器、环境仿真器等。

(2) 仿真软件包括系统模型软件、通用软件、应用软件、系统模型软件、对象数学模型、仿真算法、系统运行流程、仿真服务的仿真程序、仿真程序包、仿真语言和以数据库为核心的仿真软件系统。通用软件含有计算机操作系统、编程语言、调试运行环境、图形界面开发程序、通用接口通信程序等。专用软件包含专用算法、专用接口通信程序。仿真软件的种类很多,在工程领域,用于系统性能评估,如机构动力学分析、控制力学分析、结构分析、热分析、加工仿真等的仿真软件系统 MSC.Software 在航空、航天等高科技领域已有45年的应用历史。

4. 仿真系统的特点

数字化仿真已成为现代产品开发中的重要支撑技术和手段。究其原因,数字化仿真具有以下优点:

(1) 有利于提高产品质量。传统的产品开发多以满足基本使用要求为准则。市场竞争的加剧和相关技术的发展,使得产品全寿命周期的综合性能最优成为现代产品设计的核心准则。

但是,物理仿真往往难以再现产品在全寿命周期内可能出现的各种复杂工作环境,或因再现环境的代价太高而难以付诸实施。数字化仿真技术可以克服上述缺点,在产品未实际开发出来之前,研究产品在各种工作环境下的表现,以保证产品具有良好的综合性能。

(2) 有利于缩短产品开发周期。传统的产品开发遵循设计、制造、装配、样机试验的串行开发模式,而简单的计算分析难以准确地预测被设计产品的实际性能,通常需通过样机试制和样机试验结果,确定设计方案的优劣,以便修改、完善设计。因此,产品开发的反复性大、成功率低、周期长。采用数字化仿真技术，可以在计算机上完成产品的概念设计、结构设计、加工、装配以及系统性能的仿真，提高设计的一次成功率，缩短设计周期。

（3）有利于降低产品开发成本。数字化仿真以虚拟样机代替实际样机或模型进行试验，能显著地降低开发成本。例如，汽车车身覆盖件的设计，不仅要考虑运行阻力、外观造型等因素，还要考虑汽车受到碰撞时乘员的安全性。传统的车身覆盖件开发中，每种车型都要进行撞车试验，以验证车身的变形状况，多者需要毁坏十几辆车。基于计算机软件的撞车仿真试验，可以减少碰撞试验的次数甚至取消撞车试验，从而极大地降低了开发成本。

（4）可以完成复杂产品的操作、使用训练。复杂产品或技术系统的操作控制，必须进行系统的训练。以真实产品或系统进行训练，费用昂贵且风险极大。采用数字化仿真技术可以再现系统的实际工作过程，甚至有意设计出各种"故障"和"险情"，让受训人员进行处理和排除，从而在虚拟现实的环境中掌握系统的操作及控制，取得用真实产品或系统难以达到的训练效果。

据报道，Ford、BMW、FIAT以及Volvo等世界领先汽车制造企业的产品开发已经彻底摒弃了传统的开发模式。在基于网络系统的开发及制造环境下，传统的串行工程和物理样机的开发模式已经被并行开发过程所取代，从产品的概念设计、样机、样机性能试验及修改完善等所有环节都在计算机和网络环境中完成。再如，美国Boeing公司的777型飞机的开发广泛采用数字化仿真技术，在计算机和网络环境中完成了飞机设计、制造、装配及试飞的全部过程，取消了传统的风洞试验、上天试飞等物理仿真及试验环节，使开发周期由原先的9～10年缩短到4.5年。Boeing 777型的全数字和无纸化生产，充分展现了数字化仿真的强大作用，开创了复杂制造系统的全新开发模式。

总之，数字化仿真技术已经受到人们的高度重视，被广泛地应用于航空、航天、汽车、船舶、机械结构、化工、电气、土木、建筑、交通规划、物理等工程领域以及金融、证券、人口、医疗、物流等非工程领域，成为系统方案论证、规划设计及性能评价研究的有效工具。

仿真系统是虚实结合的系统，具有以下特点：

（1）建立仿真模型。任何仿真系统的实现需建立被仿真对象的实体数学模型。例如，飞行仿真系统必须建立飞行器的飞行动力学数学模型。它是一组变系数多变量非线性微分方程组，通过选择合适的数值积分算法，将微分方程转换为差分方程形式，即为在数字计算机上能实现的仿真模型。除建立被仿真对象实体的数学模型外，还应建立环境模型，例如飞行仿真系统中的大气环境（气压、气温、阵风、扰动气流等）模型、地理环境（地形、地貌）模型等。

（2）实物的接入与仿真环境的生成。实时仿真系统一般都接入实物系统，例如将飞行控制系统（包括传感器、控制计算机、执行机构）接入飞行仿真系统进行含实物仿真试验。各种物理效应设备将模拟生成实物系统所需的物理环境，通过物理效应设备和接口使仿真计算机和接入的实物系统构成一个完整的含实物仿真系统。

（3）系统仿真试验。系统仿真试验具有良好的可控性、无破坏性，可多次重复，经济、安全，不受气象条件和场地环境的限制。

（4）系统仿真应用。系统仿真技术可广泛应用于国防、能源、水利、交通、工业、农业、经济、管理、训练等工程领域和非工程领域，也可广泛应用于产品研制的方案论证、设计分析、生产制造、试验评估、运行维护、人员训练的全过程。

（5）系统仿真的实时性。仿真计算机从"串行"计算的模拟计算机发展到"并行"计算的数字计算机，其中技术关键是如何保证仿真系统的运行实时性。实时性体现在循环迭代计算的帧周期上，应根据仿真系统内的信息变化速率的快慢选定帧周期。对飞行实时仿真系统来说，帧周期一般为几毫秒至几十毫秒。联网仿真的网络延迟和物理效应设备的时间延迟都将影响仿真系统的实时性。

4.1.2　数字化仿真程序

仿真本质上是一种知识处理的过程，典型的仿真系统过程包括系统模型的建立、仿真模型的建立、仿真程序设计、模型确认、仿真试验和数据分析处理等，涉及多学科、多领域的知识与经验。对设计任务重、工作量大的系统，可建立系统设计仿真器或系统辅助设计程序包，使设计人员节省大量的设计时间，提高工作效率。

数字化仿真技术是以产品的数字化模型为基础，以力学、材料学、运动学、动力学、流体力学、声学、电磁学等相关理论为依据，利用计算机对产品的未来性能进行模拟、评估、预测和优化的技术。数字化仿真技术涉及很多的分析内容，如产品的运动学和动力学分析、材料的成形过程分析、噪声及振动分析、电磁场环境分析、生产线的性能分析等。其中，应用最为广泛的数字化仿真技术是有限元法（FEM）。它可以用于确定零件或结构的应力、变形、热传导、磁场分布、流体运动以及其他连续场问题等。此外，还有很多的结构设计优化软件工具，也可归类为数字化仿真工具。

对于新产品开发而言，数字化仿真技术的最大优点在于：在无需建造物理样机和进行物理测试的前提下，可以使设计者或工程师提前发现设计缺陷或错误，从而极大地降低产品的开发成本、缩短产品的开发周期。实际上，数字化仿真已经成为产品开发不可或缺的手段，国内外知名的制造企业无不重视在数字化仿真技术方面的投入及应用。

数字仿真程序是一种适用于一类仿真问题的通用程序。一般采用通用语言编写。根据仿真过程的要求，一个完整的仿真程序应具有以下三个基本阶段：

（1）初始化阶段。这是仿真的准备阶段，主要完成下列工作：①数组定维、各状态变量置初值；②可调参数、决策变量以及控制策略等的建立；③仿真总时间、计算步距、打印间隔、输出方式等的建立。

（2）模型运行阶段。这是仿真的主要阶段。规定调用某种算法，计算各状态变量和系统输出变量。当到达打印间隔时输出一次计算结果，并以数字或图形的方式表示出来。

（3）仿真结果处理和输出阶段。当仿真达到规定的总仿真时间时，对动力学来说，常常希望把整个仿真结果以曲线形式再显示或打印出来，或将整个计算数据存起来。针对不同的计算机和计算机外设的配置，该段的差别也较大。

数字仿真的前提是系统的数学模型，数字仿真的工具是数字计算机，而其主要内容是数值计算方法、仿真程序、仿真语言以及上机操作。通常将计算机称为仿真的硬件工具，而将仿真计算方法和仿真程序称为仿真软件。数字仿真的工作流程如图 4.5 所示。

仿真系统的构造过程是一项系统工程，根据已建的仿真系统的建设经验，其一般流程如图 4.6 所示。该图表示一个仿真系统的建设主要分为设计、实现与验收三个阶段。

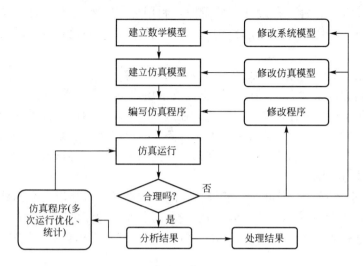

图 4.5 数字仿真的工作流程

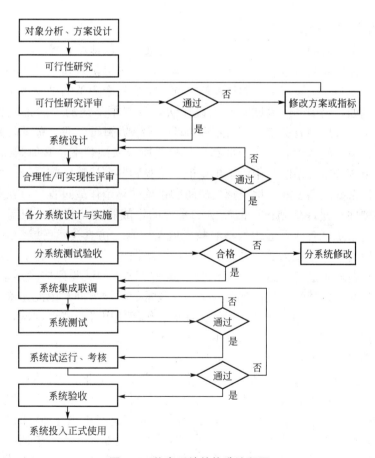

图 4.6 仿真系统的构造流程图

设计主要是用户方明确工程要求并以任务书的形式提出，研制方与用户充分协调、沟通，深刻理解仿真系统的功能、用途、运行机理与环境要求，完成方案设计、技术设计，并通过相应的评审与完善。在设计开始阶段,利用仿真技术论证方案,进行经济技术比较,优选合理方案,帮助设计人员优选系统合理结构,优化系统参数,以期获得系统最优品质和性能。

实现阶段主要是研制方为完成任务书所规定的内容,为保证质量、提高效率所做的努力,用户、研制方以及设备、环境、基建各技术层次的协调、沟通,乃至相应技术的调整、修改是仿真系统工程建设的一大特色。在这一阶段,利用仿真技术分析系统响应与参数关系,指导调试工作,可以迅速完成调试任务;对已经运行的系统,利用仿真技术可以在不影响生产的条件下分析系统的工作状态,预防事故发生,寻求改进薄弱环节,以提高系统的性能和运行效率。

验收是一个终结阶段,但可能延续较长时间。仿真设备可能以"交钥匙工程"形式完成,但仿真系统则不那么简单,尽管经过试运行、预验收,但系统中存在的软、硬件缺欠仍要经较长时间的试验才能发现。因此,用户与研制方的默契与相互协调就显得尤为重要。

4.1.3 仿真技术的应用与发展

1. 仿真技术的应用和效益

由于仿真技术固有的特性,国外仿真技术的发展已形成体系,尤其是在军事领域的应用,仿真技术的作用越来越显著。目前,美、英、法等国以仿真技术为核心,用高速计算机网络已将各种试验系统及有关研制机构联结起来形成一个完整的试验体系,即分布式仿真试验系统。例如,美国的国家试验台以设在法尔肯空军基地的"国家试验中心"为核心,将分布在美国各地的有关部门(如陆军空间与战略防御司令部、海军研究试验室、空军电子系统部、空军技术中心,能源部路斯阿拉莫斯国家试验室及其他国家试验室等)用网络连起来,组成分布式系统,用以承担论证、检验和鉴定战略防御系统方案和指挥控制软件等任务。该系统能高度逼真地模拟战略防御系统的整个作战过程,可在系统内试验要验证和评价的硬件,允许单独试验战略防御系统的作战管理与指挥、控制、通信系统软件。这样的武器系统试验体系运用的核心技术就是仿真。仿真技术已成为武器系统研制、评估的重要手段,而且已成为武器系统战前演练、培训作战人员并为作战决策者提供依据的手段。美国正在着手进行"依靠仿真试验,实现零次飞行试验评估武器系统"的设想,更体现了仿真技术的优越性,也体现了未来仿真技术的发展方向。因此,未来军用仿真技术将贯穿于武器系统的采购、研制、评估、维护、作战使用等全寿命周期,未来战争的战略、战术的决策将是基于仿真技术与虚拟现实技术综合运用的结果。

仿真技术得以发展的主要原因,是其所带来的巨大社会经济效益。20世纪50年代和60年代仿真主要应用于航空、航天、电力、化工以及其他工业过程控制等工程技术领域。在航空工业方面,采用仿真技术使大型客机的设计和研制周期缩短20%。利用飞行仿真器在地面训练飞行员,不仅节省大量燃料和经费(其经费仅为空中飞行训练的1/10),而且不受气象条件和场地的限制。此外,在飞行仿真器上可以设置一些在空中训练时无法设置的故障,培养飞行员应付故障的能力。训练仿真器所特有的安全性也是仿真技术的一个重要优点。在航天工业方面,采用仿真实验代替实弹试验可使实弹试验的次数减少80%。在电力工业方面采用仿真系统对核电站进行调试、维护和排除故障,一年即可收回建造仿真系统的成本。现代仿真技术不仅应用于传统的工程领域,而且日益广泛应用于社会、经济、生物等领域，如交通控制、城市规划、资源利用、环境污染防治、生产管理、市场预测、世界经济的分析和预测、人口控制等。对于社会经济等系统，很难在真实的系统上进行实验，因此，利用仿真技术来研究这些系统就具有更为重要的意义。

以制造系统为例，仿真技术在系统研制各个阶段的应用内容见表 4-1。

表 4-1 仿真技术在制造系统研制中的应用

阶　　段	应 用 内 容
概念化设计	对设计方案进行技术、经济分析及可行性研究，选择合理的设计方案
设计建模	建立系统及零部件模型，判断产品外形、质地及物理特性是否满意
设计分析	分析产品及系统的强度、刚度、振动、噪声、可靠性等性能指标
设计优化	调整系统结构及参数，实现系统特定性能或综合性能的优化
制造	刀具加工轨迹、可装配性仿真，及早发现加工、装配中可能存在的问题
样机试验	系统动力学、运动学及运行性能仿真，虚拟样机试验，以确认设计目标
系统运行	调整系统结构及参数，实现性能的持续改进及优化

2. 仿真技术现状与发展

在仿真硬件方面，从 20 世纪 60 年代起采用数字计算机逐渐多于模拟计算机，混合计算机系统在 70 年代一度停滞不前，80 年代以来又有发展的趋势。由于小型机和微处理机的发展，以及采用流水线原理和并行运算等措施，数字仿真运算速度的提高有了新的突破。例如利用超小型机 VAX 11-785 和外围处理器 AD-10 联合工作可对大型复杂的飞行系统进行实时仿真。在仿真软件方面，除进一步发展交互式仿真语言和功能更强的仿真软件系统外，另一个重要的趋势是将仿真技术和人工智能结合起来，产生具有专家系统功能的仿真软件。仿真模型、试验系统的规模和复杂程度都在不断地增长，对其有效性和置信度的研究将变得十分重要。同时建立适用的基准对系统进行评估的工作也日益受到重视。

我国仿真技术的研究与应用开展较早，发展迅速。自 20 世纪 50 年代开始，在自动控制领域首先采用仿真技术，面向方程建模和采用模拟计算机的数学仿真获得较普遍的应用，同时采用自行研制的三轴模拟转台的自动飞行控制系统的半实物仿真试验已开始应用于飞机、导弹的工程型号研制中。60 年代，在开展连续系统仿真的同时，已开始对离散事件系统(例如交通管理、企业管理)的仿真进行研究。70 年代，我国训练仿真器获得迅速发展，我国自行设计的飞行模拟器、舰艇模拟器、火电机组培训仿真系统、化工过程培训仿真系统、机车培训仿真器、坦克模拟器、汽车模拟器等相继研制成功，并形成一定市场，在操作人员培训中起了很大作用。80 年代，我国建设了一批水平高、规模大的半实物仿真系统，如射频制导导弹半实物仿真系统、红外制导导弹半实物仿真系统、歼击机工程飞行模拟器、歼击机半实物仿真系统、驱逐舰半实物仿真系统等，这些半实物仿真系统在武器型号研制中发挥了重大作用。90 年代，我国开始对分布交互仿真、虚拟现实等先进仿真技术及其应用进行研究，开展了较大规模的复杂系统仿真，由单个武器平台的性能仿真发展为多武器平台在作战环境下的对抗仿真。

近年来，随着现代信息技术的高速发展以及军用和民用领域对仿真技术的迫切需求，系统仿真及其应用得到了飞速的发展。其发展趋势是：

(1) 系统建模理论与方法的研究范围从定量系统向定性系统拓宽，系统模型的校核、仿真模型的验证以及仿真结果的认可技术已成为复杂系统建模与仿真技术中的重要课题，正从局部、分散的研究向实用化、自动化、规范化与集成化的系统方向发展。

(2) 仿真算法经历了从串行算法到并行算法的发展过程。目前研究的重点是实时连续系统算法、各类系统的并行算法及定性系统算法。

(3) 仿真软件的研究包括采用新的建模仿真方法学、人工智能等新技术改善建模仿真功能；增强对建模仿真全生命周期活动的支持功能；基于标准、基于软总线的开放的体系结构；注重面向专业领域、面向用户，扩大应用领域；支持复杂系统虚拟样机开发；开发完善支持分布仿真工程的支撑框架。

(4) 基于RISC技术及并行计算机技术的飞速发展，配有面向问题仿真软件的通用高性能微机、工作站及并行机已成为仿真机的主流。基于高速、宽带、异步、多媒体网络通信及分布计算技术的发展，使分布计算环境成为仿真计算机平台的重要发展方向。高性能仿真计算机的主要课题包括处理机技术与结点结构、并行程序设计模型与并行化编译器、支持自动并行化的新的框架与概念等。

(5) 虚拟现实技术是现代仿真技术的一个重要研究领域，它通过建立模型对人、物、环境及其相互关系进行本质的描述，并在计算机上实现。它以仿真的方式使人置身于一个沉浸、交互、构思的虚拟的世界中，其研究包括分布式虚拟环境、虚拟环境建模、分布式可交互环境数据库、虚拟环境显示、虚拟测试、分布式多维人机交互及标准化等。

(6) 分布仿真技术是仿真技术的最新发展成果，分布仿真技术经历了网络仿真、分布交互仿真和聚合仿真等阶段后，最近又提出了高级体系结构，其研究包括仿真部件和仿真系统高层次上的互操作性和可重用性；系统总体和体系结构；标准、规范、协议；虚拟环境；支撑平台与工具；人的行为描述；实时决策、演练管理；仿真管理；安全管理；网络管理。

(7) 基于仿真的采办是将建模与仿真技术应用于系统采办全过程的一项创新性建议，能使武器系统的研制周期缩短、节省经费、提高质量，其研究包括体系结构、协同环境、建模/仿真、采办过程及组织等。

(8) 系统仿真在工程和非工程、生物和非生物、微观和宏观、思维和实践、主观和客观、个体和群体、本体和环境等领域继续获得广泛和深入的应用。

3. 仿真器的现状与开发

系统仿真器(system simulator)是模仿真实系统的实验研究装置，包括计算机硬件、软件以及模仿对象的某些类似实物所组成的一个仿真系统。仿真器分为培训仿真器和设计仿真器。培训仿真器一般由运动系统、显示系统、仪表、操作系统以及计算机硬件、软件组成类似实物的模拟装置。例如，培训飞机驾驶员航线起落飞行的仿真器就包括座舱与其运动系统、视景系统、音响系统、计算机系统以及指挥台等，此外还有电源、液压源，以保证实验条件。

设计仿真器，一般包括计算机硬件、软件和由研究系统的应用软件以及大量设计公式和参数等所构成的设计程序包。例如，轧钢机多级计算机控制系统的设计，从方案选择到参数规定，甚至绘图等工作都可以在设计仿真器上由计算机完成，提高效率。此外，在电机、变压器或其他具有大量计算工作量而且规格众多的系列化产品设计方面,均可利用计算机辅助设计仿真器,以提高工作效率。

仿真器的开发利用是系统仿真技术的直接应用结果,它带来明显的技术和经济效益。中国目前主要在航空、航天、航海等方面得到应用。例如,从国外引进的波音707型、三叉戟飞机培训仿真器;中国自行研制的航线起落飞行仿真器;CCF-2S船舶操纵培训仿真器等。在设计仿真器方面控制多变量反馈系统设计程序包类的设计仿真器。由于应用各类仿真器除带来经济效果外,在有些领域中还可以实现特殊功效,所以今后应大力发展仿真器的研制与应用,这也是仿真技术直接应用的一个方面。

4.2 有限元分析技术

4.2.1 有限元法概述

有限元法(finite element method,FEM)是一种基于计算机的数值仿真技术。20世纪60年代,随着计算机软硬件技术的发展,有限元法开始在工程实际中应用,现已成为航空、航天、机械、土木、交通等领域重要的仿真分析工具,广泛应用于复杂产品及工程结构的强度、刚度、稳定性、热传导性、流体、磁场等的分析计算和优化设计,以获得满足工程要求的数值解。

有限元法的基本思想是:将形状复杂的连续体离散化为有限个单元组成的有效组合体,单元之间通过有限个节点相互连接;根据精度要求,用有限个参数描述单元的力学或其他特性,而连续体的特性就是全部单元体特性的叠加;根据单元之间的协调条件,可以建立方程组,联立求解就可以得到所求的参数特征。由于单元数目是有限的,节点数目也是有限的,因而称为有限元法。有限元法具很大的灵活性,通过改变单元数目可以改变解的精确度,从而得到与真实情况接近的解。

按照基本未知量和分析方法的不同,有限元法可分为两种基本方法:位移法和力法。以应力计算为例,位移法是以节点位移为基本未知量,选择适当的位移函数,进行单元的力学特征分析,在节点处建立单元的平衡方程,即单元刚度方程,由单元刚度方程组成整体刚度方程,求解节点位移,再由节点位移求解应力;而力法是以节点力为基本未知量,在节点上建立位移连续方程,在解出节点力后,再计算节点位移和应力,位移法比较简单,而用力法求解的应力精度高于位移法。因此,用有限元法分析结构时,多采用位移法。

有限元法以数值理论计算代替了传统的经验类比设计,使产品设计模型及性能计算方法产生深刻变化。目前,有限元法理论仍在不断发展之中,功能不断完善,使用越来越方便。当前用有限元法解决的问题主要有:①杆、梁、板、壳、二维和三维固体、管道和弹簧等各种单元组合而成的复杂结构的静力分析;②包括频率、振型、各种动力响应和撞击在内的各种复杂结构的动力分析;③大型复杂结构的稳定性分析;④整机(如水压机、汽车、飞机、船舶、发电机等)的静力分析;⑤复合材料零部件的强度分析;⑥工程构件及其零件的弹塑性应力分析;⑦金属、橡胶等材料的大应变分析;⑧梁、板、壳结构的几何非线性分析;⑨工程构件和零部件的热弹性、蠕变、黏弹性和黏塑性分析;⑩工程构件和零件的线性和非线性屈曲分析;⑪各种边界条件下的线性和非线性稳态和瞬态温度场分析；⑫零部件之间的接触应力分析；⑬二维和三维问题的线性和非线性电磁场分析；⑭二维和三维液压流场分析；⑮气动力学分析；⑯工程机械轴承润滑、油膜计算；⑰随机激励下（承受风、海浪、地震载荷）结构振动与强度分析；⑱金属冲压加工成形数值模拟。

有限单元法是工程结构数值分析的有效技术手段，其理论内容广博。随着大型有限元分析商业软件的普及和推广，有限单元法在工程中将发挥更加强大的作用和更好的效益。

4.2.2 有限元的基本原理及求解步骤

如前所述，有限单元法的基本思想是将问题的求解域划分为一系列单元，单元之间仅靠节点连接。下面以平面问题为例，简要介绍有限元分析的基本步骤。

1. 结构离散

结构离散就是将求解区域分割成具有某种几何形状的单元，又称划分网格。平面问题的有限元分析中，常用的单元形式有三节点三角形单元、四节点矩形单元、四节点四边形单元、六节点三角形单元以及八节点曲边四边形单元等（图4.7）。其中，三节点三角形单元最为简单，应用也最广泛。

图4.7 平面单元的基本形式

结构离散的结果就是形成一系列单元。离散时，需要考虑连续体的结构及分析要求，合理确定单元形状、数目及单元分割方案，并计算出节点低的坐标，对节点和单元编号。

在划分有限元网格时，要注意：①任一单元的节点必须同时是相邻单元的节点而不能是相邻三角形单元的内点，即网格划分后应没有孤立的点、孤立的边；②单元的各边长相差不宜太大，以免计算中出现较大误差。在三节点三角形单元中，也将三角形的最长边与垂直于最长边的三角形的高度之比称为长细比；③网格划分应考虑分析对象的结构特点，例如，对于对称性结构，可以取其中的一部分进行分析，对于可能存在应力急剧变化的区域，网格可以划分得密集一些，或先按较粗网格统一划分，再对局部进行网格加密，以提高解算精度等；④单元编号一般按右手规则进行，并尽量遵循单元的节点编号最大、差值最小的原则，以减少刚度矩阵的规模，减少计算机内存的占用。

2. 单元分析

单元分析的主要内容有：由节点位移求内部任一点的位移，由节点位移求单元应变、应力和节点力。单元分析的步骤可用框图表示，如图4.8所示。

图4.8 单元分析的步骤

有限元是那些集合在一起能够表示实际连续域的离散单元。有限元的概念早在几个世纪前就已产生并得到了应用，例如用多边形（有限个直线单元）逼近圆来求得圆的周长，但作为一种方法而被提出，则是最近的事。有限元法最初被称为矩阵近似方法，应用于航空器的结构强度计算，并由于其方便性、实用性和有效性而引起从事力学研究的科学家的浓厚兴趣。经过短短数十年的努力，随着计算机技术的快速发展和普及，有限元方法迅速从结构工程强度分析计算扩展到几乎所有的科学技术领域，成为一种丰富多彩、应用广泛并且实用高效的数值分析方法。

有限元方法与其他求解边值问题近似方法的根本区别在于其近似性仅限于相对小的子域中。20世纪60年代初首次提出结构力学计算有限元概念的克拉夫（Clough）教授形象地将其描绘为："有限元法＝Rayleigh Ritz法＋分片函数"，即有限元法是Rayleigh Ritz法的一种局部化情况。不同于求解（往往是困难的）满足整个定义域边界条件的允许函数的Rayleigh Ritz法，有限元法将函数定义在简单几何形状（如二维问题中的三角形或任意四边形）的单元域上（分片函数），且不考虑整个定义域的复杂边界条件，这是有限元法优于其他近似方法的原因之一。

对于不同物理性质和数学模型的问题，有限元求解法的基本步骤是相同的，只是具体公式推导和运算求解不同。有限元求解问题的基本步骤通常为：

第一步：问题及求解域定义，根据实际问题近似确定求解域的物理性质和几何区域。

第二步：求解域离散化，将求解域近似为具有不同有限大小和形状且彼此相连的有限个单元组成的离散域，习惯上称为有限元网络划分。显然单元越小（网络越细）则离散域的近似程度越好，计算结果也越精确，但计算量及误差都将增大，因此求解域的离散化是有限元法的核心技术之一。

第三步：确定状态变量及控制方法，一个具体的物理问题通常可以用一组包含问题状态变量边界条件的微分方程式表示，为适合有限元求解，通常将微分方程化为等价的泛函形式。

第四步：单元推导，对单元构造一个适合的近似解，即推导有限单元的列式，其中包括选择合理的单元坐标系，建立单元试函数，以某种方法给出单元各状态变量的离散关系，从而形成单元矩阵（结构力学中称刚度阵或柔度阵）。

为保证问题求解的收敛性，单元推导有许多原则要遵循。对工程应用而言，重要的是应注意每一种单元的解题性能与约束。例如，单元形状应以规则为好，畸形时不仅精度低，而且有缺秩的危险，将导致无法求解。

第五步：总装求解，将单元总装形成离散域的总矩阵方程（联合方程组），反映对近似求解域的离散域的要求，即单元函数的连续性要满足一定的连续条件。总装是在相邻单元节点进行，状态变量及其导数（可能的话）连续性建立在节点处。

第六步：联立方程组求解和结果解释，有限元法最终导致联立方程组。联立方程组的求解可用直接法、迭代法和随机法。求解结果是单元节点处状态变量的近似值。对于计算结果的质量，将通过与设计准则提供的允许值比较来评价并确定是否需要重复计算。

简言之，有限元分析可分成三个阶段：前处理、处理和后处理。前处理是建立有限元模型，完成单元网格划分；后处理则是采集处理分析结果，使用户能简便提取信息，了解计算结果。

4.2.3 有限元分析软件

1. 有限元分析软件的基本模块

20世纪60年代开始出现有限元分析软件,70年代至80年代中期,有限元理论及软件技术取得很大进展,功能、算法和软件结构不断扩充和完善。80年代中期以后,有限元分析软件在可用性、可靠性和计算效率等方面基本成熟。目前,国际上主流的有限元分析软件有 NASTRAN,ANSYS,MARC,ADINA,ABAQUS,MODULEF,DYN-3D,SAP,COSMOS 等。

目前,有限元理论已经可以用于以下工程和产品的性能分析及运行行为的仿真:

(1) 静力学分析。包括对各种简单及复杂组合结构的弹性、弹塑性、蠕变、膨胀、变形、应力应变、疲劳、断裂、损伤的分析等。

(2) 动力学分析。包括对交变荷载、爆炸冲击荷载、随机地震荷载以及各种运动荷载作用下的振动模态分析、谐波响应分析、随机振动分析、屈曲与稳定性分析等。

(3) 热分析。包括传导、对流和辐射状态下的热分析,相变分析,热-结构耦合分析等。

(4) 电磁场和电流分析。包括电磁场、电流、压电行为以及电磁-结构耦合分析等。

(5) 流体计算。包括常规的管内和外场的层流、湍流、热-流耦合以及流-固耦合分析。

(6) 声场与波的传播计算。包括静态和动态声场及噪声计算,固体、流体和空气中波的传播分析等。

2. 主流有限元分析软件的介绍

有限元分析的应用软件产品分为三类:①通用有限元分析软件 如 ANSYS,NASTRAN,ABAQUS 等;②专用有限元分析软件,如 ADAMS,MSC.Fatigue,DADS 等软件;③嵌套在 CAD/CAE/CAM 系统中的有限元分析模块,其与设计软件集成为一体,在这种集成系统中,有限元分析在工程师所熟悉的设计环境下进行。

1) ANSYS

ANSYS 有限元分析软件是 ANSYS 有限元公司的主要产品,该软件是涵盖结构、热、流体、电磁、声学等领域的通用型有限元分析软件,广泛应用于航空、航天、机械制造、石油化工、交通、电子、土木等学科。ANSYS 的模块包括:

(1) 结构静力和动力分析。ANSYS 程序中的静力分析用来求解外载荷引起的位移、应力和力。ANSYS 的静力分析不仅可以进行线性,还可以进行非线性分析,如塑性、蠕变、膨胀、大变形、大应变及接触分析等。

ANSYS 结构动力学分析用来求解随时间变化的载荷对结构或部件的影响,需要考虑随时间变化的力载荷以及对阻尼、惯性的影响。ANSYS 的结构动力学分析包括模态分析、瞬态动力学分析、谐波相应分析、响应谱分析及随机振动分析等。

(2) 结构非线性分析。结构非线性会导致结构或部件的响应随外载荷不成比例的变化。ANSYS 程序可考虑多种非线性的影响,包括材料非线性、几何和单元非线性。

① 材料非线性分析。可模拟各种非线性材料性质。用非线性应力-应变关系表征的塑性、多线性、弹性、超弹性，以及应变与其他因素（如时间、温度、电子流量水平等）有关的黏塑性、蠕变、膨胀、黏弹性。

② 几何非线性分析。可解决几何非线性问题：大应变、大变形、应力刚化和旋转软化。

(3) 热分析。ANSYS 可以对传导、对流和辐射三种热传递类型的稳态和瞬态、线性和非线性进行分析，还可以对仿真材料固化和熔解过程的相变以及对热-结构的耦合进行分析。

(4) 电磁场分析。主要用于电磁场问题（如电感、电容、磁通量密度、涡流、电场分布、磁力线分布、运动效应、电路和能量损失等）的分析。ANSYS 程序可完成两类电磁分析：二维平面、轴对称和三维静磁场分析，以及二维平面、轴对称和三维随时间变化的磁场分析。

(5) 流体动力学分析。包括瞬态和稳态动力学、层流与湍流分析、自由对流与强迫对流分析、可压缩流与不可压缩流分析、亚声速/跨声速/超声速流动分析、多组分流动分析、牛顿流与非牛顿流体分析等，分析类型可为瞬态或稳态。

(6) 压电分析。用来分析二维或三维结构对交流、直流或任意随时间变化的电流或机械载荷的响应。分析类型包括静态分析、模态分析、谐波响应分析以及瞬态响应分析。

(7) 声场分析。ANSYS 程序的声场分析用来研究流体介质中声波的传播以及分析流体介质中固体结构的动态特性等。

ANSYS 还可以分析金属成形过程（如滚压、挤压、锻造、挤拉、旋压、超塑成形、板壳冲压滚压、深冲深拉等）、进行整车碰撞分析（如安全气囊分析、乘员响应分析）以及焊接过程分析等。此外，ANSYS 还可以进行耦合场分析，耦合类型包括热-应力、磁-热、磁-结构、流体-热、流体-结构、热-电、电-磁-热-流体-应力等。

2) MSC. Nastran

1966 年，美国国家航空航天局（NASA）为满足航空航天工业对结构分析的需求，进行大型应用有限元程序开发的招标，MSC 公司中标。1969 年，NASA 推出 NASTRAN 软件。

MSC. Nastran 的计算结果常作为评估其他有限元分析软件精度的参照标准，主流的数字化设计与制造软件都提供与 MSC. Nastran 的直接接口。MSC. Nastran 的主要功能模块有基本分析模块（含静力、模态、屈曲、热应力、流固耦合及数据库管理等）、动力学分析模块、热传导模块、非线性分析模块、气动弹性分析模块等。

3) ADAMS

ADAMS 是美国 MDI 公司开发的机械系统动力学仿真分析软件，可以建立和测试虚拟样机，实现在计算机上仿真分析复杂机械系统的运动性能。

4) I-DEAS 中的有限元分析模块

I-DEAS 是美国 SDRC（Structural Dynamics Research Corporation）公司开发的 CAD/CAE/CAM 软件系统，其中有限元分析是该 CAE 的核心。由于嵌套在 CAD/CAE 系统之中，因此有相当高的建模效率。

5) Fro/ENGINEER 中的有限元分析模块

Fro/ENGINEER 是美国 PTC 公司推出的软件系统。

4.2.4 汽车车架的有限元分析

车架是汽车的主要部件，是悬架、车轮、控制器、变速器、转向传动系统的承载基体在行驶过程中可能会受到各种冲击或者振动。车架主要承载零件，所受载荷大，应力状况复杂，是实际情况中应力集中最为严重的零件，也是进行有限元分析的重点。将有限元的理念引入汽车车架结构分析是汽车底盘系统设计与分析的重要研究内容。有限元模型的准确性直接决定了汽车车架的强度和模态分析的结果的准确性。下面对该车架进行弯曲和扭转两种工况分析。

结构静力分析用于计算由那些不包括惯性和阻尼作用的载荷作用于结构或部件上引起的位移、应力、应变和力。固定不变的载荷和响应是一种假定，即假定载荷和结构的响应随时间的变化非常缓慢。静力分析所施加的载荷包括外部施加的作用力和压力、稳态的惯性力(如重力和离心力)、位移载荷等。

通过结构强度和刚度的有限元静力分析，可以找到汽车在各种工况下各零部件变形和材料应力的最大值以及分布情况。以此为依据，通过改变结构的形状尺寸或者改变材料的特性来调整质量和刚度分布，使汽车各部位的变形和受力情况尽量均衡。同时可以在保证结构强度和刚度满足使用要求的前提下，最大限度地降低材料用量，使整车的自重减轻，从而节省材料和降低油耗，提高整车性能。

1. 弯曲工况分析

1) 有限元模型基本单元的选择

本例中的电动车车架采用的网格单元类型(E)选择实体单元类型，实体单元类型采用线性的四节点单元。

2) 单元网格的划分

网格数量的多少将影响计算结果的精度和计算规模的大小。一般来说，网格数量越多，计算的精度也越高，但是计算规模也会增加。所以在确定网格数的时候要对两者进行综合考虑。通过设置一定的网格尺寸、网格垂度等参数，通过网格分析工具，分析出网格划分的质量，查看是否可以接受此网格划分。

通过多次划分比较，网格的绝对尺寸在 3~5mm 且网格垂度为 0.2mm 时划分出的网格质量较高，若再降低绝对尺寸或者网格垂度，网格的质量并没有质的提升，因此，通过多次分析比较，网格划分的各种参数设置如下 Size=5mm, Absolute sag=0.2，如图 4.9 所示。通过 catia 中的网格分析工具可以查看划分的质量。

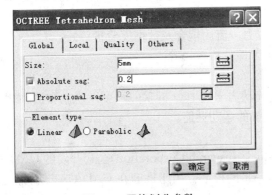

图 4.9 网格划分参数

3) 约束处理

约束的施加主要是以车架在使用过程中的状态进行，同时也要参考分析的需要，就是既要保证消除车架结构的刚体位移，又不影响车架本身的自由变形。按此要求，在车架前、后端悬架吊耳处实施加紧约束。

4) 载荷施加

正确的处理载荷是保证有限元分析结果和反映实际情况的前提，重要的是要根据不同的计算工况确定载荷的大小和施加方式。载荷分为前排电池及其附件，中间乘客及座椅，后排乘客及座椅和驱动系统四种作为均布载荷，根据其质心位置以及与车身骨架之间的连接部位分摊到相应的节点上；车架重力取为惯性载荷，重力加速度为1g。

5) 计算结果分析

经有限元分析计算，车架的最大变形量为1.93mm，如图4.10所示，位于主车架中后座椅位置，因为后座椅位置所用的材料为20mm×30mm×2mm的矩形钢管，变形量较大；应力最大值为111MPa，如图4.11所示，位于后座椅位置的竖杆与横杆的交界处，其应力远小于车架材料的屈服强度。

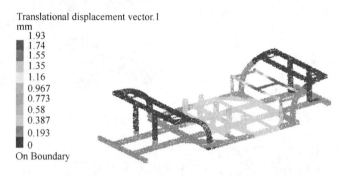

图4.10 弯曲时车架变形分布图

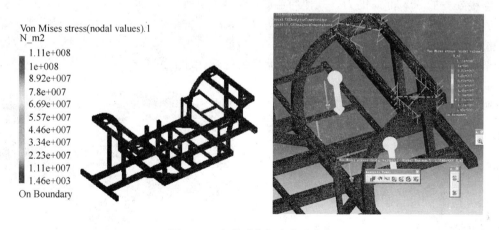

图4.11 弯曲时车架应力分布图

2. 扭转工况分析

扭转工况计算主要考虑一轮悬空时施加在车架上的扭矩作用，这是严重的扭转工况。此时车架处于满载状态，计算中去掉悬空处的约束，还要在悬空处的悬架和车架连接处加上此处轮胎和悬架质量。因车架左右对称，因此本文仅探讨左侧前、后车轮悬空时的车架变形及应力分布。

第一种情况左前轮悬空时：

(1) 约束处理。释放悬空处的自由度，其他与弯曲工况相同。

(2) 载荷施加。施加此处轮胎质量和此处所承受的悬架质量 20.7kg，对悬架吊耳施加 202.86N 的力，其他与弯曲工况相同。

(3) 计算结果分析。经有限元分析计算，车架的最大变形量为 2.56mm，如图 4.12 所示，位于车架左侧前悬架吊耳位置；应力最大值为 120MPa，如图 4.13 所示，位于后座椅位置的竖杆与横杆的交界处，其应力远小于车架材料的屈服强度。

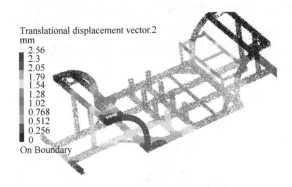

图 4.12　左前轮悬空时变形分布图　　图 4.13　左前轮悬空时应力分布图

第二种情况左后轮悬空时：

(1) 约束处理。释放悬空处的自由度，其他与弯曲工况相同。

(2) 载荷施加。施加此处轮胎质量和此处所承受的悬架质量 20.7kg，在悬架吊耳和车架的连接处各加 202.86N 的力，其他与弯曲工况相同。

(3) 计算结果分析。经有限元分析计算，车架的最大变形量为 3.7mm，如图 4.14 所示，位于车架后弯梁与车架横梁的结合处；应力最大值为 134MPa，如图 4.15 所示，位于前悬架固定弯梁和车架横梁的结合处，最大应力处于合理的范围内。

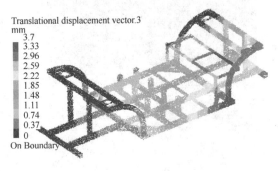 

图 4.14　左后轮悬空时变形分布图　　图 4.15　左后轮悬空时应力分布图

3. 紧急制动工况

制动工况主要考虑车体以最大制动减速度制动时，地面制动力对车架的影响。有限元分析结果如图 4.16、图 4.17 所示。

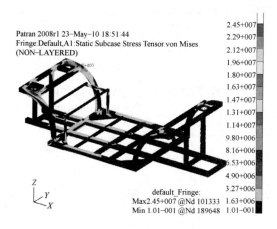
图 4.16　紧急制动工况车架应力分布图

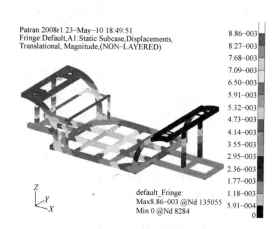
图 4.17　紧急制动工况车架变形图

4.3　汽车产品优化设计技术

许多工程优化设计问题的本质是多目标的，但往往是通过对多个目标加权转换为单目标问题，然后应用已有的优化策略进行求解。这种优化搜索前决策方式，事先确定设计问题的权重信息，而在未获得充分的设计信息条件下作出的决策会出现偏差。多目标优化问题应该是综合考虑多个目标，搜索的结果是一个候选解集（即多目标优化的 Pareto 最优解集），为最终决策提供丰富的设计信息。

人们做任何事情都希望用最少的付出得到最佳的效果，这就是最优化问题。工程设计中，设计者更是力求寻求一种合理的设计参数，以使得由这组设计参数确定的设计方案既满足各种设计要求，又使其技术经济指标达到最佳，即实现最优化设计。工程优化设计涉及的主要范围如图 4.18 所示。

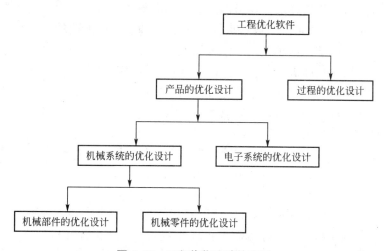
图 4.18　工程优化设计的应用

从整个工程优化设计的发展过程来看，大致经历了以下几个阶段：

（1）人类智能化阶段：直接凭借人类的直觉或逻辑思维来进行设计优化。

（2）数学规划方法优化：以计算机自动设计为特征。牛顿发明的微积分，为数学规划方法奠定了基础，但也只是在电子计算机出现以后，数学规划方法才得到迅速发展。

（3）工程优化：非数学领域专家开发解决了系统数学规划方法不能胜任的工程优化问题。在处理多目标工程优化任务问题中，优化过程和方法学，尤其是建模策略的研究，开辟了提高工程优化效率的新途径。

（4）人工智能优化：采用专家系统技术，可实现寻优策略的自动选择和优化过程的自动控制，使智能寻优策略得到迅速的发展。

（5）广义优化：面向产品的全系统、全过程、全性能的优化设计方法。

4.3.1　优化设计的数学模型

工程优化设计中的数学模型能反映设计问题中主要因素间的关系，因此，从机械设计问题中抽象出正确的数学模型是机械优化设计的关键。

工程设计问题通常相当复杂，欲建立便于求解的数学模型，必须对实际问题加以适当的抽象和简化，不同的简化方法，会得到不同的数学模型和计算结果。

1. 数学模型的三要素

优化设计数学模型可分解为三要素：设计变量、目标函数和约束条件。

1）设计变量

工程问题的一个设计方案通常是用特征参数表示的，一组特征参数值代表一个具体的设计方案。这种代表设计方案的特征参数一般应选作该问题优化设计的设计变量。一个工程问题的设计参数一般是相当多的，其中包括常量、独立变量和因变量三类。优化设计时，为了使建立的数学模型尽量简单易解，只能选择其中的独立变量作为设计变量。但是，一个设计问题中，独立变量和因变量的划分并不是一成不变的。同一设计问题，当设计条件或设计要求发生变化时，设计变量也应随之变化。

因此，设计变量应该选择那些与目标函数和约束函数密切相关的、能够表达设计对象特征的独立参数和尺寸。同时，还要兼顾求解的精度和复杂性方面的要求。一般说来，设计变量的个数越多，数学模型越复杂，求解越困难。

设计变量有连续变量和离散变量之分。可以在实数范围内连续取值的变量称为连续变量，只能在给定数列或集合中取值的变量称为离散变量。

几乎所有的优化理论和方法都是针对连续变量提出来的。而实际问题往往包含有各种各样的离散变量，如整数变量、标准序列变量等。目前，关于离散变量优化问题的理论和方法还很不完善，因此，对于各种包含离散变量的优化问题，一般先将离散变量当作连续变量，求出连续变量最优解后，再作适当的离散化处理。

2）目标函数

在最优设计中，可将所追求的设计目标（最优指标）用设计变量的函数形式表达出来，这一过程称为建立目标函数。目标函数又称评价函数，是评价设计目标优劣的重要标志。在最优化设计问题中，可以只有一个目标函数，称为单目标函数，也可以有多个目标函数，这种问题称为多目标函数。在一般的机械最优化设计中，多目标函数的情况较多。可以将多目标函数分别独立地列出来：

$$\begin{cases} f_1(x)=f_1(x_1,x_2,\cdots,x_n) \\ f_2(x)=f_2(x_1,x_2,\cdots,x_n) \\ \vdots \\ f_n(x)=f_n(x_1,x_2,\cdots,x_n) \end{cases}$$

也可以将几个目标综合到一起，建立一个综合的目标函数表达，即 $f(x)=\sum_{i=1}^{n}f_i(x)$。式中，$n$ 为最优化设计所追求的目标数目。

3) 约束条件

对任何设计都有若干不同的要求和限制，将这些要求和限制表示成设计变量的函数并写成一系列不等式和等式表达式，就构成了设计的约束条件，简称约束。约束条件的作用是对设计变量的取值加以限制。约束条件根据形式不同可分为不等式约束和等式约束，根据性质可分为边界约束和性能约束。

边界约束又称区域约束，用以限制某个设计变量（结构参数）的变化范围，或规定某组变量间的相对关系，如：

$$a_i - x_i \leqslant 0$$
$$x_i - b_i \leqslant 0$$

就属于边界约束条件。

性能约束又称性态约束，在机械最优化设计中是由结构的某种性能或设计要求推导出来的一种约束条件，是根据对机械的某项性能要求而构成的设计变量的函数方程。如析架系中，若许用应力 $[\sigma]$、许用挠度 $[f]$ 均已给定，设计变量 $x=[x_1 x_2]$，则根据强度条件和刚度条件可给出以下性能约束：

$$g_1(x) = 1 - \frac{[\sigma]}{x_1} \leqslant 0$$
$$g_2(x) = 1 - \frac{[f]}{x_2} \leqslant 0$$

2. 数学模型的标准格式

为了适应计算机程序求解，可以将优化设计的数学模型表达为以下格式：

$$\min f(X), \quad x \in R^n$$

满足于 $g_i = 0, \quad i=1,2,\cdots,m$

$$g_i \leqslant 0, \quad i=m+1,\cdots,n$$

式中，g_i 为约束条件；X 为设计变量，表示一个 n 维列矢量 $\boldsymbol{X}=[x_1,x_2,\cdots,x_n]^\mathrm{T}$。

3. 优化问题的分类

优化问题又称规划问题。根据数学形式的不同，可以将优化问题划分为以下几类：

(1) 线性规划。目标函数 $f(x)$ 和约束方程 $g(x)$ 均为设计变量 X 的线性函数。线性规划多用于生产组织和管理方面的优化求解。

(2) 非线性规划。若目标函数和约束方程中，至少有一个与设计变量存在非线性的关系时，即为非线性规划问题。

在非线性规划中，若目标函数 $f(x)$ 为设计变量 X 的二次函数，而约束条件与设计变量成线性函数的关系时,称为二次规划。当目标函数为广义多项式时,称为几何规划。此外,若设计变量的取值部分或全部为离散值或整型量时,称为整数规划;若为随机值时,称为随机规划。对于不同类型的规划问题,都由一些专门算法进行求解。

(3) 动态规划。这类规划的设计变量 X 是成序列、多阶段的决策过程。

4. 优化设计举例

车辆在高速时的紧急制动对制动器提出了新的要求,摩擦副的温度上升不能过高,以免发生热衰退现象,降低制动效能。另外,制动器有效尺寸的减小将给整车布局留下更广阔的空间。可以以摩擦副温升最低和制动器尺寸最小为目标,对鼓式制动器进行多目标优化设计,减小制动器尺寸并提高制动器工作的可靠性。

汽车结构耐撞性优化设计是一个寻求耐撞性最优和车身质量最轻的多目标优化问题。在进行耐撞性设计时,存在两方面的困难:

(1) 多目标优化问题中的多目标相互冲突、竞争,通常不存在使所有目标函数同时达到最优的绝对最优解,一般通过如线性加权法或者理想点法等方法将多目标优化问题转换成单目标优化问题,从而求得 Pareto 解。

(2) 由于汽车碰撞模拟是一个具有几何非线性、材料非线性和接触边界非线性的复杂瞬态动力学过程,采用基于梯度信息的寻优过程包含一系列的迭代计算,每一个迭代步骤都需要调用非线性动力学软件进行计算,耗费大量计算资源。

4.3.2 汽车的拓扑优化设计

结构优化设计大致可分为三类:尺寸优化、形状优化和拓扑优化(图 4.19)。它们分别对应产品的详细设计阶段、基本设计阶段和概念设计阶段。尺寸优化是在给定结构的类型、拓扑、形状的基础上,对构件的尺寸进行优化,其设计变量可能是杆的横截面积、惯性矩、板的厚度等;形状优化是在给定结构的类型、拓扑的基础上,对结构的边界形状进行优化,属于可动边界问题,对于连续体结构通常是用一组参数可变的几何曲线(如直线、圆弧、样条等)描述结构的边界,调整了这些参数就改变了边界的形状,对于桁架结构则往往以节点坐标为设计变量;拓扑优化主要是在规定的设计区域内,在给定的外载荷和边界条件下,改变结构的拓扑以满足有关平衡、应力、位移等约束条件,使结构的某种性态指标达到最优。对于骨架类结构(包括桁架和框架)来说,应关注结构中单元的数量和节点连接方式;对于连续体结构来说,应关注结构的外边界形状和内部有无孔洞及孔洞分布状况等特性。

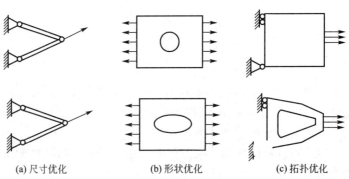

(a) 尺寸优化　　(b) 形状优化　　(c) 拓扑优化

图 4.19　结构优化的类型

目前，尺寸优化和形状优化理论已经发展得相当成熟，并且在生产实践中得到广泛应用，其中一些经典的优化算法已融入一些商用有限元软件中，如 NASTRAN、I-DEAS、ANSYS 等。结构拓扑优化在工程结构设计的初始阶段可以提供一个概念性设计，帮助设计者对复杂结构与部件能够灵活地、理性地优选方案，寻找结构最佳的传力路径。与尺寸优化和形状优化相比，结构拓扑优化确定的参数更多，取得经济效益更大，对工程设计人员更有吸引力，已经成为当今结构优化设计研究的一个热点。由于设计变量不再是具体的尺寸或节点坐标，而是具有独立层次的子区域的有无问题，拓扑优化的难度也是较大的，被公认为当前结构优化领域内最具有挑战性的课题之一。

拓扑优化通俗地讲就是根据一定的准则，在满足各种约束条件和使用功能的情况下，在给定设计空间内去除不必要的材料，找出最佳材料分布，使结构在规定范围内达到最优化。通过这项技术的应用，可以使用最少的材料、最简单的工艺实现结构的最佳性能。拓扑优化是一个迭代的过程，从预先定义的某种材料分布开始（如均匀分布），在多次迭代后，材料分布趋于稳定，优化即结束。我们知道拓扑优化理论最早应用在离散结构，如桁架，对这类简单的问题给予了比较好的解决，但是对连续体结构拓扑优化理论解决得不是很好，经过广大科研人员的艰苦努力和不断探索，提出了解决连续体结构拓扑优化的新方法，如变厚度法、均匀化方法、变密度法等。

1. 变厚度法

变厚度法是较早采用的拓扑优化方法，属于几何（尺寸）描述方式，其基本思想是以基本结构中单元厚度为拓扑设计变量，以结果中的厚度分布确定最优拓扑，是尺寸优化方法的直接推广。这种方法将薄板或薄壳可能占据的整个区域划分成有限个单元，假定所有单元的厚度是均匀的，把这一模型作为初始模型进行拓扑优化。这样优化求得的最优设计将是一个带孔洞的、厚度均匀的（某一值 h）薄板或薄壳，这就意味着每个单元的厚度只能取 h 或者 0 这两个离散值。

由于设计变量只能取 h 或者 0 这两个离散值，所以，上述优化模型可被看做是一个离散规划问题。但是，优化过程中 h 是变化的，需要通过优化计算来确定，基于这一原因，称该方法为变厚度法。该方法的优点是简单，缺点是不能用于三维连续体结构拓扑优化，一般用于处理平面弹性体、受弯薄板、壳体结构的拓扑优化问题。

2. 均匀化方法

均匀化方法是 20 世纪 70 年代初期，主要由法国和前苏联学者发展起来的一种用于求解具有周期性快变系数偏微分方程的数学理论。在 80 年代初期，这种方法开始被计算力学工作者所注意，其基本思想是：通过引入联系宏、微观尺度的小参数并对小参数进行多重尺度展开，来实现具有不同分辨率的尺度分离，微结构的单细胞如图 4.20 所示。微结构是边长为单位长度的正方形，中间带有矩形孔洞，其边长为 a、b。孔洞的大小由其边长 a、b 确定，当 $a=b=1$ 时，孔洞充满微结构；当 $a=b=0$ 时，微结构成为完全实体；一般情况下 $0<a<1$，$0<b<1$ 则为多孔介质。因此，微结

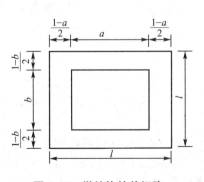

图 4.20 微结构的单细胞

构的形式和尺寸参数，决定了宏观材料在此点处的弹性和密度。优化过程中以微结构的单细胞尺寸为拓扑设计变量，从单细胞尺寸的消长实现微结构的增删，并且产生由中间单细胞构成的复合材料，以拓展设计空间，实现结构拓扑优化模型与尺寸优化模型的统一和连续化。

这一数学工具后来被 Bendsoe 和 Kikuchi 引入结构拓扑优化的研究。他们将为微结构模型引入拓扑优化的问题例式，把描述微结构的尺寸参数作为设计变量，然后利用均匀化技术获得材料的等效力学参数，进而通过响应分析、敏度分析和微结构参数的自然退化来实现结构的拓扑变化。均匀化方法后来被许多研究者推广并应用于各种拓扑优化问题，并取得了巨大成功。

3. 变密度法

变密度法是连续体结构拓扑优化比较常用的方法，基本思想是引入一种假想的密度可变材料，将连续结构体离散为有限元模型后，与结构中的每个有限单元内的密度指定相同，以每个单元的密度为设计变量，结构的拓扑优化问题就变成了材料的最优分布问题。如设计区域中某点密度值为 0 则认为此点无材料；否则认为此点有材料，同时通过人为假定的材料宏观弹性常数与其密度之间的某种非线性关系对 0~1 之间的密度值进行惩罚，以使优化结果尽可能具有非 0 即 1 的密度分布。

选取拓扑优化数学模型需要基于以下考虑：

（1）以结构的柔顺性最小为目标，仅考虑体积约束（或质量约束）和结构平衡方程是由于最优准则的推导简单。前人也曾这样做过，并取得了很好的结果。以最小柔顺性为目标函数产生结构的最优拓扑，然后从中抽象出结构，再以质量（或体积）为目标作形状和尺寸优化，效果也比较显著。

（2）由于没有考虑应力约束，则可以回避带应力约束拓扑优化问题的经典困难。

（3）希望材料的密度呈 0 或 1 分布在设计区域上，材料在某些部位集中，没有材料分布的部位为空洞，从而得到新拓扑形式的结构。但由于 $\eta=0$ 的单元没有材料，相应单元的刚度矩阵为零，造成总刚度阵奇异，难于求解；如果计算过程删除 $\eta=0$ 的单元，不仅造成分析模型在优化过程中不断变化，而且使得这些被删除的单元恢复，重新进入计算模型也非常困难。为保证被删除的单元能够恢复出来再次进入计算过程，我们引入了一个很小的下限 ε，在物理上 $\eta \leqslant \varepsilon$ 的单元就被认为没有材料，是孔洞。在分析过程中，对于这些 $\eta \leqslant \varepsilon$ 的单元强行使其密度 $\eta=\varepsilon$ 仍参与结构分析。这些代替孔洞、密度等于 ε 的单元刚度非常弱，密度下限的选取要考虑到对解的精度等方面的影响。

变密度法主要用于多工况应力约束下的平面结构、三维连续结构、汽车车架设计及结构碰撞问题等。

4. 几种优化算法的比较

变厚度法是几种方法中提出最早的一种，这种方法的数学模型简单，概念清晰，求解方便，是尺寸优化方法的直接推广，但优化对象受到限制，只能应用于二维膜结构，不能推广到三维连续体结构拓扑优化。

均匀化方法是假设一种微结构单细胞，在这一微结构基础上建立材料密度与材料特性之间的关系，这种方法对拓扑优化方法的应用起到了巨大的推动作用，但是由这种方法产生的拓扑结构的某些区域的密度值介于 0~1 之间，现代技术无法加工生产含有这样区域的结构,只能看作是一种拓扑模糊的结构,需要从中抽象出明确的可加工结构,因此这种方法也存在着其局限性。

变密度法是人为地建立一种材料密度与材料特性之间的关系,拓扑优化计算以后得到单元的密度绝大部分呈 0 或 1 分布在初始给定的区域上。虽然也需要对结果进行抽象才能得到可加工结构,但由于密度绝大部分呈 0 或 1 分布在初始给定的区域上,因此较均匀化方法有其明显的优点。

5. 拓扑优化方法在汽车结构设计中的应用

汽车工业的拓扑优化问题所覆盖的车辆类型有轿车、公共汽车、卡车等;优化对象包括车身本体构件(如前柱、发动机盖)、白车身总体、底盘和发动机上的连杆、支撑部件以及轴承结构等;优化对象的制造方法现包括钣金加工、铸造和锻造;制造约束包括最小和最大结构尺寸、拔模或锻压的角度和方向、各类对称性条件等;优化目标和约束包括质量、柔顺度、能量吸收、自然频率、应力和最大位移等;所涉及学科包括静力学、多体运动学、塑性力学、振动、噪声、疲劳、优化算法和高性能科学计算等。

拓扑优化理论虽然发展还不甚完善,将其运用到结构设计之中也是近一二十年才开始的,但将该方法运用到汽车的结构设计中,国内外的科学工作者均有涉及。如德国的 A. Diaz 运用拓扑优化设计方法对汽车发动机盖和小汽车的底板进行了拓扑优化设计;王健博士运用拓扑优化方法对小型邮电运输车架的结构进行了拓扑优化设计。

美国三大汽车公司对这种设计方法的研究非常重视。福特汽车公司对汽车车架等关键部件进行了拓扑优化设计,但是只研究了受到整体约束的结构拓扑优化问题。实际结构中的应力约束是非常重要的,不考虑应力约束的设计一般是不够可靠的,而且应力约束和整体约束有较大区别,往往难以处理。拓扑优化方法作为汽车结构的设计虽然还不十分普遍,但将该方法引入到汽车结构设计的前景还是十分广阔的。

4.4 汽车虚拟样机技术

虚拟样机(virtual prototype,VP)技术又称机械系统动态仿真技术,是在加工实物模型之前,以产品的数字化模型为基础,在计算机中对模型的各种动态性能进行分析、测试和评估,并根据分析结果改进设计方案,从而达到以虚拟产品模型代替传统的实物样机试验的目的(图4.21)。虚拟样机是一种新的产品开发方法,产品完全基于计算机模型,采用数值计算进行设计。

虚拟样机涉及产品三维建模技术、传感器技术、显示技术、有限元分析技术、机电液控制技术、优化技术、系统运动学及动力学分析理论等。由于虚拟样机技术面向产品及系统的全生命周期,可以综合考虑产品的设计、制造、使用及工作环境,并通过全生命周期的仿真、分析及优化来降低技术风险,因此,它可以显著地缩短开发周期、降低开发成本。另外,精确的理论计算及分析有利于提高产品的性能及质量,也有利于获得具有创新性的产品。

在 CAD 领域,虚拟样机的概念是数字样机的含义,即利用计算机建立产品的三维几何模型,经过建立约束关系的装配模型、功能和性能仿真,部分或全部代替物理样机的试

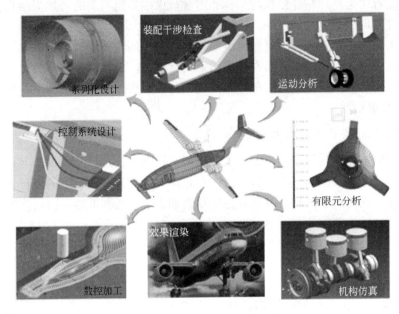

图 4.21 虚拟样机过程

验,使得物理样机在真正生产之前,产品的性能大部分已通过了计算机模拟或验证,从而减少产品设计的返工和出错率,提高设计效率,同时又可及早发现物理样机在制造和装配中可能出现的问题。这种技术比较成熟。

在虚拟现实领域,虚拟样机指在虚拟现实环境下模拟产品的设计、制造仿真、装配等过程,使设计者犹如亲临现场。然而虚拟现实环境下的虚拟样机技术由于受到硬件设备和软件功能的限制还处于研究发展阶段。

4.4.1 物理原型和虚拟原型

在加工物理原型时,采用的材料为木头、黏土、泡沫片和金属等,一旦产品被加工出来,其物理原型就难以或者不可能被修改,在精确的 CNC 加工情况下,如果一个原型在某个方向的尺寸被确认大于所需的尺寸,它也不能被减小,这时需要加工一个新的原型。在非 CNC 加工情况下,此时则不得不重新生产模具或铸件。这一缺点限制了大范围测试可能的设计结果,并且不利于设计思路的革新,因为制造每一个单独的原型都需额外的费用。这就不难理解为何大多数公司都尽可能避免物理原型的制造。

协同设计(CE)对于产品开发的成功与否至关重要。物理原型大大降低了设计的错误。然而,由于物理原型处理过程固有的独立性,很难以一种优化的方式实施 CE。来自不同领域的设计小组成员不能同时共享他们的知识,因此往往会造成昂贵的设计反复。此外,中文数据库中的数据不能及时地被更新,需要通过收集、提取或者解释,然后才能相互沟通,这无疑还会导致不准确或误差的发生。

虚拟原型技术最初是由大型的汽车制造业和航空业所倡导和采用。随着竞争的日益加剧,中小制造企业为了获得利润同样采用该技术。无论是物理原型还是虚拟原型,使用原型的目的都是一致的:交流、设计开发、设计测试和验证。

虚拟样机技术的出现受到人们的高度重视,通过给数字模型附上颜色、原始材质等,以更真实表达产品。虚拟样机技术能够大幅缩短绘图时间，且能够动态地从任何用户指定的角度和方位观察模型。据预测，计算机仿真及虚拟样机技术将在很大程度上取代传统的实物样机试验研究，从而使机械产品的性能试验和开发手段发生重大转变。

技术领先、实力雄厚的制造厂商纷纷将虚拟样机技术引入到产品开发中，以保持企业的竞争优势。例如，波音777型飞机就是采用虚拟样机设计技术的典型实例。再如，Motorola 公司利用虚拟样机技术进行商用和军用移动全球通信系统和网络的研制，极大地降低了开发成本及技术风险。

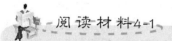
阅读材料4-1

北京吉普汽车有限公司 BJ2022 型新车（图 4.22）开发过程中，应用虚拟样机设计软件 ADAMS，建立了包括前悬架、后悬架、转向杆系、横向稳定杆、板簧、橡胶衬套、轮胎、传动系及制动系等 64 个零部件的虚拟样机模型，仿真研究了 BJ2022 在稳态转向、单移线、双移线、直线制动和转弯制动等多种工况下的动力学特性。后经整车特性试验证明：仿真分析与试验结果相吻合，具有很高精度，可以作为整车性能量化评价的依据，从而探索出数字化、虚拟化汽车整车开发的有效途径。

再如，在国产新型支线飞机 ARJ21（图 4.23）的研制过程中，中航第一集团以 CATIA 软件为平台，建立了 ARJ21 三维实体模型，并完成了数字化装配、干涉检查、运动分析、可维修/可维护性分析、人机工程、运动及动力学分析、数控加工仿真等仿真研究，形成了新型支线飞机虚拟样机，成功地探索出飞机虚拟样机设计之路。

图 4.22　吉普 BJ2022 型新车　　　　图 4.23　新型支线飞机 ARJ21

虚拟样机技术在航天、空间机构研究中也得到广泛应用。例如，在我国"神舟"号飞船研制过程中，上海航天技术研究院成功地应用 ADAMS 软件完成了太阳电池阵及其驱动机构的虚拟样机设计。此外，他们还应用 ADAMS 软件完成了多项空间与地面机构的运动学及动力学仿真研究，如接触撞击、缓冲校正等，为按期、高质量地完成相关项目提供了技术保证。总之，虚拟样机技术正在改变传统的设计思想，将对制造业产生深远影响。

在传统的设计与制造过程中，产品开发的基本流程如下：首先是概念设计和方案论证，然后进行产品设计，在设计完成后，为了验证设计方案的可行性，通常要制造物理样机进行试验,有时这些试验是难以进行的甚至是破坏性的。当试验过程中发现产品存在一定的缺陷时,需要从头修改设计方案,再次利用物理样机进行必要的验证。只有通过周而复始的设计→试验→设计过程,产品才能达到所要求的性能。显然,这一过程是极其烦琐的,尤其是对于一些结构相对复杂的系统,如果采用这种方法进行产品开发,其设计周期比较长,不能满足灵活多变的市场需求,而且物理样机的单机制造成本比较高,所以,基于物理样机的产品设计验证过程严重地制约了产品质量的提高、成本的降低以及对市场的快速响应。

为了降低产品的研发费用,提高产品的市场占有率,要求汽车的开发周期尽可能短。物理样机的制造及试验已经成为新产品开发的主要瓶颈,克服这个瓶颈的主要方法是,在一个全新的汽车产品设计完成之后,物理样机制造出来之前,对汽车的操纵性和平顺性等关乎汽车整体品质的重要性能有一个较为全面的了解,并给出汽车是否满足设计要求的相关评价,从而避免在制造出物理样机或对其进行试验之后,发现该车性能不能满足设计要求而重新更改设计所造成的试制费用和设计时间的巨大浪费。而数字化虚拟样机技术是缩短汽车开发周期、降低开发成本、提高产品设计和制造质量的重要途径。许多国际知名的汽车企业就是采用这种方法,为了降低产品的开发风险,在样车制造出之前,利用数字化样机对车辆的动力学性能进行计算机仿真,并对相关参数进行优化,最终得到性能优越的汽车产品。虚拟样机技术的引进使机械产品的设计理念从传统的"设计→试验→改进设计→再试验→再设计"转变为"设计→仿真→试验",从而使设计中出现的主要问题在设计初期就能得以解决。

虚拟样机技术就是从分析、解决产品整体性能及其相关问题的角度出发,解决传统的设计与制造过程弊端的一门高新技术。在该技术中,工程设计人员可以直接利用CAD系统所提供的各零部件的物理信息及其几何信息,在计算机上定义零部件间的连接关系并对机械系统进行虚拟装配,从而获得机械系统的虚拟样机,使用系统仿真软件在各种虚拟环境中真实地模拟系统的运动,并对其在各种工况下的运动和受力情况进行仿真分析,观察并检验各组成部件的相互运动情况。它可以在计算机上快速地发现设计中存在的缺陷并方便地修改设计参数,对不同的设计方案进行仿真试验或对整个系统进行不断的优化和改进,直至获得最优的设计方案后,再进行物理样机的制造。

作为一门综合性的多学科技术,虚拟样机技术的核心部分是多体系统动力学和运动学建模理论及其技术实现。作为应用数学的一个重要分支,数值算法为此提供了快速、有效的算法解决方案。计算机可视化技术及动画技术的发展为这项技术提供了友好的用户化界面。CAD/CAE技术的发展为虚拟样机技术的应用提供了技术环境。目前,虚拟样机技术已成为一项相对独立的产业技术。

运用虚拟样机技术可以根据设计要求对汽车产品进行开发,通过功能化虚拟样机技术建立起车辆系统的仿真模型(即功能化虚拟样车),将车辆作为一个完整的控制系统进行分析和研究,这样就可以很容易地对部件的结构参数与整车操纵稳定性之间的内在关系加以掌握。此外,在物理样车生产出来之前即可对其操纵稳定性等汽车性能进行预测,以便进行可行性研究和优化设计,在结构设计阶段也可在修改零部件设计参数的基础上重新进行仿真分析,其仿真结果可以直接用于零部件设计参数的分析、优化和改进,最终达到提高产品设计质量的目的。

4.4.2 虚拟样机的技术原理

根据建模的目标和目的,虚拟样机方法可分为五类。

1) 可视化

可视化模型用于检查产品的形式以及外观。这些模型对于不同的用户,如市场销售人员、用户、管理者、产品开发团队、工程师甚至是维修和维护人员之间的产品信息交流方面起到至关重要的作用。同时,可视化外观能起到引人入胜的作用。

2) 匹配性和干涉性

匹配性和干涉性能减少不合理的匹配带来的打磨或再制造加工的费用,但也是一个耗时且极易出错的过程,通常采用三维模型的 VP 取代实物进行这方面的检查,从而获益。采用 VP 能以很高的精度和速度进行自动检查,并列出所有干涉情况。同样能在虚拟原型上,对 CAD 模型中的间隙以及干涉区域以不同的颜色显示,一目了然;可以从任何期望的角度对任何部件进行动态观察,或者通过虚拟飞行于组装件同时放大显示以作近距离的观测等多种方式,可以虚拟观测数字化的三维组装件;能够使组装件中的部件以实际中可能的运动方向进行运动仿真,实现动态干涉检查,当发生干涉情况时运动机构将会停止,产生干涉的区域被突出显示。

目前对于匹配性和干涉性检查的 VP 精度已经达到很高的水平,以至于像波音 777 型这样大型的复杂商用飞机在物理原型制造出来之前都采用数字化的实体模型进行虚拟装配。

3) 功能、性能的测试和验证

在新产品开发阶段,原型被不断用于验证该产品各种特征的功能和性能。基于三维实体模型,虚拟原型技术包括详细的集合信息(如重心、表面、体)和非集合信息(如密度、刚度等)的精确模型。这些信息为后续采用先进的 CAE 工具进行深入全面的测试和分析提供保证。

4) 加工以及组装操作的评估

可加工性是在一个产品设计被认为可行之前需要考虑的。材料、加工类型和次序等加工规划以及加工过程的仿真对于能否加工出所需形状十分重要。组装规划的设计和生成用来保证组装顺利进行。虚拟拆装包括拆装次序、工具变化、部件和紧固件的拆开轨迹,可以自动生成或者根据用户的需要自动生成。

5) 人自身因素的分析

产品加工包括可能由人进行的处理、组装、包装和维护。通常,采用全尺寸产品样机和真人大小模型或真人进行产品的安全性、人机工程、可视性和操控性等的评估,能广泛地利用 VP 技术进行研究。

如前所述,虚拟样机技术可以应用到机械零部件及机械系统开发的众多环节中。其中,机械系统的运动学和动力学分析是虚拟样机的重要研究内容。

从运动学及动力学的角度,可以将机械系统视为由多个相互连接且彼此之间能够作一定相对运动的构件的有机组合。利用虚拟样机技术,以系统模型为基础,通过仿真分析,可以评估机械系统的运动学和动力学特性,确定系统及其构件在任意时刻的位置、速度和加速度,也可以确定系统及其构件运动所需的外界作用力的大小。

一般机械系统运动学及动力学分析包括以下内容:

(1) 机械系统的静力学分析。静力学主要分析在外力作用下,各构件的受力和强度问题。一般假定在一定条件下，机械系统变成一个刚性系统，系统中的各构件之间没有相对运动。

（2）机械系统的运动学分析。运动学分析的任务是当系统中一个或多个构件的绝对或相对位置与时间存在给定的关系时，通过求解位置、速度和加速度的非线性方程组求得其余构件的位置、速度及加速度与时间的关系。需要指出的是，运动分析时只考虑系统及其各构件的运动，而不考虑引起运动的力。

（3）机械系统的动力学分析。主要分析由外力作用引起的系统运动。一般它可以用来确定在与时间无关的力作用下系统的平衡位置。与在外力作用下系统的运动与运动学关系式相似，力可以通过构件、运动副施加给系统的其他构件。因此，可以运用动力学方程、微分方程及代数方程组进行求解。另外，也可以进行运动学和动力的混合分析。

要完成机械系统运动学及动力学的仿真分析，虚拟样机软件中除应具有运动学及动力学基本理论及算法外，还应包含以下技术：

（1）产品造型及显示技术：用于完成机械系统及结构的几何建模，并以图形化界面直观地显示仿真结果。

（2）有限元分析技术：已知外力时，分析机械系统的应力、应变和强度状况；或已知机械系统的运动学和动力学结果，分析所需的外力及边界条件。

（3）软件编程及接口技术：虚拟样机设计软件应具有一定的开放性，允许用户通过编程或函数调用等方式建立各种工况，以模仿在不同外界作用力及不同的系统状态下的系统状况，以满足机械系统开发的实际需求。

（4）控制系统设计及分析技术：现代机械系统已不再是传统意义上的纯粹由机械零件装配而成的系统，而是机械、液压气动、电器及其他自动化控制装置的有机组合，因此，虚拟样机软件应有运用控制理论仿真分析机械系统的能力，或者提供与其他专业控制系统分析软件的接口。

（5）优化分析技术：应用虚拟样机分析技术的重要目的是优化机械系统及其结构的设计，以获得最佳的结构参数及最优的系统综合性能。

福特汽车公司使用数字原型件制作的软件，可视化地显示相关产品资料，并可与整台车辆设计做实时的互动、分析，使得福特汽车公司各设计团队间的沟通、联系更加紧密与顺畅，新款模型的设计周期也显著缩短了。

4.4.3 虚拟样机分析软件——ADAMS

ADAMS 即机械系统动力学自动分析（automatic dynamic analysis of mechanical system）软件。该软件是美国 MDI（Mechanical Dynamics Inc.）公司开发的虚拟样机分析软件。后来，MDI 公司被美国 MSC.Software 公司收购，ADAMS 也成为 MSC 产品线的一部分。

ADAMS 软件是世界上技术领先的机械运动学及动力学分析软件。它可以生成复杂机-电-液一体化系统的运动学和动力学行为，提供从产品概念设计、方案论证及优化、详细设计、试验规划以及故障诊断等各阶段的仿真计算。由于 ADAMS 软件功能强大、分析精确、界面友好、通用性强，在全球已有数以千计的用户，广泛应用于航空、航天、汽车、铁路和其他机械工业。

ADAMS 软件使用交互式图形环境和零件库、约束库、力库，创建完全参数化的机械系统几何模型(图 4.24),其求解器采用多刚体系统动力学理论中的拉格朗日方程方法,建立系统动力学方程,对虚拟机械系统进行静力学、运动学和动力学分析,输出位移、速度、加速度和反作用力曲线。ADAMS 软件的仿真可用于预测机械系统的性能、运动范围、碰撞检测、峰值载荷以及计算有限元的输入载荷等。其中的 ADAMS/Car 模块可以快速建立高精度的车辆子系统模型和整车模型,通过高速动画直观地再现各种工况下的车辆运动学和动力学响应,并输出表征操纵稳定性、制动性、乘坐舒适性和安全性等的性能参数。

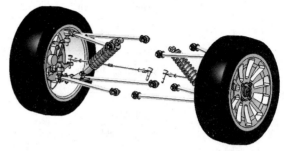

图 4.24 汽车部件虚拟样机分析模型

ADAMS 软件一方面是虚拟样机分析的应用软件,用户可以运用该软件方便地对虚拟机械系统进行静力学、运动学和动力学分析;另一方面,又是虚拟样机分析开发工具,其开放性的程序结构和多种接口,可以成为特殊行业用户进行特殊类型虚拟样机分析的二次开发工具平台。ADAMS 软件由多个模块构成,可以分为基本模块、扩展模块、专业领域模块、工具箱和接口模块五类模块组成,其详细分类见表 4-2。用户不仅可以采用通用模块对一般的机械系统进行仿真,也可以采用专用模块针对特定工业应用领域的问题进行快速有效的建模与仿真分析。

表 4-2 ADAMS 软件的模块分类

		用户界面模块	ADAMS/View
	基本模块	求解器模块	ADAMS/Solver
		后处理模块	ADAMS/PostProcessor
		液压系统模块	ADAMS/Hydraulics
	扩展模块	振动分析模块	ADAMS/Vibration
		线性化分析模块	ADAMS/Linear
通用模块		高速动画模块	ADAMS/Animation
	扩展模块	试验设计与分析模块	ADAMS/Insight
		耐久性分析模块	ADAMS/Durability
		数字化装配回放模块	ADAMS/DMU Replay
		柔性分析模块	ADAMS/Flex
	接口模块	控制模块	ADAMS/Controls
		图形接口模块	ADAMS/Exchange
		CATIA 专业接口模块	CAT/ADAMS
		Pro/E 接口模块	Mechanism/Pro
		轿车模块	ADAMS/Car
专用模块	专业领域模块	悬架设计软件包模块	Suspension Design
		概念化悬架模块	CSM
		驾驶员模块	ADAMS/Driver
		动力传动系统模块	ADAMS/Driveline

(续)

		轮胎模块	ADAMS/Tire
专用模块	专业领域模块	柔性环轮胎模块	FTire Module
		柔性体生成器模块	ADAMS/FBG
		经验动力学模块	EDM
		发动机设计模块	ADAMS/Engine
		配气机构模块	ADAMS/Engine Valvetrain
		正时链模块	ADAMS/Engine Chain
		附件驱动模块	Accessory Drive Module
		铁路车辆模块	ADAMS/Rail
		FORD汽车公司专用汽车模块	Chassis
	工具箱	软件开发工具包	ADAMS/SDK
		虚拟试验工具箱	Virtual Test Lab
		虚拟试验模态分析工具箱	Virtual Experiment Modal Analysis
		钢板弹簧工具箱	Leafspring Toolkit
		飞机起落架工具箱	ADAMS/Landing Gear
		履带/轮胎式车辆工具箱	Tracked/Wheeled Vehicle
		齿轮传动工具箱	ADAMS/Gear Tool

下面着重介绍常用的几个模块。

1) 用户界面模块

用户界面模块(ADAMS/View)是最基本的核心模块之一，它提供了一个直接面向用户的基本操作对话环境和基于虚拟样机分析的前处理功能，其中包括样机的建模和各种建模工具、样机模型数据的输入与编辑、与求解器和后处理等程序的自动连接、虚拟样机分析参数的设置、各种数据的输入和输出以及与其他应用程序的接口等。具体来说，ADAMS/View是采用简单的分层方式进行建模，并提供了丰富的零件约束库和力库，将快捷的图表操作、菜单操作、鼠标选取操作与交互式图形建模、仿真计算、动画显示、优化设计、曲线处理、结果分析和数据打印等功能集成在一起。与其他建模软件类似，ADAMS/View模块可支持布尔运算、参数化建模，以便能够很容易地修改模型并用于实验研究。ADAMS/View的仿真结果采用强有力的、形象直观的方式加以描述，并可以将仿真结果形象逼真地输出，作为工程设计人员评价产品设计质量的依据。CAD几何模型也可通过IGES接口输入到ADAMS/View中，从而丰富了ADAMS/View自身的建模功能。此外，ADAMS/View还提供多种位移函数、速度函数、加速度函数、接触函数、样条函数、力和力矩函数以及用户子程序函数等，可以为工程师们的分析过程提供诸多方便。

2) 求解器模块

求解器模块(ADAMS/Solver)是一个能够自动建立并快速解算的模块，作为ADAMS系列产品的基本模块之一，该模块采用多刚体动力学理论中的Langrage方程的方法，自动建立机械系统模型的动力学方程，其计算程序应用了Gear的刚性积分算法以及稀疏矩阵技术，大大提高了解算的效率。此外，ADAMS/Solver不仅可以用于机械系统运动仿真方程的快速数值分析，而且可以对刚体和弹性体进行仿真研究。为了进行有限元分析和控制研究，在解算之后，用户除了可以输出位移、速度、加速度和力曲线外，还可利用该模块输出用户自定义的数据。例如，用户可以通过运动副、随机运动、用户自己定义的子程序等添加不同的约束，并求解运动副之间的作用力和反作用力，也可对模型施加任意方向的单向外力。ADAMS/Solver可以对以由机械部件、控制系统和柔性部件组成的多领域问题进行分析和解算。此模块可支持多种分析类型，其中包括运动学、静力学、准静力学、线性或非线性动力学分析。

3) 后处理模块

后处理模块(ADAMS/PostProcessor)具有相当强的后处理功能，它是MDI公司为提高ADAMS软件处理仿真结果的能力而专门开发的模块。该模块可用来输出各种数据曲线、回放高性能的仿真动画，还可以进行曲线的分析、编辑和数字的处理。用户不仅可以在该模块里方便地观察和研究仿真的结果，而且还可以输入试验数据绘制相应的试验曲线，并同仿真结果进行比较。该模块既可以在其他模块环境下运行也可以独立运行，当该模块独立运行时，能提高软件的启动速度、减少内存消耗。该模块的主要功能如下：①快速高质量的动画演示功能，便于从可视化角度深入理解设计方案的有效性；②数据处理及文件处理功能；③强大的曲线绘图功能；④具有层次清晰的数据结构，使用独特的树状搜索结构可快速地检索到目标对象；⑤具有灵活多变的窗口风格，例如，多窗口画面分割显示功能、多页面存储功能等；⑥多视图动画与曲线结果同步显示功能；⑦强大的数据处理功能，例如，曲线的加、减、乘、除等代数运算以及曲线的偏置、缩放、反向、快速傅里叶变换、滤波、波特图等，同时，为光滑消隐的柔性体动画提供了更优的内存管理模式；⑧在"plot"图表中可生成位图，增设了页眉和页脚。

4) 试验设计与分析模块

试验设计与分析模块(ADAMS/Insight)是ADAMS软件的扩展模块，是网页技术的新模块。设计人员可以借助该模块将仿真试验置于网页上，实现资源共享。该模块是选装模块，既可以在ADAMS/View、ADAMS/Car环境下运行也可以独立运行。ADAMS/Insight具有多种功能：可以更快捷地修改和优化模型，也可进行模型的参数化分析、找出模型的关键参数和非关键参数。

5) 振动分析模块

振动分析模块(ADAMS/Vibration)可以把各种子系统装配成形，完成线性振动分析，并可将各种振源的激励作用到ADAMS模型上，仿真分析出ADAMS模型在各种振源下的幅频及相频特性。

6) 轮胎模块

轮胎模块(ADAMS/Tire)是研究轮胎与道路相互作用的建模可选模块包，利用该模块，工程师们可以很方便地计算侧向力、自动回正力矩以及由于路面不平而产生的各种力。该模块还可以计算轮胎为克服滚动阻力而受到的纵向、侧向和垂向载荷；仿真并分析车辆在制动、转向、加速、滑行、滑移等大变形工况下的动力学特性；该模块可与ADAMS/Car模块结合，研究车辆的稳定性，计算汽车的偏转、俯仰和侧倾特性；ADAMS/Tire模块输出的力和加速度数据可以作为有限元软件包的输入载荷进行相应的应力和疲劳特性研究。

7) 轿车模块

轿车模块(ADAMS/Car)是ADAMS软件的专业模块之一，是MDI公司与奥迪(Audi)、宝马(BMW)、雷诺(Renault)和沃尔沃(Volvo)等公司合作开发的轿车专用分析软件包，集成了它们在汽车设计、开发方面的经验。ADAMS/Car是一种基于模板的建模和仿真工具，软件中自带的各种模板大大加速和简化了建模过程。用户只需在模板中输入必要的数据就可以快速建造包括车身、悬架、传动系统、发动机、转向系统、制动系统等在内的高精度的整车虚拟样机,通过高速动画可直观地再现各种工况下车辆的运动学和动力学响应,并输出表征操纵稳定性、制动性、乘坐舒适性和安全性等方面的性能参数,从而减少对物理样机的依赖。

ADAMS/Car 采用的用户化界面是根据汽车工程师的习惯而专门设计的。工程师不必经过任何专业培训,就可以应用该软件开展卓有成效的开发工作。利用 ADAMS/Car 的数据库功能,可以有效地选择衬套、限位块、减振器等以装配各个子系统,节约用户每次重复输入数据的时间。此外,利用 ADAMS/Car 来建立车辆的动力学模型还具有可视性强,建模概念清晰,可利用的标准模板种类多等优点。

8) 线性化分析模块

线性化分析模块(ADAMS/Linear)是 ADAMS 软件的一个集成可选模块,可以在进行系统仿真时将系统非线性的运动学或动力学方程进行线性化处理,以便快速计算出系统的固有频率(特征值)、特征向量和状态空间矩阵,使用户能够快速且全面地了解系统的固有特性。

ADAMS/Linear 主要功能特点包括:利用该模块可以给工程师们的设计工作带来许多帮助,例如,ADAMS/Linear 可以在大位移的时域范围和小位移的频率范围之间提供一座沟通的"桥梁",还可以方便地考虑系统中零部件的弹性特性;利用该模块生成的状态空间矩阵可以对带有控制元件的机构进行实时控制仿真;利用求得的特征值和特征向量可以对系统进行稳定性研究。

9) 柔性分析模块

柔性分析模块(ADAMS/Flex)也是 ADAMS 软件包中的一个集成可选模块,该模块提供了与 ANSYS,MSC.Nastran,ABAQUS,I-DEAS 等软件的接口,可以方便地考虑零部件的弹性特性,建立多体动力学模型,以提高系统仿真的精度。ADAMS/Flex 模块支持有限元分析软件中的 MNF(模态中性文件)格式。结合 ADAMS/Linear,可以对零部件的模态进行适当的筛选,去除对仿真结果影响极小的模态,并可以人为控制各阶模态的阻尼,进而大大提高仿真的速度。同时,利用 ADAMS/Flex,还可以方便地向有限元分析软件输出系统仿真后的载荷谱和位移谱信息,以利用有限元分析软件进行应力、应变以及疲劳寿命的评估分析和研究。

利用 ADAMS 软件进行产品设计的基本流程因设计目标、设计任务以及产品本身特点的不同而有所不同。但一般来说,在 ADAMS 软件中完成产品的设计过程并对其性能进行综合评价,应遵循一定的设计流程,如图 4.25 所示。

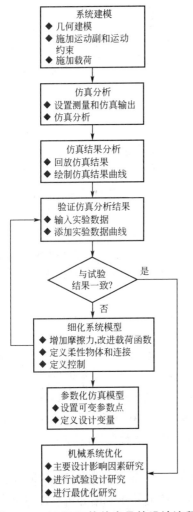

图 4.25 ADAMS 软件产品的设计流程

4.5 汽车虚拟试验

汽车发展到今天的水平是与其试验研究工作分不开的。汽车工业的特点是产量大、品种多、产品的使用条件复杂，对产品的性能、寿命、成本各方面的要求高，影响产品质量的因素诸多，且产品的低劣所造成的后果极为严重，因此试验研究工作成为生产、竞争的重要手段。汽车工业特别重视试验工作，无论是新设计或是现实生产的产品、无论在设计制造上考虑得如何周密，都必须经过试验来检验。通过试验来检验设计的思想是否正确，设计意图如何实现，设计产品是否适合使用要求。同时，由于汽车的使用条件复杂，汽车工业所涉及的技术领域又极为广泛，许多理论问题研究得还不够充分，不少设计问题还不能根据现有的理论，做出可信赖的预期，这也是汽车工业特别重视试验的原因。

汽车试验技术的发展，是汽车生产发展的需要，同时也是许多相邻工业、相邻学科的发展和渗透的结果。例如汽车空气动力特性、车辆地面力学、车辆结构强度与载荷、车辆实际工作过程等的研究试验都涉及多方面的试验理论、试验技术，如系统分析、相似理论、误差理论、随机数据处理等。这些基础性的研究工作有力地推动了试验技术的发展。

电子计算机的应用对汽车试验起了巨大的促进作用。电子计算机在汽车的性能预测、强度计算上提供了快速、准确的运算工具，如操纵稳定性、空气动力学特性、车身有限元计算法等，从而代替了大量的多方案比较试验。电子计算机既是计算工具，也是试验手段。电子计算机进行数据的采集、处理，为试验数据分析提供了有力工具，同时也为模拟道路状态的电子液压振动试验台、电控转鼓试验台准备了条件。在汽车试验中采用通用电子计算机、数据处理等专用电子计算机，而且不少设备带有电子计算机作为设备的组成部分。电子计算机在试验设备的自动控制上的作用日益重要，电子计算机过程控制系统可以同时对几十台试验设备进行数据采集和控制，使试验工作高度自动化。

4.5.1 虚拟试验的应用

从广义上讲，任何不使用或部分使用实际硬件来构造试验环境，完成实际物理试验的方法和技术都可以称为虚拟试验。

其实，虚拟试验并不是一个全新的概念，最早可以追溯到古代和中世纪。古代和中世纪物理学研究采用"思想型"的虚拟试验进行科学研究，例如，伽利略发现惯性定律的"虚拟试验"是在试验中设想了一个既没有摩擦也没有任何外力作用的永远运动的物体；爱因斯坦创立狭义相对论而进行"思想升降机"试验。这一阶段的虚拟试验都是在科学家的头脑中进行的形象思维过程，试验显得很主观，其中的试验对象是实际试验中经常能接触到的物体，而改变的只是试验条件。

计算机仿真为科学试验开辟了一个全新的解决方案。计算机仿真是利用计算机对试验对象的数学模型进行模拟实验，求得对实物原型系统规律性认识的一种试验方法，使虚拟试验进入了数字化阶段。

1. 虚拟试验的优点

虚拟试验系统不仅可以作为真实试验的前期准备工作，而且可以在一定程度上替代传统的试验。与传统试验相比其具有以下优点：

（1）可以大幅度减少样机制造试验次数，缩短新产品试验周期，同时，降低实际试验的费用。

（2）虚拟试验技术应用与复杂产品的开发中，可以实现设计者、产品用户在设计阶段信息的互反馈，使设计者全方位吸收、采纳对新产品的建议。

（3）虚拟试验技术代替实际试验，实现了试验不受场地、时间和次数的限制，可对试验过程进行回放、再现和重复。

2. 虚拟试验在车辆工程方面的应用

与西方发达国家相比，我国在虚拟试验方面的研究单位主要集中在高校。吉林大学汽车动态模拟国家重点实验室对汽车防抱死制动系统混合仿真试验台进行了系统分析，建立了用于硬件在环仿真的车辆模型、轮胎模型、路面模型以及 ABS 液压系统模型，并进行了硬件在环仿真试验。它将 ABS 实际部件嵌入到软件环境中进行混合仿真，极大地扩展了软件仿真的功能，为 ABS 产品开发提供了开发工具和试验平台。

4.5.2 虚拟试验的实施方案

虚拟试验是在虚拟环境中进行的试验，虚拟试验环境是基于软件工程研制的仿真试验系统，设计者将试验产品（虚拟原型）安装在试验环境里进行"试验"，借助交互式技术和试验分析技术，使设计者在设计阶段就能对产品的运行性能进行评价或体验。换句话说，虚拟试验就是在计算机系统中采用软件代替部分硬件或全部硬件来建立各种虚拟的试验环境，使试验者可以如同在真实的环境中一样，完成各种预定的试验项目，使所取得的试验效果接近或等价于在真实环境中所取得的效果。因此，虚拟试验的实施一般需要以下几个步骤：①虚拟试验场建立；②虚拟原型的开发；③虚拟原型在虚拟试验场中的调用；④试验结果的存储与回放。

4.6 汽车虚拟试验场技术

4.6.1 虚拟试验场技术概述

虚拟试验场（virtual proving ground，VPG）技术，即是一个对整车系统性能全面仿真实用软件的代表。VPG 技术是当前汽车行业 CAE 应用的一个新进展。

在现代设计流程中，CAE 是创造价值的中心环节，要使 CAE 的作用达到最大化，需将其融入设计全流程中，并对复杂设计对象进行"真实模拟"。VPG 技术已使这样的设计流程变为现实，并且 VPG 技术和传统 CAE 技术相比有很大的进步，分析使用方法也大为简化和方便了。

1）VPG 技术的提出和发展

VPG 以整车系统为分析对象，考虑系统各类非线性，以标准路面和车速为负荷，对整车系统同时进行结构疲劳、全频率振动噪声分析和数据处理及碰撞历程仿真。达到在产品设计前期即可得到样车道路实验结果的"整车性能预测"效果的计算机仿真技术。

汽车试验场是由各种试验道路、试验场地、试验室以及各种辅助建筑等组成的综合性试验设施，用来确定汽车的结构参数及其基本使用性能：可靠性、耐久性、坚固性、动力性、制动性、通过性、操纵性、稳定性、行驶平顺性、安全性和燃料经济性等等。由于试验场内有些试验路段是模拟车辆的实际使用工况，使车辆的零部件所产生的典型损坏性能与实际使用时的情况基本相同，而且能在很短的试验里程内即可获得试验结果，因此可以大大缩短试验时间，提高试验效率。

为了进行汽车试验而建设起来的试验场，是一个占地面积几十平方公里的大型综合性试验基地。它包括各种车辆实际可能遇到的一切典型使用条件的模拟设施，例如能进行车速超过 200km/h 的高速环行跑道，能进行各种性能测试的道路，能进行强化试验的各种路面、地面，有各种坡道、滑台、涉水池以及相应的室内试验设备。汽车可以在这种试验场中完成各种性能寿命试验，虽然这种设施耗费巨大，投资数以亿元计，但是由于在试验场里能深入研究汽车产品的各种性能，缩短试验周期，从而提高试验结果的可比性和试验工作的安全性，在人力、物力和时间上都得到明显的效益。如台车昼夜行驶里程可高达 2000km，强化路面试验行驶 1600km 相当于一般使用中行驶 160000km，强化程度达 1∶100，所以这种试验场已经成为现代汽车工业不可缺少的典型试验设施。

2) 虚拟试验系统

虚拟试验系统通过在产品或部件上安装虚拟传感器，并将虚拟原型安装在不同的试验环境中，一旦虚拟模型确定，即可反复进行试验，并根据虚拟试验结果对设计进行反复修改，从而获得最佳设计方案。虚拟试验系统不仅可以作为真实试验的前期准备工作，而且可以在一定程度上替代传统的试验。

现代汽车对结构设计提出了越来越高的要求，汽车结构分析已不满足于结构线性弹性分析。实际上汽车结构系统中大量存在非线性结构，例如发动机、驾驶室橡胶支承、悬架大变形、零部件间连接的能量缓冲等。在产品要求精益设计的条件下，只应用线性分析普遍感到不足。产品开发要求 CAE 更多地考虑非线性影响。其次，汽车零部件结构分析的一个难点是分析载荷的不定因素，大量零部件结构实际所受到的载荷到底是多大，往往很难明确给出。对此过去往往应用对比分析法，但这越来越不适应越来越高的设计要求。第三，汽车产品设计已进入有限寿命设计阶段，这要求汽车在设计的使用期内，整车和零部件完好，不产生疲劳破坏，而达到使用期后(例如轿车一般设计寿命为八年)，零部件尽可能多地达到损伤，以求产品轻量化，节约材料和节省能源。这也对 CAE 分析提出了使用真实载荷的要求。汽车整车性能，如舒适性、行驶操纵稳定性分析也不仅仅满足于结构刚性简化，还要求考虑结构变形刚度影响，进行整车非线性系统分析，以达到动态参数设计的目标。

CAE 技术在飞速发展，非线性软件功能有了很大的提高，计算机硬件也提供了足够的支持，所以 CAE 技术满足上述汽车现代设计要求是可能的。

4.6.2 VPG 技术的功能和特点

VPG 技术是汽车 CAE 技术领域中一个很有代表性的进展，其特点如下。

(1) 分析对象不再是分开的各个零部件，而是包括车身 FEM 模型、悬架系(弹簧、减振器、动力控制臂)、转向梯形、车轮轮胎等整车非线性系统模型。

这样，车身和悬架系统与转向系统间难以明确的作用力关系已包含在分析模型之内，

图 4.26 整车的分析模型

如图 4.26 所示。

(2) 分析模型数据库化。众所周知，计算模型建模工作量是很大的。但是，除车身模型是车型分析时必须建立的模型，悬架结构、转向机构和轮胎是完全可以实现数据库化的。这是因为，这些结构对轿车来说，结构形式基本可以归纳成几种基本类型和数量有限的几个参数来描述。用户只需选择结构类型，给出参数即可产生计算模型。当然用户自行建立模型也是完全可以的。同时软件数据库可以增加用户模型数据，随着用户应用面的增多，数据库会更加丰富。当前悬架数据库保存有 McPherson 液压减振器 Strut、长短臂 Short-long Arm、Hotchkiss 渐变叶片弹簧（leaf spring）、后拖臂 Trailing Arm、五连杆 5-link、四连杆 Quadra Link 和扭杆 Twist Beam 等 10 种结构数据库。模型数据库还有碰撞计算研究用的假人模型、碰撞计算障碍物模型等可供用户引用，如图 4.27 所示。

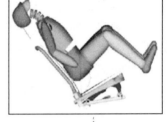

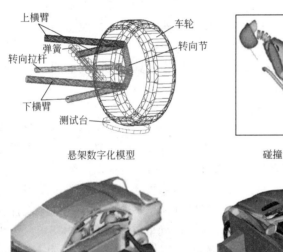

图 4.27 模型数据库举例

可见，应用 VPG 软件最大限度地方便用户建模，简化了计算数据准备工作，同时保证模型的质量和可比性。

(3) 提供了全面的路面载荷。VPG 软件提供了标准典型的路面模型，是通常整车试验标准考核路面（图 4.28）。例如：交替摆动路面（alternate roll）、槽形路（pothole tracks）、鹅卵石路（cobblestone tracks）、大扭曲路（body twist lane）、波纹路（ripple tracks）、搓板路（washboards）以及比利时石块（belgian block）等。用户可以输入和保存自己的路面数据，也可以用任意三维数据构造特定的路面。

(4) 对一个模型，汽车虚拟试验场计算技术分析内容可以是多样化的，可以进行疲劳寿命计算、振动噪声分析计算、车辆碰撞历程仿真、碰撞时乘员安全保护等多种结构非线性分析。

图 4.28　整车试验标准考核路面

同时，可以进行整车非线性运动学和动力学计算，进行整车舒适性、高速行驶性能和操纵稳定性研究。轿车专用试车场是轿车开发过程中非常重要的试验手段，道路试验是开发中必须的试验过程，一般包括高速环道路、强化试验道路、耐久交变试验道路、坡道、动态试验区和制动试验道路等，满足汽车开发过程中各种整车性能试验、道路耐久试验及技术鉴定试验等方面的需求。国内目前有交通部公路交通试验场、襄樊汽车试验场和定远国家试验场等。

(5) 求解器是基于高度非线性软件 LS-DYNA 进行整车系统非线性分析。从这个角度看，VPG 技术是一个高度非线性分析软件的一个汽车专用接口软件并支持它的数据库。

(6) 计算结果后处理完全基于现代计算机图式化平台上，可以产生实时动画、疲劳预测、应力应变图、数据信号变换、绘制数据曲线图形等。

从以上所述内容不难看出，VPG 技术和传统 CAE 技术相比有很大的特点和进步，分析使用方法也大为简化和方便了。具体表现在以下几个方面：

(1) 在整车分析中，避免了传统 CAE 分析部件间受力关系难以确定的困难，如在车身随机响应疲劳分析中，避免了分析者必须通过样车试验确定悬架支点对车身作用力谱，再对这些作用力谱滤波、强化、数字化和对车身支点施加力谱、载荷谱表等一系列复杂工作（对车身谱分析而言）。对悬架转向系统运动学和动力学分析而言，不必将车身简化为刚体，车身对悬架转向系统的弹性和非线性变形影响可真实计入计算分析中，从而提高了分析精度。

(2) 以整车为分析对象，边界条件只有路面和车速。这样分析载荷实现了规范化、标准化，使计算结果更加真实准确，可比性提高。因为路面载荷数据库是全面和权威的（如美国独立的汽车试验场 MGA 路面库），也可以是本公司使用的自行考核试验路面，分析结果更加真实可信。

(3) 计算是高度非线性分析，分析中包含了结构非线性因素、车身支撑和发动机支撑等橡胶连接件的非线性因素、悬架转向系统连接和缓冲件的非线性因素、车轮轮胎的非线性因素、轮胎和地面接触条件等。因此分析结果中几乎排除了传统 CAE 技术分析时常使用的人为假定，大幅度提高计算精度。

(4) 在振动噪声分析中，由于模型有非常大的自由度，析出的振动频率可不受限制，完全可以得到 NVH 分析要求的 250Hz 内的频率模态。

(5) 整车高速行驶性能、转向稳定性能计算也不再受制于传统计算方法中自由度数量，可同时考虑车身结构变形影响，使计算结果精度提高。

总之，应用 VPG 技术可以缩短产品开发时间，节省研制费用，减少投资风险。一般来说，可以在样车试制前得到产品试验结果，这即是虚拟试验场名称的由来。

1. 试论述仿真的分类方法及仿真技术在机械产品设计中的功用。
2. 与传统的物理仿真方法相比较，数字化仿真有哪些优点？其基本程序是什么？
3. 论述有限元方法的基本原理和求解步骤，有限元软件由哪些模块组成？
4. 什么是优化设计？优化设计的数学模型由哪几部分组成？
5. 拓扑优化设计有几种优化算法？并对它们加以比较。
6. 论述物理原型和虚拟原型的区别和关系。
7. ADAMS 软件产品设计流程是什么？
8. 什么是虚拟样机技术？与传统的物理样机试验相比，虚拟样机有哪些优点？
9. 为什么说 VPG 技术是汽车 CAE 技术领域中一个很有代表性的进展？

第 5 章
汽车操纵稳定性仿真分析

本章学习目标

★ 熟悉多体系统动力学的基础知识，了解多刚体系统动力学和多柔体系统动力学的研究方法

★ 熟悉 ADAMS/Car 的建模原理及整车模型的建模过程

★ 了解前悬架模型的仿真与优化过程，掌握汽车操纵稳定性的仿真试验方法

本章教学要点

知识要点	掌握程度	相关知识
多体系统动力学基础	熟悉与多体动力学相关的基本理论知识；了解多体动力学常用的几种研究方法	多体动力学的分类；多体动力学的主要任务；多刚体及多柔体系统动力学的研究方法
基于 ADAMS/Car 的整车模型的建立	熟悉利用 ADAMS/Car 建立整车模型的基本原理和基本步骤	ADAMS/Car 的建模顺序；整车各子系统的具体结构及其特点
前悬架模型的仿真与优化	了解前悬架模型的仿真过程及其优化方法	前轮定位参数的定义；ADAMS/Insight 的优化方法
汽车操纵稳定性仿真及结果分析	了解操纵稳定性评价方法；掌握操纵稳定性仿真试验	汽车操纵稳定性试验方法；ADAMS/Car 仿真过程的实现

导入案例

基于 ADAMS 的汽车性能仿真技术是一门新兴的虚拟试验技术。图 5.1 中所示的虚拟样车是在 ADAMS 软件中建立的，利用软件中的虚拟样车可以完成包括汽车操纵稳定性和平顺性在内的一系列汽车性能试验。仿真后得出的分析结果不仅可以作为评价汽车性能的依据，而且可以为汽车设计方案的改进与优化提供思路。此外，利用虚拟样机进行产品性能试验，可以摆脱对物理样机的依赖，在物理样机制造出来之前，即可对所设计的产品作出合理的评价，从而减少了产品设计中存在的风险。随着对多体动力学等相关理论的进一步深入研究，这项技术在产品开发过程中发挥着越来越重要的作用。多体系统动力学理论的不断发展与完善，不仅使汽车的数学模型更加精确，而且使计算机仿真技术更加成熟。应用计算机建立起相对准确的数字化模型，然后对其进行仿真分析，已经成为各大汽车企业进行产品开发的重要手段。而 ADAMS 软件的出现为上述手段的实现提供了技术支持，利用该软件不仅可以建立较为完善的整车数字化模型，而且可以对汽车的结构进行优化，最终得到性能优越的汽车设计方案。

图 5.1 在 ADAMS 软件中建立的虚拟样车

5.1 多体系统动力学基础

5.1.1 多体系统动力学产生的背景

当今世界汽车工业迅猛发展，汽车已经成为人们日常生活和工农业生产中不可缺少的重要交通运输工具。随着我国国民经济的快速发展以及汽车工业的不断进步，汽车产品的普及程度越来越高。作为一种极其方便的代步工具，汽车已经成为人们出行的主要选择，随着时代的不断发展，人们对汽车的要求也越来越高，在获得良好的动力性和经济性的同时，人们往往还要求汽车具有良好的操纵稳定性和行驶平顺性。汽车的操纵稳定性不仅影响到汽车驾驶的操纵方便程度，而且也是决定高速汽车能否安全行驶的一个主要性能。因此，如何评价和设计汽车的操纵稳定性，同时获得良好的安全性，一直是汽车领域的重要研究内容。

随着汽车市场的日趋完善，汽车开发速度不断加快，完全依靠样车试制对汽车进行试验来达到调整汽车性能的做法已经不能满足汽车产品开发速度快和开发质量高的要求，所以有必要在设计中同时采用虚拟样机技术及仿真分析方法对汽车性能进行预测，达到提高设计质量和开发速度的目的。以多体系统动力学理论为基础的大型通用软件为工程技术人员提供了方便的建模手段，这些软件可以自动生成运动学和动力学方程，而且软件内部的数学求解器可以准确地求解上述方程,不需要人工建立并求解方程,因而能够节省大量的时间和人力物力,提高工作效率。仿真分析的优点是花费时间短,可在计算机上重复进行,能够对各种设计方案进行快速优化对比,并且可实现现场试验条件下不能进行的严酷工况试验。所以,利用虚拟样机技术进行产品开发已经成为各大汽车公司缩短产品开发周期、减少产品开发成本、提高产品开发质量,从而提高企业市场竞争力的重要手段。

虚拟样机技术源于对多体系统动力学的研究。多体系统是指由多个物体通过运动副连接而成的复杂机械系统。工程中的产品多数是由大量零部件相互装配而构成的系统。图 5.2 所示的汽车多连杆悬架系统即为多体系统,在该系统中各零部件之间是通过转动副、球铰链、虎克铰、恒速度副等运动副进行连接的。由于这些零部件是彼此相连的,所以在对整个系统进行研究时,不能孤立地对其中的某个零部件进行分析,而是应该充分考虑与之相连的其他零部件对其产生的约束作用。

图 5.2　汽车多连杆悬架系统

对于复杂机械系统人们关心的问题大致可以分为三大类:一是在不考虑系统运动起因的情况下研究各部件的位置与姿态以及它们之间的变化速度与加速度的关系,这种问题称为系统的运动学分析;二是当系统受到静载荷时,确定在运动副制约下的系统平衡位置以及运动副反力,这类问题称为系统的静力学分析;三是讨论载荷与系统运动之间的关系,即动力学问题。研究复杂机械系统在载荷作用下各部件的动力学响应是产品设计中的重要问题。已知系统的运动,确定运动副的动反力问题是系统各部件强度分析的基础,这类问题称为动力学的逆问题。现代机械系统离不开控制技术,产品设计中经常遇到这样的问题,即系统的部分构件受控,当它们按某已知规律运动时,讨论在外载荷作用下系统其他构件的运动情况。这类问题称为动力学正逆混合问题。

作为古典刚体力学、分析力学与计算机技术相结合的力学分支,多体系统动力学产生于 20 世纪 60 年代。其主要任务如下:

(1)建立复杂机械系统运动学和动力学程式化的数学模型,开发实现这个数学模型的软件系统,用户只需输入描述系统的最基本数据,借助计算机就能自动地进行程式化的处理。

(2)开发和实现有效的处理数学模型的计算方法与数值积分方法,自动得到运动学规律和动力学响应。

(3)实现有效的数据后处理,采用动画显示、图表或其他方式提供数据处理结果。

汽车动力学包括对一切与车辆系统相关运动的研究,其最核心的研究领域是操纵稳定性和平顺性这两大领域。由于汽车的操纵稳定性是汽车动力学的一个重要分支，所以，本章重点介绍多体动力学软件在汽车操纵稳定性研究中的应用。

5.1.2 多体系统动力学简介

多体系统动力学中所研究的多体系统，根据系统中物体的力学特性可分为多刚体系统、多柔体系统和刚柔混合多体系统。多刚体系统是指可以忽略系统中物体的弹性变形而将其当作刚体来处理的系统，该类系统常处于低速运动状态。多柔体系统是指系统在运动过程中会出现物体的大范围运动与物体的弹性变形的耦合，从而必须把物体当作柔性体处理的系统，大型、轻质而高速运动的机械系统常属此类。在多柔体系统中，如果有部分物体可以当作刚体来处理，那么该系统就是刚柔混合多体系统。

多体系统动力学是在经典力学基础上发展而来的研究多体系统运动规律的一门学科，其核心问题是建模和求解问题。具体说来，它是为多个刚体组成的复杂系统的运动学和动力学分析建立适宜于计算机程序求解的数学模型，并寻求高效、稳定的数值求解方法。多体系统动力学的研究开始于 20 世纪 60 年代。从 20 世纪 60 年代到 80 年代，侧重于多刚体系统的研究，主要是研究多刚体系统的自动建模和数值求解；到了 20 世纪 80 年代中期，多刚体系统动力学的研究已经取得了一系列成果，尤其是建模理论趋于成熟，但更稳定、更有效的数值求解方法仍然是研究的热点；20 世纪 80 年代之后，多体系统动力学的研究更侧重于多柔体系统动力学，这个领域也正式被称为计算多体系统动力学，至今它仍然是力学研究中最有活力的分支之一，但它已经远远地超过一般力学的含义。作为经典力学的重要研究内容，多刚体系统动力学侧重于研究自由质点和少数多个刚体，其中，前者是多体系统中最简单的情况，后者是多体系统中较为简单的情况。

由于多体系统一般是由若干柔性和刚性物体相互连接所组成的，而且其结构和连接方式多种多样，其动力学方程一般都是高阶非线性方程，特别是多柔体系统动力学，其动力学方程是强耦合、强非线性的，这种方程目前只能通过计算机用数值方法进行求解。多体系统动力学的根本目的是应用计算机技术进行复杂机械系统的动力学分析与仿真，它是在经典力学的基础上产生的一个新学科分支。在经典的刚体系统动力学的基础之上，多体系统动力学经历了多刚体系统动力学和计算多体系统动力学两个发展阶段，目前已经趋于成熟，并且在生物力学、航天器控制、机器人动力学、车辆设计、机械动力学等领域有着广泛应用。

多体系统动力学采用程式化的方法，利用计算机解决复杂力学系统的分析与综合问题。它将建模、列运动微分方程、求解等工作交由计算机来辅助完成，工程技术人员不必考虑推导公式的难易程度，因此在分析大型复杂三维机械系统问题方面具有明显的优势。例如，对汽车悬架系统动力学分析而言，可以将垂直方向、前后水平方向以及横向运动分析统一在一个模型中，可以方便地建立起整车或悬架的多自由度的动力学模型，为整个汽车系统的性能模拟和优化设计提供更为准确、可靠的依据。

多体系统动力学的研究包括建模方法和数值算法两个方面。两者的研究既相互独立又相互联系，建模是指根据实际工程问题的需要，将问题抽象成多刚体、多柔体或刚柔耦合多体系统，对系统中有关的物理量进行分析和描述，然后利用相关的数学、力学理论和方法推导出多体系统动力学方程。多体系统(多刚体、多柔体或刚柔耦合多体系统)的动力学方程，一般是非线性常微分方程(ODE)或微分代数方程(DAE)，通常是通过计算机数值仿真得到方程的数值解,然后通过对数值的分析来了解多体系统的动力学特性。按所采用的坐标的不同,多体系统动力学建模方法可分为最小数目坐标和最大数目坐标法两种。以 Roberson 和 Wittenburg 为代表的最小数目坐标法是以铰坐标,即邻接刚体之间的相对转角或位移作为广义坐标。其主要优点是变量数目少,计算效率高,但动力学微分方程的系数矩阵的构造过程十分复杂,且包含大量的非线性运算。以 Chace 和 Haug 为代表的最大数目坐标法以各构件质心的笛卡儿坐标和描述姿态的欧拉角或欧拉参数作为非独立广义坐标,利用拉氏乘子与约束方程联立建立方程,这种方法易于编制通用程序,但变量数目较多,计算效率较低。

对于同一物理样机,根据研究问题的侧重点不同可以分别建立起多刚体系统模型、多柔体系统模型或刚柔耦合系统模型,然后利用相关软件或其他分析工具分别对其进行研究,可以最终得到较为准确的结论。这一节我们将以发动机曲柄连杆机构为例对物理样机系统模型的建立进行说明。

对于平衡性分析而言,由于考虑的是运动构件惯性力的平衡,可采用多刚体系统模型计算刚体的质量、质心位置以及惯性矩;但如果要分析曲柄连杆机构的振动,则需要将曲轴建成柔性体。

某型车辆 V 形六缸发动机曲柄连杆机构的多刚体系统模型如图 5.3 所示,其中,活塞、连杆、曲轴等构件的质量、质心位置以及惯性矩是采用 Pro/E 软件建立起相应零件的精确实体模型后进行分析计算得到的。之所以将发动机曲柄连杆机构建立成多刚体系统,是因为该模型可用于计算系统中各构件的运动规律及构件间的相互作用力分析,并且能够对其进行平衡性分析。

图 5.3 V 形六缸发动机曲柄连杆机构的多刚体系统模型

5.1.3 多刚体系统动力学的研究方法

对于由多个刚体组成的复杂系统,理论上可以采用经典力学的方法,即以牛顿-欧拉方程为代表的矢量力学方法和以拉格朗日方程为代表的分析力学方法。这种方法对于单刚体或者少数几个刚体组成的系统是可行的,但随着刚体数目的增加,刚体之间的联系状态和约束方式就会变得极其复杂,方程的复杂程度也会成倍地增长,寻求其解析解往往是不可能的。后来由于计算机数值计算方法的出现,使得面向具体问题的程序数值方法成为求解复杂问题的一条可行的道路,即针对具体的多刚体问题列出其数学方程,再编制数值计算程序进行求解。对于每一个具体的问题都要编制相应的程序进行求解,虽然可以得到合理的结果,但是这个过程中包含有大量的重复性工作,是最让人不可忍受的,于是寻求一种适合计算机操作的程式化的建模和求解方法变得极为迫切了。20 世纪 60 年代初期,在航天领域和机械领域,分别开展了对多刚体系统动力学的研究,并且形成了不同派别的研究方法,分述如下。

1) Newton - Euler 方程法

该方法又称旋量方法,它是将矢量与矢量矩合为一体,采用旋量的概念,利用对偶数作为数学工具，使牛顿-欧拉方程具有极其简明的表达形式，在开链和闭链空间机构的运动学和动力学分析中得到了广泛运用。在刚体力学的研究中，将刚体在空间的一般运动分解为随其上某点的平动和绕此点的转动，可分别用牛顿定律和欧拉方程进行处理，这种方法很自然地被推广到多刚体系统动力学的研究中。由于多刚体系统含有多个刚体并且它们之间存在各种不同形式的联系，用牛顿-欧拉方法导出的动力学方程将含有大量的、不需要的未知理想约束反力。即使在对作为隔离体的单个刚体列写 Newton–Euler 方程时，铰约束力的出现也会使未知变量的数目明显增多，故直接采用 Newton–Euler 方法进行上述问题的求解存在一定的困难，必须加以发展，制订出便于计算机识别的、能够描述刚体联系情况和铰约束形式的程式化方法，并致力于自动消除铰链的约束反力。德国学者 Schiehlen 在这方面做了大量的工作，其特点是在列写出系统的 Newton–Euler 方程后，将不独立的笛卡儿广义坐标变换成独立变量，对完整约束系统用 Alembert 原理消除约束反力，对非完整约束系统用 Jourdain 原理消除约束反力，最后得到与系统自由度数目相同的动力学方程。

2）Langrage 方程法

由于多刚体系统的复杂性，在建立系统动力学方程时，采用系统独立的 Langrage 坐标是十分困难的，而采用不独立的笛卡儿广义坐标比较方便。对于具有多余坐标的完整或非完整约束系统，用带乘子的拉氏方程处理是十分规范化的方法。导出的以笛卡儿广义坐标为变量的动力学方程是与广义坐标数目相同的带乘子的微分方程，还需要补充广义坐标的代数约束方程才能封闭。因此，所得到的多刚体系统的动力学模型是混合的微分代数方程组，其特点是方程数目相当大，而且微分方程往往是刚性的。求微分代数方程组数值解的算法是多刚体系统动力学研究中的一个重要问题。Chace 等人应用 Gear 的刚性积分算法并采用稀疏矩阵技术提高了计算效率，编制了 ADAMS 程序；Haug 等人研究了广义坐标分类、奇异值分解等算法，编制了 DADS 程序。

3）罗伯森-维滕堡（Roberson–Wittenburg）方法

这种方法又称图论（R–W）方法，该方法是罗伯森（R. E. Roberson）与维滕堡（J. Wittenburg）于 1966 年提出的一种分析多刚体系统的普遍性方法。罗伯森和维滕堡创造性地将图论引入多刚体系统动力学，利用其中的一些基本概念和数学工具成功地描述了系统内各刚体之间的联系状况，即系统的结构。R–W 方法以十分优美的风格处理了树结构的多刚体系统。对于非树系统，则必须利用铰切割或刚体切割方法转变成树系统处理。R–W 方法以相邻刚体之间的相对位移作为广义坐标，导出了适合于任意多刚体系统普遍形式的动力学方程，并利用增广体概念对方程的系数矩阵作出了合理的物理解释。它对复杂的树结构动力学关系给出了统一的数学模型，并据此推导出了系统的运动学微分方程，利用这种方法所得到的系统动力学方程是一组精确的非线性运动微分方程。

4）凯恩（Kane）方法

该方法是凯恩在 1965 年左右形成的分析复杂系统的一种方法，它利用广义速率代替广义坐标来描述系统的运动，直接利用达朗伯原理建立动力学方程，并将矢量形式的力与达朗伯惯性力直接向特定的基矢量方向投影以消除理想约束力，兼有矢量力学和分析力学的特点，以伪速度作为独立变量来描述系统的运动，既适用完整系统，也适用于非完整系统。而且这种方法不必计算动能等动力学函数及其导数，其推导计算过程规格化，所得的结果是一阶微分方程组，便于计算机计算。相比之下，R–W 方法提出了解决多刚体系统动力学的统一公式，而 Kane 方法提供了分析复杂机械系统动力学性能的统一方法。Kane

方法并没有给出一个适合于任意多刚体系统的普遍形式的动力学方程，其广义速度的选择也需要一定的经验和技巧，但是这种方法无需使用动力学函数，无需求导计算，只需要进行矢量数量积、向量积等计算，能够节省时间。美国辛辛那提大学力学教授 Houston 将 Kane 方法程式化，不需要人为选择广义速率。其主要特点是，提出低序体阵列作为描述多体系统拓扑结构的数学工具，采用 Kane 方程作为动力学建模的理论基础(含低序体阵列、变换阵列、广义坐标及其导数、运动学参数计算和动力学方程等)。该方法从柔性体的有限元方法发展到综合模态分析方法，将变形表示为二阶小量形式，基于小变形原理，适时地进行线性化，以获取动力刚化项和一致线性化方程。

5) 变分方法

变分方法是利用高斯最小约束原理来研究多刚体系统动力学的，变分的力学原理并不直接描述机械运动的客观规律，而是把真实发生的运动和可能发生的运动加以比较，在相同条件下所发生的很多可能运动中指出真实运动所应满足的条件。因此，这种方法不需要建立系统的动力学方程，而是以加速度作为变量，根据泛函极值条件直接利用系统在每个时刻的坐标和速度值解出真实加速度，从而确定系统的运动规律。它可以利用各种有效的数学规划方法寻求泛函极值。对于带控制的多刚体系统，该方法可以结合控制系统的优化进行综合分析，而且它由于不受铰的约束数目的影响，适用于带多个闭环的复杂系统，不论是树状系统还是非树状系统，都可以用同样的方法进行处理。在经典力学中，变分原理是对力学规律的概括，而在计算机技术飞速发展的信息时代，变分方法已经成为可以不必建立动力学方程而借助于数值计算直接寻求运动规律的有效方法。变分方法主要用于工业机器人动力学研究，这种方法有利于通过控制系统的优化进行分析，对于变步态系统，该方法可以避免其他方法每次需重新建立微分方程的缺点。

以上几种方法是早期多刚体系统动力学研究的主要内容，但是随着计算机技术的高速发展，借助于计算机数值分析技术来解决由多个物体组成的复杂机械系统动力学分析问题已经成为一种快捷、有效的多刚体系统动力学解决方法。计算多体系统动力学的产生极大地改变了传统机械动力学分析的面貌，使工程师从传统的手工计算中解放了出来，只需根据实际情况建立合适的模型，就可由计算机自动求解，并可提供丰富的分析结果和利用手段；对于原来不可能求解或求解极为困难的大型复杂问题，现可利用计算机的强大计算功能顺利求解；而且现在的动力学分析软件提供了与其他工程辅助设计或分析软件的强大接口功能，与其他工程辅助设计和分析软件一起提供了完整的计算机辅助工程(CAE)技术。所谓计算多体系统动力学是指用计算机数值方法来研究复杂机械系统的静力学分析、运动学分析、动力学分析并可进行控制系统分析的一种行之有效的理论方法。20 世纪 80 年代，Haug 等人确立了"计算多体系统动力学"这门学科。多体系统动力学的研究重点由多刚体系统逐渐走向多柔体系统。目前，多柔体系统动力学已成为计算多体系统动力学研究的重要内容。

多刚体系统动力学已经发展成为许多方法体系，虽然它们的着眼点不同，但其共同目标是采用程式化的方法，利用计算机解决复杂力学系统的分析与综合问题。由于其建模、分析、综合都是由计算机来完成的，这给多刚体系统动力学理论带来了很多优点：

(1) 适用对象广泛。由于多刚体系统动力学是由计算机按照程式化的方法自动建模和分析的，并且只需输入少量信息，即可对多种结构及多种连接方式的系统进行计算，因此其通用性强，同一程序可对各类复杂系统进行分析。

(2) 可计算大位移运动。多刚体系统动力学的公式推导是建立在有限位移基础上的，因此既可做力学系统微幅振动的分析，又可做系统大位移运动分析，这更符合系统的实际运动状况，并且给研究非线性问题带来了很大方便，能够使计算结果更加精确。

(3) 模型精度高。研究汽车动力学的难点之一就是建立准确的动力学方程，汽车模型越复杂，建立动力学方程的困难就越大，有时甚至是无法实现的。而多刚体系统动力学的数学模型，可由计算机自动生成，不必考虑推导公式的难易程度。所以这种理论不但适用于较简单的平面模型，而且更适用于复杂的三维空间模型。例如对汽车悬架系统的动力学分析而言，可把悬架对汽车平顺性、制动性、操纵稳定性的影响综合起来研究。这为整个汽车系统的优化设计提供了理论基础。

5.1.4　多柔体系统动力学的研究方法

随着工程技术的发展，许多机械系统的机械部件采用了更轻、更柔的材料，而且有些部件的运转速度很高；此外，为了缓和冲击和振动，在各构件之间的连接部位也采用了大量的柔性材料，所以在研究多体系统的动态特性时，这些柔性材料的影响，越来越引起人们的关注。多柔体系统动力学已成为近十几年来在应用力学方面最活跃的领域之一。

多柔体系统动力学在多刚体系统动力学分析的基础上进一步考虑运动构件的变形影响，这使得系统的运动自由度大大增加，运动学和动力学关系更复杂，同时，柔体变形也使得多刚体分析中的一些常量(如惯量)发生了变化。

自 20 世纪 80 年代以来，柔性多体系统在建模方法上渐趋成熟。从计算多体系统动力学的角度来看，柔性多体系统动力学的数学模型应该与多刚体系统和结构动力学有一定的兼容性。当系统中的柔性体的变形可以忽略不计时，即退化为多刚体系统，当部件间的大范围运动不存在时，即退化为结构动力学问题。此外，由于结构动力学已发展得相当完善，导出的柔性多体系统动力学方程中应该充分利用该领域的成果与软件的输出信息。

与多刚体系统不同，多柔体系统包含柔性部分，且柔性部分的变形不可忽略，其逆运动是不确定的。它与结构力学所不同的是部件在自身变形运动的同时，在空间中还经历了较大的刚性移动和转动，而且刚性运动和变形运动相互作用、相互影响、强烈耦合。所以多柔体系统是一个时变的、高度耦合的、高度非线性的复杂系统，这是与一般系统所不同的地方。此外，柔性多体系统不存在连体基，通常选定某一浮动坐标系描述物体的大范围运动，物体的弹性变形将相对该坐标系进行定义，根据上述建模观点，弹性体相对于浮动坐标系的离散将采用有限单元法与现代模态综合分析方法。在用集中质量有限单元法或一致质量有限单元法处理弹性体时，用节点坐标来描述弹性变形；在用正则模态或动态子结构等模态分析方法处理弹性体时，用模态坐标描述弹性变形。这就是莱肯斯首先提出的描述柔性多体系统的混合坐标方法。考虑到多刚体系统的两种流派，在柔性多体系统动力学中，也相应提出两种混合坐标，即浮动坐标系的拉格朗日坐标加弹性坐标与浮动坐标系的笛卡儿坐标加弹性坐标。

我们仍以上述某型车辆 V 形六缸发动机曲柄连杆机构为例介绍物理样机的多柔体系统模型。由于发动机工作时曲轴是高速旋转的运动部件，而且在运动过程中曲轴还要承受很大的载荷，所以如果所研究的问题对微小变形要求很高，则必须考虑曲轴的柔性。在 AN-

SYS 软件中建立的曲轴有限元模型如图 5.4 所示,在建立曲轴的有限元模型时,需要在主轴颈与机体以及曲柄销与连杆相连的位置上设置节点,以便在该处施加约束。

由于其他零件在系统中的作用只是传递气体爆发压力和因运动产生的惯性力,所以将这些零件建成刚体即可。最终将图 5.3 中的刚体曲轴换成图 5.4 所示的柔性曲轴即可得到发动机曲柄连杆机构的多柔体系统模型,如图 5.5 所示。

图 5.4　曲轴的有限元模型　　　　图 5.5　发动机曲柄连杆机构的多柔体系统模型

多柔体系统动力学的研究方法主要有柔性体离散化方法、集成柔性体模态分析结果的模态集成法以及形函数法等。

(1) 离散化方法。从本质上来说,采用离散化方法建立柔性体模型,其理论方法与刚体建模是一致的。即在刚体动力学的基础上,将一个刚体分为若干段,每段之间采用力元进行约束,即得到离散化柔体模型。

(2) 模态集成法。采用模态集成法建立柔性体,是将柔性体看做是有限元模型的节点集合相对于局部坐标系有小的线性变形,而此局部坐标系做大的非线性整体平动和转动时,每个节点的线性局部运动,近似为模态振型或模态振型向量的线性叠加。

(3) 形函数法。该方法是美国学者 A. A. Shabana 在 *Dynamics of Multibody System* 一书中提出的,该书创造性地引入"形函数",以此来描述多体系统中的变形体。

多柔体系统运动的描述方式按选取参考系的不同,可分为绝对描述和相对描述两种类型。绝对描述是在指定某一个惯性参考系后,系统中每一个物体在每一时刻的位形都在此惯性参考系中确定。而相对描述是对每一个物体都按某种方式选定一个动参考系,物体的位形是相对于自己的动参考系确定的,ADAMS 软件即采用了这种方法。通常,这些动参考系是非惯性的。

相对描述方法特别适用于由小变形物体所组成的系统。此时可以适当地选取动参考系,使得物体相对于动参考系的运动(变形)总是较小的。这样,对于变形可按通常的线性方法来处理,例如,进行模态展开和截断等。将描述变形的弹性坐标和描述刚体运动的参数合起来,作为系统的广义坐标,就可以按通常的离散系统分析动力学方法建立动力学方程。相对描述方法的核心问题是物体变形与整体刚性运动的相互作用。这种相互作用可以通过规范场论的方法完全确定。于是动力学方程分为互相耦合的两类:一类控制物体的整体刚性运动;另一类控制物体的相对变形。

对于上述发动机曲柄连杆机构来说,曲轴柔性体的建模可以采用以下两种方法:一是将曲柄连杆机构简化为盘轴系统,把曲轴划分为自由端、曲柄段、主轴颈段和尾段等若干刚性段组成的系统,每段之间采用弹性连接,其刚度就是被连接两轴段之间的刚度,其刚

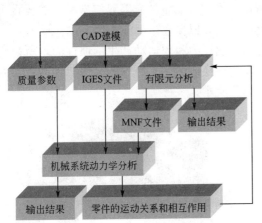

图 5.6　CAD 软件、有限元分析软件和
机械系统仿真软件之间的数据流

度值可运用有限元分析软件得到；二是采用相对描述的方法，将构件的运动分解为刚性整体的牵连运动和相对动参考系的变形运动两部分，其中变形运动采用模态向量及相应的模态坐标来描述。模态分析可利用有限元分析软件来完成。例如，曲轴柔性体就是利用有限元分析软件 ANSYS 对其建立有限元模型，并进行模态分析计算出曲轴的前 20 阶模态之后，产生一个模态中性文件（.mnf 文件），将其输入 ADAMS 中得到的。

由此可见，发动机曲柄连杆机构的建模综合利用了 CAD 软件、有限元分析软件和机械系统仿真软件，三者之间的数据传递关系如图 5.6 所示。

多柔体系统动力学的动力学方程是刚弹耦合的强非线性方程，这种方程目前只能通过计算机用数值方法进行求解。

在研究汽车诸多的行驶性能时，汽车动力学研究对象的建模、分析与求解始终是一个关键性问题。汽车本身是一个复杂的多体系统，外界载荷的作用相对比较复杂，再加上人—车—环境的相互作用，使得汽车系统动力学的研究十分困难。由于理论方法和计算手段的限制，该学科曾一度发展缓慢，其主要障碍在于无法有效地处理复杂受力条件下多自由度分析模型的建立和求解问题。许多情况下不得不对模型进行较多的简化，以便使问题能够用古典力学的方法进行人工求解，但这将导致汽车的许多重要性能无法得到较精确的定量分析。计算机技术的迅速发展，使我们在处理上述问题时发生了质的飞跃。有限元技术、模态分析技术以及随后出现的多体动力学技术就是在这种情况下逐步发展起来的，这些技术出现以后很快在汽车领域得到应用和普及。

国外关于汽车动力学的研究经历了试验研究和理论研究两个过程，分别涉及开环和闭环两种情形。他们所研究的模型由线性模型逐渐发展到非线性多体系统模型，模型的自由度也由两个自由度逐步发展到数十个自由度。模拟计算也由稳态响应特性的模拟发展到瞬态响应特性和转弯制动特性的模拟研究。20 世纪 80 年代初期，能够对汽车系统进行分析计算的许多通用软件和专用软件的广泛应用使得汽车动力学的研究范围从局部结构扩展到了整车系统，乃至深入到汽车系统的方方面面。多柔体系统动力学理论和相关方法在汽车领域的广泛应用开始于 80 年代后期。这标志着汽车多体系统动力学达到了新的发展水平，这一时期是多体系统动力学在汽车工程领域应用最广泛、发展最快速的一段时期。人们试图用各种有效的方法将柔性体的力学效应并入多体动力学方程中进行分析和求解，这些方法中既有探索直接建立和求解刚柔混合的多体系统动力学方程的方法，也有采用现有的多刚体系统动力学软件来近似对多柔体系统进行分析的方法。后者一般要通过以下几种途径来实现：

（1）用多刚体系统加弹簧和阻尼来近似模拟多柔体系统；

（2）先不考虑构件位移运动与弹性变形运动的动力耦合，首先计算多刚体系统的动力学特性，然后通过边界条件用结构力学的方法对柔性构件进行计算，最后把二者叠加起来；

(3) 先用有限元方法计算重要的柔性部件，得到其刚度特性，然后对整个系统进行多体系统分析。

总之，经过多年的发展，多体动力学的研究方法已经比较成熟，在对复杂模型进行适当简化的基础上，完全可以解决实际生产中的多数工程问题，本章即应用多体动力学理论来研究汽车的操纵稳定性问题。在应用多体系统动力学理论解决实际的汽车动力学问题时，一般要经过以下几个步骤：①实际系统的多体模型简化；②自动生成动力学方程；③准确求解动力学方程。

5.2 基于 ADAMS/Car 的整车模型的建立

汽车是一个包含有惯性、弹性、阻尼等动力学特征的复杂非线性系统，其特点是运动零件多、受力复杂。由于组成汽车的各机械系统（如转向、悬架、传动机构）之间存在着一定的耦合作用，所以汽车的动态特性非常复杂，而且车辆的运动工况也是多种多样的。在实际的行驶过程中，会有各种各样的外在激励及内在控制，不同的工况下车辆各个零件的空间位置及受力情况均有变化，这些都会给运动学与动力学分析带来诸多困难。以前用简化条件下的图解法等方式来分析类似于车辆的复杂空间机构是非常困难的，因为这种方法不仅误差大，而且费时费力。

随着人们对汽车性能要求的提高，汽车动力学仿真越来越引起人们的重视。要得到精确的数学模型，必须考虑尽可能多的零件的运动，利用传统的数学方法虽然可以得到详细的动力学方程，但复杂的模型又给求解过程带来了巨大的困难，并且往往得不到正确的结果。因此，通过实验和人为的方法把汽车各子系统加以简化，抽取出能够代表系统或总成特性的本质，最终建立起较简单的数字化仿真模型并利用该模型对汽车性能进行虚拟试验是目前汽车产品开发的主要手段。汽车数字化模型须满足以下要求：第一，模型必须有足够高的计算效率；第二，模型必须能够真实地模拟汽车特性。

5.2.1 ADAMS/Car 的建模原理

ADAMS/Car 的建模原理相对比较简单，所建立的模型与实际的汽车系统相一致。考虑到汽车基本上是一纵向对称系统，软件模块已预先对建模过程进行了处理，设计人员只需要建立左边或右边的 1/2 模型，系统就会根据对称性自动地生成另一半，当然也可以建立非对称模型。

ADAMS/Car 模块分为"Template Builder"（模板建模器）和"Standard Interface"（标准界面）两种模式。模板建模器主要用于模板的建立，标准界面则主要用于子系统和装配组合的建立以及数字化模型的仿真分析。通常情况下，ADAMS/Car 采用自下而上的建模顺序，即先在模板建模器中建立基本模板（template），然后进入标准界面，在基本模板的基础上建立子系统（subsystem），最后将各子系统和试验台（test rig）组合在一起构成装配组合（assembly），其建模顺序如图 5.7 所示。下面分别介绍 ADAMS/Car 模块中的三个层级结构——模板、子系统和装配组合。

(1) 模板。ADAMS/Car 建模的一个主要特点就是基于模板，模板是整个模型中最基

图 5.7　ADAMS/Car 模块的建模顺序

本的模块，绝大部分的建模工作都是在模板阶段完成的。在建立模板阶段，正确建立零部件间的连接关系和通信器是至关重要的，这些数据在建立相应的子系统和总成阶段时是无法修改的，而零部件的位置和特征参数在后续过程中可以更改。此外，模板是参数化的模型，在模板中含有标准模型组件的零件参数，并且定义了模型的拓扑结构。例如，对于前悬架模板，它定义了前悬架所包含的刚体数目、刚体之间的连接方式（球铰还是转动铰或是其他形式的约束副）以及与其他子系统之间进行信息交换的方式。前两者与 ADAMS/View 没有什么太大的区别，而最后一部分则是基于模板的产品所特有的。例如，前悬架总成在装配到整车模型时，需要和转向系以及车身等子系统进行连接，这些可交换的信息能够保证把它们正确地装配到一起。模板中的部分部件可受参数驱动，这样以来就可以用一个模板涵盖众多同类子系统，为建立各种类似子系统提供了更为便捷的建模方式。

（2）子系统。子系统是基于模板创建的、允许标准用户修改模板参数的零部件组合，但用户只能修改部分参数。用户只能在标准界面中才可以使用子系统。子系统的使用包括"新建"和"载入"两个方面。新建子系统必须是基于一个现存的模板，而打开一个现存的子系统时，与之对应的模板也同时被读入。子系统中含有相关零部件的说明，这些说明包括设计参数、引用的属性文件和模板文件。设计参数有车轮半径、前束角、硬点的名称和位置、零件质量等；引用的属性文件包括弹性元件的阻尼特性文件等。

（3）装配组合。装配组合是子系统和试验台的组合件。在这一阶段，产品设计人员可根据实际需要，将不同的子系统组合成为一个完整的分析模型，如悬架总成可以包括悬架子系统、转向子系统和试验台，试验台的选择依赖于仿真的类型，例如，开环、闭环和准静态仿真应分别选择不同的试验台，试验台的作用是给模型施加激励。

模型建立后，即可利用求解器进行相应的仿真分析了，在后处理模块中可以直接得到仿真分析的结果，对于某些不能直接得到的分析结果可以利用后处理模块中的曲线编辑功能绘制出相应的曲线，进而得到所需的分析结果。最后将仿真分析结果与试验指标进行对比，即可得出表征产品性能的相关结论。

利用 ADAMS/Car 模块进行产品开发时可完成以下三项任务：

（1）对直接设计的系统进行性能预测；

（2）对已有的系统进行性能测试和评估；

（3）对原有的设计进行分析和改进，分析的内容包括运动分析、静态分析、准静态分析、动态分析、灵敏度分析等。

5.2.2　建立整车数字化模型所需的基本参数

建立多体系统动力学分析模型，需要大量的设计参数，并且对参数的精度要求较高，进行参数准备的工作量较大。一般来说，所需的参数主要可划分为四大类：整车尺寸参数（各运动部件之间的安装连接位置与相对角度等参数）、质量特性参数（零部件的质量、质心位置与转动惯量等)、力学特性参数(刚度、阻尼等特性)以及外界参数(道路谱等)。其中,尺寸参数和大部分的质量特性参数可以通过建立三维数字模型得到,而其他参数的获得方法主要有以下几种:图样查阅法、试验法、计算法、CAD 建模法等。具体采用哪种方法可根据实际情况做出合理的选择。

(1) 整车尺寸参数。整车尺寸参数是指运动部件的几何尺寸及各运动部件之间的安装连接尺寸等参数,悬架系统的几何定位参数就是整车尺寸参数中的一种。在应用多体系统动力学理论建立悬架运动学和动力学模型时,需要依据悬架的结构形式,在模型中输入悬架各运动部件之间的安装连接位置与相对角度、车轮定位角等参数。这些参数决定了悬架各运动部件的空间运动关系,如前轮上下跳动时的主销内倾角、主销后倾角,车轮外倾角、前轮前束等前轮定位参数的变化规律等。

这里所说的悬架系统尺寸参数,主要是指悬架各定位点(硬点)的三维坐标。本章所建立的轿车模型采用麦弗逊式前独立悬架和双横臂式后独立悬架,悬架系统中各硬点坐标参考 ADAMS/Car 模块自带模板及相关论文进行初步确定,然后利用 ADAMS/Insight 模块对其进行优化设计,最终确定悬架系统中各硬点的坐标值。应该注意的是,各运动部件的相对连接位置,应该在统一的整车参考坐标系中进行测量。在无法获得总成图这样的图样时,可以在掌握一些基本参数(如运动部件的几何外形参数与车轮定位角等)的基础上,通过作图法获得运动学参数。在通常情况下,如果上述方法仍无法实现,则可以考虑利用三坐标测量仪测取悬架系统的一些几何定位参数。

(2) 质量特性参数。通常情况下,质量特性参数由各个运动部件的质量、质心、转动惯量等参数组成。其中,质心、转动惯量等与测量时所选取的参考坐标有关。而利用 CAD/CAE 一体化技术就可避免因坐标的选择而可能带来的一系列问题,通过 CAD 与 CAE 之间的参数传递,用于 CAE 分析的各参数真实地反映了模型的实际情况。

在机械振动系统中,系统本身的质量、质心、转动惯量等决定着系统的动力学特性。在分析汽车悬架系统的动力学特性时,整车及悬架各零部件的质量、质心、转动惯量等参数共同决定着悬架系统的动力学性能。

需要特别注意的是实际零部件与多体系统动力学意义上的运动部件是有一定的差别的。在多体系统动力学中,只要在运动过程中时刻具有相同运动轨迹,并具有特定联系的部件(如通过各种方法固定在一起的零部件),就是一个运动部件,如制动盘(鼓)与车轮即是一个运动部件。同一个运动部件应该拥有一个共同的质心与转动惯量。运动部件的质心与转动惯量等参数的查取,可以通过称重、计算、试验等方法获得。不断发展的 CAD 技术提供了一种测量运动部件质心与转动惯量的新方法。目前,市场上位居领先地位的三维实体建模 CAD 软件中,CATIA、I - DEAS、UG、Pro/E 四种软件都具有在指定参考坐标系中分析零部件及零部件总成质心与转动惯量的功能。对于一些不宜用 CAD 技术计算其质量参数的零部件,可以通过试验的方法得到。在 ADAMS 中可以通过给各零部件指定材料或密度的方式进行质量参数的设置,设置完成后,ADAMS 可自动对各零部件的转动惯量进行计算,也可根据实际情况直接对转动惯量值进行设定。

(3) 力学特性参数。力学特性参数一般是指零部件或系统的刚度、阻尼等特性参数。由于汽车悬架系统中大量使用具有缓冲减振功能的零部件,如弹簧、橡胶元件、弹性轮胎等,这些部件大都具有复杂的力学特性,而这些零部件的特性对汽车的各项性能,特别是操纵稳定性和平顺性等具有决定性作用,所以很有必要在建立模型的过程中对其进行较为详尽的考虑。有关零部件的刚度、阻尼等特性,一般可以在设计图样中查得。而橡胶元件的动态特性、减振器的力-速度特性、轮胎的力学特性等参数,一般必须通过试验来测得。橡胶元件作为减振的弹性连接手段,其主要作用是吸收振动能量,这种元件广泛应用于发动机、变速器的支座、杆件铰链连接处。在本章所建立的轿车模型中,弹簧的刚度、减振器的阻尼以及轮胎的力学特性参数等都是在各自的属性文件中进行设置的。为了提高建模效率,可在 ADAMS 提供的共享数据库中相关属性文件的基础上直接进行修改,并对其进行保存即可。

(4) 外界参数。汽车的使用环境是进行汽车动力学仿真的外界条件。外界条件所包含的种类比较多,例如,汽车行驶道路的道路谱,高速行驶时的侧向风力等。道路谱主要通过测量获得,而风力因数可以在分析计算的基础上结合试验获得。在后面所建立的轿车模型中,我们不考虑风力的影响,只考虑具体的行驶道路情况,所以,在建模过程中可以对车身的外形进行简化,不必过分追求车身造型的完美程度;对于不同的试验道路,可通过分别编写道路属性文件的方式进行建立,文件中的关键参数可参考国家标准和 ADAMS 共享数据库中提供的相关属性文件进行设置。

综上所述,相关参数的获取是一项很繁重的工作,但由于模型参数的完备性和准确性直接关系到仿真分析结果的精度和可信度,所以模型参数的获取工作显得尤为重要。

5.2.3 整车模型的建模过程

1. 建模前的准备工作

作为一个优秀的汽车设计师,在开展汽车产品的设计工作之前,首先要做的事情是确定车辆坐标系,有时由于实际问题的需要或者为了便于设计工作的进展,需要对传统概念中的车辆坐标系进行适当的变换,这就导致不同的场合存在不同的参考坐标系。根据 GB/T 19234—2003《乘用车尺寸代码》中关于车辆坐标系的规定,ADAMS/Car 模块采用了图 5.8 所示的车辆坐标系,具体描述如下:以车架上平面为水平面,前轮轮心连线与汽车纵向对称面的交点为坐标原点,过原点的水平面与汽车纵向对称面的交线为 X 轴,并以汽车后退方向为"+",前进方向为"-",同一水平面内过原点与 X 轴垂直的轴线定为 Y 轴,以汽车右侧方向为"+",左侧为"-",根据右手定则取过原点的竖直方向的直线为 Z 轴,向上为"+",向下为"-"。

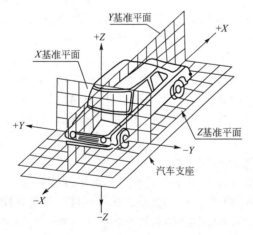

图 5.8 车辆坐标系

确定车辆坐标系后,还需进一步明确利用 ADAMS/Car 模块建立一个典型整车动力学仿真模型的基本步骤:

(1) 物理模型的简化。例如,整车各子系统的分解及运动学、动力学抽象,根据子系统中各个零件之间的相对运动关系,构建各子系统的结构拓扑图(topological structure),对零件进行整合,把没有相对运动关系的零件定义为一个一般部件(general part),也可在建立约束时将这样的零部件锁定为一体。确定重新组合后各零件之间的连接关系和连接点的位置。

(2) 计算或测量重新组合后零件的动力学参数。例如，零件的质量、质心位置以及绕质心坐标系三个坐标轴的转动惯量。

(3) 确定零件的运动学参数。例如，各零件间连接处的关键几何硬点（hardpoint）的空间位置，在硬点的基础上建立起零件的几何模型（geometry），按照零件间的运动关系确定约束类型，通过约束将各零件连接起来，从而在 Template Builder 下建立起各子系统的 Template 文件。

(4) 确定减振器的阻尼特性和弹簧的刚度特性。

(5) 定义主销轴线，输入车轮的前束角和外倾角。

(6) 建立各子系统之间或子系统与试验台之间进行数据交换的输入和输出通信器（communicator），此时只需知道子系统的拓扑结构而无需知道子系统的详细参数。

(7) 在 Standard 下建立各子系统相应于 Template 的 Subsystem 文件，并代入子系统的参数特征。

(8) 在 Standard 下建立整车的 Assembly 文件，组装各子系统模型组成整车系统模型。

(9) 针对整车研究的不同方面，填写不同工况的仿真文件进行整车操纵稳定性仿真。

(10) 仿真计算结果的加工和后处理。

由于汽车是一个极其复杂的机械系统，如果按照车辆的实际构造进行建模，其工作量是非常大的，所以在 ADAMS/Car 中建立汽车的虚拟样机模型需要将汽车系统作一定程度的简化，使之以数学模型的形式表现出来。对模型进行适当的简化，也有利于提高计算速度和抓住问题的本质。在建立整车模型时需进行以下简化：

(1) 在整车系统中，除了轮胎、阻尼元件、弹性元件、橡胶元件以外，其余元件全部看作刚体，在仿真过程中不考虑其变形；

(2) 各运动副的摩擦力忽略不计；

(3) 建立参数化模型，以便动态地进行参数修改；

(4) 为了分析问题的方便，将车身系统简化为一个质点，用一个有质量的刚性球来代替，对于汽车的平顺性仿真这样的简化对仿真结果影响较小；

(5) 由于减振器的结构比较复杂，所以利用 ADAMS 软件提供的 Spring - Damper 力元素来模拟减振器及弹簧的作用；

(6) 在进行汽车平顺性仿真分析时，不计发动机和传动系自身的振动对汽车平顺性的影响。

2. 麦弗逊式前独立悬架的建立

悬架是决定车辆操纵稳定性和乘坐舒适性的重要系统，它对减少来自路面的冲击和振动起着非常重要的作用。在麦弗逊式悬架系统中，减振器可以有效避免螺旋弹簧受力时产生的向前、后、左、右方向的偏移，从而限制螺旋弹簧只能作上下方向的振动。而且这种形式的悬架还可以用减振器的行程长短及松紧来设定悬架的软硬及性能。麦弗逊式悬架能够增大前轮内侧空间，具有较为合理的运动特性，所以，这种形式的悬架能够很好地满足整车性能的要求。此外，麦弗逊式悬架还具有结构简单、布置紧凑、性能优越等特点。因此麦弗逊式悬架在前置前驱的轿车和轻型汽车上有着广泛的应用。在进行悬架系统设计时，导向机构在车轮上下跳动过程中应不使车轮的定位参数变化过大，而且车轮与导向机构应运动协调。汽车悬架设计的好坏不仅直接影响到汽车的操纵稳定性、制动安全性、乘坐舒适性和动力性等汽车动力学性能的优劣，而且对轮胎的磨损和使用寿命也有一定的影响。因此悬架设计一直是汽车设计人员非常关注的问题。

随着人们对汽车行驶平顺性、操纵稳定性以及乘坐舒适性等整车性能要求的不断提高，各汽车企业以及科研机构从未间断过对汽车悬架系统这一关键性影响因素的研究。目前，国内外关于汽车悬架系统的研究主要集中在以下几个方面：

(1) 悬架系统的设计理论及方法；

(2) 悬架系统的优化设计；

(3) 悬架系统参数对车辆操纵稳定性的影响；

(4) 悬架系统参数对车辆行驶平顺性的影响；

(5) 悬架系统对转向系及制动系的影响。

麦弗逊式悬架属于独立悬架，一般用于轿车的前桥。简单地说，麦弗逊式悬架的主要结构是由螺旋弹簧、减振器及下控制臂组成。虽然麦弗逊式悬架在汽车行驶平顺性方面的表现令人满意，而且其体积较小，可以有效扩大车内的乘坐空间，但由于其构造为直筒式，对左右方向的冲击缺乏阻挡力，所以，这种悬架的抗制动"点头"作用比较差。

基于 ADAMS 的虚拟样机技术，可把悬架视为由多个相互连接的彼此能够相互运动的多体运动系统，其运动学仿真比以往使用的几个自由度的质量——阻尼刚体数学模型能够更加真实地反映悬架的运动特性，也比图解法更加直接方便。我们将利用 ADAMS 软件建立悬架系统的虚拟样机模型，并对悬架的运动学特性进行仿真分析和结构优化，在此基础上，建立整车虚拟样机动力学仿真分析模型。

悬架模板的建模步骤如下：

(1) 创建硬点(hardpoint)和结构框(construction frame)。硬点和结构框是模型的基本单元。创建硬点时，只需要输入相应的位置坐标，而创建结构框时，除了输入相应的位置坐标外，还需输入相应的方位坐标。

(2) 创建部件。利用已经创建好的硬点和结构框建立部件(part)，在创建部件之后，可以给新的部件添加几何外形(geometry)。

(3) 创建部件之间的连接。在部件之间添加约束、阻尼和力元素(如力和力矩)等。

(4) 创建悬架特性参数(suspension parameters)。即定义主销轴线、输入车轮前束角与车轮外倾角。ADAMS/Car 中有两种计算主销轴线的方法，分别是几何方法和瞬时轴线法。当转向主销的上、下端点可以确定时，选用几何方法比较简单。

(5) 建立悬架模板与其他模板或试验台之间进行数据交换的输入、输出通信器(communicator)，以便各个子系统之间进行正确的连接。通信器是用来进行传递数据信息的，这些信息包括拓扑结构、位置、方向和连接、数组和参数。

零部件既可以做成刚体，也可做成柔性体。各零部件之间可以通过约束副进行连接，也可以通过橡胶衬套、弹簧和阻尼来连接。二者的区别在于约束副是刚性连接的，不允许有过约束现象，是在运动学分析时采用的一种方式；橡胶衬套属于柔性连接，允许部件之间有过约束，这种方式在弹性运动学分析时采用。不考虑弹性橡胶衬套时为运动学分析模型，考虑弹性橡胶衬套时为弹性运动学分析模型。

模板建立以后，接下来是由模板生成子系统。在子系统中用户只能对以前创建的零部件进行部分数据的修改，如调整硬点位置、部件质量和转动惯量、弹簧和阻尼及轮胎的属性等。

建立仿真分析模型的最后一步是建立装配组合。在这一阶段，用户可根据实际需要，将不同的子系统组装在一起形成完整的装配组合模型。在ADAMS/Car模块中建立的麦弗逊式前独立悬架如图5.9所示，其空间拓扑结构如图5.10所示。

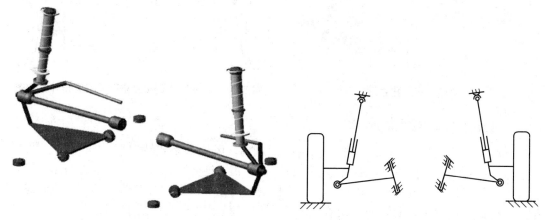

图5.9　麦弗逊式前独立悬架模型　　　　图5.10　麦弗逊式前独立悬架的空间拓扑结构图

由图5.9和图5.10可知，麦弗逊式前悬架子系统主要由减振器、螺旋弹簧、横摆臂、转向节总成、驱动半轴、转向横拉杆、副车架等组成。横摆臂的内端通过转动副与副车架相连，横摆臂的外端与转向节通过球铰链连接；减振器的下端与转向节总成（包括减振器筒体）通过圆柱副连接，减振器上端与车身通过虎克铰连接；转向横拉杆外端通过球铰链与转向节相连。

3. 双横臂式后独立悬架的建立

双横臂式后独立悬架按其上下横臂的长短是否相等，可以分为等长双横臂式悬架和不等长双横臂式悬架两种。等长双横臂式悬架在车轮上下跳动时，可保持主销倾角不变，但轮距的变化较大，这会造成轮胎磨损严重，故在现代汽车设计中已很少采用这种形式的悬架。与等长双横臂式悬架相比，不等长双横臂式悬架有许多优点，例如，在车轮上下跳动过程中，只要恰当地选择上下横臂的长度，并对其进行合理的布置，即可使轮距及车轮定位参数的变化量限定在允许的范围内，从而使悬架系统具有良好的运动特性，同时，还可使汽车形成恰当的侧倾中心和纵倾中心。这种不大的轮距变化，不应引起车轮与路面之间的侧滑，而应由轮胎的弹性变形来补偿。因此，不等长双横臂式后独立悬架不仅能保证汽车有良好的行驶稳定性，而且其结构设计比较灵活。鉴于以上优点，不等长双横臂式悬架现在已经被广泛应用在轿车的前悬架上，部分运动型轿车及赛车的后悬架也多采用这种悬架结构。在ADAMS中建立的双横臂式后独立悬架模型如图5.11所示，其空间拓扑结构如图5.12所示。

由图5.11和图5.12可知，双横臂式后独立悬架子系统由上摆臂、下摆臂、转向节、弹簧、减振器、副车架等部分组成。双横臂独立悬架各构件之间的约束主要包括转动副和球铰链两种。其中，上、下摆臂的内端通过转动副与副车架相连，其外端通过球铰链与转向节相连；减振器的上端通过虎克铰与副车架相连，其下端通过虎克铰与下摆臂相连；减振器上、下端之间通过圆柱副连接。

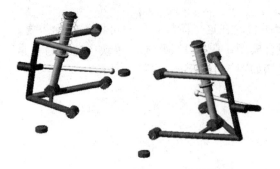

图 5.11 双横臂式后独立悬架模型　　　　图 5.12 双横臂式后独立悬架的空间拓扑结构图

4. 齿轮齿条式转向系的建立

转向系是驾驶员控制汽车行驶方向的执行机构。齿轮齿条式转向系结构简单、紧凑，质量轻，刚性大，转向灵敏，制造容易，成本低，正、逆效率都较高，而且省略了转向摇臂和转向直拉杆，使转向传动机构得到一定程度的简化，特别适合与烛式和麦弗逊式悬架配用，因此，这种形式的转向系统在轿车和微型、轻型货车上得到了广泛应用。在 ADAMS 中建立的齿轮齿条式转向子系统模型如图 5.13 所示。

由图 5.13 可知，齿轮齿条式转向子系统由转向盘、转向柱管、转向传动轴、转向齿轮、转向齿轮轴、转向齿条、转向器壳体等组成。转向盘与副车架之间通过转动副连接，转向柱管和转向传动轴之间以及转向传动轴与转向齿轮轴之间均通过虎克铰连接，转向柱管与副车架之间通过圆柱副连接，转向齿轮、转向齿轮轴与转向器壳体之间均通过转动副连接，转向齿条和转向器壳体之间通过移动副连接。

5. 动力总成子系统的建立

ADAMS/Car 模块自带的动力总成模板面向发动机后置后驱的汽车，但我们要建立的整车模型是前置前驱的，所以需要在已有模板的基础上将模板的副特征（minor role）由"rear"改为"front"。在 ADAMS 中建立的动力总成子系统如图 5.14 所示，该子系统主要包含发动机、变速器和传动系等系统。

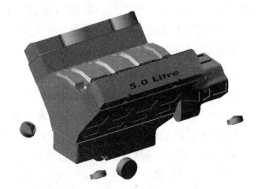

图 5.13 齿轮齿条式转向子系统模型　　　　图 5.14 动力总成子系统模型

6. 制动系子系统的建立

在 ADAMS/Car 模块中，四轮盘式制动系是一个简化的制动系模型。制动钳通过安装型输入通信器与悬架子系统的转向节连接，制动盘通过输入通信器安装在车轮上，制动盘与制动钳之间以一个单作用力矩制动器来定义制动力，制动器的旋转中心轴方向由参变量型通信器传递的车轮外倾角、前束角来定义。在 ADAMS 中建立的四轮盘式制动系子系统如图 5.15 所示。

7. 前后轮胎子系统的建立

图 5.15　四轮盘式制动系子系统模型

轮胎对汽车的操纵稳定性有着至关重要的影响，因为组成轮胎的材料具有非线性、可压缩性、各向异性和黏弹性，使轮胎在使用过程中具有许多特殊性质，其中前、后轮胎的侧偏特性（例如，侧偏刚度、侧偏力以及回正力矩与侧偏角之间的特殊关系）是影响汽车操纵稳定性的重要因素。前后轮胎侧偏刚度的匹配，直接影响到汽车的稳态转向特性。因此，建立合适的轮胎模型是十分必要的。ADAMS 提供了五种轮胎模型：Fiala 轮胎模型、Smithers 轮胎模型、UA 轮胎模型、Delft 轮胎模型和 User Defined（用户自定义）轮胎模型。其中，Fiala 轮胎模型、UA 轮胎模型和 User Defined 轮胎模型为解析模型，Delft 轮胎模型、Smithers 轮胎模型为试验模型。

Fiala 模型是 Fiala 在 1954 年由简化的轮胎理论模型推导出的无量纲解析式模型。该模型比较简单，但其回正力矩误差较大，在不把内倾角作为主要因素并且把纵向滑移和横向滑移分开对待的情况下，对于简单的操纵性分析可以得到合理的结果。Smithers 模型使用来自 Smithers Scientific Services 的数据计算侧向力和回正力矩，使用 Fiala 模型计算其余的力和力矩，该模型计算精度较高，但是必须在使用 Smithers 公司提供的轮胎试验数据的前提下才能使用。UA 模型是由 Arizona 大学的 Nikravesh 和 Gim 等人于 1988 年研究开发的一种更为精确的轮胎模型。它使用摩擦圆概念计算由侧偏角、滑移率、外倾角及垂直方向变形等综合影响下的力和力矩。其特点是各方向的力和力矩由耦合的侧偏角、滑移率、外倾角及垂直方向变形等参数显式表达，该模型考虑了纵向和侧向滑动的情况。Delft 模型又称 Magic Formula 模型，这是世界上著名的轮胎模型，它利用 Tiemorbit 标准规范来建立，其函数表达式和数据格式与其他的轮胎模型不同，该模型中所有的函数、公式都只用正弦和余弦两个三角函数来表达。该轮胎模型用一套形式相同的公式来完整地表达轮胎的纵向力、侧向力、回正力矩、翻转力矩、阻力矩以及纵向力、侧向力的联合作用工况。此外，由于 Delft 模型是基于试验数据建立的，所以，该模型在试验范围内具有很高的精度，而且在极限值以外的一定范围内仍可使用。由此可见，Delft 模型可以对有限工况进行外推，并且具有较好的置信度。ADAMS 软件中的 Delft 模型数据文件由 11 块组成，每一块都是独立的数据单元，分别模拟轮胎的不同工况。其中，Delft 模型中的 PAC89 模型假定轮胎在垂向和侧向上是线性的，而且轮胎的阻尼为常量。在侧向加速度不大于 $0.4g$、侧倾角不大于 $5°$ 的情况下，这种假定对于常规轮胎具有很高的拟合精度。用户自定义模型需要用户自行编写子程序，其中，各方向上的力和力矩的计算需要根据试验数据进行插值计算，其模型精度取决于试验精度和建模的合理性。五种轮胎模型的轮胎特性文件所需的输入参数和每种轮胎的应用范围见表 5-1。

表 5-1　各轮胎模型的参数要求和应用范围

轮胎类型	所需参数	应用
Fiala	基本轮胎特性	操纵性分析、纯滑移
UA	基本轮胎特性	操纵性分析、复合滑移
Smithers	由轮胎试验获得的参数	操纵性分析、纯滑移
Delft	由轮胎试验获得的参数	操纵性分析、复合滑移
用户自定义	用户设定	用户设定

综合考虑各种轮胎模型的优缺点，在此，我们采用 Delft 模型中的 PAC89 轮胎模型。在 ADAMS/Car 中建立轮胎模型的基本步骤如下：

(1) 定义轮胎的质量和转动惯量；
(2) 定义轮胎的属性文件；
(3) 定义轮胎的安装位置和方向。

由此可见，在 ADAMS 中建立轮胎模型时，需要提供相应轮胎属性文件。一般来说，轮胎属性文件包括的主要轮胎特性参数有以下几种：轮胎自由半径、滚动半径、扁平率、轮胎的充气压力、轮胎径向刚度、纵向滑移刚度、侧偏刚度、外倾刚度、径向相对阻尼系数、滚动阻力系数、静摩擦因数、动摩擦因数以及任一时刻轮胎相对于路面的运动而产生的轮胎变形和侧偏角等运动信息。PAC89 轮胎模型的主要轮胎特性参数见表 5-2。对于不同的轮胎模型，ADAMS/Tire 模块根据运动信息和轮胎特性参数，采用相应的计算公式计算出各时刻轮胎接地点处的六个作用力。对于应用于车辆操纵稳定性研究的轮胎模型，要求在解算的过程中能够精确地计算出轮胎的垂向力、纵向力、侧向力以及回正力矩，能够比较准确地反映车辆的实际行驶情况。

表 5-2　前后轮胎参数表

参数名称	轮胎参数值(前/后)
unloaded_radius(轮胎自由半径)/mm	326.0/340.6
width(轮胎名义断面宽度)/mm	245.0/255.0
aspect_ratio(轮胎名义高宽比)	0.35/0.35
vertical_stiffness(径向刚度)/(N/mm)	310.0/310.0
vertical_damping(径向阻尼系数)	3.1/3.1
lateral_stiffness(胎体侧向刚度)/(N/mm)	190.0/190.0
rolling_resistance(滚动阻尼系数)	0.0/0.0

图 5.16　前后轮胎子系统模型

在 ADAMS 中建立的前后轮胎子系统模型如图 5.16 所示。

8. 车身子系统的建立

由于在整个仿真过程中，不考虑空气动力学因素的影响，即忽略空气对车辆表面的作用，所以，对汽车的外形不作严格要求，只需把车身作为一个简单的球体来近似处理即可。虽然这样处理得到的模型结构较为简单，但是由于车身起到连接前后悬架以及转向系的作用,因此在建模过程中应特别注意车身子系统与其他子系统之间的正确连接关系。这样才能保证整车模型仿真过程的顺利进行。虽然在不考虑空气动力学的前提下车身外形对仿真结果没有影响,但是为了不影响视觉效果,我们可以在简化的球体上进一步建立起车身的外形。为了提高建模效率,我们直接采用ADAMS/Car中提供的车身子系统模型,如图5.17所示。

9. 整车模型的建立

在标准界面中将前面所建立的各子系统模型与整车测试平台(mai_sdi_testrig)组装在一起,得到整车虚拟样机模型,如图5.18所示。值得注意的是,装配过程中,各子系统都应在整车的绝对坐标系下完成装配。对于车辆仿真过程中所需的驾驶员模块,可以通过编写相应的驾驶员控制文件进行处理。

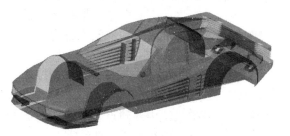

图5.17 车身子系统模型

图5.18 整车虚拟样机模型

至此,整车模型建立完毕,整个建模过程可用图5.19所示的框图来说明。在整车模型中某些参数对后续的仿真试验至关重要,其中一些重要参数见表5-3。

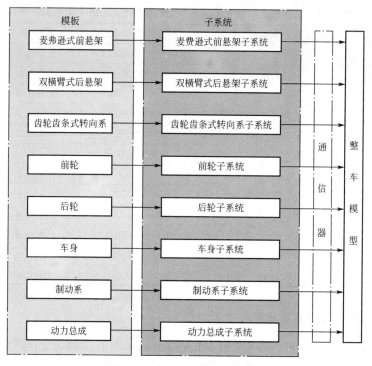

图5.19 整车建模过程框图

表 5-3 整车模型主要特性参数表

参数	取值	参数	取值
整车质量	1603.28kg	轴距	2557mm
前轮距	1600mm	后轮距	1594mm
主销后倾角	3.3949°	主销内倾角	10.561°
前轮外倾角	−0.3°	前轮前束	0.1°

5.3 汽车前悬架模型的仿真与优化

悬架系统是汽车的重要组成部分，其性能的好坏直接影响到整车操纵稳定性和平顺性的优劣，所以，在对整车模型进行操纵稳定性和平顺性仿真之前有必要对悬架系统的性能进行仿真分析，根据仿真结果以及设计要求对悬架进行优化，从而得到性能比较优越的悬架系统，为下一步的仿真工作做好充分准备。

上一节中建立的麦弗逊式前独立悬架的硬点坐标见表 5-4。影响悬架系统性能好坏的关键因素之一就是悬架系统中各硬点坐标之间的匹配情况。如果各硬点坐标之间搭配合理，那么，悬架系统的性能一般会比较出众，但是如果悬架系统中各硬点坐标之间搭配不够合理，彼此之间不够协调，那么，悬架系统的性能往往是不能令人满意的。对悬架系统进行仿真分析并对其结构进行优化的主要目的就在于找出对悬架性能影响比较大的硬点，通过对这些硬点重新进行合理的布置，最终得到能使悬架系统性能最优的硬点坐标，优化后的模型即可代替原来的悬架系统模型，用于后续的仿真分析工作中。

表 5-4 麦弗逊式前独立悬架系统硬点坐标（以左侧 1/2 悬架为例）

悬架系统各硬点名称	X 坐标	Y 坐标	Z 坐标
下控制臂前点(hpl_lca_front)	−165.0	−380.0	197.2
下控制臂外点(hpl_lca_outer)	−30.0	−735.0	217.2
下控制臂后点(hpl_lca_rear)	135.0	−390.0	212.2
驱动半轴内点(hpl_drive_shaft_inr)	−20.0	−200.0	357.2
弹簧下安装点(hpl_spring_lwr_seat)	−20.0	−670.0	507.2
减振器下安装点(hpl_strut_lwr_mount)	−20.0	−670.0	457.2
减振器上安装点(hpl_top_mount)	5.0	−625.0	807.2
转向横拉杆内点(hpl_tierod_inner)	175.0	−340.0	377.2
转向横拉杆外点(hpl_tierod_outer)	135.0	−660.0	419.8
车轮中心点(hpl_wheel_center)	−20.0	−800.0	350.0
副车架前点(hpl_subframe_front)	−400.0	−450.0	200.0
副车架后点(hpl_subframe_rear)	400.0	−450.0	200.0

5.3.1 评价悬架性能的基本指标

为了保证汽车直线行驶，汽车的转向轮通常设计成具有自动回正作用的转向轮。这种自动回正作用是由转向轮的定位参数来保证的，也就是说汽车的转向轮、主销与车桥之间的安装应满足一定的相对位置关系。这些转向轮的定位参数主要有车轮前束角、车轮外倾角、主销后倾角和主销内倾角。此外，合理的车轮定位值是避免轮胎过度磨损的重要保证。

(1) 车轮前束角(toe angle)。汽车的前束角是指汽车纵向中心平面与车轮中心平面和地面的交线之间的夹角。如果车轮的前部靠近汽车纵向中心平面，则前束角为正值；如果车轮的前部远离汽车纵向中心平面，则前束角为负值。实际上多用前束值来描述车轮的定位参数。车轮的前束值一般是指在空载状态时车轮停在直线行驶位置上，在车轮中心高度上所测得的左右车轮轮辋后边缘间距与前边缘间距的差值，这是指车轮在静止状态下的前束。前束的作用主要是弥补外倾角所带来的不利影响，以便减少轮胎的磨损。此外，前束角的存在也可补偿或者防止车轮后束，因为车轮后束会导致车辆行驶的不稳定性。如果汽车带有一定的后束，行驶时由于路面不规则或者侧向力的存在，某一车轮可能瞬时处于前进方向，而另一车轮处于后束状态，此时，汽车处于转向状态，同时，由于处于前进方向的车轮，其行驶阻力减小，而处于后束状态的车轮将产生附加行驶阻力，促使汽车加剧转向而破坏稳定行驶状态。相反，对于带有一定前束的汽车来说，当某一车轮由于路面情况或侧向力作用而瞬时处于直线行驶状态时，另一侧车轮将会增加前束角，此时，汽车处于转向状态，但由于轮胎将增加前束而产生的附加阻力促使车轮回正，从而保持车辆直线行驶的稳定性。因此，对于车辆的直线行驶稳定性来说，前束的作用是必要的。此外，前束的正负与汽车的驱动形式有关，在后轮驱动的汽车中，一般取一定的正前束，以抵消在纵向力作用下的负前束变化；而在前轮驱动的汽车中，取一定的负前束，可以使汽车在行驶过程中保持车轮处于直线运动状态，这样可以减少轮胎磨损和滚动阻力。但是，考虑到前轮驱动的汽车在制动等非驱动工况下，负前束会导致行驶稳定性的恶化，所以一般也取一定的正前束。

经验表明，前束角对操舵力也有明显的影响：一方面是因为过大的前束会使轮胎拖距有所下降，因而使回正力矩减小；另一方面是因为前束产生的侧向力与轮胎半径的乘积所产生的力矩将抵消垂直载荷引起的主销摩擦面的侧向压力，从而使主销的摩擦力矩显著降低。在汽车行驶过程中保持前束角不变，这将有利于减少轮胎磨损和滚动阻力，防止行驶稳定性恶化。有时为了满足一定的操纵稳定性的要求，需要前束角具有一定的变化特性。例如，前束角较为理想的设计特性如下：前轮上跳时前束角的变化应为零至负前束($-0.5°/50mm$)，即弱负前束；后轮上跳时前束角的变化应为正前束($0.3°/50mm$)，即弱正前束。最近前束角的发展趋势多取为零。

(2) 车轮外倾角(camber angle)。车轮的外倾角是指通过车轮中心的汽车横向平面和车轮平面的交线与地面垂线之间的夹角。负的外倾角是指车轮上端向内倾，正的外倾角是指车轮上端向外倾。空车时如果车轮的安装正好垂直于路面，则满载时车桥将因承载变形而可能出现车轮内倾，这样将加速汽车轮胎的偏磨损。另外，路面对车轮的垂直反作用力沿轮毂的轴向分力将使轮毂压向轮毂外端的小轴承，加重了外端小轴承及轮毂紧固螺母的负荷，降低了使用寿命。因此，为了使轮胎磨损均匀和减轻轮毂外轴承的负荷，在安装车轮时，应预先使车轮有一定的外倾角，这样可以使轮胎接地点内缩，减少偏距，防止磨损，从而提高制动的方向稳定性和转向的轻便性。但外倾角也不宜过大，因为过大的外倾角会使轮胎产生偏磨损。

(3) 主销内倾角(kingpin inclination angle)。主销内倾角是指在汽车的横向垂直平面内，主销轴线与地面垂直线之间的夹角。主销内倾可使前轮依靠汽车本身的重力进行回正，从而使车辆保持在稳定的直线行驶状态。此外，主销内倾角的存在还可控制轮胎中心线与主销中心的交点位置，使汽车的操纵性更加轻便，这样可以减少轮胎的磨损。

与主销内倾角相关的主销偏移距是指主销轴线的延长线与地平面的交点和车轮中心平面与支承面的交线之间的距离。当主销轴线的延长线与地平面的交点在轮胎接地点的内侧时主销偏移距为正，反之为负。

主销后倾角与前轮偏距所造成的回正力矩是与侧偏力成正比的，而在一定的前轮转角下，侧偏力与车速的平方成正比。车速越高，回正力矩越大；而当车速很低时，侧偏力很小，主销后倾角与前轮偏距就几乎不产生回正作用了。因此，为了保证低速行驶条件下的回正作用就需要设置一定的主销内倾角。主销内倾角的增大使内倾回正力矩成比例增大，同时也使主销的摩擦力矩与滚动力矩增大，这些因素都造成操舵力的增大。回正力矩的增大是提高回正性的重要因素，但是由于主销摩擦力矩与滚动阻力矩的增大作用大大超过了回正力矩增大的作用，因而这种情况下，汽车的回正性不但没有得到改善，反而使回正性明显恶化。所以，一般情况下是将主销偏移距设计得比较小或使其成为负值。为了达到这个目的，必须有较大的主销内倾角。此外，当车轮上下跳动时，外倾角和主销内倾角之间也有直接关系。上跳的车轮将产生负的外倾角变化趋势，这就意味着外倾角有所减小，而为了保证相同的总角度，主销内倾角就要增大。

转向回正力矩的大小取决于汽车主销偏移距的大小。主销偏移距愈大，回正力矩也愈大，但前桥的纵向力敏感性也愈大。因此，应该采用具有较小正值甚至负值的主销偏移距。这就意味着采用较大的主销内倾角原值，并且在车轮上下跳动的过程中，其变化量不要太大。

(4) 主销后倾角(caster angle)。主销后倾角是指主销轴线和地面垂直线在汽车纵向平面内的夹角。主销后倾的作用是当汽车直线行驶偶然受外力作用而稍有偏转时，主销后倾将产生与车轮转向反方向的力矩使车轮自动回正，可保证汽车直线行驶的稳定性。

总之，为确保悬架系统乃至整车模型具有较好的运动特性，在确定车轮定位参数时应特别注意以下几点：

(1) 前束的变化特性应有助于提高不足转向性能，提高操纵稳定性的有效途径之一是获得合理的前束特性。

(2) 外倾角的变化应考虑在轮距变化不大时轮胎特性与前束变化相适应。车身侧倾时，外倾角是影响操纵稳定性的重要因素。

(3) 主销后倾角应随车轮的上跳而增加，从而减少制动时后倾角的变化，从而达到提高制动稳定性的目的。

(4) 选择较大的主销后倾角与内倾角都是提高汽车回正性的途径。但内倾角的回正作用只在很低的车速下才能显示出来，选择较大的主销内倾角更主要的意义在于改善汽车的制动稳定性。

5.3.2 前悬架模型的仿真结果分析

双轮同向激振(parallel wheel travel)试验是进行悬架运动特性分析的基本试验。对悬架的运动特性分析一般都要进行该项分析。双轮同向激振试验实际上是对车轮遇到障碍物时悬架的运动、路面不平引起的颠簸运动、汽车加减速时车身纵倾引起的悬架运动和车身侧倾时引起的悬架运动等多种运动的综合分析。该试验可以较为全面地反映悬架的运动特性，是分析悬架运动合理性的重要依据。

在 ADAMS/Car 模块中，给悬架系统施加一个双轮同向激振，使两侧车轮同向跳动，其跳动范围为-50～50mm，仿真步数为30。仿真结果如图 5.20～图 5.24 所示。

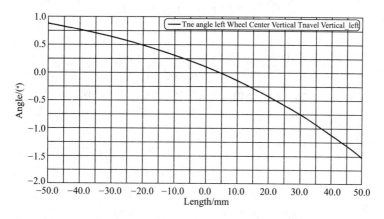

图 5.20　前束角随车轮跳动的变化曲线

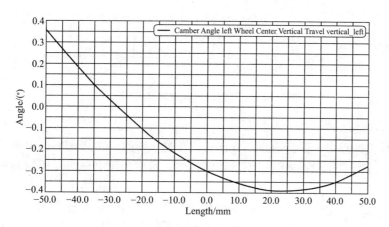

图 5.21　外倾角随车轮跳动的变化曲线

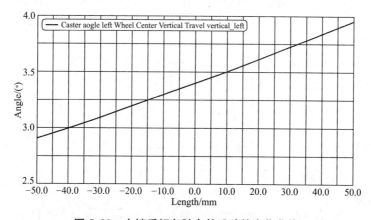

图 5.22　主销后倾角随车轮跳动的变化曲线

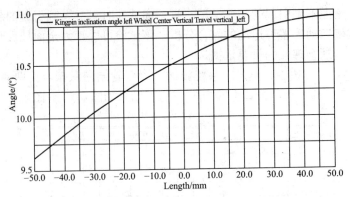

图 5.23 主销内倾角随车轮跳动的变化曲线

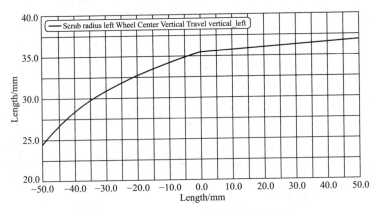

图 5.24 主销偏距随车轮跳动的变化曲线

1) 车轮前束角

在汽车行驶过程中，保持前束不变比在汽车静止时有一个正确的前束更为重要。为了确保良好的直行稳定性和转向时的不足转向特性，希望前轮上跳时呈弱负前束变化。在平衡位置时的车轮前束角为 0.1°，由图 5.20 可知，在车轮从初始位置向上跳动时前束角是呈现较弱的负前束变化的，这样可以使汽车具有较好的直行稳定性并能保证转向时的不足转向特性。但是在车轮向下跳动的过程中，呈现了较大的车轮正前束变化。由于较大的正前束容易引起车辆偏摆和侧倾频率响应特征的共振，这对汽车的直线行驶稳定性和转向时的操纵性都是不利的，而且大的前束变化对轮胎的磨损也是有害的。图 5.20 表明，前束角在车轮跳动过程中的变化范围为 $-1.5231°\sim0.8796°$，其变化量为 $2.4027°$。前束角的变化量过大，会使转向横拉杆的受力增大，从而加剧转向杆球头的磨损，不利于提高产品的可靠性。理论分析认为，为使车轮的前束角和外倾角相互补偿，两者之间应满足如下关系：

$$\beta=\frac{\partial F_r}{\partial \alpha}\bigg/\frac{\partial F_r}{\partial \beta}\cdot \beta_T \tag{5-1}$$

式中，β 为车轮外倾角；β_T 为车轮前束角；$\dfrac{\partial F_r}{\partial \alpha}$ 为轮胎的侧偏刚度；$\dfrac{\partial F_r}{\partial \beta}$ 为轮胎的外倾刚度。式(5-1)中，各参数与轮胎的结构尺寸、气压和负荷等有关。

2) 车轮外倾角

车轮外倾角是影响汽车操纵稳定性的重要参数，车轮上跳及车轮回落时的外倾变化对车辆直线行驶稳定性、稳态转向特性和轮胎的磨损等都有较大的影响。为了使汽车具有较好的操纵稳定性，一般来说，希望在车轮上跳的过程中，前轮外倾角向减小的方向变化（$-2°\sim0.5°/50mm$ 较为适宜），而在车轮向下跳动的过程中，车轮外倾角应该朝正值方向变化。车轮外倾角的设计值为 $-0.3°$，由图 5.21 可知，外倾角在车轮跳动过程中的变化范围为 $-0.3898°\sim0.3578°$，其变化量为 $0.7476°$。

3) 主销后倾角

后倾角越大、车速越高，稳定力矩越大，转向时需克服的阻力也越大，使转向沉重。此外，转向时主销后倾会使汽车内侧有升高的趋势，高速时容易造成翻车，而且过大的主销后倾角会造成外侧转向轮的外倾角向负方向变化，最终破坏汽车的行驶稳定性，所以主销后倾角不宜过大。主销后倾角的设计值为 $3.3949°$，由图 5.22 可知，主销后倾角在车轮跳动过程中的变化范围为 $2.908°\sim3.9556°$，其变化量为 $1.0476°$。一般不希望主销后倾角在车轮上下跳动的过程中出现较大的变化，这样可以避免在载荷发生变化时出现回正力矩过大或过小的现象，从而保证汽车有较好的操纵稳定性。此外，还应要求主销后倾角具有随车轮上跳而逐渐增加的趋势，这是因为现代轿车为了提高舒适性，往往把悬架刚度设计得很低，当汽车紧急制动时，车身的"点头"现象将会变得十分严重，为了克服"点头"现象对整车舒适性及制动稳定性的影响，必须要求车轮上跳时后倾角增大。否则，在出现制动"点头"现象时，由于后倾角减小甚至出现负后倾，会使汽车的回正性减弱，从而出现制动跑偏或转舵等不稳定现象。

4) 主销内倾角

主销内倾角主要对车轮的回正作用产生影响。主销内倾角的设计值为 $10.561°$，由图 5.23 可知，主销内倾角在车轮跳动过程中的变化范围为 $9.6209°\sim10.9519°$，其变化量为 $1.331°$。

5) 主销偏距

主销偏距的设计值为 $35.3881mm$，由图 5.24 可知，主销偏距在车轮跳动过程中的变化范围为 $24.4598\sim36.8849mm$，其变化量为 $12.4251mm$。

5.3.3 前悬架模型的优化设计

由于最初建立的麦弗逊式前独立悬架的性能不能满足我们的设计要求，尤其是车轮定位参数在车轮上下跳动的过程中，其变化量或变动范围超出了允许范围，所以很有必要在 ADAMS/Insight 模块中对麦弗逊式前独立悬架进行优化。我们选取车轮前束角、车轮外倾角、主销内倾角、主销后倾角和主销偏距五个因素作为优化目标，优化过程中使上述五个因素的最大值的绝对值最小。由于麦弗逊式前悬架下控制臂的前点、后点、外点以及转向横拉杆内点、外点对上述五个因素的影响较大，所以选取以上五个硬点的 15 个坐标值（每个硬点具有 X、Y、Z 三个方向的坐标值）作为设计因素。设定每个硬点相对于原坐标值的变化范围是 $-10\sim10mm$，ADAMS/Insight 将进行 2^{15} 次迭代运算，其计算量是极其庞大的。我们只进行 64 次部分迭代（fractional factorial）。

迭代运算完成后，可以将优化结果以交互式网页的形式存储起来，如图 5.25 所示。通过网页浏览器（web browser）可以直观地观察迭代后的结果，并且可以将各硬点的坐标值对优化目标的影响程度以直方图的形式显示出来，如图 5.26～图 5.30 所示。通过交互式网页浏览器，还可以方便地调整硬点的坐标值，经刷新后即可得到优化目标的相应变动。由于修改各硬点的坐标值后，上述五项优化目标可能出现完全相反的变化趋势，例如，修改悬架下控制臂外点的 Y 坐标值后，主销偏距（scrub_radius）与初始值相比变小了，但主销内倾角（kingpin_inclination_angle）却比初始值变大了，此时虽然主销偏距满足设计要求，但主销内倾角却背离了设计原则。当出现这种情况时，需要综合考虑各优化目标的重要性，使悬架系统的综合性能达到最优。优化后各硬点的坐标值见表 5-5。

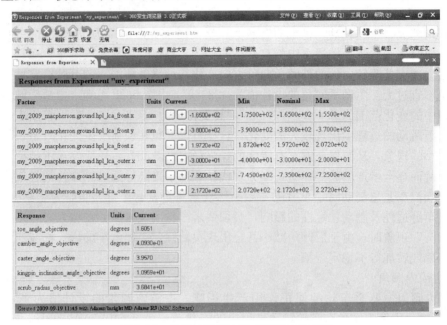

图 5.25　优化结果在交互式网页中的显示

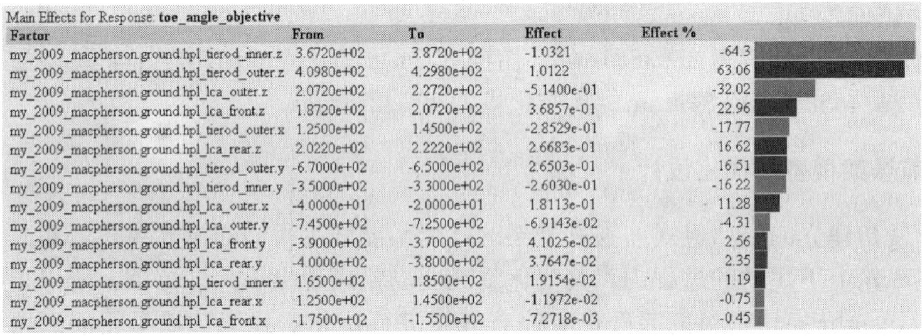

图 5.26　各设计硬点坐标值对车轮前束角的影响度

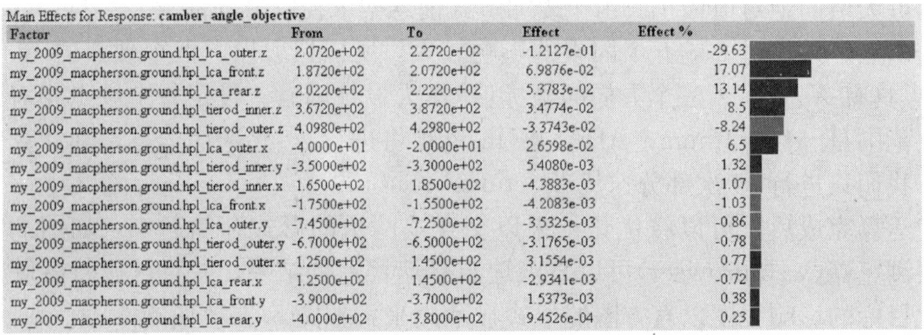

图 5.27　各设计硬点坐标值对车轮外倾角的影响度

Main Effects for Response: caster_angle_objective				
Factor	From	To	Effect	Effect %
my_2009_macpherson.ground.hpl_lca_outer.x	-4.0000e+01	-2.0000e+01	-2.1186	-53.54
my_2009_macpherson.ground.hpl_lca_rear.z	2.0220e+02	2.2220e+02	3.5891e-01	9.07
my_2009_macpherson.ground.hpl_lca_front.z	1.8720e+02	2.0720e+02	-3.5175e-01	-8.89
my_2009_macpherson.ground.hpl_lca_outer.z	2.0720e+02	2.2720e+02	1.3898e-01	3.51
my_2009_macpherson.ground.hpl_lca_rear.y	-4.0000e+02	-3.8000e+02	4.0079e-02	1.01
my_2009_macpherson.ground.hpl_lca_front.y	-3.9000e+02	-3.7000e+02	-3.9209e-02	-0.99
my_2009_macpherson.ground.hpl_lca_front.x	-1.7500e+02	-1.5500e+02	1.6638e-02	0.42
my_2009_macpherson.ground.hpl_lca_rear.x	1.2500e+02	1.4500e+02	-1.5971e-02	-0.4
my_2009_macpherson.ground.hpl_tierod_inner.z	3.6720e+02	3.8720e+02	-1.8863e-03	-0.05
my_2009_macpherson.ground.hpl_tierod_outer.z	4.0980e+02	4.2980e+02	1.7567e-03	0.04
my_2009_macpherson.ground.hpl_lca_outer.y	-7.4500e+02	-7.2500e+02	-1.5694e-03	-0.04
my_2009_macpherson.ground.hpl_tierod_inner.x	1.6500e+02	1.8500e+02	5.3744e-04	0.01
my_2009_macpherson.ground.hpl_tierod_outer.x	1.2500e+02	1.4500e+02	4.0663e-04	0.01
my_2009_macpherson.ground.hpl_tierod_inner.y	-3.5000e+02	-3.3000e+02	3.6700e-04	0.01
my_2009_macpherson.ground.hpl_tierod_outer.y	-6.7000e+02	-6.5000e+02	2.2423e-04	0.01

图 5.28　各设计硬点坐标值对主销后倾角的影响度

Main Effects for Response: kingpin_inclination_angle_objective				
Factor	From	To	Effect	Effect %
my_2009_macpherson.ground.hpl_lca_outer.y	-7.4500e+02	-7.2500e+02	-2.0591	-18.79
my_2009_macpherson.ground.hpl_lca_front.z	1.8720e+02	2.0720e+02	1.4962e-01	1.37
my_2009_macpherson.ground.hpl_lca_outer.z	2.0720e+02	2.2720e+02	1.2056e-01	1.1
my_2009_macpherson.ground.hpl_lca_rear.z	2.0220e+02	2.2220e+02	1.1863e-01	1.08
my_2009_macpherson.ground.hpl_lca_front.y	-3.9000e+02	-3.7000e+02	1.4894e-02	0.14
my_2009_macpherson.ground.hpl_lca_rear.y	-4.0000e+02	-3.8000e+02	1.2401e-02	0.11
my_2009_macpherson.ground.hpl_lca_outer.x	-4.0000e+01	-2.0000e+01	1.2000e-02	0.11
my_2009_macpherson.ground.hpl_tierod_inner.z	1.2500e+02	1.4500e+02	-8.1612e-03	-0.07
my_2009_macpherson.ground.hpl_lca_rear.x	1.2500e+02	1.4500e+02	-6.7369e-03	-0.06
my_2009_macpherson.ground.hpl_lca_front.x	-1.7500e+02	-1.5500e+02	-6.3216e-03	-0.06
my_2009_macpherson.ground.hpl_tierod_outer.z	4.0980e+02	4.2980e+02	5.5987e-03	0.05
my_2009_macpherson.ground.hpl_tierod_outer.y	-6.7000e+02	-6.5000e+02	1.2973e-03	0.01
my_2009_macpherson.ground.hpl_tierod_inner.x	1.6500e+02	1.8500e+02	-1.3392e-04	0
my_2009_macpherson.ground.hpl_tierod_inner.y	-3.5000e+02	-3.3000e+02	3.9892e-05	0
my_2009_macpherson.ground.hpl_tierod_inner.z	3.6720e+02	3.8720e+02	2.5975e-05	0

图 5.29　各设计硬点坐标值对主销内倾角的影响度

Main Effects for Response: scrub_radius_objective				
Factor	From	To	Effect	Effect %
my_2009_macpherson.ground.hpl_lca_outer.y	-7.4500e+02	-7.2500e+02	2.5735e+01	69.85
my_2009_macpherson.ground.hpl_lca_outer.z	2.0720e+02	2.2720e+02	-4.8941	-13.28
my_2009_macpherson.ground.hpl_lca_outer.x	-4.0000e+01	-2.0000e+01	1.0865e-01	0.29
my_2009_macpherson.ground.hpl_lca_rear.z	2.0220e+02	2.2220e+02	-5.1297e-02	-0.14
my_2009_macpherson.ground.hpl_tierod_inner.z	3.6720e+02	3.8720e+02	1.2043e-02	0.03
my_2009_macpherson.ground.hpl_tierod_outer.z	4.0980e+02	4.2980e+02	-1.0993e-02	-0.03
my_2009_macpherson.ground.hpl_lca_rear.y	-4.0000e+02	-3.8000e+02	-1.0377e-02	-0.03
my_2009_macpherson.ground.hpl_lca_front.z	1.8720e+02	2.0720e+02	4.6736e-03	0.01
my_2009_macpherson.ground.hpl_lca_rear.x	1.2500e+02	1.4500e+02	3.5110e-03	0.01
my_2009_macpherson.ground.hpl_lca_front.y	-3.9000e+02	-3.7000e+02	-3.1212e-03	-0.01
my_2009_macpherson.ground.hpl_tierod_outer.x	1.2500e+02	1.4500e+02	3.0696e-03	0.01
my_2009_macpherson.ground.hpl_tierod_outer.y	-6.7000e+02	-6.5000e+02	-2.3851e-03	-0.01
my_2009_macpherson.ground.hpl_tierod_inner.y	-3.5000e+02	-3.3000e+02	1.7258e-03	0
my_2009_macpherson.ground.hpl_lca_front.x	-1.7500e+02	-1.5500e+02	-3.2323e-04	0
my_2009_macpherson.ground.hpl_tierod_inner.x	1.6500e+02	1.8500e+02	-2.4399e-04	0

图 5.30　各设计硬点坐标值对主销偏距的影响度

表 5-5　优化后悬架系统关键硬点的坐标值

悬架系统各硬点名称	X 坐标	Y 坐标	Z 坐标
下控制臂前点(hpl_lca_front)	-170.0	-385.0	187.2
下控制臂外点(hpl_lca_outer)	-20.0	-742.0	220.2
下控制臂后点(hpl_lca_rear)	130.0	-385.0	202.2
驱动半轴内点(hpl_drive_shaft_inr)	-20.0	-200.0	357.2
弹簧下安装点(hpl_spring_lwr_seat)	-20.0	-670.0	507.2
减振器下安装点(hpl_strut_lwr_mount)	-20.0	-670.0	457.2
减振器上安装点(hpl_top_mount)	5.0	-625.0	807.2

(续)

悬架系统各硬点名称	X 坐标	Y 坐标	Z 坐标
转向横拉杆内点(hpl_tierod_inner)	180.0	−350.0	367.2
转向横拉杆外点(hpl_tierod_outer)	130.0	−650.0	409.8
车轮中心点(hpl_wheel_center)	−20.0	−800.0	350.0
副车架前点(hpl_subframe_front)	−400.0	−450.0	200.0
副车架后点(hpl_subframe_rear)	400.0	−450.0	200.0

优化前后车轮定位参数的变化情况如图 5.31～图 5.35 所示(实线为优化前的曲线,虚线为优化后的曲线)。

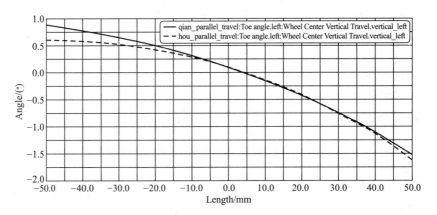

图 5.31　优化前后车轮前束角的变化情况

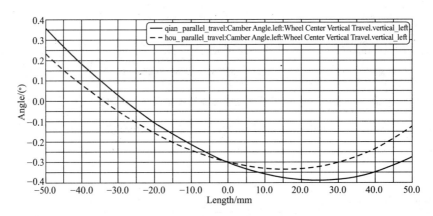

图 5.32　优化前后车轮外倾角的变化情况

车轮上下跳动时,前束角的变化对车辆的直行稳定性和稳态响应特性都有很大的影响,是汽车悬架系统的重要参数之一。对于汽车前轮,车轮上跳时其前束值的变化规律多设计成零至负前束,这样在汽车转弯行驶时,可使汽车的不足转向量增加,对于提高汽车的安全性具有重要意义。此外,车辆在行驶过程中,如果前束角变化过大将会影响车辆直线行驶的稳定性,而且使轮胎与地面之间的滚动阻力增大,加剧了轮胎的磨损。所以,前

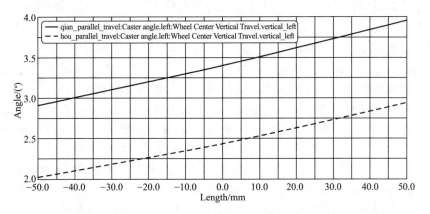

图 5.33 优化前后主销后倾角的变化情况

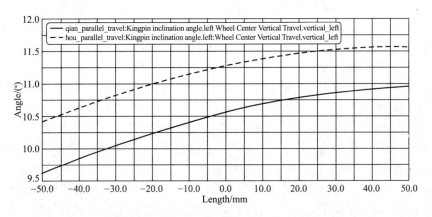

图 5.34 优化前后主销内倾角的变化情况

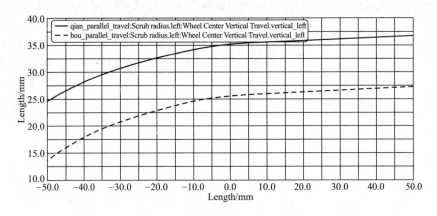

图 5.35 优化前后主销偏距的变化情况

束角的设计原则是在车轮上下跳动过程中其变化量越小越好。由图 5.31 可知，优化后，车轮前束角的变化范围为 $-1.6135°\sim 0.6041°$，其变化量为 $2.2176°$，比优化前的变化量减小了 $0.1851°$。

车轮上下跳动时，外倾角的变化对车辆的直行稳定性、稳态响应特性等有很大影响。由于轮胎与地面之间有相对的外倾角，路面对车轮作用有外倾推力，该力与侧倾角产生的侧向力叠加而形成车辆转向所需要的横向力。从提高转向性能的角度来讲，侧倾时车轮对地面的倾角最好不变。同时车辆在直行状态下，路面不平引起的车轮跳动使车轮外倾角发生变化时，会由外倾推力引发横向力，这样较大的外倾变化会使车辆的直行稳定性变差。综合考虑转向性能和直行稳定性，应尽量减少车轮相对车身跳动时的外倾角变化。一般希望车轮在上下跳动50mm时，外倾角的变化在1°以内。由图5.32可知，车轮外倾角曲线变化比较平缓，在车轮上跳时向负方向变化，在车轮下跳时向正方向变化。车轮外倾角的变化范围为 -0.3352°~0.2317°，其变化量为0.5669°，比优化前的变化量减小了0.1807°。较小的外倾角变动量可以防止制动时因左右制动力误差造成的直线行驶稳定性变坏，并且能够减小汽车的跑偏趋势，这对减少轮胎的磨损也是有利的。

主销后倾角为正值时有抑制制动点头的作用，但过大的主销后倾角会使车轮支撑处的反力矩过大，容易造成车轮摆振或转向盘上力的变化。此外，主销后倾角对转向时车轮外倾角的变化影响较大。若主销后倾角设计较大，则外侧转向轮的外倾角会向负方向变化。而且，当前轮主销后倾角较大时，需增加前轮转向所必需的横向力，以抵消外倾推力，这样不足转向弱，最大横向加速度会增大。一般来说，主销后倾角越大，主销后倾拖距越大，回正力矩的力臂也越大，因此回正力矩就越大，然而回正力矩越大，驾驶员在转向盘上施加的力就会越大，这样将会导致转向沉重的现象。因此主销后倾角不宜过大，通常采用的主销后倾角范围是2°~3°。由图5.33可知，优化后，主销后倾角的变化范围为2.0272°~2.9337°，其变化量为0.9065°，比优化前的变化量减小了0.1411°。此外，图5.33表明在车轮上跳的过程中，主销后倾角逐渐增加且其变化量不是很大，在车轮下跳的过程中，主销后倾角逐渐减小且其变化量不大，这说明，麦弗逊式前独立悬架在车轮上跳的过程中，能够使汽车的转向轻便性和高速直线行驶稳定性得到较好的协调，而在车轮下跳的过程中，这种变化趋势对汽车的行驶稳定性的影响是负面的，由于在汽车行驶的大部分时间里车轮是向上跳动的，所以主销后倾角随车轮跳动的变化趋势是一种比较合理的变化。

主销内倾有利于主销横向偏移距的减小，从而可减少转向时驾驶员加在转向盘上的力，使转向操纵轻便，同时也可减少从转向轮传到转向盘上的冲击力。但内倾角不宜过大，否则在转向时，车轮绕主销转动的过程中，轮胎与路面之间将产生较大的滑动，增加了轮胎与路面之间的摩擦阻力，这不仅会导致转向沉重，而且加速了轮胎的磨损。实际设计时，主销内倾角的大致范围为7°~13°。由图5.34可知，优化后，主销内倾角的变化范围为10.4251°~11.563°，其变化量为1.1379°，比优化前的变化量减小了0.1931°。优化后的主销内倾角曲线比优化前整体上移，即优化后主销内倾角比优化前有所增加，这是由于ADAMS/Insight模块为了兼顾主销偏距的优化而牺牲了主销内倾角的部分利益的缘故，但从优化后的主销内倾角变化曲线来看，其变化范围仍然满足设计要求。

合理的主销偏距可以使汽车在地面纵向力作用下保持稳定的直线行驶状态而不发生跑偏。汽车转向时，转向轮绕主销转动，地面对转向轮的阻力矩与主销偏距的大小成正比。主销偏距越小，转向阻力矩也越小，所以一般希望主销偏距小一些，以减小转向时的操纵力以及地面对转向系统的冲击。较理想的主销偏距值为-10~30mm。主销偏距与主销内倾是密切相关的，一般来说，主销偏距减小后会导致主销内倾角的增加，所以在优化过程中应综合考虑这两方面的利益，权衡利弊，在保证这两个设计目标位于合理设计范围内的同时，尽量使其变化量最小。地面对轮胎的纵向作用力，特别是制动时的地面制动力和驱动轮的驱动力，会使车轮产生绕主销的转动力矩，从而影响汽车的行驶稳定性、车轮回正性、转向稳定性。主销内倾角和主销偏距的主要影响是通过二者的共同作用使得稳定性、轻便性和回正性得到较好的协调。由图 5.35 可知，优化后，主销偏距的变化范围为 13.8148~27.173mm，其变化量为 13.3582mm，虽然优化后的变化量比优化前的变化量增加了 0.9331mm，但是优化前主销偏距的变化范围较大的偏离了理想的设计范围，而优化后主销偏距的变化范围能够很好地满足合理的设计要求，所以优化后悬架的综合性能比优化前有所提高。

综上所述，利用 ADAMS/Insight 模块对麦弗逊式前独立悬架的硬点坐标进行多次修改和迭代运算，可以对模型的某项或多项性能指标进行优化，并能方便快捷的得到优化结果。但是由于受到车身布置的限制，对悬架系统硬点坐标的修改只能局限在一定的小范围内，所以最终得到的优化值只是一个相对值，而非绝对的优化结果。

5.4 汽车操纵稳定性仿真及结果分析

汽车的操纵稳定性是指在驾驶者不感到过分紧张、疲劳的条件下，汽车能遵循驾驶者通过转向系及转向车轮给定的方向行驶，且当遭遇外界干扰时汽车能抵抗干扰而保持稳定行驶的能力。操纵稳定性通常认为是由相互联系的两部分组成：一是操纵性，二是稳定性。操纵性是指汽车能够确切的响应驾驶员转向指令的能力。稳定性是指汽车受到外界扰动(路面扰动和突然阵风扰动)后恢复原来运动状态的能力。两者很难完全分开。稳定性的好坏直接影响操纵性的好坏。因此通常统称为操纵稳定性。

汽车在行驶过程中，外界(包括驾驶员)对汽车的作用主要包括以下三个方面：一是驾驶员通过操纵机构对汽车进行操纵，二是路面通过轮胎施加给汽车一定的作用力，三是空气对汽车的作用力。就汽车的操纵稳定性而言，驾驶员对汽车的输入所引起的响应是汽车的操纵性问题，而路面和空气对汽车的输入所引起的响应是汽车的稳定性问题。

关于汽车操纵稳定性的分析和研究工作，一般采用经典力学方法，进行一些简单的、局部的校核计算，但是这种方法不能对车辆的性能进行整体分析和评价，不能对车辆设计提供直接的指导。后来发展了一些基于简化理论模型和经验模型的计算和仿真方法，将车辆作为一个完整的控制系统进行分析和研究，得到一些对操纵稳定性规律的重要认识。但这样得到的模型过于简化，不能直接针对设计参数进行分析和优化。随着仿真技术的不断发展及仿真软件的不断成熟，操纵稳定性越来越多的采用成熟的计算机仿真理论与高性能的仿真软件进行分析研究，与辅助设计手段结合直接指导和参与汽车设计参数的分析、优化和改进。

运用虚拟样机方法进行车辆操纵稳定性的分析与研究是在建立各个零部件及整车模型的基础上通过进行仿真来完成的。针对悬架转向系统模型，可以进行悬架转向系统的运动特性仿真研究，研究包含跳动、侧倾和转向三种运动耦合作用下的悬架转向系统的运动特性；针对包含悬架转向系统模型、车身模型以及轮胎模型的整车模型，可以进行一系列的开环跟随特性仿真，例如，转向盘角阶跃输入、角脉冲输入、正弦输入、力脉冲输入等稳态或瞬态响应特性的研究；针对整车模型并加入驾驶员模型的闭环系统模型，可以进行人-车-路闭环系统跟随特性的研究，例如，模拟单移线、双移线、蛇行、定半径圆周行驶、双扭线行驶等跟随一定路径的响应特性研究。

对于汽车设计者来说研究汽车操纵稳定性的意义在于建立操纵稳定性评价指标和车辆参数之间的函数关系，根据明确的评价指标来设计相关参数，使车辆具备较好的操纵稳定性的同时，也具备一定的主动安全性。

5.4.1 汽车操纵稳定性评价方法

汽车的操纵稳定性由于受到研究目的、驾驶任务、人为感觉以及环境条件等多种因素的影响，其研究和评价工作错综复杂。但是在汽车操纵稳定性的研究过程中，人们不断总结前人的研究成果，得出许多有价值的结论。例如，人们发现操纵稳定性不好的汽车，通常表现为如下特点：

（1）"发飘"——驾驶员并没有发出指令，但汽车自己却不断地改变行驶方向，使驾驶员产生漂浮感。

（2）"反应迟钝"——驾驶员的转向指令虽然已经发出了相当长的一段时间，但汽车还没有转向反应，或转向过程完成得过慢。

（3）"晃"——驾驶员给出了稳定的转向指令，但汽车却左右摇摆，行驶方向难于稳定。这样的汽车在受到路面不平或瞬时阵风的扰动时，也会出现这种摇摆现象。

（4）"丧失路感"——正常汽车的转弯程度，会通过转向盘在驾驶员手上产生相应的感觉。有些操纵稳定性不好的汽车，特别是在车速较高时或转向急剧时会丧失这种感觉。这会增加驾驶员操纵汽车的困难或影响驾驶员作出正确的判断。

（5）"失控"——某些汽车在速度超过一个临界值或向心加速度超过一定值之后，驾驶员已经完全不能控制其行驶方向。

为了建立操纵稳定性良好的汽车模型，研究人员在这方面开展了许多创造性的研究工作，经过长期的反复论证和不断的探索尝试，人们总结出操纵稳定性良好的车辆应该具有如下表现：①汽车容易控制（对驾驶员的要求不应过高）；②在出现扰动时，不应使驾驶员感到突然和意外；③操纵稳定性的行驶极限应能清楚的辨别。

目前，对操纵稳定性的研究和评价主要从以下三个方面进行：

（1）通过试验（包括场地试验和模拟试验），测量开环和闭环条件下汽车的主要运动量，研究汽车及人-车闭环系统的特性，并对此进行研究和评价；

（2）通过试验中驾驶员的主观感觉，对汽车的特性进行研究和评价；

（3）通过建立汽车动力学模型和人-车闭环系统模型，从理论上来研究和评价汽车的操纵稳定性。

其中，从理论与试验的角度来讲，汽车操纵稳定性的研究方法可以分为：

（1）理论分析和动态仿真研究，在开环或闭环条件下评价车辆的操纵稳定性；

（2）试验研究，包括客观评价和驾驶员的主观评价。

汽车操纵稳定性的第一类评价方法是进行开环和闭环条件下的评价，即把汽车作为一个控制系统，按照对控制系统操纵性、稳态品质和瞬态响应特性的一般性要求来分析和研究汽车运动特性的方法称为开环方法。这种方法就是把操纵稳定性作为汽车自身的性能，是一种不包括驾驶员特性的汽车性能，可以按图 5.36 所示

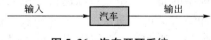

图 5.36 汽车开环系统

的系统进行研究和评价。研究汽车本身特性的开环系统只采用客观评价法，即在实车试验中，通过测试仪器测出表征车辆性能的物理量（例如，横摆加速度、侧向加速度、侧倾角等）来评价汽车的操纵稳定性，即这种方法一般是通过给转向盘一个规则输入，测量汽车的响应参数，并以此作为评价系统好坏的指标。开环方法所应用的基础是经典控制理论，依据汽车的稳态和瞬态分析，使用不足、过度转向特性和转向输入的阶跃响应特性，来对汽车的操纵性进行评价。开环试验包括转向轻便性试验、稳态回转试验、转向盘转角脉冲输入试验、转向回正性能试验等多项试验。

事实上，汽车的性能是通过人的操纵来实现的，汽车操纵稳定性的优劣，不但取决于汽车本身的结构参数，还涉及驾驶员和道路交通环境等主观因素。在真实的行驶过程中，驾驶员根据需要操纵转向盘使汽车做一定的转向运动，再加上路面的凹凸不平对汽车产生的作用力以及空气对汽车的作用，使得汽车不再是一个孤立的系统，而是一个涵盖人、车、环境的闭环系统。因此，为更全面彻底地研究和评价汽车的操纵稳定性，就应考虑到驾驶员特性与汽车特性的配合问题，如图 5.37 所示，即把汽车作为驾驶员-汽车-环境闭环系统的被控环节，根据整个系统的特性分析和综合，对汽车的操纵稳定性进行研究和评价，这种方法称为闭环方法。

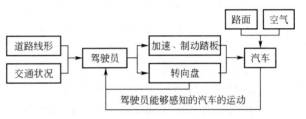

图 5.37 汽车闭环系统

进行汽车操纵稳定性评价的另一类方法是客观评价和主观评价。客观评价就是通过实车试验测试一些与操纵稳定性有关的汽车运动量，然后与相应的标准比较进行评价；主观评价则是驾驶员根据任务要求操纵汽车时，依据对操纵动作难易程度的感觉来评价汽车操纵稳定性。显然，客观评价是一种定量评价，若评价指标能够确定的话，则无需进行主观评价，但由于汽车的操纵稳定性受多种因素影响，其客观量评价指标很难确定。因此，主观评价在汽车操纵稳定性的评价中一直占重要地位。另外，由于汽车是由人来驾驶的，因此主观感觉评价法始终是操纵稳定性的最终评价方法。譬如客观评价中采用的物理量是否可以表征操纵稳定性，就取决于用这些物理量评价性能的结果与主观感觉评价是否一致。熟练的试验驾驶员在进行主观评价试验时，还能检测仪器所不能检测出来的现象。较为常见的是先由人的感觉发现问题，然后用仪器来进行计测。主观评价的缺点之一是，受到评价者个人主观因素的影响，不同评价者可能给出差别较大的评价结果。其另一缺点是，一般情况下，不能给出"汽车性能"与"汽车结构"二者之间有何种联系的信息。

汽车操纵稳定性主要是在模拟实际交通工况的基础上，通过研究者的主观判断去描述和评价的。制订一个科学而合理的评价指标对汽车操纵稳定性的研究来说显得尤为重要。而正确地评价操纵稳定性应重点关注以下几个问题：

（1）指令反应评价与扰动反应评价。无论是操纵稳定性的试验评价还是理论评价，都应包括以下两个基本方面：一是对驾驶员指令反应的评价，二是对外界扰动反应的评价。前者属于"主动特性"，后者属于"被动特性"。但这两个基本方面又有一定的内在联系。这种联系的依据如下：不论是转向盘处的指令输入还是车轮或车身处的扰动输入，在输入作用结束以后，汽车的运动都属于同一种"自由运动"。但是在输入作用持续的时间内，这两种运动没有必然的联系。因此，如果我们已经对指令反应作出了充分的评价分析，那么，考虑扰动反应评价问题时，就可以只着重注意扰动作用持续时间内的汽车反应特性。

（2）力输入反应与角输入反应。驾驶员通过作用在转向盘上的力或通过使转向盘产生一定的角位移来控制汽车的转向运动。这就是说，驾驶员给汽车的转向输入可以分为两大类即力输入与角输入。因此，汽车的指令反应特性也就可以分为两大类：力输入反应特性与角输入反应特性。从目前的研究情况来看，角输入反应特性更加受到重视，但是由于力输入反应特性和"回正性"与"路感"联系密切，所以力输入反应特性也受到一定程度的关注。

（3）不同"工作点"下的评价。汽车在各种不同车速下工作时，所遇到的路面可能是各种各样的，从全面的观点来看，应对各种车速、各种路面和各种可能达到的侧向加速度进行评价。但全面考虑会大大增加评价的工作量。所谓"工作点"，就是指由这种工况变量所确定的三维空间点。

（4）线性区与非线性区。如果汽车各个部分的力学特性都与转向的剧烈程度无关，则系统的输入、输出便能保持一定的比例关系。在这种线性关系的范围内，可以大大减少评价的工作量。因为在这种线性区域内，路面的附着系数和转向剧烈程度都不影响输入与输出的比例关系。但当离心力与附着力的比值相当大以后，轮胎会出现明显的非线性特性。悬架、转向系统也可能出现相应的非线性特性。这时汽车的运动特性已变得与线性区的运动特性完全不同。一般来说，线性区意味着汽车在附着系数较大的路面上做小角度转向运动；而非线性区意味着汽车在附着系数较小的路面上做大角度转向运动。因为汽车在线性区内工作的几率远大于在非线性区内工作的几率，而且线性推断的误差是随着转向剧烈程度的增长而逐渐增大的，因此，从这个意义上来讲，线性区的评价是基本的，但是汽车在接近侧滑时的非线性区内工作会使操纵稳定性严重恶化。由此观之，非线性区的评价也是十分重要的。

（5）稳态评价与动态评价。所谓稳态是指没有外界扰动、车速恒定、转向盘上的指令固定不变、汽车的输出运动达到稳定平衡的状态。在这种"稳态"下因为没有外扰车速，而且输入、输出都已保持恒定，所以也就不存在操纵性和稳定性不好的问题。虽然这种"稳态"在汽车的实际运行中很少出现，但通过稳态试验可以对汽车的动态特性在结构方面做出分析，便于找出改进方案。实际上，所有的操纵稳定性问题多数是动态反应的问题。但稳态评价仍然受到一定程度地重视，其原因如下：

（1）动态特性与稳态特性之间存在某种程度的联系，一定的稳态特性是使汽车具有良好的动态特性的必要条件，例如，过度转向的汽车，其操纵稳定性往往不好；

（2）稳态试验可以比较安全地到达非线性区，甚至可以达到侧滑极限，而瞬态试验则很难达到。因此，稳态特性试验可以作为非线性区缺乏动态评价数据时的有用补充。此外，稳态特性试验还有助于对汽车的动态表现做结构上的分析，便于找出改进方案。

5.4.2 操纵稳定性试验标准及 ADAMS 仿真机理

为了制定统一的汽车操纵稳定性试验方法标准，20 世纪 70 年代国际标准化组织 ISO TC/SC9 汽车操纵稳定性委员会起草制定了相关方面的 ISO 标准，随后又根据实际的需要对其中的标准进行了修订。在我国，国家标准中规定了如下几种汽车操纵稳定性试验方法：蛇行试验、转向瞬态响应试验(转向盘转角阶跃输入和转向盘转角脉冲输入)、转向回正性能试验(低速回正和高速回正)、转向轻便性试验、稳态回转试验。

汽车操纵稳定性仿真试验涉及的行驶工况比较复杂，为了实现各种工况下的仿真试验，要求多体动力学软件不仅具有较高的求解效率，而且能够快速响应各种工况下对汽车行驶状况的控制。为此，我们先来介绍一下 ADAMS/Car 模块的仿真机理。

ADAMS/Car 可以进行开环分析、准静态分析和闭环分析，其中开环分析和准静态分析只需在用户界面上输入所需的参数即可进行仿真，闭环分析比开环分析和准静态分析复杂，并且不易控制，ADAMS/Car 首先根据输入的仿真分析条件得到仿真过程所需的控制信息、模型信息等，进而产生相应的数据模型和命令文件，然后调用求解器进行运动学、动力学运算，在运算的基础上，控制车辆模型运动，根据反馈信息调用闭环算法，不断地进行这种循环运算，直至得到满足要求的结果为止，最后将计算结果输出，这一过程称为 ADAMS/Car 的闭环分析过程，其基本流程如图 5.38 所示。对于开环试验方法和闭环试验，均可通过 ADAMS 中自带的驾驶器(driver machine)来实现，驾驶器能够像驾驶员驾驶真实的汽车一样，按照设定的指令驾驶虚拟汽车模型。驾驶器采用开环或闭环控制器来执行加速、制动、换挡、转向等动作以实现驾驶意图。若采用开环控制，驾驶器是通过将记录的转向、加速、制动、挡位和离合器等信号输入给汽车模型来实现的。而采用闭环控制时，驾驶器可控制汽车模型进行类似稳态试验仿真。

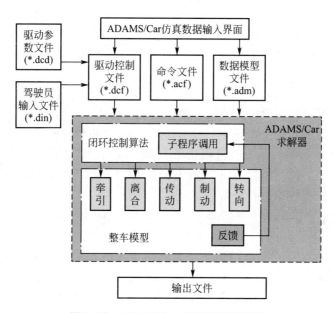

图 5.38　ADAMS/Car 闭环分析流程图

虽然，ADAMS/Car 模块为了提高仿真效率、简化仿真参数的设置过程而提供了许多专用的仿真菜单，但是很多情况下，汽车的具体运动情况是通过文件来控制的，其中，与闭环控制有关的文件主要有以下几种：

(1) 驱动控制文件(driver control file，*.dcf)。驱动控制文件是 ADAMS/Car 的内部仿真管制核心文件，描述了车辆模型准备执行的一系列操作，如转向、节气门开度、加速、制动等。在驱动控制文件中，可以设定车辆行驶的速度、轨迹、控制方式、对驱动参数文件的调用以及试验结束的条件(如行驶距离、最大侧向加速度以及仿真时间等)信息。驱动控制文件是将一个复杂的试验事件分解成逐个执行的单元块，称之为微操纵(mini-maneuvers)。在每个微操纵之前应该设置相应的初始条件，然后在微操纵中依次指定转向、加速、制动、变速器和离合器的控制方式及参数。驱动控制文件对车辆的控制方式有机器控制和驾驶员控制两种模式见表 5-6。两种控制模式的算法分别是 ADAMS/Driver-Lite 与 ADAMS/Driver，在相同的条件控制策略下各有侧重，其中，ADAMS/Driver-Lite 比较灵活，可以根据具体要求创建物理试验过程并自动进行分析；而 ADAMS/Driver 则具有学习和适应特定车辆的能力，可以根据给定的数据学习车辆的侧向性能、径向性能、基本性能等，具有更好的智能性。

表 5-6　闭环分析时的控制设置

控制方式	算法模型	主要参考文件
机器控制	ADAMS/Driver-Lite（缺省驾驶员模型）	*.dcd 文件，包含了车辆控制方式以及行驶轨迹
驾驶员控制	ADAMS/Driver（驾驶员模型）	*.dri 文件，包含了驾驶员径向、侧向、制动、转向等控制参数

(2) 驱动参数文件(driver control data file，*.dcd)。驱动参数文件必须与驱动控制文件配合使用，该文件包含了驱动控制文件所需的数据，如果在驱动控制文件中要求汽车沿某一轨迹线运动，那么在相应的驱动参数文件需要通过坐标点来确定汽车的具体运动轨迹。

(3) 驾驶员输入文件(driver input file，*.din)。驾驶员输入文件制定了 ADAMS/Driver 模块所需的各种控制参数的数值，如径向动态特性、侧向动态特性、车辆结构特性以及学习文件的参数等，用来指导整车分析。图 5.38 中的数据模型文件(ADAMS dataset file，*.adm)包含车辆结构信息、分析请求、输出结果设置等信息；命令文件(ADAMS command file，*.acf)包含执行不同分析的命令。ADAMS/Car 求解器根据用户的输入信息以及控制文件对车辆模型进行分析。

5.4.3　稳态回转试验

稳态转向特性对汽车的操纵稳定性有着非常重要的影响。过多转向和过大的不足转向，都会使汽车难于控制。有些汽车由于设计参数选择不当，在侧向加速度很小时具有一定的不足转向特性，但在稍大的侧向加速度下却表现出强烈的过多转向特性，使汽车出现意外的甩尾或激转现象，造成严重的事故。对整车模型进行稳态转向仿真试验可以在物理样机制造之前对汽车稳态转向特性进行分析和评价，分析后的结果对于改进设计、提高产品设计质量具有重要的意义。

对于汽车的稳态转向特性，曾经有人提出过多种多样的试验方法，但是到现在为止，得到普遍应用的实际上只有两类：一类是变侧向加速度法，这种方法又分为固定转向盘转角法和固定转向半径法两种，这两种方法都是通过改变前进车速使汽车得到不同的侧向加速度；另一类是固定侧向加速度法，用这种方法进行试验时除改变车速外还要改变转向半径。我国主要采用定转向盘转角试验法。

GB/T 6323.6—1994《汽车操纵稳定性试验方法　稳态回转试验》中规定的固定转向盘转角连续加速的稳态回转试验方法如下：试验汽车首先以最低稳定车速沿半径为 15m 或 20m 的圆周稳定行驶，然后固定转向盘不动，让汽车缓慢而均匀地加速（纵向加速度不

超过 0.25m/s^2），直至汽车的侧向加速度达到 6.5m/s^2，（或受发动机功率限制所能达到的最大侧向加速度，或汽车出现不稳定状态）为止。记录整个过程中汽车的状态响应。

表征汽车稳态回转性能的各参量分述如下：

（1）转弯半径比 R_i/R_0 与侧向加速度 a_y 之间的关系曲线。根据仿真得到的横摆角速度时间历程曲线及汽车前进车速时间历程曲线（图 5.39～图 5.40），用下面的公式计算各点的转弯半径，得到的汽车转弯半径时间历程曲线如图 5.41 所示。

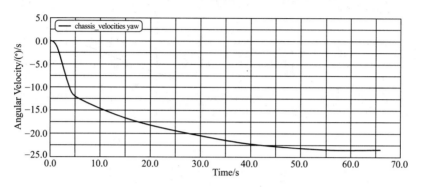

图 5.39 横摆角速度时间历程曲线

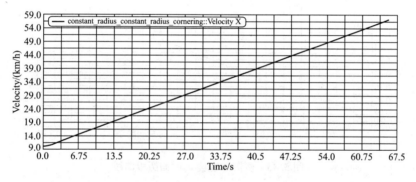

图 5.40 汽车前进车速时间历程曲线

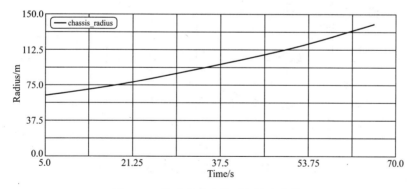

图 5.41 汽车转弯半径时间历程曲线

$$R_i = \frac{V_i}{\omega_i} \tag{5-2}$$

式中，V_i 为第 i 点前进车速，m/s；ω_i 为第 i 点横摆角速度，rad/s；R_i 为第 i 点转弯半径，

m；i 为采样点数，$i=1,2,3,\cdots,n$。

由此计算出各点的转弯半径比 R_i/R_0（R_0 为初始半径，m），相应的转弯半径比 R_i/R_0 时间历程曲线如图 5.42 所示。在 ADAMS 的后处理模块中得到的侧向加速度 a_y 时间历程曲线如图 5.43 所示，根据上述计算结果以及侧向加速度-时间历程曲线即可绘制出转弯半径比与侧向加速度之间的关系曲线（R_i/R_0-a_y 曲线），如图 5.44 所示。

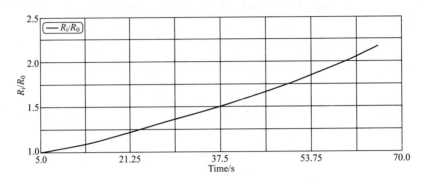

图 5.42　转弯半径比 R_i/R_0 时间历程曲线

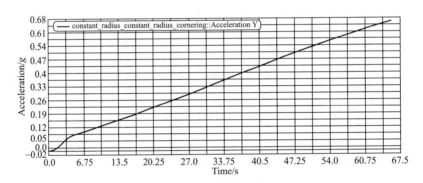

图 5.43　侧向加速度 a_y 时间历程曲线

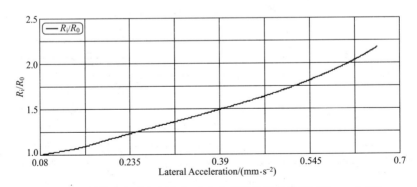

图 5.44　转弯半径比与侧向加速度之间的关系曲线（R_i/R_0-a_y 曲线）

(2) 汽车前后侧偏角差值（$\alpha_1-\alpha_2$）与侧向加速度 a_y 之间的关系曲线。汽车前后轴侧偏角之差（$\alpha_1-\alpha_2$）按下式计算：

$$\alpha_1-\alpha_2=\frac{360}{2\pi}L\left(\frac{1}{R_0}-\frac{1}{R_i}\right) \tag{5-3}$$

式中，α_1 和 α_2 为前后轴侧偏角，$(°)$；L 为汽车轴距，m。

根据计算结果绘制出汽车前后侧偏角差值$(\alpha_1-\alpha_2)$时间历程曲线，如图 5.45 所示，进而得到汽车前后侧偏角差值$(\alpha_1-\alpha_2)$与侧向加速度 a_y 之间的关系曲线，如图 5.46 所示。

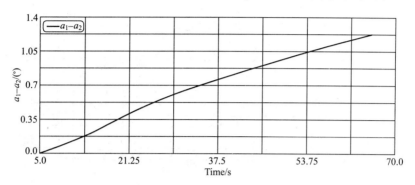

图 5.45 汽车前后侧偏角差值$(\alpha_1-\alpha_2)$时间历程曲线

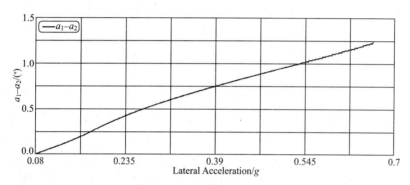

图 5.46 汽车前后侧偏角差值$(\alpha_1-\alpha_2)$与侧向加速度 a_y 之间的关系曲线

若 $\dfrac{R_i}{R_0}>1$ 或 $\alpha_1-\alpha_2>0$，则汽车具有不足转向特性，其转弯半径随着车速的增大而增大，操纵稳定性良好的汽车必须具有适度的不足转向特性。

若 $\dfrac{R_i}{R_0}=1$ 或 $\alpha_1-\alpha_2=0$，则汽车具有中性转向特性，其转弯半径随车速的增加而固定不变，但是在使用条件变动时，中性转向的汽车有可能转变成过多转向，因此汽车不应具有中性转向特性。

若 $\dfrac{R_i}{R_0}<1$ 或 $\alpha_1-\alpha_2<0$，则汽车具有过多转向特性，其转弯半径随着车速的增加而减小，当汽车达到临界车速时将失去稳定性，这是我们所不希望的。

由上述分析可以看出，$\dfrac{R_i}{R_0}>1$ 且 $\alpha_1-\alpha_2>0$，所以，汽车具有不足转向特性，这一点也可以从汽车在整个仿真过程中的实际运动轨迹看出。仿真后汽车的运动轨迹如图 5.47 所示，在后处

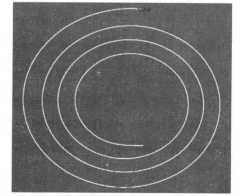

图 5.47 稳态回转试验中汽车的运动轨迹

理模块中得到的直角坐标系下的各时刻汽车位置曲线如图 5.48 所示。从图 5.47 和图 5.48 中可以直观地看到,在整个仿真过程中随着车速的增加汽车的转弯半径不断增大,所以,该整车模型具有不足转向特性。

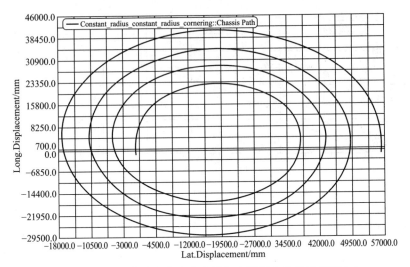

图 5.48　仿真过程中汽车在直角坐标系中的位置曲线

(3) 车身侧倾角 ϕ 与侧向加速度 a_y 之间的关系曲线。根据 ADAMS 后处理模块中得到的车身侧倾角 ϕ 时间历程曲线(图 5.49)与侧向加速度 a_y 时间历程曲线(图 5.43)绘制出车身侧倾角 ϕ 与侧向加速度 a_y 之间的关系曲线,如图 5.50 所示。

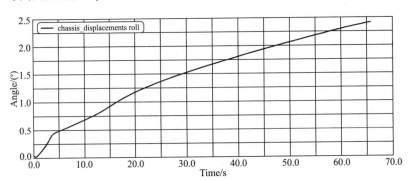

图 5.49　车身侧倾角 ϕ 时间历程曲线

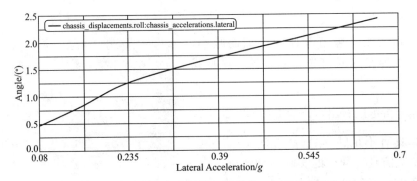

图 5.50　车身侧倾角 ϕ 与侧向加速度 a_y 之间的关系曲线

综上所述，汽车在仿真过程中表现出明显的不足转向特性，能够确保汽车在转弯行驶时具有一定的安全性，符合汽车设计的基本要求。

5.4.4 转向回正性能试验

转向回正试验是研究汽车瞬态响应特性的一种重要试验方法，尤其是研究汽车能否恢复直线行驶能力的一种重要试验方法。汽车的转向回正性能表达了汽车的自由控制运动特性，其实质是一种力阶跃输入试验。

1. 低速回正性能试验

对于汽车的低速回正性能，GB/T 6323.4—1994《汽车操纵稳定性试验方法 转向回正性能试验》中的相关规定如下：试验汽车先作直线行驶，并记录各测量变量的零线，然后调整转向盘转角，使汽车沿半径为 $15\pm1m$ 的圆周行驶，调整车速，使侧向加速度达到 $(4\pm0.2)m/s^2$，此时，固定转向盘转角，稳定车速并开始记录，待 3s 后，驾驶员突然松开转向盘并做一标记，至少记录松手后 4s 内的汽车运动过程。记录时间内节气门开度保持不变。

为了在 ADAMS/Car 模块中实现上述运动过程，需要在 Simulate/Full‐Vehicle Analysis/Cornering Events/Cornering w/Steer Release…界面中合理的设置仿真参数。在该界面中达到稳态目标的方式有两种：一种是 Radius and Velocity，另一种是 Acceleration and Velocity。前者可确保汽车在特定运动半径的圆形轨道上达到特定的纵向速度；后者可使汽车在运动过程中自动改变运动的轨道半径，同时达到指定的侧向加速度和纵向速度。在此，我们选择第一种达到稳态目标的方式，即设定圆形车道的半径为 15m，纵向速度为 7.75m/s。此外，还需设定直线引道的长度为 10m，稳定时间为 2.5s。仿真后汽车的运动轨迹如图 5.51 所示。在后处理模块中得到的直角坐标系下的各时刻汽车位置曲线如图 5.52 所示。

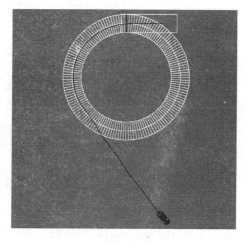

图 5.51 低速回正性能试验中汽车的运动轨迹

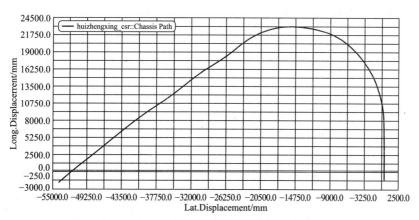

图 5.52 仿真过程中汽车在直角坐标系中的位置曲线

图 5.51 中白线部分代表直线引道和圆形车道，黑线（除去圆环车道径向上的黑色短线）代表汽车的运动轨迹。由此可见，汽车先在直线引道上作直线运动，然后汽车沿半径为 $15\pm1m$ 的圆周行驶，经调整车速并使侧向加速度达到 $(4\pm0.2)m/s^2$ 后，汽车开始在某一转向盘转角下以稳定的车速行驶，最后，撤销转向盘输入，使汽车在没有转向盘输入的情况下自由行驶，这时，汽车偏离了原来的圆形车道，经历一段不稳定的过渡时期后，汽车最终将逐渐趋于直线行驶状态，即实现了汽车运动状态的自动回正。整个运动过程中，转向盘转角时间历程曲线如图 5.53 所示。

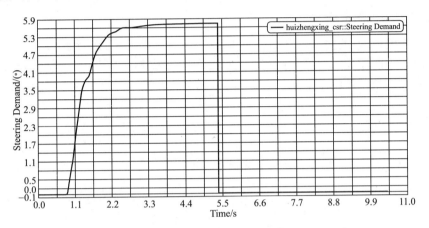

图 5.53　转向盘转角时间历程曲线

从图 5.53 中可以看出，在开始阶段转向盘的转角基本维持在 0°，即汽车处于直线行驶状态，之后逐渐增大转向盘转角，使汽车由直线行驶状态逐渐过渡到匀速圆周行驶状态，待车速稳定后，在极短的一段时间内使转向盘转角变回 0°，即去除作用在转向盘上的输入信号。最终，汽车将在 0°的转向盘转角下直线行驶。由此可见，该仿真过程完全符合 GB/T 6323.4 的规定，能够很好地模拟实车的运动状态。

为了检验汽车在圆形车道上是否沿着半径为 $(15\pm1)m$ 的圆周以 $(4\pm0.2)m/s^2$ 的侧向加速度行驶，需要对仿真得到的曲线进行适当处理。汽车的转弯半径按照式(5-2)进行计算，其中，汽车的前进车速时间历程曲线和横摆角速度时间历程曲线分别如图 5.54 和图 5.55 所示。

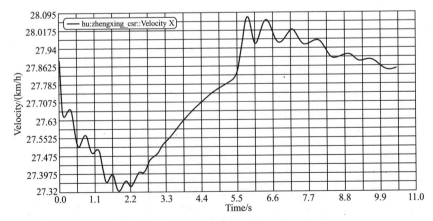

图 5.54　汽车前进车速时间历程曲线

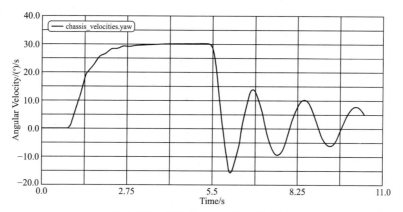

图 5.55　横摆角速度时间历程曲线

虽然图 5.54 所示的汽车前进车速在整个仿真过程中有所波动，但其变动范围为 27.3212～28.0749km/h，其变动量仅为 0.7537km/h，而且 2.88～5.38s 这段稳定行驶时间内，其变动范围为 27.4675～27.8048km/h，变动量为 0.3373km/h，如此微小的变动量是可以接受的。图 5.55 则表明，在直线行驶、圆周行驶、撒转向盘行驶三种状态下，汽车的横摆角速度时间历程曲线表现为三种明显不同的变化趋势。根据式(5-2)求得的汽车转弯半径曲线如图 5.56 所示。其中，图 5.56 的局部放大图如图 5.57 所示。图 5.57 清晰地表达出了稳定行驶过程中汽车转弯半径的具体情况。

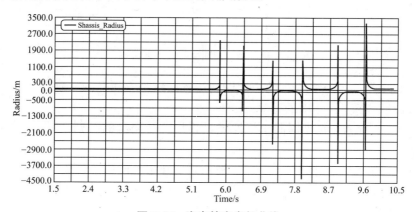

图 5.56　汽车转弯半径曲线

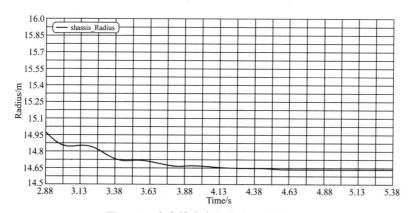

图 5.57　汽车转弯半径曲线局部放大图

图 5.57 表明,在 2.88~5.38s 这段稳定行驶时间内,汽车转弯半径的变化范围为 14.6347~14.9684m,其变动量为 0.3337m。由此可见,在仿真过程中汽车的实际转弯半径满足 GB/T 6323.4 中关于圆周半径的相关规定(GB/T 6323.4 规定圆周半径为 15±1m)。

汽车运动过程中的侧向加速度时间历程曲线如图 5.58 所示。由图 5.58 可知,在三种不同的行驶状态下,侧向加速度时间历程曲线也表现为三种明显不同的变化趋势,而且在 2.88~5.38s 这段稳定行驶时间内,侧向加速度的变化范围为 $-4.07582 \sim -3.91902 \text{m/s}^2$(负号表示侧向加速度的方向与所选的正方向相反),其变动量为 0.1568m/s^2,由此可见,侧向加速度满足 GB/T 6323.4 中的相关要求[GB/T 6323.4 中规定的侧向加速度为 $(4\pm0.2)\text{m/s}^2$]。

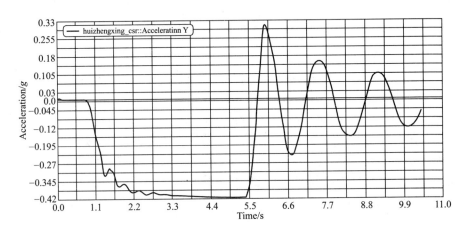

图 5.58 侧向加速度时间历程曲线

由图 5.55 可知,汽车的横摆角速度时间历程曲线是收敛型的,故可对仿真后得到的相关曲线按以下指标进行相应的处理。

(1) 时间坐标原点。所谓时间坐标原点是指松开转向盘的时刻,由图 5.53 可知,时间坐标原点为 5.38s。

(2) 稳定时间。稳定时间是指从时间坐标原点开始至横摆角速度达到新稳态值(包括零值)为止的一段时间间隔。由图 5.55 可知,稳定时间约为 9.62s。

(3) 残留横摆角速度。残留横摆角速度是指在横摆角速度时间历程曲线上,松开转向盘 3s 时刻的横摆角速度值(包括零值)。由图 5.55 可知,残留横摆角速度为 $9.9503°/\text{s}$。

(4) 横摆角速度超调量。横摆角速度超调量是指在横摆角速度时间历程曲线上,横摆角速度响应第一个峰值超过新稳态值的部分与初始值之比(图 5.59)。由图 5.55 可知,横摆角速度超调量为

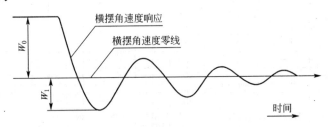

图 5.59 计算横摆角速度超调量的示意图

$$\sigma = \frac{15.6344}{30.2383} \times 100\% = 51.7040\%$$

(5) 横摆角速度自然频率。横摆角速度自然频率 f_0 按下式确定：

$$f_0 = \frac{\sum_{i=1}^{n} A_i}{2 \sum_{i=1}^{n} A_i \cdot \Delta t_i} \quad (5-4)$$

式中，f_0 为横摆角速度自然频率，Hz；A_i 为横摆角速度响应时间历程曲线的峰-峰值（图5.60），(°)/s；Δt_i 为横摆角速度响应时间历程曲线上，两相邻波峰的时间间隔（图5.60），s；n 为横摆角速度响应时间历程曲线的波峰数。

由图5.55可知，横摆角速度响应时间历程曲线的峰-峰值依次为 $A_1 = 29.5821°/s$、$A_2 = 23.4222°/s$、$A_3 = 19.6304°/s$、$A_4 = 16.3935°/s$、$A_5 = 14.0192°/s$。两相邻波峰的时间间隔依次为 $\Delta t_1 = 0.69s$、$\Delta t_2 = 0.81s$、$\Delta t_3 = 0.85s$、$\Delta t_4 = 0.84s$、$\Delta t_5 = 0.84s$。将以上数据代入式(5-4)得横摆角速度自然频率为 $f_0 = 0.63129$ Hz。

(6) 相对阻尼系数。可先由式(5-5)求得衰减率 D'，再由式(5-6)求得相对阻尼系数 ξ，或求得衰减率 D' 后直接由图5.61查得相对阻尼系数。

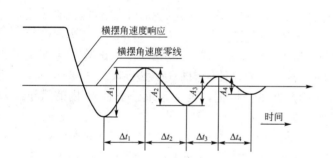

图5.60 计算横摆角速度自然频率的示意图

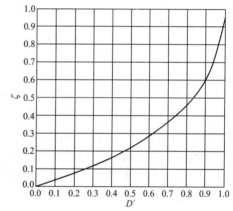

图5.61 相对阻尼系数 ξ 与衰减率 D' 的关系曲线

$$D' = \frac{A_1}{\sum_{i=1}^{n} A_i} \quad (5-5)$$

式中，D' 为衰减率；A_1 为横摆角速度时间历程曲线上的第一个波峰值（图5.60）。

相对阻尼系数可按下式确定：

$$\xi = \frac{1}{\sqrt{\left[\frac{\pi}{\ln(1-D')}\right]^2 + 1}} \quad (5-6)$$

式中，ξ 为相对阻尼系数。

根据前面得到的数据可以直接计算出衰减率为

$$D' = \frac{29.5821}{29.5821 + 23.4222 + 19.6304 + 16.3935 + 14.0192} = 0.28707$$

则相对阻尼系数为

$$\xi = \frac{1}{\sqrt{\left[\frac{\pi}{\ln(1-0.28707)}\right]^2+1}} = 0.10709$$

根据求得的衰减率 D' 的值也可直接从图 5.61 中查得相对阻尼系数 ξ 的值。由图 5.61 可知，计算结果与查得的结果相差无几，所以计算结果具有很高的精度和可靠度。

(7) 横摆角速度总方差。横摆角速度总方差按下式确定：

$$E_\omega = \left[\sum_{i=0}^{n}\left(\frac{\omega_i}{\omega_o}\right)^2 - 0.5\right] \cdot \Delta t \tag{5-7}$$

式中，E_ω 为横摆角速度总方差，s；ω_i 为横摆角速度响应时间历程曲线瞬时值，(°)/s；ω_o 为横摆角速度响应初始值，(°)/s；n 为采样点数，按 $n \cdot \Delta t = 3s$ 选取；Δt 为采样时间间隔，一般不大于 0.2s。

求横摆角速度总方差的具体方法如下：先将横摆角速度时间历程曲线以 ".tab" 的格式导出，得到离散化的横摆角速度瞬时值，然后在 Excel 中将各瞬时值除以横摆角速度响应初始值 ω_o，并对得到的计算结果进行平方。这里，我们选取采样时间间隔为 $\Delta t = 0.01s$，则由公式 $n \cdot \Delta t = 3s$ 求得采样点数为 $n = 300$。对 $n \cdot \Delta t = 3s$ 内的计算结果进行求和处理，在上述结果的基础上再减去 0.5，最后乘以采样时间间隔 0.01s，最终得到横摆角速度总方差为 0.45088s。

2. 高速回正性能试验

GB/T 6323.4 规定，对于最高车速超过 100km/h 的汽车，要进行高速回正性能试验，试验车速为被试汽车最高车速的 70% 并四舍五入为 10 的整数倍，我们以 130km/h 的车速进行仿真分析。GB/T 6323.4 中规定的试验方法如下：试验汽车先沿试验路段以试验车速直线行驶，记录各测量变量的零线。随后驾驶员转动转向盘使侧向加速度达到 $(2\pm0.2)m/s^2$，待稳定并开始记录后，驾驶员突然松开转向盘并做一标记，至少记录松手后 4s 内的汽车运动过程。记录时间内节气门开度保持不变。

为了在 ADAMS/Car 模块中实现上述运动过程，在 Simulate/Full-Vehicle Analysis/Cornering Events/Cornering w/Steer Release…界面中选择 Acceleration and Velocity 作为达到稳态目标的方式，即使汽车在运动过程中自动改变运动的轨道半径，同时达到指定的侧向加速度 $(2\pm0.2)m/s^2$ 和纵向速度 130km/h。与低速回正性能类似，我们仍然设定直线引道的长度为 10m，稳定时间为 2.5s。仿真后汽车在直角坐标系中的位置曲线如图 5.62 所示。

与低速回正性能类似，汽车先在直线引道上以试验车速(130km/h)作直线运动，然后转动转向盘使汽车沿某一半径的圆周行驶，并使侧向加速度达到 $(2\pm0.2)m/s^2$，汽车开始在某一转向盘转角下以稳定的车速行驶，最后，松开转向盘，撤销转向盘上的输入信号，使汽车在没有转向盘输入的情况下自由行驶，这时，汽车偏离了原来的圆形车道，经历一段不稳定的过渡时期后，汽车最终将逐渐趋于直线行驶状态，即实现了汽车运动状态的自动回正。整个运动过程中，转向盘转角时间历程曲线如图 5.63 所示。

从图 5.63 中可以看出，在汽车开始运动的极短的一段时间内转向盘转角维持在 0°左右，即汽车处于直线行驶状态，之后逐渐增大转向盘转角，使汽车由直线行驶状态逐渐过渡到匀速圆周行驶状态，待车速稳定并到达 $(2\pm0.2)m/s^2$ 的侧向加速度后，在极短的时

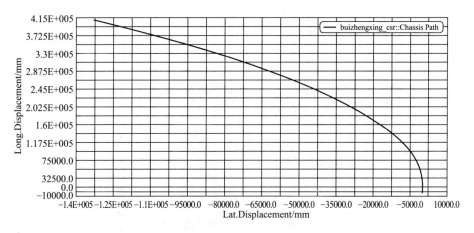

图 5.62 仿真过程中汽车在直角坐标系中的位置曲线

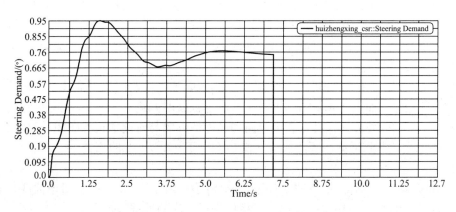

图 5.63 转向盘转角时间历程曲线

间内使转向盘转角变回 0°，即去除作用在转向盘上的输入信号。最终，汽车将在 0°的转向盘转角下趋于直线行驶。由此可见，该仿真过程完全符合 GB/T 6323.4 的相关规定，能够很好地模拟实车的运动状态。此外，图 5.63 表明，在直线行驶、圆周行驶、撒转向盘行驶三种状态下，汽车的转向盘转角时间历程曲线表现为三种明显不同的变化趋势。汽车的前进车速时间历程曲线如图 5.64 所示，侧向加速度时间历程曲线如图 5.65 所示。

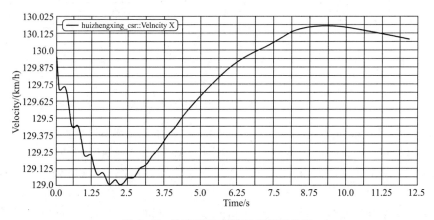

图 5.64 汽车前进车速时间历程曲线

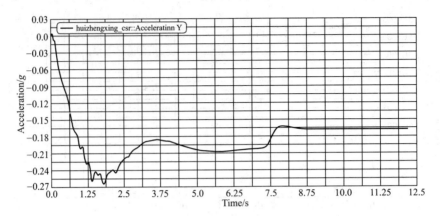

图 5.65　侧向加速度时间历程曲线

虽然图 5.64 所示的汽车前进速度在整个仿真过程中有所波动,但其变动范围为 129.0026~130.1769km/h,其变动量仅为 1.1743km/h,而且从 4.69~7.19s 这段稳定行驶时间内,其变动范围为 129.5907~130.0215km/h,变动量仅为 0.4308km/h,如此微小的变动量是可以接受的。

由图 5.65 可知,在三种不同的行驶状态下,侧向加速度时间历程曲线也表现为三种明显不同的变化趋势,而且在 4.69~7.19s 这段稳定行驶时间内,侧向加速度的变化范围为 $-1.95804 \sim -1.98548 m/s^2$(负号表示侧向加速度的方向与所选的正方向相反),其变动量为 $0.02744 m/s^2$,由此可见,侧向加速度满足 GB/T 6323.4 中的相关要求(GB/T 6323.4 规定的侧向加速度为 $2 \pm 0.2 m/s^2$)。

汽车的横摆角速度时间历程曲线如图 5.66 所示,由图 5.66 可以看出该曲线是收敛型的,故可对仿真后得到的相关曲线按以下指标进行相应的处理。

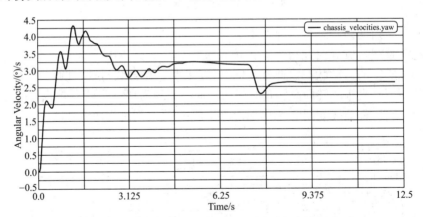

图 5.66　横摆角速度时间历程曲线

(1) 时间坐标原点。时间坐标原点的定义同前,由图 5.63 可知,时间坐标原点为 7.19s。
(2) 稳定时间。稳定时间的定义同前,由图 5.66 可知,稳定时间约为 2.32s。
(3) 残留横摆角速度。残留横摆角速度的定义同前,由图 5.66 可知,残留横摆角速度为 $2.6194°/s$。
(4) 横摆角速度超调量。横摆角速度超调量的定义同前,由图 5.66 可知,横摆角速

度超调量为

$$\sigma = \frac{0.3331}{0.5317} \times 100\% = 62.6481\%$$

(5) 横摆角速度自然频率。横摆角速度自然频率 f_0 按式(5-4)确定。由图 5.66 可知，横摆角速度响应时间历程曲线的峰-峰值依次为 $A_1 = 0.3561°/s$、$A_2 = 0.0242°/s$。两相邻波峰的时间间隔依次为 $\Delta t_1 = 0.96s$、$\Delta t_2 = 0.78s$。将以上数据代入式(5-4)得横摆角速度自然频率为 $f_0 = 0.52712Hz$。

(6) 相对阻尼系数。可先由公式(5-5)求得衰减率 D'，再由公式(5-6)求得相对阻尼系数 ξ，或求得衰减率 D' 后直接由图 5.61 查得相对阻尼系数。根据前面得到的数据可以直接计算出衰减率

$$D' = \frac{0.3561}{0.3561 + 0.0242} = 0.93637$$

则相对阻尼系数为

$$\xi = \frac{1}{\sqrt{\left[\frac{\pi}{\ln(1-0.93637)}\right]^2 + 1}} = 0.65929$$

根据求得的衰减率 D' 的值也可直接从图 5.61 中查得相对阻尼系数 ξ 的值。由图 5.61 可知，计算结果与查得的结果相差无几，所以计算结果具有很高的精度和可靠度。

(7) 横摆角速度总方差。横摆角速度总方差的计算公式与低速回正性能相同。横摆角速度总方差既可以采用与低速回正性能试验相同的方法进行求解，也可以采用如下方法进行求解：先将横摆角速度时间历程曲线在 ADAMS 的后处理模块中进行简单的处理，例如，将该曲线整体除以横摆角速度响应初始值 ω_0，再对新得到的曲线进行平方处理，然后以".tab"的格式导出，得到相应曲线的离散化瞬时值，然后在 Excel 中对 $n \cdot \Delta t = 3s$ 内的各瞬时值进行求和处理，在上述结果的基础上再减去 0.5，最后乘以采样时间间隔 Δt (0.01s)最终得到横摆角速度总方差为 2.08028s。这里，我们仍然选取采样时间间隔为 $\Delta t = 0.01s$，则由公式 $n \cdot \Delta t = 3s$ 可求得采样点数仍为 $n = 300$。

5.4.5 转向轻便性试验

转向轻便性试验方法是研究汽车瞬态闭环响应特性的一种重要试验方法。驾驶员通过转向盘控制汽车的行驶方向，如果驾驶员操纵转向盘时有沉重感，便不能敏捷地转动转向盘，并且会因为劳动强度过大而容易产生疲劳；如果驾驶员操纵转向盘时有过轻的感觉，会使驾驶员产生"发飘"的感觉，从而失去"路感"，难于控制车辆的行驶方向。因此操纵转向盘时应当有一个适宜的轻重感觉，这是一辆操纵稳定性良好的汽车所必须具备的一个条件。通过转向轻便性试验可以综合评价汽车行驶稳定性及乘坐舒适性。

GB/T 6323.5—1994《汽车操纵稳定性试验方法 转向轻便性试验》中规定的试验方法如下：试验前驾驶员可操纵汽车沿双纽线路径行驶若干周，熟悉路径和相应操作。随后，使汽车沿双纽线中点"O"处的切线方向作直线滑行，并停车于"O"点处，停车后注意观察车轮是否处于直行位置，否则应转动转向盘进行调整。然后双手松开转向盘，记录转向盘中间位置和作用力矩的零线；试验时，驾驶员操纵转向盘，使汽车以 $10 \pm 2km/h$ 的车速沿双纽线路径行驶，待车速稳定后，开始记录转向盘转角和作用力矩，并记录行驶车速作为监督参数。汽车沿双纽线绕行一周至记录起始位置，即完成一次试验，全部试验

应进行三次。在测量记录过程中,驾驶员应保持车速稳定和平稳地转动转向盘,不应同时松开双手,并且在行驶中不准撞倒标桩。

进行转向轻便性试验时,汽车沿双扭线行驶,GB/T 6323.5 中规定的双扭线的极坐标方程为

$$l = d\sqrt{\cos 2\phi} \tag{5-8}$$

轨迹上任意点的曲率半径 R 按下式确定:

$$R = \frac{d}{3\sqrt{\cos 2\phi}} \tag{5-9}$$

当 $\phi = 0°$ 时,双扭线顶点的曲率半径为最小值,即

$$R_{\min} = \frac{d}{3} \tag{5-10}$$

双扭线的最小曲率半径 $R_{\min}$(单位:m)应按试验汽车前外轮的最小转弯半径 $r_{\min}$(单位:m)乘以 1.1 倍来算,并据此画出双扭线,在双扭线最宽处,顶点和中点(即节点)的路径两侧各放置两个标桩,共计放置 16 个标桩(图 5.67)。标桩与试验路径中心线的距离,为车宽的一半加上 50cm,或取转弯通道圆宽度的二分之一加上 50cm。参考类似车型的有关参数,仿真中相应参数的具体设置见表 5-7。

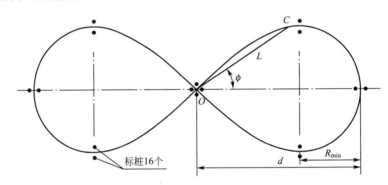

图 5.67 转向轻便性试验场地示意图

表 5-7 转向轻便性试验参数

参 数 名 称	参 数 值
汽车前外轮最小转弯半径 $r_{\min}/m$	5.8
双扭线的最小曲率半径 $R_{\min}/m$	$R_{\min} = r_{\min} \times 1.1 = 6.38$
扭线的直径 d/m	$d = 3 \times R_{\min} = 19.14$

由表 5.7 中的参数可得双扭线轨迹的极坐标方程为

$$l = 19.14\sqrt{\cos 2\phi} \tag{5-11}$$

将其转化为直角坐标方程,形式如下:

$$(x^2 + y^2)^2 = 366.3396(x^2 - y^2) \tag{5-12}$$

仿真时应充分考虑整车模型的初始状态,由于 ADAMS/Car 中建立的整车模型在仿真开始时处于沿车辆坐标系的 X 轴负方向直线行驶状态,所以为了确保整车模型在仿真开始时的状态位于双扭线中点 "O" 处的切线方向上,应该将 GB/T 6323.5 中规定的双扭线

曲线逆时针旋转 $45°$，使旋转后的双扭线中点"O"处的切线与初始状态下车辆坐标系的 X 轴重合，旋转后的双扭线极坐标方程为

$$l = 19.14\sqrt{\sin 2\phi} \qquad (5-13)$$

直角坐标方程为

$$(x^2+y^2)^2 = 732.6792xy \qquad (5-14)$$

双扭线方程的变换对汽车转向轻便性试验的分析没有任何影响，进行变换的目的只是为了试验分析的方便。根据直角坐标方程(5-14)，在 Excel 中得到相应的离散化坐标值，将其以".dcd"格式的文件导入到"driver_data"文件夹中，作为仿真轨迹的驱动参数文件。

在相关参数的记录过程中，为了确保车速的稳定性，仿真时设置仿真时间为 70s，使汽车以 10km/h 的车速绕双扭线轨迹行驶两周，记录第二周内转向盘作用力矩、转向盘转角、转向盘直径等参数值，并记录行驶车速作为监督参数。仿真后得到的汽车前进车速时间历程曲线如图 5.68 所示，由图 5.68 可以看出，在整个仿真过程中，汽车的前进车速有所波动，但其变动范围为 9.71503~10.21203km/h，变动量仅为 0.497km/h，所以仿真时汽车的行驶车速满足 GB/T 6323.5 中所要求的 (10 ± 2)km/h 的车速。在根据记录的转向盘转角和作用力矩，可分别计算出转向盘最大作用力矩、转向盘最大作用力、转向盘的作用功、转向盘平均摩擦力矩和平均摩擦力。仿真完成后在 ADAMS 的后处理模块中得到的侧向加速度时间历程曲线、车身侧倾角时间历程曲线以及横摆角速度时间历程曲线分别如图 5.69~图 5.71 所示。仿真后汽车的运动轨迹如图 5.72 所示，在后处理模块中得到的直角坐标系下的各时刻汽车位置曲线如图 5.73 所示。

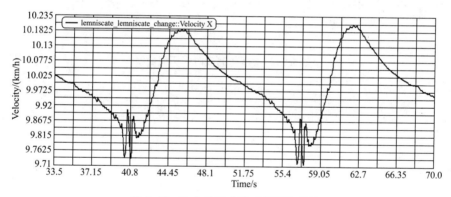

图 5.68 汽车前进车速时间历程曲线

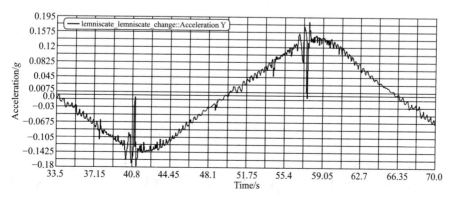

图 5.69 侧向加速度时间历程曲线

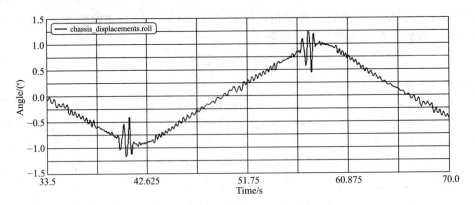

图 5.70 车身侧倾角时间历程曲线

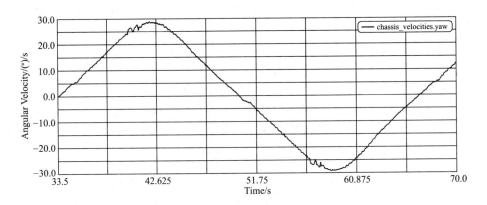

图 5.71 横摆角速度时间历程曲线

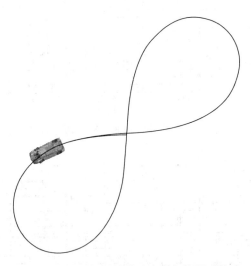

图 5.72 转向轻便性试验中汽车的运动轨迹

表征汽车转向轻便性能的各参量分述如下：

（1）转向盘最大作用力矩。由转向盘作用力矩与转向盘转角之间的关系曲线（图 5.74）可知，转向盘最大作用力矩为 $M_{max}=36.6990649\text{N}\cdot\text{m}$。

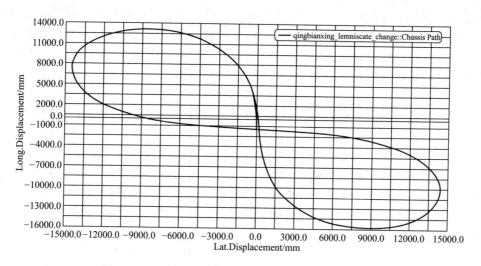

图 5.73　仿真过程中汽车在直角坐标系中的位置曲线

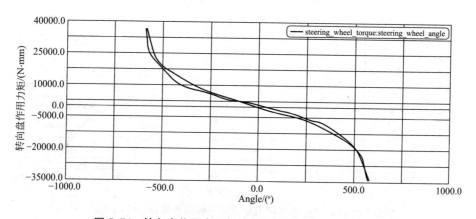

图 5.74　转向盘作用力矩与转向盘转角之间的关系曲线

（2）转向盘最大作用力。转向盘最大作用力按下式确定：

$$F_{max} = \frac{2M_{max}}{D} \tag{5-15}$$

式中，F_{max} 为转向盘最大作用力，N；M_{max} 为转向盘最大作用力矩，N·m；D 为试验汽车原有转向盘直径，m。

已知试验汽车原有转向盘直径 $D=0.34$ m，所以转向盘最大作用力为

$$F_{max} = \frac{2 \times 36.6990649}{0.34} N = 215.8768524 N$$

（3）转向盘的作用功。绕双扭线路径每一周的作用功，用下式确定：

$$W = \frac{1}{57.3} \int_{-\theta_{max}}^{+\theta_{max}} |\Delta M(\theta)| d\theta \tag{5-16}$$

式中，W 为转向盘作用功，J；$\Delta M(\theta)$ 为转向盘往返作用力矩之差随转向盘转角变化曲线处的数值，N·m；$\pm\theta_{max}$ 为转向盘向左、向右最大转角，(°)。

由转向盘转角时间历程曲线（图 5.75）可知，转向盘左转最大转角为 $\theta_{max}=-582.7374°$，

转向盘右转最大转角为 $\theta_{max}=578.7024°$。在 ADAMS 的后处理模块中，利用曲线编辑工具可直接得到 $\Delta M(\theta)-\theta$ 曲线，如图 5.76 所示。再对该曲线取绝对值，然后对新得到的曲线进行积分，并取积分区间为 $[-\theta_{max}, +\theta_{max}]$，最后将得到的结果除以 57.3 即可得到转向盘作用功，经计算得 $W=1579.2J$。

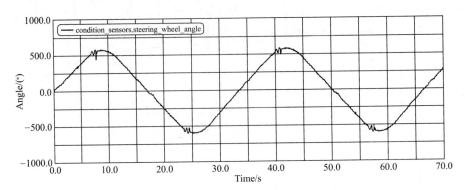

图 5.75　转向盘转角时间历程曲线

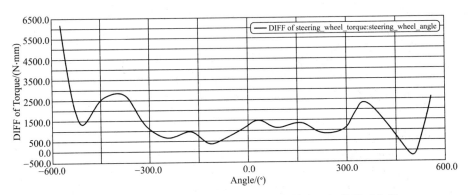

图 5.76　转向盘往返作用力矩之差与转向盘转角之间的关系曲线

(4) 转向盘平均摩擦力矩和平均摩擦力。

① 绕双扭线路径每一周转向盘平均摩擦力矩，用下式确定：

$$\overline{M}_{aw}=\frac{W}{(|+\theta_{max}|+|-\theta_{max}|)\cdot 2} \qquad (5-17)$$

式中，$\overline{M}_{aw}$ 为转向盘平均摩擦力矩，N·m。

由以上数据可直接求得转向盘平均摩擦力矩的数值

$$\overline{M}_{aw}=\frac{1579.2}{(|578.7024|+|-582.7374|)\times 2}N\cdot m=0.67985N\cdot m$$

② 转向盘平均摩擦力，用下式确定：

$$\overline{F}_{aw}=\frac{2\overline{M}_{aw}}{D} \qquad (5-18)$$

式中，$\overline{F}_{aw}$ 为转向盘平均摩擦作用力，N。

将转向盘平均摩擦力矩和试验汽车原有转向盘直径的数值直接代入式 (5-18) 即可求

得转向盘平均摩擦作用力的数值 $\overline{F}_{aw} = \dfrac{2\times 0.67985}{0.34}\text{N} = 3.99912\text{N}$。

5.4.6 转向盘转角阶跃输入试验

转向盘转角阶跃输入响应试验是用来评价汽车瞬态响应特性的一种试验方法,是给转向盘一个突然的转角输入,然后保持转向盘转角固定不变,使车辆由稳态的直线行驶进入稳态的转圈行驶。汽车在运动姿态方面的变化量包括横摆角速度、侧向加速度、质心侧偏角、车身侧倾角等。GB/T 6323.2—1994《汽车操纵稳定性试验方法 转向瞬态响应试验(转向盘转角阶跃输入)》中规定的转向盘转角阶跃输入试验方法如下:试验车速以最高车速的70%并四舍五入为10的整数倍来计。这里以130km/h的车速进行仿真。在0~3s内使整车模型以130km/h的车速直线行驶,接着在0.15s内迅速将转向盘从0°转到预选位置,使其满足起跃时间不超过0.2s或者起跃速度不小于200°/s的要求。然后固定转向盘不动,保持车速不变,记录仿真过程中的汽车运动响应。仿真过程中转向盘转角的预选位置(输入角),可按稳态侧向加速度值 $1\sim 3\text{m/s}^2$ 确定,从侧向加速度为 1m/s^2 做起,每间隔 0.5m/s^2 运行一次仿真。其评价指标常用横摆角速度响应时间、侧向加速度响应时间和横摆角速度峰值响应时间等来表示。

以稳态侧向加速度值为 2m/s^2 时的仿真试验为例进行说明,各测量变量的稳态值,采用进入稳态后的均值。若汽车前进速度的变化率大于5%或转向盘转角的变化超出平均值的10%,则本次仿真无效。仿真后在后处理模块中得到的直角坐标系下的各时刻汽车位置曲线如图5.77所示。

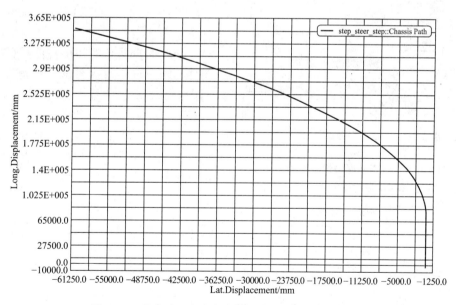

图5.77 仿真过程中汽车在直角坐标系中的位置曲线

表征汽车在转向盘转角阶跃输入下的瞬态响应性能的各参量分述如下:

(1) 稳态侧向加速度值。由侧向加速度时间历程曲线(图5.78)可知,稳态侧向加速度值为 -2.00018m/s^2,此时转向盘转角的输入值为 $43.04°$,由此可见,转向盘转角的预选位置满足GB/T 6323.2的要求。

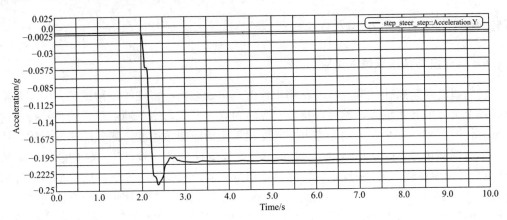

图 5.78 侧向加速度时间历程曲线

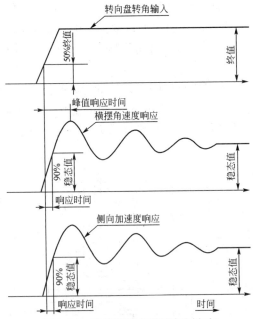

图 5.79 计算横摆角速度与侧向加速度响应时间的示意图

（2）横摆角速度与侧向加速度的响应时间。横摆角速度响应时间是指从转向盘转角达到 50% 的转角设定值起至横摆角速度达到其稳态值的 90% 时的时间（图 5.79），该时间越短，车辆瞬态响应性能越好。侧向加速度响应时间是指从转向盘转角达到 50% 的转角设定值起至侧向加速度达到其稳态值 90% 时的时间（图 5.79），该时间越短，车辆瞬态响应性能越好。

由转向盘转角时间历程曲线（图 5.80）可知，转向盘转角达到 50% 转角设定值的时间是 2.071s。由横摆角速度时间历程曲线（图 5.81）可知，横摆角速度的稳态值为 3.2061(°)/s，横摆角速度达到 90% 稳态值的时间为 2.105s，所以，横摆角速度响应时间为 0.034s。

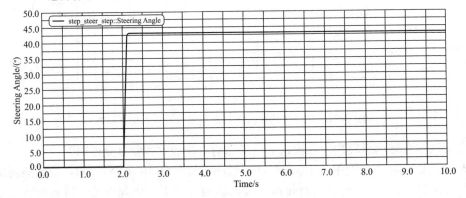

图 5.80 转向盘转角时间历程曲线

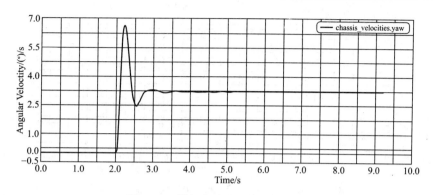

图 5.81 横摆角速度时间历程曲线

由侧向加速度时间历程曲线(图 5.78)可知,侧向加速度达到 90% 稳态值的时间是 2.231s,所以,侧向加速度响应时间为 0.16s。

(3) 横摆角速度峰值响应时间。横摆角速度峰值响应时间是指从转向盘转角达到 50% 设定值起到横摆角速度达到最大值时的一段时间,该值越小,瞬态响应性能越好。由横摆角速度时间历程曲线(图 5.81)可知,横摆角速度达到最大峰值的时间为 2.21s,所以,横摆角速度峰值响应时间为 0.139s。

(4) 横摆角速度超调量按下式确定:

$$\sigma = \frac{\omega_{\max} - \omega_0}{\omega_0} \cdot 100\% \qquad (5-19)$$

式中,σ 为横摆角速度超调量,%;ω_0 为横摆角速度响应稳态值(图 5.79),(°)/s;$\omega_{\max}$ 为横摆角速度响应最大值(图 5.79),(°)/s。

由图 5.81 可知,横摆角速度响应的稳态值和最大值分别为 $\omega_0 = 3.2061°/s$,$\omega_{\max} = 6.6149°/s$。所以,横摆角速度超调量为

$$\sigma = \frac{6.6149 - 3.2061}{3.2061} \times 100\% = 106.3223\%$$

(5) 横摆角速度总方差。根据 GB/T 6323.2 的规定,横摆角速度总方差应该按照下式确定:

$$E_\omega = \sum_{i=0}^{n} \left(\frac{\theta_i}{\theta_0} - \frac{\omega_i}{\omega_0} \right)^2 \cdot \Delta t \qquad (5-20)$$

式中,E_ω 为横摆角速度总方差,s;θ_i 为转向盘转角输入的瞬时值,(°);ω_i 为汽车横摆角速度输出的瞬时值,(°)/s;θ_0 为转向盘转角输入终值,(°);ω_0 为汽车横摆角速度响应稳态值,(°)/s;n 为采样点数,取至汽车横摆角速度响应达到新稳态值为止;Δt 为采样时间间隔,不应大于 0.2s。

对于仿真得到的横摆角速度时间历程曲线,可以对其进行积分得到横摆角速度总方差,即可以采用如下公式计算横摆角速度总方差:

$$E_\omega = \int_0^t \left(\frac{\theta(t)}{\theta_0} - \frac{\omega(t)}{\omega_0} \right)^2 dt \qquad (5-21)$$

式中,$\theta(t)$ 为积分区间内,转向盘转角的输入值,(°);$\omega(t)$ 为积分区间内,汽车横摆角速度的输出值,(°)/s;t 为汽车横摆角速度响应达到新稳态值所需要的时间,s。

经上述处理后得到的 $E_\omega - t$ 曲线如图 5.82 所示,从图中可以方便的得到横摆角速度总方差值,即 $E_\omega = 0.1823s$。

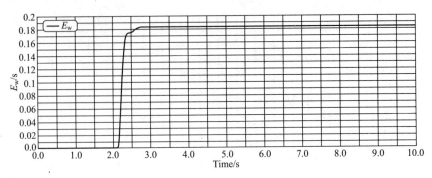

图 5.82 $E_\omega - t$ 曲线

(6) 侧向加速度总方差。根据 GB/T 6323.2 的规定,侧向加速度总方差应该按照下式确定:

$$E_{ay} = \sum_{i=0}^{n} \left(\frac{\theta_i}{\theta_0} - \frac{a_{yi}}{a_{y0}} \right)^2 \cdot \Delta t \qquad (5-22)$$

式中,E_{ay} 为侧向加速度总方差,s;a_{yi} 为侧向加速度响应的瞬时值,m/s²;a_{y0} 为侧向加速度响应的稳态值,m/s²。

对于仿真得到的侧向加速度时间历程曲线,可以对其进行积分得到侧向加速度总方差,即可以采用如下公式计算侧向加速度总方差:

$$E_{ay} = \int_0^t \left(\frac{\theta(t)}{\theta_0} - \frac{a_y(t)}{a_{y0}} \right)^2 dt \qquad (5-23)$$

式中,$a_y(t)$ 为积分区间内,侧向加速度随时间的响应,m/s²。

经上述处理后得到的 $E_{ay}-t$ 曲线如图 5.83 所示,从图中可以方便的得到侧向加速度总方差值,即 $E_{ay} = 0.0462$s。

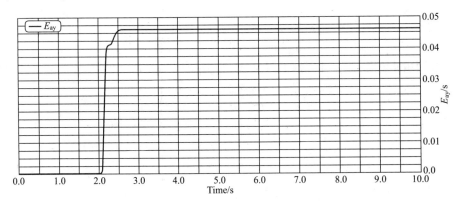

图 5.83 $E_{ay}-t$ 曲线

(7) "汽车因素" TB。"汽车因素" TB 由横摆角速度峰值响应时间乘以汽车质心稳态侧偏角求得。由汽车质心侧偏角时间历程曲线(图 5.84)可知,汽车质心稳态侧偏角为 $-0.7415°$,所以 $TB = 0.139 \times (-0.7415)° \cdot s \approx -0.1031° \cdot s$。

不同侧向加速度下的试验数据见表 5-8,根据表 5.8 中的数据分别拟合出以下曲线:横摆角速度响应时间与稳态侧向加速度之间的关系曲线(图 5.85),侧向加速度稳态响应与转向盘转角之间的关系曲线(图 5.86),横摆角速度稳态响应与转向盘转角之间的关系曲线

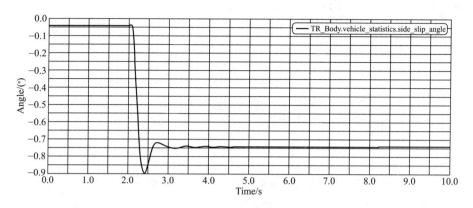

图 5.84 汽车质心侧偏角时间历程曲线

(图 5.87),侧向加速度响应时间与稳态侧向加速度之间的关系曲线(图 5.88),汽车质心侧偏角与稳态侧向加速度之间的关系曲线(图 5.89),"汽车因素"与稳态侧向加速度之间的关系曲线(图 5.90),横摆角速度总方差与稳态侧向加速度之间的关系曲线(图 5.91),侧向加速度总方差与稳态侧向加速度之间的关系曲线(图 5.92)。

表 5-8 各侧向加速度下得到的试验数据

稳态侧向加速度/m·s^{-2}	1.0	1.5	2.0	2.5	3.0
转向盘转角(°)	18.63	29.55	43.04	55.10	66.22
侧向加速度响应时间/s	0.163	0.159	0.16	0.1585	0.1571
横摆角速度稳态响应/[(°)·s^{-1}]	1.5901	2.3927	3.2061	4.0179	4.8368
横摆角速度响应时间/s	0.034	0.0325	0.0340	0.0297	0.0302
汽车质心侧偏角(°)	−0.3773	−0.5546	−0.7415	−0.8979	−1.0402
"汽车因素"TB	−0.0547	−0.0804	−0.1031	−0.1212	−0.1404
横摆角速度总方差/s	0.1518	0.1671	0.1823	0.1640	0.1404
侧向加速度总方差/s	0.0492	0.0472	0.0462	0.0487	0.0492
横摆角速度峰值响应时间/s	0.145	0.145	0.139	0.135	0.135
横摆角速度超调量(%)	95.0255	99.9624	106.3223	101.8194	92.4247

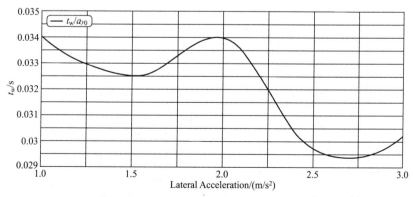

图 5.85 横摆角速度响应时间与稳态侧向加速度之间的关系曲线

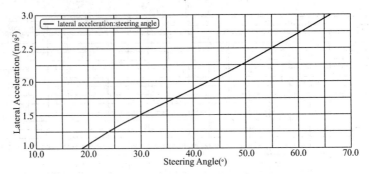

图 5.86　侧向加速度稳态响应与转向盘转角之间的关系曲线

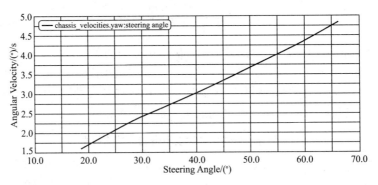

图 5.87　横摆角速度稳态响应与转向盘转角之间的关系曲线

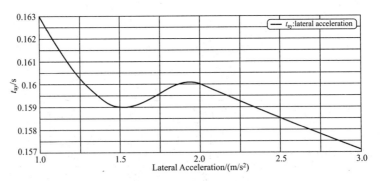

图 5.88　侧向加速度响应时间与稳态侧向加速度之间的关系曲线

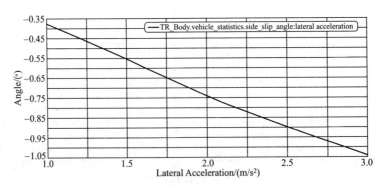

图 5.89　汽车质心侧偏角与稳态侧向加速度之间的关系曲线

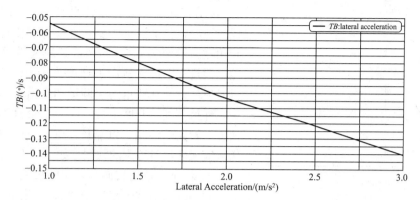

图5.90 "汽车因素"与稳态侧向加速度之间的关系曲线

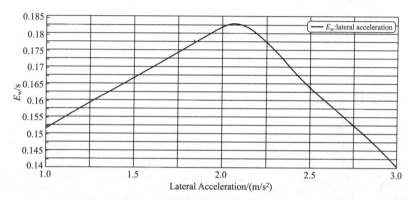

图5.91 横摆角速度总方差与稳态侧向加速度之间的关系曲线

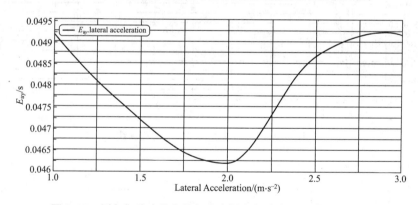

图5.92 侧向加速度总方差与稳态侧向加速度之间的关系曲线

5.4.7 转向盘转角脉冲输入试验

转向盘转角脉冲输入试验方法是研究汽车瞬态响应特性的一种重要试验方法,尤其是研究汽车频率响应特性的一种简便试验方法。

仿真时,试验车速取试验汽车最高车速的70%并四舍五入为10的整数倍,在该仿真试验中,试验车速取为130km/h。汽车先以试验车速直线行驶,此时,汽车的横摆角速度范围应为$0\pm0.5°/s$。然后给转向盘一个三角脉冲转角输入(图5.93),试验时向左(或向

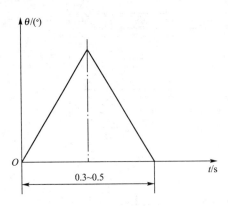

图 5.93 转向盘上的三角脉冲输入示意图

右)转动转向盘,并迅速转回原处(允许及时修正)保持不动,直至汽车回复到直线行驶位置。转向盘转角输入脉宽为 0.3~0.5s,其最大转角应使本试验过渡过程中最大侧向加速度为 $4m/s^2$,转动转向盘时应尽量使其转角的超调量达到最小。试验过程中,保持节气门开度不变,同时记录汽车的横摆角速度、转向盘转角、汽车前进车速等基本参数值。仿真完成后,对得到的数据作如下处理:

1)汽车车速与转向盘转角的校验

对汽车车速与转向盘转角进行校验的目的在于检验仿真过程中车速与转向盘转角的变化范围是否超出了 GB/T 6323.3 中的相关要求。汽车前进车速时间历程曲线和转向盘转角时间历程曲线分别如图 5.94 和图 5.95 所示。由图 5.94 可知,仿真过程中,汽车前进车速的变化范围为 129.8779~130.0315km/h,所以车速的变化量没有超过规定车速的±5%,符合 GB/T 6323.3 的要求。由图 5.95 可知,转向盘转角的零线在转动转向盘进行脉冲输入的前后能够保持一致。由此可见,这两项指标均符合 GB/T 6323.3 中的规定。

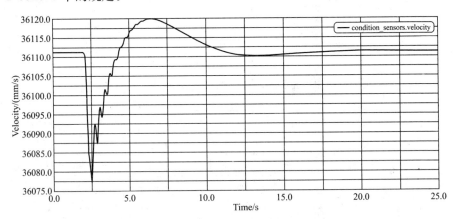

图 5.94 汽车前进车速时间历程曲线

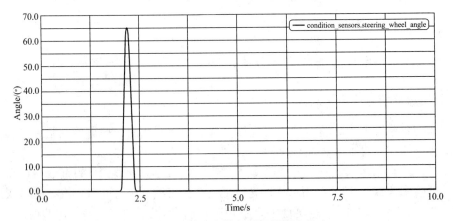

图 5.95 转向盘转角时间历程曲线

2) 转向盘脉冲输入和横摆响应的幅频特性与相频特性分析

转向盘转角脉冲响应的传递函数如下:

$$G(jk\omega_0) = \frac{\int_0^T \omega(t)\cos k\omega_0 t\, dt - j\int_0^T \omega(t)\sin k\omega_0 t\, dt}{\int_0^T \theta(t)\cos k\omega_0 t\, dt - j\int_0^T \theta(t)\sin k\omega_0 t\, dt} \quad (5-24)$$

式中,$\omega(t)$ 为横摆角速度时间历程;$\theta(t)$ 为转向盘转角时间历程;ω_0 为计算时选用的最小频率,一般取为 0.1Hz;$k=1,2,3,\cdots,n$,$n \times \omega_0 = 3\text{Hz}$。

根据欧拉公式(5-25),将式(5-24)化为式(5-26)的形式。

$$e^{-jx} = \cos x - j\sin x \quad (5-25)$$

$$G(jk\omega_0) = \frac{\int_0^T \omega(t)e^{-jk\omega_0 t}\, dt}{\int_0^T \theta(t)e^{-jk\omega_0 t}\, dt} \quad (5-26)$$

在 ADAMS 的后处理模块中将汽车横摆角速度时间历程曲线(图 5.96)和转向盘转角时间历程曲线(图 5.95)分别以 ".tab" 格式输出,并在 Excel 中将其保存为 ".txt" 格式,然后根据式(5-26)编写相应的 Matlab 程序,执行程序后输出转向盘转角脉冲输入条件下的幅频特性曲线和相频特性曲线,如图 5.97~图 5.98 所示。

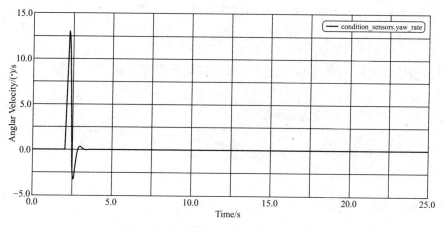

图 5.96 汽车横摆角速度时间历程曲线

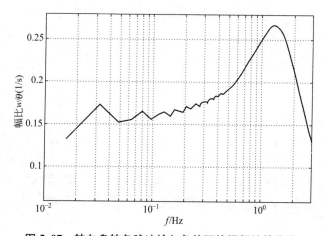

图 5.97 转向盘转角脉冲输入条件下的幅频特性曲线

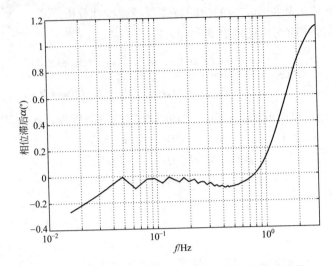

图 5.98 转向盘转角脉冲输入条件下的相频特性曲线

(1) 谐振频率 f_p。由图 5.97 可知,谐振频率 f_p(谐振频率 f_p 是指幅频特性曲线中谐振峰所对应的频率)为 1.3051Hz,$f=f_p$ 处的横摆角速度增益 A_p 为 0.2676s^{-1}。

(2) 谐振峰水平 D。谐振峰水平 D 用如下公式进行计算:

$$D = 20 \cdot \lg \frac{A_p}{A_0} \quad (5-27)$$

式中,D 为谐振峰水平,dB;A_p 为 $f=f_p$ 处的横摆角速度增益,s^{-1};A_0 为 $f=0$ 处的横摆角速度增益,s^{-1}。

当 $f=0$ 时,式(5-26)变为如下形式:

$$G = \frac{\int_0^T \omega(t)dt}{\int_0^T \theta(t)dt} \quad (5-28)$$

此时,横摆角速度增益 A_0 为 0.1092 s^{-1},所以

$$D = 20 \times \lg \frac{0.2676}{0.1092} dB = 7.7853 dB$$

(3) 相位滞后角 α。根据 QC/T 480—1999《汽车操纵稳定性指标限值与评价方法》中关于相位滞后角 α 的规定,应取输入频率为 1Hz 处的相位滞后角作为该仿真试验中轿车的相位滞后角。由图 5.98 可知,该整车模型的相位滞后角为 $\alpha=0.1267°$。

5.4.8 蛇行试验

蛇行试验方法是评价汽车随动性、收敛性、方向操纵轻便性及事故可避免性的典型试验,也是包括车辆—驾驶员—环境在内的一种闭环试验,其试验结果不但取决于车辆本身的特性,而且取决于驾驶员自身的特性和驾驶技术的好坏。该试验能够考核车辆的急剧转向能力以及汽车在接近侧滑或侧翻工况下的操纵性能,综合评价汽车行驶稳定性、乘坐舒适性以及安全性。此外,该试验也可以作为对比不同车辆操纵稳定性的主观评价中的一种感性试验。

为确保整车模型能够按照 GB/T 6323.1—1994《汽车操纵稳定性试验方法 蛇行试验》中规定的轨迹线行驶，在蛇行试验驱动参数文件中应该按照如图 5.99 所示的试验路径确定汽车的行驶轨迹。其中，GB/T 6323.1 规定标桩数目为 10 根，标桩间距为 30m，对于轿车取基准车速为 65km/h。仿真过程中需要记录各测量变量的时间历程曲线及通过有效标桩区的时间。

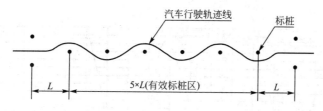

图 5.99 蛇行试验路径示意图

仿真后在后处理模块中得到的直角坐标系下的各时刻汽车位置曲线如图 5.100 所示。由图 5.100 可以看出，整车模型能够很好地沿着图 5.99 所示的试验路径行驶。

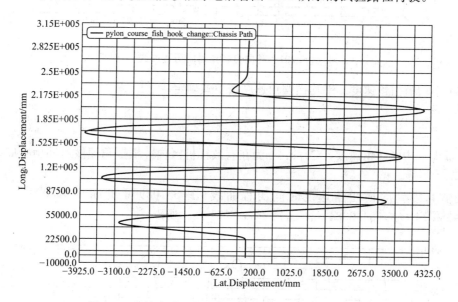

图 5.100 仿真过程中汽车在直角坐标系中的位置曲线

为了研究汽车在蛇行试验中的性能，需要对仿真后得到的相关试验数据做如下处理：
(1) 蛇行车速。蛇行车速按下式计算：

$$v = 3.6L(N-1)/t \tag{5-29}$$

式中，v 为蛇行车速，km/h；L 为标桩间距，m，$L=30$m；N 为有效标桩区起始至终了标桩数，$N=6$；t 为通过有效标桩区的时间，s。

由仿真得到的时间历程曲线可知 $t=9.04$s，所以

$$v = 3.6 \times 30 \times (6-1)/9.04 \, \text{m/s} = 59.7345 \, \text{m/s}$$

(2) 平均转向盘转角。平均转向盘转角按下式确定：

$$\theta = \frac{1}{4} \sum_{i=1}^{4} |\theta_i| \tag{5-30}$$

式中，θ 为平均转向盘转角，(°)；θ_i 为在有效标桩区内，转向盘转角时间历程曲线峰值，(°)。

由仿真得到的转向盘转角时间历程曲线(图 5.101)可知 $\theta_1 = 7.5489°$，$\theta_2 = -9.3504°$，$\theta_3 = 12.2537°$，$\theta_4 = -12.5664°$，所以

$$\theta = \frac{1}{4} \times (7.5489° + 9.3504° + 12.2537° + 12.5664°) = 10.42985°$$

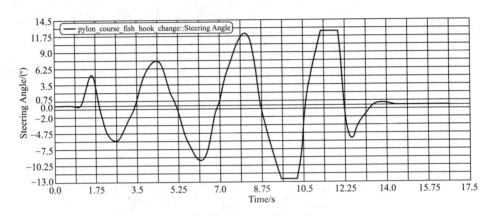

图 5.101 转向盘转角时间历程曲线

(3) 平均横摆角速度。平均横摆角速度按下式确定

$$\omega = \frac{1}{4} \sum_{i=1}^{4} |\omega_i| \tag{5-31}$$

式中，ω 为平均横摆角速度，(°)/s；ω_i 为在有效标桩区内，横摆角速度时间历程曲线的峰值，(°)/s。

由仿真得到的横摆角速度时间历程曲线(图 5.102)可知 $\omega_1 = 33.0396°/s$，$\omega_2 = -32.9969°/s$，$\omega_3 = 34.3384°/s$，$\omega_4 = -35.8951°/s$，所以

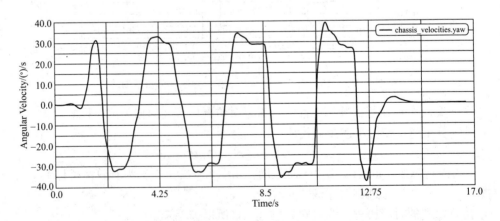

图 5.102 横摆角速度时间历程曲线

$$\omega = \frac{1}{4} \times (33.0396°/s + 32.9969°/s + 34.3384°/s + 35.8951°/s) = 34.0675°/s$$

(4) 平均车身侧倾角。平均车身侧倾角按下式计算：

$$\phi = \frac{1}{4} \sum_{i=1}^{4} |\phi_i| \qquad (5-32)$$

式中，ϕ 为平均车身侧倾角，(°)；ϕ_i 为在有效标桩区内，车身侧倾角时间历程曲线峰值，(°)。

由仿真得到的车身侧倾角时间历程曲线(图5.103)可知 $\phi_1 = -3.2822°$，$\phi_2 = 3.3398°$，$\phi_3 = -3.5969°$，$\phi_4 = 3.7919°$，所以

$$\phi = \frac{1}{4} \times (3.2822° + 3.3398° + 3.5969° + 3.7919°) = 3.5027°$$

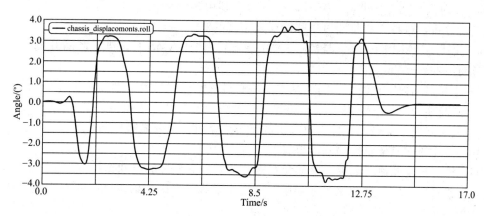

图5.103　车身侧倾角时间历程曲线

(5)平均侧向加速度。平均侧向加速度按下式计算：

$$a_y = \frac{1}{4} \sum_{i=1}^{4} |a_{yi}| \qquad (5-33)$$

式中，a_y 为平均侧向加速度，m/s^2；a_{yi} 为在有效标桩区内，侧向加速度时间历程曲线的峰值，m/s^2。

由仿真得到的侧向加速度时间历程曲线(图5.104)可知，$a_{y1} = -0.9851 m/s^2$，$a_{y2} = 0.997 m/s^2$，$a_{y3} = -0.984 m/s^2$，$a_{y4} = 1.0114 m/s^2$，所以

$$a_y = \frac{1}{4} \times (0.9851 + 0.997 + 0.984 + 1.0114) m/s^2 = 0.994375 m/s^2$$

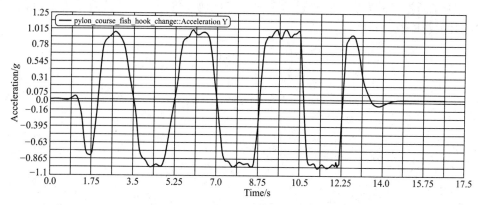

图5.104　侧向加速度时间历程曲线

思考题

1. 利用多体系统动力学理论解决实际问题时，可完成哪些具体任务？
2. 多刚体系统动力学的研究方法有哪几种？试简述每种方法的基本原理。
3. 计算多体系统动力学的主要任务有哪些？对多刚体系统动力学理论有哪些影响？
4. 概述多柔体系统动力学的具体研究方法。
5. 在对汽车动力学进行研究时，有时需要利用多刚体系统动力学软件近似对多柔体系统进行分析，这种方法是通过哪些途径来实现的？
6. 简述 ADAMS/Car 的建模原理，并指出利用 ADAMS/Car 进行产品开发时可完成的任务有哪些。
7. 建立整车数字化模型所需的基本参数有哪些？这些参数分别如何获得？
8. 试简述利用 ADAMS/Car 模块建立一个典型整车动力学模型的基本步骤。
9. 在建立用于操纵稳定性仿真分析的整车模型时，需要做哪些简化？
10. 简述建立悬架模板的基本步骤。
11. 试分析麦弗逊式前独立悬架和双横臂式后独立悬架的空间拓扑结构。
12. 建立一个较完整的整车数字化模型需要哪些子系统？请以框图的形式说明整车模型的建模过程。
13. 评价悬架系统性能的基本指标有哪些？分别是如何定义的？
14. 为确保悬架系统乃至整车模型具有较好的运动特性，在确定车轮定位参数时应特别注意哪些问题？
15. 试分析在车轮上下跳动的过程中，车轮定位参数应满足怎样的变化规律，并阐述对麦弗逊式前独立悬架进行优化的基本过程。
16. 请列举操纵稳定性优劣的汽车在行驶过程中分别有什么样的表现。
17. 如何对汽车的操纵稳定性进行研究和评价？
18. 简要概述汽车操纵稳定性的评价方法，并分析对汽车的操纵稳定性进行正确评价时应重点关注哪些问题。
19. ADAMS/Car 模块中常用的控制文件有哪几种？分析各种控制文件的具体作用。
20. 为了对汽车的操纵稳定性进行全面、合理地评价，通常需要进行哪些试验？简述各种试验的具体实施方法。

第6章 汽车平顺性仿真分析

本章学习目标

★ 熟悉影响汽车平顺性的相关激励源,了解随机路面不平度拟合理论
★ 掌握一定的振动力学基础,了解人体对振动的反应情况
★ 熟悉汽车平顺性的评价方法,掌握汽车平顺性仿真试验方法

本章教学要点

知识要点	掌握程度	相关知识
汽车平顺性振动激励分析	熟悉能使汽车产生振动的激励源的种类; 了解各种激励源对汽车平顺性的影响程度	汽车的基本构造; 振动产生的原因; 各种激励源对汽车平顺性的影响
随机路面不平度拟合理论	了解路面不平度位移功率谱密度的拟合方法	随机路面不平度拟合理论; 生成随机路面的基本流程
ADAMS软件的振动力学基础	了解ADAMS软件中振动力学模型的建立与求解方法	振动力学基本理论; 振动力学模型的简化与建立
人体对振动的反应和汽车平顺性评价方法	了解人体在汽车振动环境中所产生的反应; 熟悉评价汽车平顺性的各种方法	人体对不同振动频率的敏感程度; 评价汽车平顺性的相关计算公式
汽车平顺性仿真及结果分析	掌握随机不平路面和凸块路面条件下,汽车平顺性试验方法及数据处理过程	建立随机不平路面和凸块路面所需的基本参数

导入案例

随着我国国民经济的飞速发展，我国的道路交通状况得到极大的改善，为各类车辆提供了良好的行驶环境，但是汽车的平顺性与人体的乘坐舒适程度密切相关，平顺性较差的汽车容易使人产生头晕、恶心等不舒适症状，所以研究汽车的平顺性仍具有重要的现实意义。进行汽车平顺性仿真试验的关键在于试验路面的选择，目前常用的路面有随机不平路面和凸块路面。图 6.1 中所示的沥青路面是汽车行驶过程中经常遇到的一种路面。作为一种常用的随机路面，沥青路面的轮廓特征具有很大的随机性，但大量的统计数据表明，这种路面也具有一定的规律性。通过这种规律性可以确定描述沥青路面的基本参数，进而以路面文件的形式在 ADAMS 软件中建立起相应的路面模型，这样建立的路面能够很好地模拟实际路面的真实状况，能够确保仿真结果具有较高的准确性。总之，获得真实、有效的路面参数是进行汽车平顺性仿真与评价的前提条件。

图 6.1 沥青路面

6.1 汽车平顺性振动激励分析

中国作为发展中国家，在过去的几十年里，国民经济保持了健康、稳定、快速的发展，汽车工业也取得了令人瞩目的进步，我国的汽车生产能力得到极大提高。近几年来，我国家庭汽车拥有量快速增长，高速公路和高等级公路建设速度加快，汽车行驶里程越来越远，乘客乘坐时间越来越长，汽车的平顺性更加受到汽车生产企业及用户的关注。因此，对汽车平顺性的研究具有很重要的现实意义。

车辆是一个动态系统，能对输入的激励产生振动响应，这些响应主要包括乘员所在位置的振动的大小和方向以及乘员对车辆的感受。同时，车辆的运动又具有一定的综合性，在行驶过程中，不仅路面的高低不平会引起车体的振动，而且汽车本身的零部件也会使车体发生振动；同时，汽车的车身、车架及其他主要部件，其固有振动频率也会严重影响汽车的平顺性。因此，在进行汽车平顺性分析时应充分考虑各种振源对汽车行驶平顺性的影响。有效抑制振动必须了解振源各自的特点并判明主要振源的所在。引起汽车振动的基本振源如图 6.2 所示。由图 6.2 可知，引起汽车振动的主要振源有路面不平度激励、发动机激励、传动轴不平衡激励、轮胎激励等。其中，路面不平度对汽车产生的激励属于随机激励，其统计特性通常用路面功率谱密度函数来描述；在汽车行驶过程中，发动机气缸内的燃气压力和运动件的不平衡惯性力周期性的变化都会使曲轴系统和发动机整机产生振动，而且与整车传动系统密切相关的曲轴系统的扭振在发动机激励中表现比较突出；传动轴是一种高速旋转的部件，由于其回转轴线与质量中心不完全重合，所以，在高速旋转的过程中，传动轴也会产生一定的激振力；轮胎的不均匀度、不平衡度以及车轮的垂直跳动是轮胎产生振动的主要原因。

研究经验表明，这三种形式的激励虽然都比较复杂，但其峰值频率具有一定的规律性。在上述三种振动激励中，路面不平度激励对汽车的平顺性影响最大，低频部分的振动主要是由随机路面的不平激励引起的悬架质量系统和非悬架质量系统的共振。由于影响乘坐舒适性的振动主要位于低频段，所以为了提高仿真的效率，在建立整车模型时主要考虑随机路面的不平度激励。

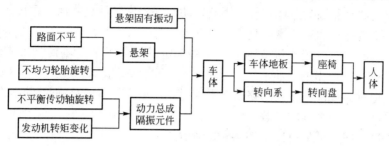

图 6.2　引起汽车振动的基本振源

在进行汽车行驶平顺性分析时，讨论的对象是"路面—汽车—人"构成的三维系统，系统的输入是路面纵剖面的变化，此输入经过轮胎、悬架、座椅等弹性元件传到人体，再由人的反应等复杂因素进行综合，最后产生系统输出，即人对车辆振动的反应。汽车的平顺性可由图 6.3 所示的"路面—汽车—人"系统的框图来分析。路面不平度和车速形成了对汽车振动系统的"输入"，此"输入"经过由轮胎、悬架、座垫等弹性阻尼元件以及悬架、非悬架质量构成的振动系统的传递，得到振动系统的"输出"，即悬架质量的加速度或进一步经座椅传至人体的加速度，此加速度通过人体对振动的反应——舒适性来评价汽车的平顺性。当振动系统的"输出"作为优化目标时，通常还要综合考虑车轮与路面间的动载荷和悬架弹簧的动挠度，它们分别影响"行驶安全性"和撞击悬架限位块的概率。

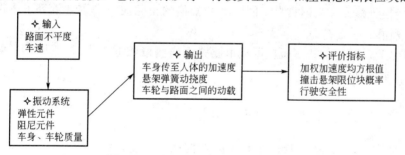

图 6.3　"路面—汽车—人"系统框图

保持振动环境的舒适性，可以保证驾驶员在复杂的行驶和操纵条件下具有良好的心理状态和准确灵敏的反应能力，可以保证乘客的身体健康与工作效能。所以，研究汽车平顺性的主要目的就是控制汽车振动系统的动态特性，使振动的"输出"在给定工况的"输入"下不超过一定界限，以保持乘员的舒适性。

6.2　随机路面不平度拟合理论

大量的分析结果表明，路面不平度具有随机、平稳和各态历经特性，可以用平稳随机过程理论来分析和描述。通常把道路垂直纵断面与道路表面的交线作为路面不平度的样本，通过样本的数学特征——方差或功率谱密度函数来描述路面。均值为零时，方差可以反映路面不平度大小的总体情况；功率谱密度函数能够表示路面不平度能量在空间频域的分布，说明了路面不平度或者路波的结构，当功率谱密度用坐标图表示时，坐标上功率谱密度曲线下的面积就是路面不平度方差。功率谱密度函数不仅能够表征路面不平度的结构，而且还能反映出路面的总体特征。因此，功率谱密度函数是路面不平度最重要的数学特征。但是，不管是标准道路谱还是实测道路谱，其PSD(功率谱密度)只是路面不平度的一个统计量。因此，对应于测量范围内某一种确定的路面不平度，其PSD是唯一的；但对于给定的PSD，模拟出的路面不平度并不唯一，也就是说，频域模型和时域模型并非一一对应，所以通过频域模型得到的路面不平度时域模型只能看成是满足给定路谱的全部可能的路面不平度中的一个样本函数。

路面不平度的时域模型可以采用多种方法生成，例如，滤波白噪声生成法(线性滤波法)、基于有理函数PSD模型的离散时间随机序列生成法、根据随机信号的分解性质所推演的谐波叠加法(也称频谱表示法)以及基于幂函数功率谱的快速Fourier(傅里叶)反变换生成法等。

下面，我们重点介绍谐波叠加法和快速Fourier反变换生成法。

谐波叠加法特别适合用于国家标准道路谱时域模型的生成，尽管谐波叠加法计算量相对较大，但该方法理论基础严密、算法简单直观、数学基础严密、是一种高保真的频域模型转换方法。利用这种方法拟合不平路面的基本原理如下：设路面高程是平稳的、遍历均值为0的Gaussian(高斯)过程，则可以用不同形式的三角级数进行模拟。下面，以正弦波为例对其加以描述。随机正弦波(或其他谐波)叠加法采用的模型是以离散谱逼近目标随机过程，是一种离散化的数值模拟路面方法。随机信号(如随机风压或路面轮廓)可以通过离散Fourier变换分解为一系列具有不同频率和幅值的正弦波。谱密度就等于由带宽划分的上述正弦波幅值的平方。

按照GB/T 7031—2005《机械振动道路路面谱测量数据报告》，路面不平度位移功率谱密度拟合表达式如下：

$$G_d(n) = G_d(n_0) \left(\frac{n}{n_0}\right)^{-\omega} \tag{6-1}$$

式中，n_0 为参考频率，$n_0 = 0.1 \text{m}^{-1}$；$G_d(n_0)$ 为路面不平度系数，m^2/m^{-1}；$G_d(n)$ 为路面不平度，m^2/m^{-1}；ω 为频率指数，根据经验，$\omega = 2$。

GB/T 7031规定，按照功率谱密度把路面分为八个等级，并规定每种路面等级下不平度系数 $G_d(n_0)$ 的取值范围和几何平均值，见表6-1。

表6-1 路面不平度系数 $G_d(n_0)$ 的取值范围和几何平均值

路面等级	路面不平度系数 $G_d(n_0) \times 10^{-6} \text{m}^2/\text{m}^{-1}$ ($n_0 = 0.1 \text{m}^{-1}$)		
	下限	几何平均值	上限
A	8	16	32
B	32	64	128
C	128	256	512
D	512	1024	2048

(续)

路面等级	路面不平度系数 $G_d(n_0) \times 10^{-6} \mathrm{m}^2/\mathrm{m}^{-1}$ ($n_0 = 0.1\mathrm{m}^{-1}$)		
	下限	几何平均值	上限
E	2048	4096	8192
F	8192	16384	32768
G	32768	65536	131072
H	131072	262144	524288

已知空间频率在 $n_1 < n < n_2$ 范围内的路面位移谱密度为 $G_d(n)$，利用平稳随机过程的平均功率的频谱展开性质，路面不平度的方差 σ_z^2 为

$$\sigma_z^2 = \int_{n_1}^{n_2} G_d(n) \mathrm{d}n \tag{6-2}$$

将区间 (n_1, n_2) 划分为 n 个小区间，取每个小区间中心频率 $n_{mid-1}(i=1, 2, \cdots, n)$ 处的谱密度值 $G_d(n_{mid-i})$ 代替 $G_d(n)$ 在整个小区间内的值，则式 (6-2) 离散化后近似为

$$\sigma_z^2 \approx \sum_{i=1}^{n} G_d(n_{mid-i}) \cdot \Delta n_i \tag{6-3}$$

对应每个小区间，现在要找到具有频率 $n_{mid-1}(i=1, 2, \cdots, n)$ 且其标准差为 $\sqrt{G_d(n_{mid-i}) \cdot \Delta n_i}$ 的正弦波函数，这样的正弦波函数可以表示为

$$\sqrt{2G_d(n_{mid-i}) \cdot \Delta n_i} \cdot \sin(2\pi n_{mid-i} x + \theta_i) \tag{6-4}$$

式中，x 为频域路面的 X 方向上的数值。将其作为独立的一段：

$$q(x) = \sum_{i=1}^{n} \sqrt{2G_d(n_{mid-i}) \cdot \Delta n_i} \cdot \sin(2\pi n_{mid-i} x + \theta_i) \tag{6-5}$$

式中，θ 为 $[0, 2\pi]$ 上均匀分布的随机数。

至此，通过离散频域路面的 X 方向的 x 值，就可以得到空间频域下随机路面 Y 方向的值。

在 ADAMS 中，不平的路面是由一系列三角形的平面单元组合而成的一个三维表面。其原理如图 6.4 所示，其中，数字 1、2、3…表示节点 (Node)，这些节点的 x、y 坐标必须满足一定的规律，z 坐标仅表示路面的宽度；由这些节点按一定的规律组成路面单元 (Element)；然后，在路面单元里设置静摩擦系数和动摩擦系数，就能模拟出真实的路面。

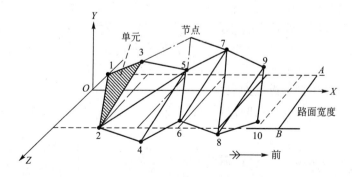

图 6.4 随机不平路面原理图

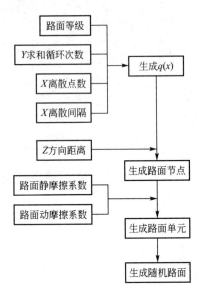

图 6.5 生成随机路面的 VB 程序流程图

根据随机不平路面原理图和上述随机路面不平度拟合理论,可以通过编写 VB 程序的方式生成随机路面。随机路面谱的编制应满足以下三项要求:第一,路面谱的位置要处于轮胎的下方;第二,路面谱向上的方向要指向轮胎所处的一侧;第三,路面谱的大小要根据仿真的需要来确定。VB 程序流程图如图 6.5 所示,生成的程序界面如图 6.6 所示。

采用幂函数形式的路面功率谱密度来描述路面特性时,其基本思想如下:由功率谱密度的离散采样构造出频谱,然后对频谱进行傅里叶逆变换得到时域模拟的不平度激励函数。目前,国内采用的是国际标准化组织在文件 ISO/TC108 SC2N67 中提出的"路面不平度表示方法草案"和长春汽车研究所起草制定的"车辆振动输入——路面不平度表示方法"两个标准。这两个标准可以反映实际路面的一般状况,但是,还有待进一步完善。

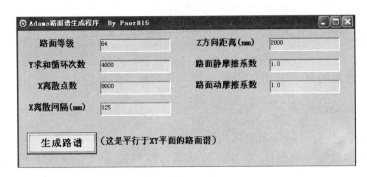

图 6.6 随机不平路面的 VB 程序界面

6.3 ADAMS 软件的振动力学基础

汽车在行驶过程中,由于自身及路面不平度激励因素的存在,会使汽车产生振动,这种振动达到一定程度时,将使乘员感到不舒适和疲劳,或使运送的货物损坏。研究平顺性的目的就是要控制振动的传递,保证乘坐者不舒适的感觉不超过一定界限和货物运输的安全。近几年来,计算机技术、随机振动理论、试验方法以及系统动力学等领域的深入研究,使得汽车平顺性仿真分析更为全面、更加接近实际使用情况。

对于单自由度系统,如经典的弹簧-质量-阻尼系统,质量块的运动方程为

$$\ddot{x} + \dot{x}\frac{c}{m} + x\frac{k}{m} = 0 \qquad (6-6)$$

式(6-6)也可写成

$$m\ddot{x} + c\dot{x} + kx = 0 \qquad (6-7)$$

式中，m 为质量块的质量，kg；x 为质量块的位移，m；k 为弹簧的刚度系数，N/m；c 为阻尼系数，N·s/m。

根据无阻尼固有频率和阻尼比的定义式(6-7)重写为

$$\ddot{x}+2\xi\omega_n\dot{x}+\omega_n^2 x=0 \qquad (6-8)$$

式中，ξ 为阻尼比，$\xi=\dfrac{c}{2\sqrt{km}}=\dfrac{c}{2m\omega_n}$；$\omega_n$ 为无阻尼固有频率，$\omega_n=\sqrt{\dfrac{k}{m}}$。由此可以看出，无阻尼固有频率 ω_n 只是弹簧刚度 k 和质量 m 的函数，与阻尼值无关。

ADAMS 使用拉普拉斯(Laplace)变换，在仿真运行时把模型变换为线性矩阵，然后再通过特征值(Eigenvalues)向量计算系统的固有频率和阻尼比，其计算结果与上述计算是等效的。一般来说，特征值 λ 由实部(Real part)λ_r 和虚部(Imaginary part)λ_i 两部分组成，即 $\lambda=\lambda_r\pm\lambda_i$。为了求解方便，设 $x=e^{\lambda t}$，将其代入式(6-8)中可得

$$\lambda^2+2\xi\omega_n\lambda+\omega_n^2=0 \qquad (6-9)$$

于是微分方程(6-8)的通解为

$$x=B_1 e^{\lambda_1 t}+B_2 e^{\lambda_2 t} \qquad (6-10)$$

式中，B_1 和 B_2 为任意常数，其数值决定于运动的初始条件。

由式(6-9)解得特征方程的根为

$$\lambda_{1,2}=-\xi\omega_n\pm\omega_n\sqrt{\xi^2-1} \qquad (6-11)$$

振动解的计算可以分为以下三种情况：

(1) 当阻尼比 $\xi<1$ 时，式(6-11)即可变为 $\lambda_{1,2}=-\xi\omega_n\pm j\omega_n\sqrt{1-\xi^2}$，则式(6-10)随之变为

$$x=e^{-\xi\omega_n t}(B_1 e^{j\omega_d t}+B_2 e^{-j\omega_d t}) \qquad (6-12)$$

式中，ω_d 为阻尼自由振动响应，$\omega_d=\omega_n\sqrt{1-\xi^2}$。

令，$\lambda_r=-\xi\omega_n$，$\lambda_i=\omega_n\sqrt{1-\xi^2}$，则此时 ADAMS 利用下式计算无阻尼固有频率和阻尼比。

$$\omega_n=\sqrt{\lambda_r^2+\lambda_i^2} \qquad (6-13)$$

$$\xi=\dfrac{\lambda_r}{\sqrt{\lambda_r^2+\lambda_i^2}} \qquad (6-14)$$

(2) 当阻尼比 $\xi>1$ 或 $\xi=1$ 时，方程(6-8)的解表示振动响应按指数衰减，这种运动不再是振动，也不会产生共振之类的问题，对研究振动问题没有任何意义。所以当阻尼比大于或等于 1 时为过阻尼或临界阻尼状态，此时特征值不能被计算，即无振动解，阻尼值的结果均报告为 1。

(3) 当阻尼比 $\xi=0$ 时，表示为刚体模态。

6.4 人体对振动的反应和汽车平顺性评价方法

6.4.1 人体对振动的反应

人体是一个复杂的机械振动系统，振动对人体的直接影响涉及躯干和身体局部的生物动态反应行为、生理反应、性能减退和敏感度障碍，是影响车辆乘坐舒适性的主要因

素。振动加速度是评价振动对人体影响的基本参数,振动频率是振动运动速度的表征。机械振动通过人体表面作用于人体,在人体内引起一系列生理、心理反应。轻微的振动对人体是无害的,但一定强度的振动会给人体健康造成危害,过分强烈的振动还直接导致内脏器官的机械损伤。机械振动对人体的影响,取决于振动的频率、强度、作用方向和持续时间,而且每个人因心理素质与身体素质的不同而对振动的敏感程度有很大差异。

目前,应用较为广泛的车辆平顺性评价标准来源于 ISO 2631。国际标准化组织(ISO)在综合大量有关人体全身振动研究成果的基础上,于 1974 年颁布了 ISO 2631 的最初版本——《人体承受全身振动评价指南》。后来经过不断修订和补充,ISO 于 1997 年公布了 ISO 2631—1:1997(E)《人体承受全身振动评价 第 1 部分:一般要求》。该标准规定了如图 6.7 所示的人体坐姿受振模型。在进行舒适性评价时,考虑了座椅支撑面处输入点 3 个方向的线振动、3 个方向的角振动以及座椅靠背和脚支撑面 2 个输入点各 3 个方向的线振动,共 3 个输入点 12 个轴向的振动。此标准认为人体对不同频率振动的敏感程度不同。标准规定椅面垂直轴向 z_s 的频率加权函数 w_k 最敏感频率范围为 $4\sim12.5\mathrm{Hz}$,其中,在 $4\sim8\mathrm{Hz}$ 频率范围内,人的内脏器官将会产生共振,而 $8\sim12.5\mathrm{Hz}$ 频率范围的振动对人的脊椎系统影响很大。椅面水平轴向 x_s、y_s 的频率加权函数 w_d 最敏感频率范围为 $0.5\sim2\mathrm{Hz}$,大约在 $3\mathrm{Hz}$ 以下,水平振动比垂直振动更敏感,且汽车车身部分系统在此频率范围产生共振,故应对水平振动给予充分重视。

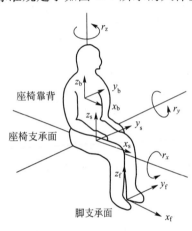

图 6.7 人体坐姿受振模型

车辆乘员所受的机械振动分为局部振动和全身振动两大类。局部振动是指作用于人体特殊部位(如头部和四肢)的振动。经过转向盘、踏板以及各种操纵机构传递到乘员的手或脚上的振动,属于局部振动。这种局部振动一般不会给乘员的身体健康造成损害,只会对操纵车辆的精确度有一定的影响。全身振动是指通过人体的支承表面传给人体的振动。车辆乘员承受的乘坐振动属于全身振动,通过乘员的臀部、腰、背传给乘员,激起人体的全身振动,这种振动是可能对乘员健康造成严重伤害的主要振动形式,因为当振动激励频率接近人体主要器官的固有频率时,将引起相应器官的共振而产生相对位移,从而使人感到不舒适,严重时将危害人的身体健康。一般说来,弱的振动将会引起人体组织和器官的移位、挤压从而影响其功能的发挥,强的振动则会引起人体组织和器官的机械损伤,如撞伤、压伤或撕伤等。

6.4.2 汽车平顺性评价方法

汽车行驶平顺性是汽车重要使用性能之一,其好坏不仅影响乘员的乘坐舒适性和货物的安全可靠运输,而且也影响着汽车多种使用性能的发挥和行驶系的寿命。然而,汽车平顺性的评价是一个极其复杂的过程,包括人、车、路三个环节,其中,人是最活跃的因素。

目前,汽车平顺性评价方法大致可以分为主观评价和客观评价两种方法。下面分别对这两种方法进行介绍。

主观评价方法主要考虑乘员的主观反应,在此基础上进行统计分析并对车辆的平顺性进行评价,即根据评价者实际乘车的感受或反应给出相对主观的评价结论。经过对主观评价的研究分析,设计人员根据经验可以简单地改变汽车悬架的参数来提高汽车的平顺性。但是,主观评价方法存在许多缺点,例如,在进行评价之前需要根据实际经验进行认真规划;需要统计上的无偏采样;由于人体自身复杂的心理、生理特性,即使对于相同的振动,不同的评价人员也会有不同的感受,得出的评价结论可能存在较大差别,这样就会导致评价结论难以对汽车的平顺性进行定量、准确的评价分析,主观评价只能对汽车的平顺性给出一个比较模糊的描述。所以,主观评价法仅能定性的说明或描述汽车的平顺性,不容易对汽车的平顺性做出合理的判断。

客观评价法则是主要考虑车辆的隔振性能,通过测定一些与平顺性相关的物理量(如振幅、频率、加速度等),并适当地考虑人体对振动的敏感程度来评价汽车的平顺性,在将相关的物理量与相应的标准进行对比后给出评价结论。由于客观评价方法排除了人与人之间的差异,并且以量值的概念对汽车的平顺性进行评价,所以这种方法可以比较精确、合理地分析汽车的平顺性。与主观评价法相比,客观评价法不仅能够对汽车的平顺性进行定量评价,从而较为客观的确定汽车的平顺性,而且容易将平顺性的好坏与汽车的结构参数联系起来,能够为汽车平顺性的提高或改善提供改进方法和依据,所以客观评价法在实际生产中应用广泛。

ISO 2631—1:1997(E)标准规定,当振动波形峰值系数小于9(峰值系数是加权加速度时间历程 $a_w(t)$ 的峰值与加权加速度均方根值 a_w 的比值)时,用基本的评价方法——加权加速度均方根值来评价振动对人体舒适和健康的影响。当峰值系数大于9时,用4次方和根值的方法来评价,能更好地估计偶尔遇到过大的脉冲引起的高峰值系数振动对人体的影响,此时采用辅助评价方法——振动剂量值为

$$VDV = \left[\int_0^T a_w^4(t) dt\right]^{\frac{1}{4}} / ms^{-1.75} \qquad (6-15)$$

GB/T 4970—1996《汽车平顺性随机输入行驶试验方法》规定,对于人体振动的评价用加权加速度均方根值 a_w 作为评价指标,并分别用 a_{xw}、a_{yw}、a_{zw} 表示前后方向(纵向)、左右方向(横向)和垂直方向振动的加权加速度均方根值,也可用三轴向加权加速度均方根的矢量和即总加权加速度均方根值(用 a_{w0} 表示)作为评价指标。对货车车厢振动的评价用加速度均方根值和加速度功率谱密度函数作为评价指标。

加权加速度均方根值是根据人体对振动频率的敏感程度按照振动方向进行加权计算的。其中,单轴向加权加速度均方根值 a_w 可用如下四种方法进行计算:

(1) 由等带宽频谱分析得到的加速度自功率谱密度函数 $G_a(f)$ 计算 a_w。

先按下式计算1/3倍频带加速度均方根谱值:

$$a_j = \left[\int_{f_{ij}}^{f_{uj}} G_a(f) df\right]^{\frac{1}{2}} \qquad (6-16)$$

式中,a_j 为中心频率为 f_j 的第 $j(j=1, 2, 3, \cdots, 20)$ 个 1/3 倍频带加速度均方根谱值,m/s^2;f_{ij} 和 f_{uj} 分别是 1/3 倍频带的中心频带为 f_j 的下、上限频率,Hz;$G_a(f)$ 为等带宽的加速度自功率谱密度函数,m^2/s^2。

然后，再按下式计算 a_w：

$$a_w = \left[\sum_{j=i}^{20}(w_j \cdot \alpha_j)^2\right]^{\frac{1}{2}} \tag{6-17}$$

式中，a_w 为单轴向加权加速度均方根值，m/s²；w_j 为第 j 个 1/3 倍频带的加权系数。

(2) 通过对 $G_a(f)$ 直接进行积分而计算 a_w。

$$a_w = \left[\int_{0.9}^{90} W^2(f) \cdot G_a(f) df\right]^{\frac{1}{2}} \tag{6-18}$$

式中，$W(f)$ 为频率加权函数，其中，Z 轴方向上 $W(f)$ 的表达式为

$$W(f) = \begin{cases} 0.5f^{\frac{1}{2}}, & 0.9 < f \leq 4 \\ 1.0, & 4 < f \leq 8 \\ 8/f, & f > 8 \end{cases} \tag{6-19}$$

X、Y 轴方向上 $W(f)$ 的表达式为

$$W(f) = \begin{cases} 1.0, & 0.9 < f \leq 4 \\ 2/f, & f > 2 \end{cases} \tag{6-20}$$

(3) 对于记录的加速度时间历程，通过符合频率加权函数 $W(f)$ 或频率加权滤波网络得到加权加速度时间函数 $\alpha_w(t)$，按下式计算：

$$a_w = \left[\frac{1}{T}\int_0^T \alpha_w^2(t) dt\right]^{\frac{1}{2}} \tag{6-21}$$

式中，$\alpha_w(t)$ 为加权加速度时间历程，m/s²；T 为统计持续时间，s。

(4) 由 1/3 倍频带均方根谱值计算 a_w。

若数据处理设备对所记录的加速度时间历程经过处理后，能直接得到 1/3 倍频带加速度均方根谱值 α_j，则可直接按式(6-17)计算 a_w。

ISO 2631—1：1997(E)规定，当评价振动对人体健康的影响时，应考虑 x_s、y_s、z_s 这三个轴向，且 x_s、y_s 两个水平轴向的轴加权系数取 $k=1.4$，比垂直轴向更敏感。此标准还规定靠背水平轴向 x_b、y_b 可以由椅面 x_s、y_s 水平轴向代替，此时轴加权系数取 $k=1.4$。所以总加权加速度均方根值 a_{w0} 可按下式计算。

$$a_{w0} = \left[(1.4a_{xw})^2 + (1.4a_{yw})^2 + a_{zw}^2\right]^{\frac{1}{2}} \tag{6-22}$$

式中，a_{xw} 为前后方向(即 X 轴向)加权加速度均方根值，m/s²；a_{yw} 为左右方向(即 Y 轴向)加权加速度均方根值，m/s²；a_{zw} 为垂直方向(即 Z 轴向)加权加速度均方根值，m/s²。

若测得的人体振动评价指标为等效均值(加权振级)，则应按如下公式换算成加权加速度均方根值。

$$L_{eq} = 20\lg\frac{a_w}{a_o} \tag{6-23}$$

式中，L_{eq} 为一定测量时间内的加权加速度均方根对数值，即等效均值，dB；a_o 为参考加速度均方根值，$a_o = 10^{-6}$ m/s²。

加权振级 L_{eq} 和加权加速度均方根值 a_w 与人的主观感觉之间的关系见表 6-2，通过将计算得到的加权加速度均方根值 a_w 或加权振级 L_{eq} 与人的主观感受进行对比，即可对汽车的行驶平顺性进行正确的评价。

表 6-2 加权振级 L_{eq} 和加权加速度均方根值 a_w 与人的主观感觉之间的关系

加权加速度均方根值 a_w/(m/s²)	加权振级 L_{eq}/dB	人的主观感觉
<0.315	110	没有不舒适
0.315~0.63	110~116	有一些不舒适
0.5~1.0	114~120	相当不舒适
0.8~1.6	118~124	不舒适
1.25~2.5	112~128	很不舒适
>2.0	126	极不舒适

6.5 汽车平顺性仿真及结果分析

随着汽车技术的发展和汽车产品质量的整体提高，人们对车辆的乘坐舒适性要求越来越高，因此对车辆平顺性的研究也显得越来越重要。利用 CAE 软件对虚拟样机进行性能测试已经成为汽车制造企业产品开发的主要手段。其中，ADAMS/CAR 仿真系统平台可在物理样车试制之前对整车的制动性、操纵稳定性和平顺性等性能进行评估和预测，便于与物理样车试验结果进行对比，最终评价出车辆的各项性能是否满足设计要求。该仿真平台既可用于新产品的性能预测，也可对老产品进行优化改型，在现代汽车制造业中得到了广泛应用。

汽车平顺性的精确定义对于实施平顺性相关试验具有重要的指导意义。汽车的平顺性主要是保持汽车在行驶过程中产生的振动和冲击环境对乘员舒适性的影响在一定界限之内，因此平顺性主要根据乘员主观感觉的舒适性来评价，对于载货汽车还包括保持货物完好的性能，是现代高速汽车的主要性能之一。汽车的各种性能是相互影响的，汽车行驶平顺性也影响着其他性能（例如动力性和经济性）的发挥。在汽车行驶过程中，如果行驶平顺性太差，强烈振动产生的动载荷会冲击汽车的零部件，加速零部件的磨损，降低零部件的疲劳寿命。汽车的强烈振动还会使车轮跳离路面，影响汽车的动力性、制动性以及操纵稳定性。为了减小汽车振动，驾驶员必须放慢车速，这样运输效率就会降低。汽车低速行驶又会导致燃油燃烧不充分，使燃油经济性变差，排放性能也变差。如果不放慢车速，汽车的强烈振动不仅会使驾乘人员产生疲劳，而且会使车上的货物过早损坏。所以，保证汽车的振动在一定限度范围内，并使驾驶员在长时间的驾驶和操纵条件下具有良好的心理和生理状态以及准确、灵敏的反应能力，对于确保车辆的行驶安全是非常重要的。

随着高速公路的不断发展和汽车行驶速度的逐步提高，汽车的行驶平顺性显得愈加重要，它成为现代高速、高效率汽车在激烈的市场竞争中最终获胜的一项重要性能指标。因此，研究汽车的行驶平顺性已经得到了汽车设计人员的高度重视。

在明确了汽车平顺性评价指标及其精确定义之后，即可对汽车的平顺性进行仿真分析。由于汽车本身是一个复杂的多体系统集合，外界载荷的作用复杂多变，人、车、环境三位一体的相互作用，所以汽车动力学模型的建立、分析、求解始终是个难题。然而，随着多体系统动力学的诞生和发展，机械系统运动学、动力学软件应运而生。基于 ADAMS 软件的数字化虚拟样机技术是缩短车辆研发周期、降低开发成本、提高产品设计和制造质量的重要途径。ADAMS 软件采用虚拟样机模拟技术，包含建模、分析、求解等通用平台，能够从多体动力学的角度很好的解决上述难题。随着虚拟产品开发手段以及虚拟设计技术的逐渐成熟，计算机仿真技术得到广泛应用，从子系统设计到整车系统的匹配都充分体现了数字化虚拟样机技术的优越性。系统动力学仿真是数字化虚拟样机的核心和关键技术。基于 ADAMS 软件的仿真技术是数字化功能技术的重要体现，改变了以传统的物理样机为基础的设计方法，工程设计人员可以借助 ADAMS 软件在计算机上建立更加准确的整车模型，并对其进行平顺性仿真研究，这样可以大大简化费时费力的物理样机的制造和试验过程，从而缩短产品的开发周期，降低产品的开发成本，提高产品的经济效益。对于汽车产品而言，由于汽车的动态性能尤为重要，所以利用 ADAMS 软件对其进行动力学仿真分析可以降低产品开发的风险。此外，在样车制造出来之前，通过对汽车产品进行动力学建模，并利用数字化虚拟样机技术对车辆的操纵稳定性和平顺性等性能进行计算机仿真分析，可以对汽车的相关结构参数进行优化，从而达到提高汽车性能，节约开发成本的目的。

目前，主要通过随机不平路面和单凸块脉冲输入两种工况对汽车平顺性进行分析。

6.5.1 随机不平路面平顺性仿真

根据 GB/T 4970—1996《汽车平顺性随机输入行驶试验方法》对随机不平路面的规定，可以采用以下两种试验道路：①沥青路，其路面等级应符合 GB/T 7031 规定的 B 级路面的要求；②砂石路，其路面等级应符合 GB/T 7031 规定的 C 级路面的要求。其中，砂石路为越野车、矿用自卸车优选路面，沥青路为其余类型汽车优选路面。所以，我们采用沥青路作为本试验的试验道路。参照 Sayers 模型对不同路面 PSD 参数的规定（表 6-3），同时考虑 ADAMS 中轮胎模型的具体特点，为了防止因轮胎出现剧烈跳动而导致仿真失败，随机沥青不平路面的主要参数确定如下：空间功率谱密度 $Ge=10^{-3\sim17}[(m^3/cycle)\times10^{-6}]$，速度功率谱密度 $Gs=12[(m/cycle)\times10^{-6}]$，加速度功率谱密度 $Ga=0.17[1/(m\times cycle)\times10^{-6}]$。

表 6-3 各种路面功率谱密度与粗糙度汇总表

项目 路面类型 （相当于）	IRI 路面粗糙度		Ge 空间功率谱密度/ $\dfrac{m^3}{cycle}\times10^{-6}$	Gs 速度功率谱密度/ $\dfrac{m}{cycle}\times10^{-6}$	Ga 加速度功率谱密度/ $\dfrac{1}{m\times cycle}\times10^{-6}$
	$\dfrac{inch}{mile}$	$\dfrac{mm}{km}$			
光滑沥青路面	75	1184	0	6	0
沥青路面	150	2367	0	12	0.17
粗糙沥青路面	225	3551	0.003	20	0.20
光滑水泥路面	80	1263	0	1	0
水泥路面	161	2541	0.1	20	0.25
粗糙水泥路面	241	3804	0.1	35	0.3

注：①1inch＝25.4mm；1mile＝1.6093km。

根据 GB/T 4970—1996《汽车平顺性随机输入行驶试验方法》的相关规定，对于行驶在沥青路面上的轿车，其试验车速应取 40、50、60、70、80、90、100km/h，其中常用车速为

70km/h，以 70km/h 车速下汽车平顺性仿真分析为例进行说明。行驶在随机不平路面上的汽车如图 6.8 所示。为了确保整车模型能够在随机不平路面上做匀速直线运动，需要通过".dcf"文件将汽车的行驶状态控制在匀速直线状态，同时，还需准备一个".rdf"格式的随机路面文件。其中，在".dcf"文件中，设定车速为"INITIAL_SPEED=19444.44444mm/s"，转向盘应设置在直行位置，即"STEERING_CONTROL='STRAIGHT'"；随机路面起始于 40m 处，其总长度为 3100m，即

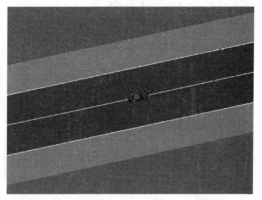

图 6.8 行驶在随机不平路面上的汽车

"START=40"，"STOP=3100"。上述两个文件准备完毕后方可执行仿真。仿真完成后进入 ADAMS 的后处理模块"PostProcessor"，在该模块中绘制出车速为 70km/h 时底盘处的前后方向、左右方向和垂直方向的加速度时间历程曲线，如图 6.9～图 6.11 所示。利用"PostProcessor"模块中的 FFT(快速傅里叶变换)功能，可直接由加速度时间历程曲线生成对应的等带宽的加速度自功率谱密度函数曲线，如图 6.12～图 6.14 所示，在加速度自功率谱密度函数曲线生成的过程中，所加用的窗函数为 Hamming(汉明)窗。

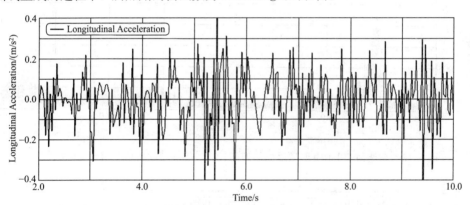

图 6.9 车速为 70km/h 时底盘前后方向(X 轴)的加速度时间历程曲线

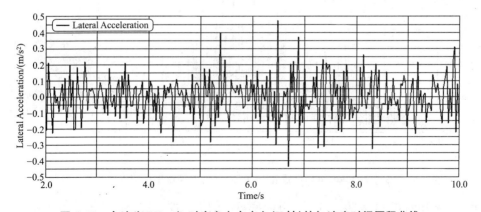

图 6.10 车速为 70km/h 时底盘左右方向(Y 轴)的加速度时间历程曲线

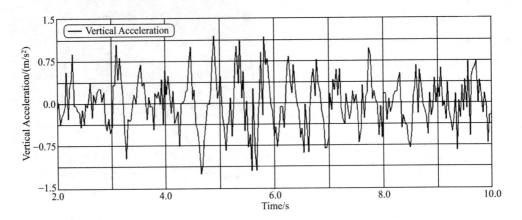

图 6.11　车速为 70km/h 时底盘垂直方向（Z 轴）的加速度时间历程曲线

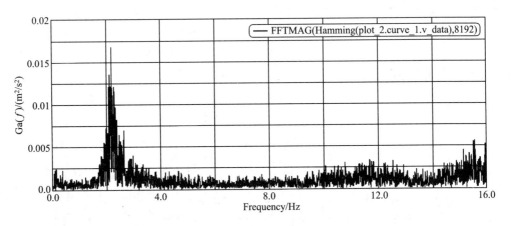

图 6.12　车速为 70km/h 时底盘前后方向（X 轴）的加速度自功率谱密度函数曲线

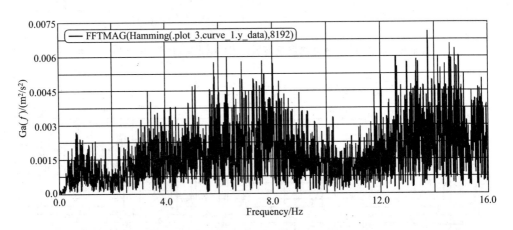

图 6.13　车速为 70km/h 时底盘左右方向（Y 轴）的加速度自功率谱密度函数曲线

图 6.12 和图 6.14 表明，汽车行驶时底盘上的加速度自功率谱密度峰值所处的区域均位于低频段，在高频段加速度自功率谱密度的变化趋于平缓。由图 6.12 可知，X 轴方向

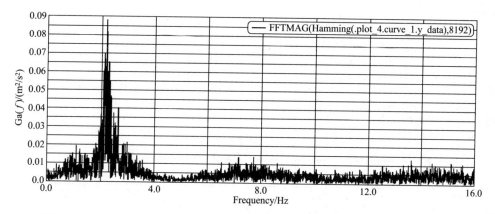

图 6.14　车速为 70km/h 时底盘垂直方向(Z 轴)的加速度自功率谱密度函数曲线

的加速度自功率谱密度主峰出现在 2.2Hz 附近,未出现在 0.5~2Hz 的敏感频率范围区,从而有效地避免了车身部分系统的共振。对于 Y 轴方向的加速度自功率谱密度函数曲线,虽然在整个频率范围内其主峰表现的不是很明显,但从图 6.13 中可以看出,其峰值也避开了 0.5~2Hz 的敏感频率范围区,而且在整个频率范围内其加速度自功率谱密度值较小,对车身系统共振的影响较小。由图 6.14 可知,Z 轴方向的加速度自功率谱密度主峰也出现在 2.2Hz 附近,未出现在 4~12.5Hz 的敏感频率范围区,由此可见,汽车在垂直方向的振动不仅能够有效地避免人体内脏器官的共振,而且能够避免对人体脊椎系统的影响。

根据上述仿真曲线对试验数据进行处理,按照式(6-18)计算单轴向加权加速度均方根值 a_w。为此,需要根据式(6-19)和式(6-20)计算频率加权函数 $W(f)$。为了便于与后处理模块中的仿真曲线进行代数运算,应该先对频率加权函数 $W(f)$ 进行离散化,其具体过程如下:根据频率 f 的取值范围及 $W(f)$ 的表达式(6-19)和式(6-20)将不同频率下的频率加权函数值记录在 Excel 表格中,将其保存为 ".txt" 文本格式,在 ADAMS 的后处理模块 "PostProcessor" 中通过 "File/Import/Numeric Data..." 将离散化后的数据导入其中即可得到各方向上的频率加权函数曲线。其中 X、Y 轴方向上的频率加权函数曲线如图 6.15 所示,Z 轴方向上的频率加权函数曲线如图 6.16 所示。

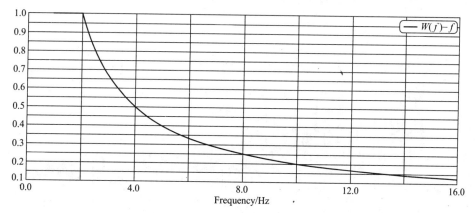

图 6.15　X、Y 轴方向上的频率加权函数曲线

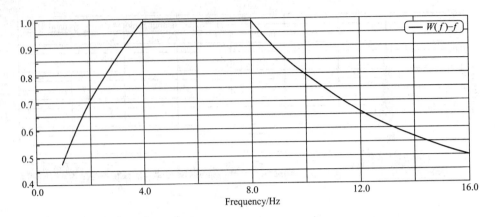

图 6.16　Z 轴方向上的频率加权函数曲线

然后,利用后处理模块中的数学计算功能对上述曲线进行平方,得到相应的 $W^2(f)$ 曲线。将各方向上的加速度自功率谱密度函数曲线与相应的 $W^2(f)$ 曲线相乘得到一条新的曲线,即 $W^2(f) \cdot G_a(f) - f$ 曲线,如图 6.17~图 6.19 所示。

最后,对各方向上的 $W^2(f) \cdot G_a(f) - f$ 曲线进行积分得到相应的 $a_w^2 - f$ 曲线,如图 6.20~图 6.22 所示。

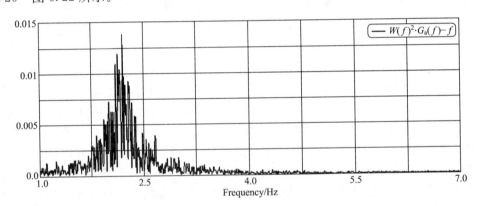

图 6.17　车速为 70km/h 时前后方向(X 轴)的 $W^2(f) \cdot G_a(f) - f$ 曲线

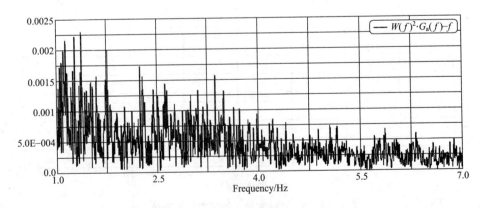

图 6.18　车速为 70km/h 时左右方向(Y 轴)的 $W^2(f) \cdot G_a(f) - f$ 曲线

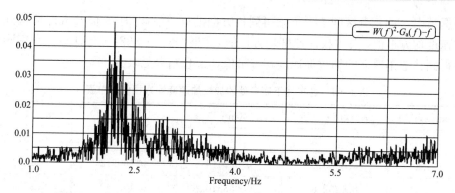

图 6.19 车速为 70km/h 时垂直方向(Z 轴)的 $W^2(f) \cdot G_a(f)-f$ 曲线

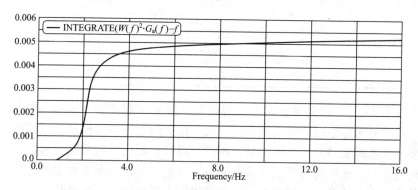

图 6.20 车速为 70km/h 时前后方向(X 轴)的 a_w^2-f 曲线

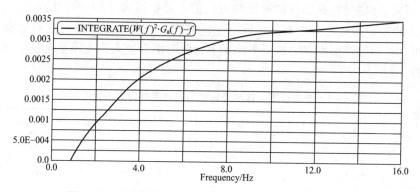

图 6.21 车速为 70km/h 时左右方向(Y 轴)的 a_w^2-f 曲线

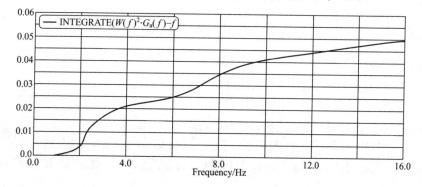

图 6.22 车速为 70km/h 时垂直方向(Z 轴)的 a_w^2-f 曲线

根据频率 f 的积分区间上、下限得到各方向的 a_w^2 值，再对 a_w^2 值开方即可得到相应的加权加速度均方根值，总加权加速度均方根值 a_{w0} 根据式(6-22)进行计算。利用同样的方法可以得到其他车速下的加权加速度均方根值，汇总结果见表 6-4。

表 6-4　各车速下底盘处的加权加速度均方根值汇总表

车速/(km·h^{-1})	a_{xw}/(m·s^{-2})	a_{yw}/(m·s^{-2})	a_{zw}/(m·s^{-2})	a_{w0}/(m·s^{-2})
40	0.052915	0.056569	0.146629	0.182373681
50	0.058310	0.057446	0.160312	0.197058700
60	0.063246	0.058310	0.193649	0.228044197
70	0.072111	0.059161	0.223830	0.259136853
80	0.074833	0.060828	0.238747	0.274277553
90	0.078102	0.064807	0.246982	0.284934822
100	0.080000	0.070711	0.254558	0.295201397

按照 GB/T 4970 的相关规定，考查的应是人体实际感受到的加权加速度均方根值。但由于本模型中并未包括座椅和人体系统，而人体实际感受到的振动经座椅的阻尼和椅垫的衰减后要小于座椅安装处底盘的振动，所以，可以根据通常的实车试验数据，用底盘上座椅安装处的加权加速度均方根值来近似换算。一般来说，汽车座椅安装处底盘的加速度均方根值是座椅上人体感受到的加速度均方根值的 1.4 倍以上。按照这种关系，将上述结果换算成人体实际感受到的加权加速度均方根值，并根据表 6-2 给出的加权加速度均方根值 a_w 与人的主观感觉之间的关系对该整车模型的平顺性做出评价，结果见表 6-5。由评价结果可知，该整车模型在随机不平路面上行驶时不会使人产生不舒适感，具有很好的行驶平顺性。

表 6-5　各车速下人体感受到的加权加速度均方根值汇总表

车速/(km·h^{-1})	a_{xw}/(m·s^{-2})	a_{yw}/(m·s^{-2})	a_{zw}/(m·s^{-2})	a_{w0}/(m·s^{-2})	评价结果
40	0.037796429	0.040406429	0.104735000	0.130266915	没有不舒适
50	0.041650000	0.041032857	0.114508571	0.140756215	没有不舒适
60	0.045175714	0.041650000	0.138320714	0.162888712	没有不舒适
70	0.051507857	0.042257619	0.159878571	0.185097752	没有不舒适
80	0.053452143	0.043448571	0.170533571	0.195912538	没有不舒适
90	0.055787143	0.046290714	0.176415714	0.203524873	没有不舒适
100	0.057142857	0.050507857	0.181827143	0.210858140	没有不舒适

根据表 6-5 中的计算结果绘制出总加权加速度均方根值 a_{w0} 与车速的关系曲线，即车速特性曲线，如图 6.23 所示。由图 6.23 可知，随着车速的增加，传递到人体上的振动响应也有所增加，也就是说，在随机路面上行驶时，汽车的行驶平顺性随着车速的增加而有所降低。

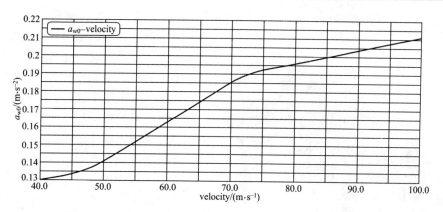

图 6.23　总加权加速度均方根值 a_{w0} 与车速之间的关系曲线

6.5.2　凸块路面平顺性仿真

汽车在道路上行驶时，有时会遇到很突出的障碍物，通常称之为脉冲输入。根据 GB/T 5902—1986《汽车平顺性脉冲输入行驶试验方法》对脉冲输入条件下汽车行驶平顺性试验仿真工况的规定，可以采用三角形凸块作为脉冲输入，记录汽车质心处的垂向加速度、横摆加速度和垂向位移。为了全面了解汽车的平顺性而又不失一般性，设定汽车的试验车速为 20、40、60、80、100、120km/h。用于轿车平顺性仿真分析的三角形凸块的具体尺寸要求如图 6.24 所示。参考 Adams/Car Ride 共享数据库＜aride_shared＞/road_profiles.tbl 中的路面文件 bump_1inch.rpt 建立出符合尺寸要求的三角形凸块路面，其路面曲线如图 6.25 所示。

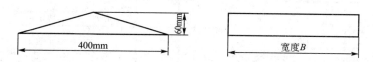

图 6.24　三角形凸块的尺寸要求

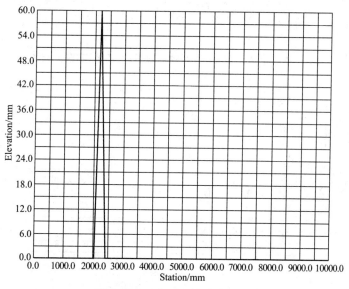

图 6.25　三角形凸块路面曲线

对于 ADAMS 仿真平台，可以采用如图 6.26 所示的四柱试验台来模拟汽车平顺性道路试验，其基本原理是使汽车保持静止不动，通过驱动四柱试验台的四个立柱上下运动来模拟实际路面的高低起伏，如果不考虑汽车前后轴距的差异，则位于汽车后轮处的左右两个立柱将分别跟随位于汽车前轮处的两个立柱作相同的起伏运动，虽然他们的运动形式相同，但是，后轮处立柱的运动将以一定的时间延迟滞后于前轮处的运动，延迟时间的长短不仅取决于车速的大小，而且取决于汽车轴距的大小，这样就可以通过立柱的上下运动来模拟汽车行驶时道路的高低不平情况。

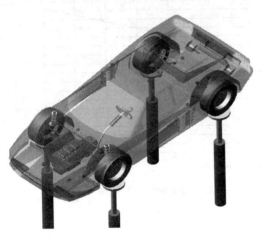

图 6.26 位于四柱试验台上的汽车平顺性仿真模型

仿真完成后，在 ADAMS 的后处理模块"PostProcessor"中分别绘制底盘处的垂向加速度、横摆加速度和垂向位移随时间的变化曲线。以车速为 80km/h 时的仿真试验为例进行说明，仿真结果曲线如图 6.27～图 6.29 所示。

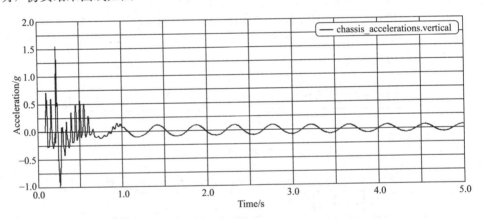

图 6.27 车速为 80km/h 时的底盘垂向(Z 轴)加速度曲线

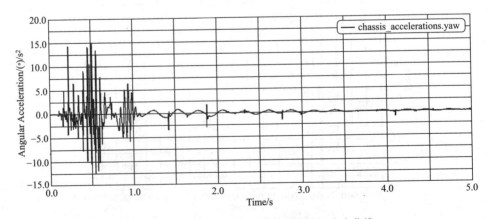

图 6.28 车速为 80km/h 时的底盘横摆加速度曲线

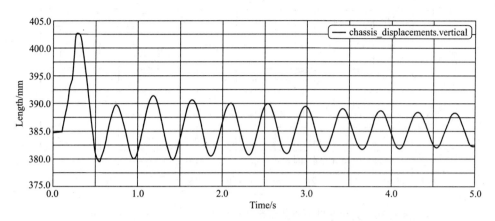

图 6.29　车速为 80km/h 时的底盘垂向（Z 轴）位移曲线

图 6.27～图 6.29 表明车辆经过凸起处时，其底盘处的垂向加速度、横摆加速度和垂向位移都有突变，符合实际的行驶情况。用同样的方法可以得到其他车速下的脉冲输入响应曲线，根据这些曲线可以得到底盘处垂向加速度、横摆加速度和垂向位移响应的最大值（绝对值），汇总结果见表 6-6。需要注意的是垂向位移是相对于汽车行驶时的平衡位置而言。

表 6-6　各车速下底盘处垂向加速度、横摆加速度和垂向位移最大值（绝对值）汇总表

车速/(km·h^{-1})	垂向加速度/(m·s^{-2})	横摆加速度/[(°)·s^{-2}]	垂向位移/mm
20	14.75390	16.4941	38.1088
40	12.96932	21.2438	28.6232
60	11.14554	22.8641	25.7041
80	15.26350	15.0559	17.9994
100	9.99306	8.0111	12.7213
120	6.79140	4.4779	10.4369

按照底板上汽车座椅安装处的垂向加速度是座椅上人体感受到的垂向加速度的 1.4 倍计算，将上述结果换算成人体感受到的加速度值，结果见表 6-7。

表 6-7　各车速下人体感受到的加速度值

车速/(km·h^{-1})	垂向加速度/(m·s^{-2})	车速/(km·h^{-1})	垂向加速度/(m·s^{-2})
20	10.5385	80	10.9025
40	9.2638	100	7.1379
60	7.9611	120	4.8510

汽车驶过三角形凸块路面时的平顺性，可以用最大加速度响应（绝对值）与车速的关系曲线（脉冲输入下汽车平顺性车速特性曲线）来评价。根据上述分析结果得到的车速特性曲线如图 6.30 所示。

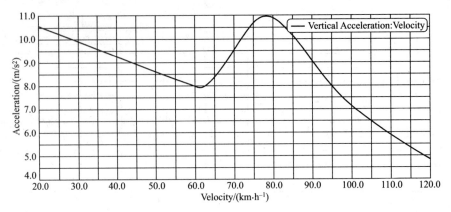

图 6.30　人体感受到的最大垂向加速度(绝对值)与车速关系曲线

图 6.30 表明，虽然在车速为 80km/h 时人体感受到的最大垂向加速度(绝对值)比其他车速时有所增大，但是当车速高于 80km/h 时人体感受到的最大垂向加速度(绝对值)却明显减小，说明汽车在凸块路面条件下高速行驶时具有非常优越的行驶平顺性，但为了实现中低速与高速时汽车平顺性的平稳过渡与良好衔接，应对车速为 80km/h 时汽车的平顺性进行进一步的改善。此外，通过将表 6-7 中所得的试验结果与 ISO 5631 新草案对标准环境下凸块脉冲输入平顺性试验的评价标准(表 6-8)进行对比，可知该整车模型在经过凸块脉冲路面时平顺性非常好，不会对驾乘人员的健康产生危害。表 6-8 中 ACCmax 表示座椅表面传递给驾乘人员的最大加速度值(绝对值)。

表 6-8　标准环境下凸块脉冲输入平顺性试验评价标准

ACCmax＜31.44m/s²	对健康无危害
31.44m/s²≤ACCmax≤43.02m/s²	对健康有一定影响
ACCmax＞43.02m/s²	危害健康

1. 引起汽车振动的基本振源有哪些？试对各种振源进行简单的分析。
2. 路面不平度的时域模型有哪几种生成方法？试用简练的语言介绍两种基本方法。
3. 随机路面谱的编制应满足什么样的要求？
4. 试阐述利用 VB 程序生成随机路面的基本流程。
5. 在汽车行驶过程中，人体处于复杂多变的振动环境里，试分析人体对振动的反应。
6. 简述汽车平顺性评价方法，并给出计算单轴向加权加速度均方根值 a_w 的具体公式。
7. 进行汽车平顺性试验常用的路面有哪两种？试列举描述这两种路面的基本参数。
8. 进行随机不平路面平顺性仿真时，需要准备哪些文件？文件中的主要参数应该如何设置？
9. 如何将底盘上座椅安装处的加权加速度均方根值换算成人体实际感受到的加权加速度均方根值？
10. 两种路面条件下的平顺性仿真应重点考查哪些参量？

第 7 章
逆向工程与快速成形制造技术

 本章学习目标

- ★ 了解逆向工程技术的概念、应用及其关键技术
- ★ 掌握基于逆向工程的快速成形制造技术
- ★ 掌握快速制模的方法

 本章教学要点

知识要点	掌握程度	相关知识
逆向工程	了解逆向工程的概念； 重点掌握逆向工程关键技术	逆向工程定义及研究内容； 逆向工程的一般流程
快速成形	掌握快速成形的工艺； 快速成形的一般过程	快速成形的概念； 快速成形的工艺及应用
基于逆向工程的 快速成形制造技术	了解基于逆向工程的快速成形制造技术； 掌握逆向工程与快速成形集成的关键技术	快速成形制造技术的概念、集成模式； 逆向工程与快速成形集成的关键技术
快速制模与快速试制	掌握快速制模的方法	软质模具制造方法； 快速过渡模制造

汽车数字开发技术

导入案例

在汽车设计时对于一些复杂的汽车产品,如汽车覆盖件、内饰件、仪表台、底盘和发动机等,用正向设计方法很难设计出十分满意的外形,但利用逆向工程技术,借助于三维测量技术可以很方便快捷地获得这些实物的数字化模型及三维 CAD 模型,然后利用快速成形(RP)技术制作样件,并通过快速制模(RT)技术翻模可直接得到产品。图 7.1 所示为逆向工程技术在汽车车身设计中的应用。

 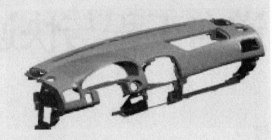

图 7.1 逆向工程技术在车身设计中的应用

7.1 逆向工程技术

在 21 世纪知识经济时代,企业产品开发的创新能力是决定其能否长期占有市场,在激烈的市场竞争中生存、发展的重要因素。逆向工程作为近几年发展起来的一种消化、吸收原有产品技术,提高产品品质的一种设计方法,已经引起人们的广泛重视。产品的创新主要有两种方式:①创新发明一种全新的技术与产品;②在原有技术、产品的基础上进行再设计和再创造。这两种方式互为补充,缺一不可。以已有的产品为基础进行再设计已经成为一个快捷的设计理念,其实现的方法就是利用逆向工程技术在吸收已有技术的基础上提高自身产品的各种性能。

如果将传统的设计、制造过程看做是前向制造方式,即由高层次的抽象概念设计出发到最终生产出产品,而逆向工程则是在实物原型再现的基础上,对现有产品或产品零部件进行分析,明确其工作原理、结构特点及其相互关系等的一系列分析过程,对已有产品进行再设计。因此,逆向工程技术可以认为是将产品样件转化为 CAD 模型的相关数字化技术和几何模型重建技术的总称。逆向工程将三维离散数据作为初始素材,借助专用的曲面处理软件 CAD/CAM 系统构造实物的 CAD 模型,输出 NC 加工指令或用 STL 文件驱动 CNC 或用快速成形机制造出产品或原型。

逆向工程的实施过程是多领域、多学科的协同过程。逆向工程的这个实施过程包括了从测量数据采集、处理到常规 CAD/CAM 系统,最终与产品数据管理系统(PDM 系统)融合的过程。因此,逆向工程的实施需要工程人员和专业技术的高度协同和融合。

目前,新产品开发有两种不同的模式:一种是从市场需求出发,历经产品的概念设计、结构设计、加工制造、装配检验等环节最终生产出所需要的产品,这种产品开发模式称为正向工程或顺向工程(forward engineering，FE)；另一种模式是以现有产品为蓝本，在消化、吸收的基础上进行结构、材料或功能的改进、创新，进而开发出新产品，这种产品开发模式称为逆向工程或反求工程(reverse engineering，RE)。

采用逆向工程技术可以完成以下工作：

(1) 对已有零件的复制，再现原产品的设计意图。

(2) 新零件的设计，主要用于产品的改型或仿形设计。

(3) 损坏或磨损零件的还原。

(4) 数字化模型的检测，例如检验产品的变形、分析焊接质量以及进行模型的比较等。

可见，逆向工程所涵盖的意义不只是重制，也包含了再设计的理念。

逆向工程技术又称为反求技术，是指在没有设计图样及没有CAD数字模型的情况下，按照现有零件的模型(称为零件原型)，利用各种数字化技术及CAD技术重新构造CAD模型的过程，即在消化吸收的基础上进行创新设计的一系列工作方法和技术的总称。

逆向工程一般可分为应用、消化和创新三个阶段。应用阶段一般只考虑购买国外先进的机器设备；消化阶段则在引进国外先进产品时进行深入的分析研究，以科学的理论和先进的测试设备对其性能进行研究，这一阶段的主要目的是仿制引进的先进设备或产品；创新阶段是在综合消化引进技术的基础上利用各种设计制造手段，对原有技术进行改进、创新，以求设计、制造出在技术性能等方面更好、市场竞争能力更强的产品。

7.1.1 逆向工程的研究内容

根据信息来源的不同，逆向工程的研究对象可以分为以下三类：

(1) 实物类：通常所说的实物逆向是指机械制造领域的实物逆向，是在没有设计图样或者设计图样不完整以及没有CAD模型的情况下，对现有实物产品利用各种测量技术采集数据及采用多学科综合技术重构零件原型的CAD模型，并在此基础上进行再设计的过程。实物逆向的信息来源是产品的实物模型。这种逆向需要在对实物模型进行测量的基础上在计算机中重建、修改零件模型，并生成数控加工程序以完成零件的复制。与传统的产品设计、制造过程相比，逆向工程具有截然不同的设计流程，如图7.2所示。

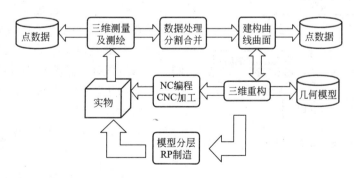

图7.2 逆向工程设计流程图

(2) 软件类：依据产品样本、产品标准、设计说明书、使用说明书、产品图样、操作与管理规范以及质量保证手册等技术软件设计新产品的过程，称为软件逆向。与实物逆向相比，软件逆向应用于技术引进的软件模式中，以增强自主创新能力为目的。通过软件逆向可以获得产品的功能、原理方案和结构组成等方面的信息，若具有产品的图样则还可以详细了解零件的材料、尺寸和精度。

(3) 影像类：既无实物又无技术软件，仅有产品照片、图片、广告介绍、参观印象和影视画面等，设计信息最少，基于这些信息来构思、想象，这种新产品开发过程称为影像逆向，这是逆向对象中难度最大的并最富有创新性的逆向设计过程。

影像逆向目前还未形成成熟的技术，一般要利用透视变换和透视投影，形成不同的透视图，并从外形、尺寸、比例和专业知识去琢磨其功能和性能，进而分析其内部可能的结构，并要求设计者具有较丰富的设计实践经验。

目前，大多数关于逆向工程的研究主要集中在实物逆向重构上，即产品实物的CAD模型重构和最终产品的制造方面，称为"实物逆向工程"。原因如下：一方面，作为研究对象，产品实物是面向消费市场最广、最多的一类设计成果，也是最容易获得的研究对象；另一方面，在产品开发和制造过程中，虽然已广泛使用了计算机几何造型技术，但仍有许多产品，由于种种原因，最初并不是由计算机辅助设计(CAD)模型描述的，设计者和制造者面对的是实物样件。因此，需要通过一定途径将实物样件转化为CAD模型。

逆向工程技术不等同于传统的产品仿制。利用逆向工程技术开发的产品往往比较复杂，通常由一些复杂曲面构成，精度要求也较高。采用常规的仿制方法难以实现，必须借助于如三坐标测量、产品模型重建、数控编程、数控加工等先进技术手段。因此，逆向工程也是数字化设计与数字化制造技术的一种典型应用。

以数字化技术为基础的逆向工程技术的典型过程是采用特定的坐标测量设备和测量方法对实物模型进行测量，以获取实物模型的特征参数；借助相关软件将所获取的特征数据在计算机中重构逆向对象模型；对重建模型进行必要的创新、改进和分析；以数字化模型为基础，进行数控编程和加工，制造出新的产品实物。

逆向工程技术包括逆向分析和逆向设计两部分内容。逆向分析是对逆向对象从功能、原理方案、零部件结构尺寸、材料性能、加工装配工艺等作全面深入的了解，明确其关键功能和关键技术，对设计特点和不足之处做出必要的评估。逆向设计是在逆向分析的基础上，通过三坐标测量机、探测仪和激光扫描器所测到的数据进行测绘仿制、变参数设计、适应性设计或开发性设计。

利用逆向工程技术进行产品开发的基本流程如图7.3所示。

总体来说，逆向工程的基本流程可以分为三个阶段。

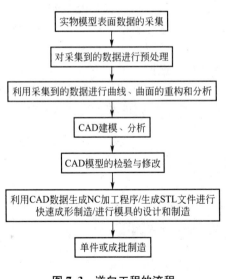

图 7.3　逆向工程的流程

1. 分析阶段

如何根据逆向样本提供的信息获取逆向对象的功能、原理、材料性能、加工及装配工艺、精度特征等，对于逆向工程能否顺利进行起着重要作用。在实施逆向工程之前，设计者应认真分析逆向对象,深入了解逆向对象的相关信息,确定样本零件的技术指标,明确其关键功能及关键技术,对逆向对象的特点做出合理评估。分析阶段的具体研究内容包括:

(1) 逆向对象的功能、原理分析。

仔细分析逆向对象的设计思想、功能特点和结构组成,充分理解和掌握逆向对象的功能特征,以及实现这些功能特征的原理和方法,找出逆向对象在功能上的缺点和不足,寻求基于原产品又高于原产品的原理方案。

(2) 逆向对象材料的分析。

材料是产品功能的载体,一些在特定工况和特定环境下使用的产品对材料有着特殊的要求。所以,需要对逆向对象的材料进行分析,分析内容主要包括材料成分分析、材料组织结构分析和材料性能检测等。

(3) 逆向对象的加工和装配工艺分析。

逆向对象的加工和装配工艺分析主要是考虑采用怎样的加工和装配工艺才能较好的保证产品的性能以及如何提高装配精度和装配速度等。

(4) 逆向对象的精度分析。

对于多数产品零件来说,产品的精度直接影响到产品的性能。逆向对象的精度分析主要包括逆向对象形体尺寸的确定、精度分配等内容。根据逆向对象形式(如实物、影像或软件等)的不同,确定形体尺寸的方法也有所不同。例如,进行实物逆向时,可以用游标卡尺、千分尺、万能量具、坐标测量机等测量设备对产品直接进行测量,以确定其形体尺寸;进行软件逆向和影像逆向时,可以采用参照物对比法,利用透视成像的原理和作图技术并结合人机工程学和相关专业知识,通过分析计算来确定其形体尺寸。在进行精度分配时要考虑产品的工作原理、精度要求、经济指标及技术条件,并综合考虑企业的加工装备水平和相关的国家标准等。

(5) 逆向对象造型分析。

产品造型设计是产品设计与艺术设计相结合的综合性技术,其目的是运用工业美学、产品造型原理、人机工程学原理等对产品的外形、色彩设计等进行分析,以提高产品的外观质量和舒适方便程度。

(6) 逆向对象系列化、模块化分析。

系列化和模块化有利于产品的多品种、多规格和通用化生产,有利于降低生产成本,提高产品质量和产品的市场竞争力。

2. 再设计阶段

在逆向分析的基础上对逆向对象进行的再设计工作主要包括对样本模型的测量规划、模型重构、改进设计、仿制等。具体任务如下:

(1) 根据分析结果和实物模型的几何拓扑关系制订零件的测量规划,确定实物模型测量的工具设备,确定测量的顺序和精度等。

(2) 对测量数据进行修正。在测量过程中不可避免产生测量误差,修正的内容包括剔除测量数据中的坏点、修正测量值中明显不合理的测量结果、按照拓扑关系的定义修正几何元素的空间位置与关系等。

(3) 按照修正后的测量数据以及逆向对象的几何拓扑关系,利用数字化设计软件重构逆向对象的几何模型。

（4）在分析逆向对象功能的基础上对产品模型进行再设计，根据实际需要在结构和功能等方面进行必要的创新和改进。

3. 逆向产品的制造阶段

根据产品的设计要求和实际特点选用合适的产品制造手段，完成产品的生产制造，然后采用一定的检测手段对逆向产品进行结构和功能检测。如果不满足设计要求可以返回分析阶段或再设计阶段进行必要的修改和再设计。

逆向工程的最终目的是完成对逆向对象的仿制和改进，要求整个逆向工程的设计过程快捷、精确。因此，在实施逆向工程时要注意以下几点：

（1）从应用的角度出发，综合考虑样本零件的参数获取及再设计过程，尽可能提高所获取参数的精度和处理效率。

（2）综合考虑逆向对象的结构、测量及制造工艺，有效的控制制造过程中的各种误差。

（3）充分了解逆向对象的工作环境及性能要求，合理确定仿制零件的规格和精度。

7.1.2　逆向工程关键技术

逆向工程的关键技术主要包括：①逆向对象的坐标数据测量；②测量数据的处理；③曲面重构。下面分别进行描述。

1. 逆向对象的坐标数据测量

坐标数据测量主要包括以下内容：

1）测量规划

快速、全面、完备地获取对象的表面信息，是数据获取所要实现的目标。对自由曲线、曲面的测量过程是一个数字化过程，即通过一系列离散的点提取曲线、曲面的原始形状信息。数据采集的质量和效率直接影响到后期的模型重建的进程，关系到整个逆向工程的成败。对于采样得到的点，理论上可以肯定地判断其测量值是否体现了对象的表面信息，但对于未采到的点，则不能肯定地判断。因而同一对象，采用不同的测量路径和采样频率，经过处理后往往会得出不同的结果，这一问题对于复杂的自由曲面尤其突出。由此可见，在无法通过对整个曲面扫描得到曲面上所有点的情况下，测量规划就显得十分重要。

所以在进行测量之前，要认真分析实物模型的结构特点，做出合理可行的测量规划，其主要内容如下：

（1）基准面的选择及定位。

选择定位基准时，要考虑测量的方便性和获取数据的完整性。因此，所选的定位基准面不仅要便于测量，而且还要保证在不变换基准的前提下能获取更多的测量数据，尽可能地减少测量死区。在进行数据采集时，要尽可能地通过一次定位完成所有数据的测量，避免在不同基准下测量同一零件不同部位的数据，以减少因变换基准而导致的数据不一致，减少误差的产生。为了防止因与测量设备的接触等原因而改变样件位置，要确保样件定位可靠，以保证测量数据的准确性。此外，装夹时注意使测量部位处于自然状态，避免因受力使测量部位产生过大变形。一般选取逆向对象的底面、端面或对称面作为测量基准。

(2) 测量路径的确定。

在逆向工程中，通常需要根据采集到的坐标数据由数据点拟合成样条曲线，再由样条曲线构建曲面以重建样件模型。测量路径的确定对于采集数据的分布规律及走向具有决定性作用。在用三坐标测量机测量时，一般采用平行截面的数据提取路径，路径控制有手动、自动以及可编程控制等三种方式。

(3) 测量参数的选择。

主要的测量参数有测量精度、测量速度、测量密度等。其中，测量精度由产品的性能及使用要求来确定；测量密度（测量步长）的选择要根据逆向对象的形状和复杂程度来确定，其选择原则是使测量数据充分反映被测件的形状，做到疏密适当。

(4) 特殊及关键数据的测量。

对于精度要求较高的零件或形状比较特殊的部位，应该增加测量数据的密度、提高测量精度，并将这些数据点作为三维模型重构的精度控制点。对于变形或破损部位应增加测量数据，以便在后续造型中较好的复原该部位。

2) 数据采集方法

数据采集又称模型表面数字化，即通过某种测量方法或测量设备（如三坐标测量机或激光扫描仪等）获取实物表面特征点三维坐标值的过程。通过测量实物表面特征点，记录下反映实物形状的特征数据，实现实物模型的数字离散化。数据的质量好坏将直接影响后续模型重建能否顺利进行以及最终设计结果的质量能否满足技术要求。由此可见，数据采集是逆向工程的首要前提，是重构合理 CAD 模型的重要保障。实物模型的数据采集方法可以分为接触式测量和非接触式测量两大类，如图 7.4 所示。无论采用哪一种数据采集方式都应该注意测量方法、测量精度、采集点的分布和数目以及测量过程对后续 CAD 模型重构的影响。

(1) 接触式测量。

接触式测量是通过传感测头与样件表面的接触来记录样件表面的坐标数据。接触式测量可分为机械手和坐标测量仪两种测量方式。机械手测量方式是用机械手接触物体表面，然后通过安装在手关节上的传感设备来确定相关点的坐标位置，是一种获取数据速度最慢的测量方法。三坐标测量法（又称为探针扫描法）是典型的接触式测量方法，也是当前应用较为广泛的三维样件数字化方法之一。图 7.5 为三坐标测量机。

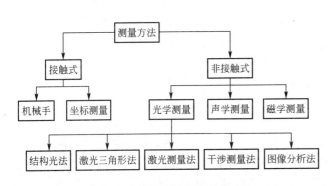

图 7.4 实物模型的数据采集方法

图 7.5 三坐标测量机

接触式测量具有测量精度高、适应性强的优点，而且对样件的材质、色泽无特殊要求，还可以人为地对样件进行测量规划以减小数据处理的难度和工作量，是一项比较成熟的测量技术，但一般来说，接触式测量效率低，不适宜测量具有复杂内部型腔、特征几何尺寸少以及特征曲面较多的样件模型，而且对一些软质表面无法进行测量，测量数据需要进行测头半径补偿。

(2) 非接触式测量。

非接触式测量方法主要是基于光学、声学及磁学等领域的基本原理，将一定的物理模拟量通过一定的算法转化为样件表面的坐标数据。在工程实际中常用的非接触式测量方法有坐标测量法、激光测量法、立体视觉法和断层扫描法。非接触式测量采集实物(模型)的表面数据时，测头不与实物表面接触，而是利用某种与物体表面发生相互作用的物理现象来获取其三维信息。例如，声呐测量仪利用声音发射到被测物体产生回声的时间差来计算与被测点之间的距离；激光测距法是将激光束的飞行时间转化为被测点与参考平面之间的距离；图像分析法是利用一点在多个图像中的相对位置，通过视差计算距离，从而得到点的空间坐标。其中，应用光学原理发展起来的现代三维形状测量方法应用较为广泛，如激光三角形法、结构光法等。结构光投影测量法被认为是目前三维形状测量中最好的方法，其原理是将具有一定模式的光源，如栅状光条投射到物体表面，然后用两个镜头获取不同角度的图像，通过图像处理的方法得到整幅图像上像素的三维坐标。由于非接触式测量设备的测头不与被测量表面接触，所以这种测量方法避免了测头和被测表面的损伤和测头半径补偿，具有测量速度快、自动化程度高的优点，适用于各种软硬材料和各类复杂曲面模型的三维高速测量。其缺点是数据量大、数据的处理过程比较复杂。

下面介绍几种常用的数据采集方法：

(1) 坐标测量机。

坐标测量机(coordinate measuring machine，CMM)是一种广泛使用的接触式测量方法，测量精度可以达到$\pm 0.5\mu m$。其测量过程如下：将被测物体置于三坐标机的测量空间，由计算机控制着测头以一定测量力接触被测工件表面，并按规定的方向运动。同时启动数据采集软件，计算并存储测头在测量机坐标系中所处的瞬时位置、探针接触被测工件的方向等，当被测工件表面全部数据采集完毕，即被测工件已全部数字化后，计算机启动数据处理软件进行测头检验及坐标系转换等处理，根据这些点的空间坐标值，经计算可求出被测对象的几何尺寸、形状和位置。CMM的主要优点是测量精度高、适应性强，但一般接触式测头测量效率低，而且由于采用接触式测量，测量时产生接触压力，因而对一些软质表面无法进行测量。同时，整个测量过程始终需要人工干预，测量速度慢，对于获得的数据有时还需进行基准归一化以及测头半径补偿，给后续的数据处理增加难度，因而不适于对自由曲面等需要大量采集数据点的三维型面进行测量。

(2) 层析法。

层析法是近年来发展的一种逆向工程技术，将研究的零件原型填充后，采用逐层铣削和逐层光扫描相结合的方法获取零件原型不同位置截面的内外轮廓数据，并将其组合起来获得零件的三维数据。层析法的优点在于可对任意形状、任意结构零件的内外轮廓进行测量，但测量方式是破坏性的。

(3) 激光三角测量法。

激光三角测量法是根据光学三角形测量原理，利用光源和敏感元件之间的位置和角度关系来计算零件表面点坐标数据的。激光三角法测量原理如下：利用具有规则几何形状的激光，投影到被测物体表面，形成漫反射光点（或光带），光点（或光带）的像被安置在某一空间位置的图像传感器接收，根据光点（或光带）在物体上成像的偏移，通过被测物体基平面、像点、像距等之间的关系，按三角几何原理即可测量出被测物体的空间坐标。

激光测量技术在逆向工程中应用日益广泛，其中以基于三角测量原理的线结构光扫描技术最为常见，亦称为光切法。其基本原理（图7.6）如下：将具有规则几何形状的线激光源投影到被测表面上，且将形成的漫反射光带在空间某一位置上的图像传感器上成像，由成像位移 e 及三角形原理，即可计算出被测面相对于参考面的高度 s。测量过程中，激光光刀投影到物体表面后被测物体表面形状调制发生变形，拍摄其图像，通过提取激光光刀灰度图像中心坐标在成像面上的偏移量，可以得到一个物体一个截面的二维数据，每个测量周期可获取一条扫描线，物体的全轮廓测量是通过多轴可控机械运动辅助实现的。

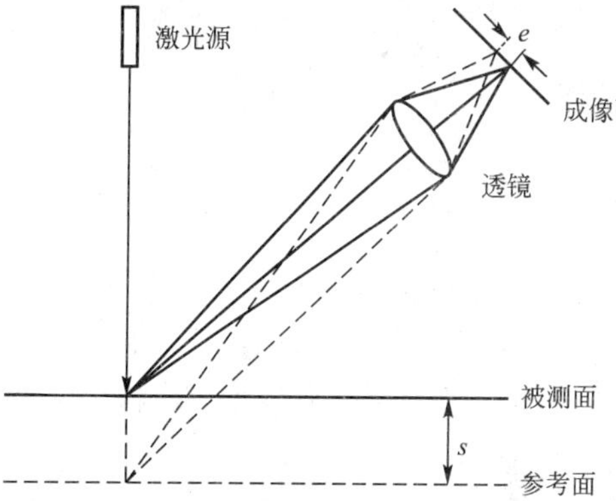

图 7.6 光切法原理图

激光扫描测量被认为是目前三维形状测量中最好的方法之一。其主要优点是测量范围大、速度快、成本低、设备结构简单、携带方便、受环境影响小、易于操作且具有实时处理能力。缺点如下：①激光扫描测量系统的测量精度较低，而且只能测量表面曲率变化不大的、较平坦的物体；②对于表面变化剧烈的物体，在陡峭处往往会发生相位突变，使测量精度大大降低；③工件本身的表面色泽、粗糙度也会影响测量的精度，为提高测量精度，需要对被测量表面涂上"反差增强剂"或喷漆处理，以减少误差；④激光扫描测量系统的图像获取和处理时间长，测量量程较短。

由于激光扫描测量系统结构（图7.7）简单、测量速度快，因而该方法在逆向工程中被广泛采用。既可以逐点测量，也可以进行线光条测量。测量精度在 0.01mm 左右，采样速度可以达到每秒数万点。

(4) 基于相位偏移测量原理的投影光栅。

这种测量方法将光栅条纹投射到被测物体表面，光栅条纹受物体表面形状的调制，其条纹间的相位关系会发生变化，通过数字图像处理的方法解析出光栅条纹图像的相位变化量来获取被测物体表面的三维信息。这类测量方法具有很高的测量速度和较高的测量精度，是近年来发展较好的三维传感技术。图7.8所示为光栅测量仪。

(5) 基于工业CT的断层扫描图像法。

这种测量方法对被测物体进行断层截面扫描，以 X 射线的衰减系数为依据，经处理重建断层截面图像，根据不同位置的断层图像来建立物体的三维信息。该方法可以对被测物体内部的结构和形状进行无损测量。但该方法造价高，测量系统的空间分辨率低，获取数据时间长，设备体积大。

(a) 点激光扫描测量仪

(b) 线激光扫描测量仪

图 7.7 激光扫描测量仪器

图 7.8 光栅测量仪

(6) 立体视差测量方法。

立体视差(stereo disparity)测量是根据同一个三维空间点在不同空间位置的两个(或多个)摄像机拍摄的图像中的视差，以及摄像机之间位置的空间几何关系来获取该点的三维坐标值。立体视觉测量方法可以对处于两个(或多个)摄像机共同视野内的目标特征点进行测量，而无需伺服机构等扫描装置。立体视觉测量面临的最大困难是空间特征点在多幅数字图像中提取和匹配的精度与准确性等问题。近来出现了以将具有空间编码的特征的结构光投射到被测物体表面制造测量特征的方法，有效解决了测量特征提取和匹配的问题，但在测量精度与测量点的数量上仍需改进。

不同的测量对象和测量目的决定了测量过程和测量方法的不同。在实际三坐标测量时，应该根据测量对象的特点以及设计工作的要求确定合适的扫描方法并选择相应的扫描设备。例如，材质为硬质且形状较为简单、容易定位的物体，应尽量使用接触式扫描仪，这种扫描仪成本较低，设备损耗费相对较少，且可以输出扫描形式，便于扫描数据的进一步处理，但在对橡胶、油泥、人体头像或超薄型物体进行扫描时，则需要采用非接触式测量方法，特点是速度快，工作距离远，无材质要求，但设备成本较高，当需要得到模型内部数据时，就需要采用层析法断层处理来得到模型的内部信息。不论采用何种数据获取方法，都应当遵循一个取样原则：尽可能完整地表现被测物体的型面特征，曲面越复杂的地方，采集点应越密集。

2. 数据处理

三维测量系统可采集到复杂曲面上大量密集的原始测量数据，这些数据是物体表面各点的坐标，这些数据之间通常没有相应的显式拓扑关系，其中还包含大量无用的数据。扫描得到的产品外形数据会不可避免的引入数据误差，尤其是尖锐边和边界附近的测量数据，测量数据中的坏点，可能是该点及其周围的曲面片偏离原曲面，所以有必要对原始点云数据进行预处理。一般来说，对点云进行预处理主要包括以下几个方面：数据重定位、噪声去除、数据精简、数据插补、数据分块。

1) 数据重定位

数据重定位又称数据拼合、多视数据对齐。在实际测量中，要求测量的范围一般是零件的全部轮廓，即整体外形和内部型腔。无论是采用接触式还是非接触式的数字测量方法，希望通过一次测量完成对整个零件的数字化是很困难的。其原因如下：一是产品尺寸超出测量机的行程；二是在部分区域测量探头受被测实物几何形状的干涉阻碍以及不能触及产品的反面，这时就需要在不同的定位状态（即不同的坐标系）下测量产品的各个部分，然后将全部测量数据整合到一个坐标系下，这就是数据重定位。

数据重定位处理可以分为对数据的直接对齐和基于图形的对齐两种方法。数据的直接对齐是直接对数据点集进行操作，实现点云数据的对齐，以获得完整的数据信息和一致的数据结构；基于图形的对齐是对各视图数据进行局部造型，最后拼合对齐这些几何图形，其优点是可以利用图形几何特征（如点、线、面等）进行对齐，对齐过程快捷、结果准确，但通常情况下，一个特征往往会被分割在不同的视图中，由于缺乏完整的拓扑和特征信息，局部造型往往十分困难。

2）噪声去除

在实际测量过程中由于受测量设备精度、扫描速度、操作者的经验和被测零件表面质量等诸多因素的影响，会不可避免的产生测量误差数据点，习惯上称为噪声点。例如，在激光三角测量法测量中，由于线结构光视觉传感器是利用光学反射原理进行测量的，其测量结果不可避免地受到室内光照条件、测量工件表面反射特性和传感器噪声污染等因素的影响，从而产生一定的噪声点，而这些噪声点对逆向工程中曲线、曲面重构有很大的影响，如果在进行曲面构造之前不去除噪声点，则最后构建出来的实体形状将会由于噪声点的存在而与原实体相差很大。故在进行点云的数据操作之前，先进行消除噪声处理。在减少点云噪声点的同时，保留原数据的特征点，以利于后续的点云数据处理，最大限度地体现原设计意图，这是噪声去除所应该达到的目的。最简单的噪声去除方法是人机交互，通过图形显示，判别比较明显的坏点，在数据序列中将这些点删除。这种方法比较简单，但是对于数量比较大的点云就不适宜了。

国内外出现了很多关于去除噪声点的算法，主要有高斯滤波、均值滤波和中值滤波等。高斯滤波器在指定域内的权重为高斯分布，其平均效果较小，故在滤波的同时能较好地保持原数据的形貌。平均滤波器采样点的值取滤波窗口内各数据点的统计平均值。而中值滤波器采样点的值取滤波窗口内各数据点的统计中值，这种滤波器消除数据毛刺的效果较好。实际使用时，可根据点云的质量和后序建模要求灵活选择滤波算法。

3）数据精简

数字化实物模型得到的是大量离散数据的集合，数据量非常巨大，并且存在大量的冗余数据。对于曲面重构来说，没有必要保留这么多的数据，而且如此庞大的测量点集，有时候会严重影响曲面重建的效率和质量。数据精简的目的就是压缩不必要的数据点，在保证精度的前提下生成适合于后续重构的结构，并尽可能多地保留原始数据点的形状特征。

对于不同类型的点云可采用不同的精简方式。散乱点云可以通过随机采样的方法来精简；对于扫描线点云和多边形点云可采用等间距缩减、倍率缩减、等量缩减、弦高差等方法进行精简；网格化点云可用等分布密度和最小包围区域法进行数据缩减。数据精简只是简单地对原始点云中的点进行了删减，不会产生新的点。

衡量一个点云精简算法的成功程度，并不是保留原有信息越多越好，也不是精简速度越快越好,更不是精简后数据点数越少越好,而是应该能够用最少的点数表示最多的信息并在此基础上追求更快的速度。因此,点云精简算法的效果可以从以下三个方面来度量:

(1) 精度,即精简后点云数据拟合成的曲面与真实曲面之间的误差应尽可能小,必须保证误差值在一个可以接受的范围内,并且应该尽可能地保留原始点云的特征。

(2) 简度,即精简后点云中的数据点数要少。精简的目的就是减少点云中的数据点数,所以应该在保证精度的基础上尽可能地减少数据点数。需注意的是有时数据点数太少了也会给后续建模(例如三角网格化)带来困难,因此应根据实际需要选择合适的简化度。

(3) 速度,即精简过程中所花费的时间要短,一个再优秀的算法,如果花费的时间过多,是不适合应用于实践当中的。因此在保证精度和简度的前提下应追求更快的精简速度。

4) 数据插补

由于被测实物本身的几何拓扑原因或者是受到其他物体的阻挡,会使样件模型的部分表面无法测量,采集的数字化模型存在数据缺损的现象,为了得到样件的完整模型必须对所得到的测量数据进行补缺。例如,深孔类零件在进行数据扫描的时候就无法获取中空部分的点云数据,这样在造型的时候就会出现数据"空白"现象;又如在测量过程中,常需要一定的支撑或夹具,样件模型与夹具接触的部分,就无法获得真实的坐标数据;再如用于数据拼合的固定球和标签处的数据也无法测量。这些情况都会使曲面重构变得困难。

数据插补就是利用周围点的信息插值出缺损处的坐标,最大限度地获得样件模型的数据信息,希望数据点间有一定的拓扑关系。逆向工程的数据插补方法主要有实物填充法、造型设计法和曲线、曲面插值补充法。

实物填充法是指在测量之前,将凹边、孔及槽等区域用一种填充物填充好,要求填充表面尽量平滑、与周围区域光滑连接。填充物要求有一定的可塑性,在常温下则要求有一定的刚度特性(能够支持接触探头)。通常,可以采用生石膏,加水后将孔或槽的缺口补好,在短时间内固化,等其表面较硬时就可以进行测量。测量完毕后,将填充物去除,再测出孔或槽的边界,用来确定剪裁边界。

造型设计法指在样件模型的缺口区域无法进行实物填充时,可以在模型重建过程中运用CAD软件或逆向造型软件的曲面编辑功能,如延伸(extend)、连接(connect)和插入(insert)等功能,根据样件模型表面的几何特征,设计出相应的曲面,再通过剪裁,离散出需插补的曲面,得到测量点。

曲线、曲面插值补充法主要用于插补区域面积不大,周围数据信息比较完善的场合。其中曲线插补主要适用于具有规则数据点或采用截面扫描测量的曲面,而曲面插补既适用于规则数据点也适用于散乱点。

无论是曲线插补还是曲面插补,得到的数据点都需要在生成曲面以后,根据曲面的光顺和边界情况反复调整,以达到最佳效果。

5) 数据分块

在实际的产品中,只由一张曲面构成的情况不多,产品形面往往由多张曲面混合而成,由于组成曲面类型不同,所以CAD模型重建一般根据曲面的外形特征将样件模型的表面分为多个曲面片,先分别拟合单个曲面片,再通过曲面的过渡、相交、裁剪、倒圆角、合并等编辑功能,将多个曲面缝合成一个整体。

数据分块(data segmentation)是根据组成实物外形曲面的子曲面的类型,将属于同一子曲面类型的数据分为一组,这样全部数据将划分成代表不同曲面类型的数据域,为后续的曲面模型重构提供方便。采用数据分块将复杂的数据处理问题简单化,使得对数据的处理更加方便灵活便于曲面的重构,能提高建模的精度。数据分块方法分为基于测量的分块和自动分块两种方法。

3. 曲面重构

根据曲面的数字信息,恢复曲面原始的几何模型称为曲面重构。

首先在模型建构前需要做以下工作:

(1) 了解模型的最终用途。曲面数字模型后续应用的场合不同,对模型的要求就有所不同,如果是用于 RP 原型或有限元分析,则要求得到封闭的曲面模型,曲面模型完成后要进行封闭性检查。如果用于 CAM 加工,则可以允许一定的曲面间隙(曲面间位置误差不能超过 0.127mm,切向误差要在 0.5°左右),同时要考虑刀具能否加工出曲面最小圆角。

(2) 必须了解客户对曲面的精度要求和光顺度要求。对于有装配约束的面,对精度要求高一些,而对重要的外观曲面而言,曲面的光顺程度才是首先考虑的要素。

(3) 由于涉及不同软件间的数据交换,必须确定一个标准的坐标系,以免造成数据交换的混乱。

(4) 分析哪些零件几何特征在曲面建模时可以先忽略掉。例如,模型是否具有对称特征等。

1) 曲面重构的方法

在逆向工程软件中,曲面的基本重构方式有以下两种:一种是先由测量点拟合出组成曲面的网格样条曲线,再利用 CAD/CAE/CAM 系统提供的放样、混合、扫掠等功能构造曲面,这种方式比较适合用来构造规则曲面或者曲率变化平缓的曲面。另一种是采用点云数据直接拟合成曲面,这种方式适用于比较复杂的曲面。其是利用点云数据贴合自由曲面,以类似投影的方式建构出曲面,拟合算法可以是基本的逼近法、插补法或二者的结合。

此外,还有一种曲面重构方式,是先将点云区域的边界拟合成曲线,然后再用边界曲线来约束曲面的翘曲,同时保证区域内的点云与曲面最大程度地贴合,由于这种方式融合了以上两种曲面重构方式的优点,所以,已成为当前曲面拟合中最常用的一种手段。

目前,逆向工程中主要有四种曲面构造方案:一是以 B 样条和 NURBS 曲面为基础的四边域曲面构造方案;二是以三角 Bezier(贝济埃)曲面为基础的三边域曲面构造方案;三是以平面片逼近方式来描述曲面物体;四是用神经网络来进行曲面重构。其中,四边域曲面构造方案要求点云数据单向有序,多用于汽车、飞机等对曲面品质要求比较高的场合。三边域曲面构造方案的基本构建过程如下:采用适当的算法将集中的三个测量点连成小三角片,各个三角片之间不能有交叉、重叠、穿越或缝隙,从而使众多的小三角片连接成分片的曲面,这样就可以很好的拟合样本表面,这种曲面拟合方法简单灵活,但是缺乏数据交换的能力。

2) 曲面光顺品质的分析

"光顺"是一个工程术语,包括光滑和顺眼两方面的含义。前者是数学术语,表明曲线或曲面具有二级连续性。后者则是人的主观感觉评价。具有光顺的曲线、曲面的产品,不仅造型优美、外观漂亮,而且对运动的物体而言,具有光顺曲面的物体具有良好的流体力学和空气动力学性能。同时光顺性好的曲面,在进行 CAE 分析时有限元网格的划分容易完成,不会出现因存在尖角而导致分析失败的现象。

曲面的光顺性通常根据曲面上的关键曲线(如 u、v 方向的参数线或曲面与平行于坐标平面的一系列平面的截线等)是否光顺以及曲面的曲率(主曲率、高斯曲率、平均曲率等)变化是否均匀等来判断。

曲面光顺性的一般准则如下:①曲面 u、v 方向的参数线达到光顺要求;②构造曲面时网格线无多余拐点(或平点)及变挠点,并达到光顺性要求;③曲面与某一组等间隔且彼此平行平面的相交截面线要达到光顺性要求;④曲面的高斯曲率变化均匀;⑤二次曲面的主曲率(低次曲面)在节点处的左、右曲率差的跃度和尽量小。

常用的曲面光顺品质分析方法如下。

(1) 基于曲率的方法。

目前,商业化的 CAD/CAM 集成系统都具有曲面品质分析功能和多种分析方法,常用的分析方法有高斯曲率、截面曲率、切矢、双向曲率、法向矢量等。利用这些分析方法,通过着色渲染来观察曲面曲率变化,来评估曲面的质量。

(2) 基于光照模型的方法。

如今某些工业产品的外形乃至细微局部的光顺性的要求十分高,但由于计算机的屏幕和分辨率的限制,很难对其光顺性进行正确的判断。特别是一些尺寸大、对曲面光顺性要求较高的零部件,如汽车、船舶、飞机等产品的外覆盖件,仅利用曲率云图或等曲率线等方法已难以满足曲面分析的要求。基于曲面的光照模型分析方法正是提供了一种比较直观的曲面光顺性评价方法,且这种方法比较接近工程人员利用平行光束来分析曲面光顺性的习惯做法。主要由以下几种方式组成:

① 反射线法:反射线法是汽车制造工业中一种常见的曲面品质分析方法。反射线法是利用光线在曲面上生成的反射线的形状来进行曲面品质分析的。

② 高亮度线法:该方法是一种简化的反射线法,取消了反射线法中的视点。高亮度线是曲面上一些点的集合。这些点处曲面法矢的延长线和直线性光源的垂直距离等于零。即高亮度线上每一点处的曲面法矢通过光源线。

③ 等照度线法:由曲面上具有相同光照度的点的集合所形成的曲线称为等照度线。

④ 真实感图形法:采用先进的图形绘制技术,通过光源设置、辉度调节、材质性能、透明处理和背景搭配等技巧渲染出十分逼真悦目的实感图形,可以根据这种图形进行曲面的光顺性分析。但这种方法往往需要较高的硬件配置和较长的计算时间,而且不能判断曲面间的 C 2 连续性,所以在实际的应用过程中很少用到这个方法。

(3) 曲面光顺的方法。

在逆向工程中,通过扫描或拟合得到的曲线一般很难满足工程上的光顺要求。为构造出光滑的插值曲线需要修正原型值点序列。利用造型软件的相关功能进行调节。

产生曲面不光顺的主要原因有组成曲面的曲线不光顺、建构曲面的曲线不合理、曲面造型方法不合适等。解决曲面不光顺问题的方法是选择合理的造型方法，保证组成曲面的曲线都是光顺的，为曲面的光顺创造良好条件。

曲线光顺可分三步进行：①找坏点并修改坏点的坐标值；②粗光顺，使曲线上各段的曲率符号均保持一致，保证曲线的单凸或单凹性；③精光顺，使曲线上各段的曲率变化均匀，满足光顺的要求。

曲面光顺应满足在该曲面上没有多余的凸区和凹区。曲面可视为包容于若干纵、横截面线曲线网格中的实体。只要纵、横两个方向的任何截面线达到了光顺，那么，这个光顺的曲面就形成了。因而，如果对构成曲面纵、横两个方向的网格曲线分别进行光顺处理，再用得到的这组曲线形成曲面，得到的就是光顺的曲面。换句话说就是将曲面的光顺性转换为网格曲线的光顺性问题来处理。光顺曲面的方法如下：先光顺曲面的纵向曲线，在所有的纵向曲线光顺完毕后，通过新的型值点生成横向样条曲线并进行光顺。因光顺横向样条曲线时，改变了某些型值点的位置，这样会引起纵向样条曲线的波动，这样就要重新生成纵向样条曲线并光顺这些曲线，直至所有的纵向、横向样条曲线都满足曲线光顺的准则。最后，利用光顺后的纵向、横向样条曲线就能构造出光顺曲面。

构造出光顺的曲面后，必须对各曲面片进行拼接。曲面拼接要解决边界连续问题，就是要使相连曲面在边界上具有一阶或二阶几何连续性。曲面拼接要求两参数曲面切平面连续，也就是要求两曲面在其公共连接线处具有公共的切平面或公共的曲面法线。

7.1.3 逆向工程技术的应用

(1) 基于实物模型的产品外形设计。

在对产品外观有较高美学要求的领域，如复杂的艺术造型，人体或其他动植物外形的三维几何设计，汽车零部件(图7.9)、家电及工艺品的外形设计等，常用黏土、木材或泡沫塑料进行初始外形设计(概念设计)，这就需要通过逆向工程将实物模型转化为三维CAD模型。

(a) 汽车安全气囊盖　　　　　　　(b) 车灯

图 7.9　汽车零部件的外形设计

(2) 对现有的产品进行局部的修改。

由于工艺、美观、使用效果等原因，经常要对已有的产品作局部的修改。在原始设计没有三维CAD模型的情况下，若能将实物构件通过数据测量与处理产生与实际相符的CAD模型，便可对CAD模型进行修改以后再进行加工，如图7.10所示。

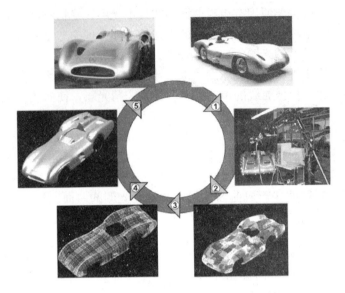

图 7.10　逆向工程在产品修改中的应用

(3) 对于一些需要经过反复试制、修改或需要通过实验测试才能定型的零部件,可以通过逆向工程技术将实物模型转化为 CAD 模型,进而明显缩短产品的开发周期。

(4) 在缺少设计图样及没有 CAD 模型的情况下,通过对零件原型的测量形成图样或 CAD 模型,并由此生成数控加工 NC 代码,加工复制出相同的零件。

(5) 对已有产品为基准点进行的设计。

借鉴别人的成功设计,进行再创新设计是在激烈竞争中赶超同行先进水平的一个捷径。

(6) 磨损或破损物体的修复。

利用逆向工程技术对磨损或破损的物体进行修复时,不需对整个零件原型进行复制,而是借助逆向工程技术获取原型的设计思想来指导新设计。

(7) 在模具行业,经常需要通过反复修改原始设计的模具形面,以得到符合要求的模具。然而,这些几何外形的改变却往往未曾反映在原始的 CAD 模型上。借助逆向工程的功能及其在设计与制造之间扮演的角色,设计者可以建立或修改在制造过程中变更过的设计模型。图 7.11 所示为汽车轮胎的模具。

(8) 在快速成形制造的应用中,逆向工程的最主要表现如下:通过逆向工程,可以方便地对快速成形制造的原型产品进行快速、准确的测量,找出产品设计的不足,进行重新设计,经过反复多次迭代可使产品完善。

图 7.11　汽车轮胎模具

(9) 医学模型制作。

可以通过 X 射线断层成像及核磁共振等临床检测手段获取人体扫描的分层截面图像(图 7.12 所示为医学中的人体测量),并将数据传送至快速原型制造系统,制作出人体局部或内脏器官的模型。例如，逆向工程与医学领域相关技术的紧密结合，在骨缺损修复、人工关节、人工骨、整形复体、人工器官等医学假体设计中具有极其重要的作用。通过逆向造型，可为患者提供更准确的个性化设计替代物模型，使得缺损部位与替代物能更好匹配，提高缺损修复成功率。

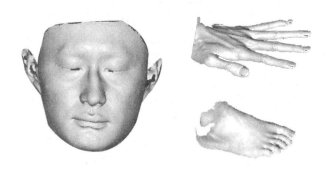

图 7.12 人体测量

（10）工业产品的无损探伤。

借助于层析 X 射线断层成像法（CT），逆向工程不仅可以产生物体的外部形态，而且还可以快速发现、度量、定位物体的内部缺陷，从而成为工业产品无损探伤的重要手段。

（11）产品的检测。

产品的精度检验是企业进行质量控制的重要手段，然而复杂形状产品的检验往往非常困难，需要大量的时间和人力。通过逆向工程技术，利用 CAD 信息自动生成测量程序，然后利用三坐标测量机等先进的自动化测量设备快速采集到零件的大量数字化点，将这些坐标点读入计算机，就可以通过软件自动分析测量得到的数据点与理论 CAD 模型间的误差。分析结果可用报告形式给出，也可以在理论模型上绘制误差彩色云图（即用不同的颜色标识不同的误差值），使零件各部位的制造精度一目了然。

7.1.4 逆向工程软件简介

逆向工程的实施需要逆向工程软件的支撑，逆向工程软件的主要作用是接收来自测量设备的产品数据，通过一系列的编辑操作得到品质优良的曲线或曲面模型，并通过标准数据格式将这些数据输送到现有的 CAD/CAM 系统中，在这些系统中完成最终的产品造型设计。由于很多逆向工程软件无法完全满足用户对产品造型的需求，因此逆向工程软件很难与现有的主流 CAD/CAM 系统，如 CATIA，UG，Pro/E 和 SolidWorks 等抗衡，很多逆向工程软件成为这些 CAD/CAM 系统的第三方软件。如 UG 采用 ImageWare 软件作为 UG 系列产品中完成逆向工程造型的软件。

下面介绍几种比较著名的逆向工程软件。

1. GeoMagic Studio

GeoMagic Studio 软件是美国 Raindrop Geomagic 公司推出的逆向工程软件，具有丰富的数据处理工具，可以根据测量数据快速地构造出多张连续的曲面模型。利用 GeoMagic Studio 软件可轻易地从扫描所得的点云数据中创建出完美的多边形模型与网格，并可自动转换为 NURBS 曲面。

2. ImageWare

ImageWare 软件是著名的逆向工程软件，广泛应用于汽车、航空、消费家电、模具和计算机零部件等领域。作为 UG NX 中提供的逆向工程造型软件，ImageWare 软件具有强大的测量数据预处理、曲面造型、误差检测功能。可以处理几万至几百万的点云数据。通过 ImageWare 软件处理这些点云数据所构造出的 A 级曲面具有良好的品质和曲面连续性。ImageWare 软件的模型检测功能可以方便、直观地显示所构造的曲面模型与实际测量数据之间的误差以及平面度、圆度等几何公差。

起初，ImageWare 软件主要应用于航空航天和汽车工业，因为这两个领域对空气动力学性能要求很高，在产品开发的开始阶段就要认真考虑空气动力性。常规设计流程首先根据工业造型需要设计出结构，制造出油泥模型然后将模型送到风洞试验室去测量空气动力学性能，再根据试验结果对模型进行修改，经过反复的修改直到获得满意结果为止，这样所得到的最终油泥模型才是符合需求的模型。将油泥模型的外形精确的输入计算机成为电子模型时，借助 ImageWare 软件能方便地实现这种目的。

3. CopyCAD

CopyCAD 软件是英国 Delcam 公司的 CAD 系列产品之一，该软件主要用来处理测量数据的曲面造型。Delcam 的产品涵盖了从设计到制造、检测的全过程，其主要产品包括 Power SHAPE（用于检测）、Power MILL（数控加工编程软件）、Art CAM（设计三维浮雕）、CopyCAD（逆向工程类）、PS - TEAM（团队协作管理系统）等诸多软件产品。作为该系列产品的一部分，CopyCAD 软件与系列中的其他软件可以很好地集成，为用户的使用提供方便。CopyCAD 软件是一个功能强大的"逆向工程"系统，利用 CopyCAD 软件的用户可以快速编辑数字化数据，并能做出高质量的、复杂的表面。CopyCAD 能完全控制表面边界的选择，自动形成符合规定公差的平滑、多面块曲面，还能保证相邻表面之间相切的连续性。从实物模型生成 CAD 模型，用于分析和工程应用；更新 CAD 模型以反映对现有零部件或样品的修改情况；将过去的模型存入 CAD 文件中，收集数据用于计算机显示和动画制作。

4. RapidForm

RapidForm 软件是由韩国 INUS Technology 公司推出的专业逆向系列软件。Rapid-Form 软件是基于 3D 扫描数据点云来构建 NURBS 曲线、曲面和多边形网格，最终获得无缺陷、高质量的多边形或自由曲面模型。其提供各种工具用于精确的形状控制和转换，尤其对于工程运用，使最终的模型具有高精度的曲面。主要用于处理测量、扫描数据的曲面建模以及基于 CT 数据的医疗图像建模，还可以完成艺术品的测量建模以及高级图形生成。RapidForm 软件提供一整套模型分割、曲面生成、曲面检测的工具，用户可以方便的利用以前构造的曲线网格经过缩放处理后应用到新的模型重构过程中。RapidForm 软件具有强大的多边形优化功能，能使用户构建任何需要的 3D 几何模型。多边行网格和 NURBS 曲面能被直接送入下游应用，如计算机动画、游戏和影视等。

5. ICEM Surf

ICEM 公司开发并维护的 ICEM Surf 软件是一个高级自由曲面的构造工具,其最主要特点是直接构造曲面(无须先构造曲线)和曲面质量的动态评价(曲面调整中的曲面诊断结果动态更新)。ICEM Surf 软件还能把点云数据直接转换成三角形面片模型,可以用来求任意截面线、边界线和特征线,也可以用来做快速成形或 NC 加工编程。ICEM Surf 软件提供出色的建模和工程工具,其集成的实时检查工具与几何变动动态相关。不仅做到高效地开发模型,而且能在图形窗口准确预览物理模型的形状,从而验证模型是否满足设计要求,现已成为许多汽车设计开发公司的标准配置软件。

7.2 快速成形制造技术

7.2.1 快速成形制造技术概述

1. 快速成形的概念及特点

快速成形(rapid prototyping,RP)技术是 20 世纪 90 年代兴起的集 CAD/CAM 技术、激光加工技术、数控技术、精密伺服驱动技术和新材料等技术领域的最新成果于一体的零件原型制造技术。与传统的材料去除法制造零件不同,快速成形技术采用材料一层一层积累的方式构造零件模型。利用所要制造零件的三维 CAD 模型数据直接生成产品原型,并且可以方便地修改 CAD 模型后重新制造产品原型。由于该技术不像传统的零件制造方法需要制作木模、塑料模和陶瓷模等,可以大大缩短产品开发周期,减少了开发成本。随着计算机技术的快速发展和三维 CAD 软件应用的不断推广,越来越多的产品基于三维 CAD 设计开发,使得快速成形技术的广泛应用成为可能。

快速成形技术具有以下特点:

(1) 快速性:通过 STL 格式文件,RPM 系统几乎可以与所有的 CAD 造型系统无缝连接,从 CAD 模型到完成原型制作通常只需几小时到几十小时,加工周期短,节约 70% 以上的时间,并且可实现产品开发的快速闭环反馈。

(2) 高度柔性:快速成形系统是真正的数字化制造系统,采用非接触加工的方式,无须任何工装夹具即可快速成形出具有一定精度和强度并满足一定功能的原型零件,而且系统不作任何改变和调整即可完成不同类型的零件的加工制作,特别适合新品开发或单件小批量生产。

(3) 适用于加工各种形状的零件,制造工艺、制造周期以及制造成本与产品的形状和复杂程度无关,而只与其净体积有关。

(4) 高度集成化:快速成形技术是集计算机技术、CAD/CAM 技术、数控技术、激光技术和新材料技术等一体化的先进制造技术,整个生产过程实现自动化、数字化、与 CAD 模型具有直接的关联,所见即所得,零件可随时制造与修改,可实现设计制造一体化。用重复的三维扫描成形复杂的三维零件,避免了数控加工的复杂编程步骤。从根本上克服了 CAD/CAM 集成时 CAPP 这一瓶颈问题,从而实现高度自动化和程序化。

（5）制作原型所用的材料不限，各种金属和非金属材料均可使用，可以制造树脂类、塑料类、纸类、石蜡类、复合材料以及金属材料和陶瓷材料的原型。

2. 快速成形技术的基本原理

快速成形技术采用离散/堆积成形原理，是根据三维 CAD 模型，对于不同的工艺要求，按照一定厚度进行分层，将三维数字模型变成厚度很薄的二维平面模型。再将数据进行一定的处理，加入加工参数，产生数控代码，在数控系统控制下以平面加工方式连续加工出每个薄层，并使之粘结而成为三维实体。此过程完成了从三维—二维—三维的转换（图 7.13）实际上就是基于"生长"或"添加"材料原理一层一层地离散叠加，从底到顶完成零件的制作过程。因此，不必采用传统的加工机床和加工模具，只需传统加工方法 30%～50%的工时和 20%～35%的成本，就能直接制造产品样品或模具。通过快速成形技术，可以自动、直接、快速、精确地将设计思想转变为具有一定功能的模型或直接制造产品，从而可以对产品设计进行快速评估、修改及功能试验，大大缩短了产品的研制周期。将快速成形技术用于企业的新产品研发过程，可以大大缩短新产品的研制周期，确保新产品的上市时间，提高企业对市场的快速反应能力；同时也可以降低开模风险和新产品研发成本；及时发现产品设计的错误，做到早找错、早更改，避免更改后续工序所造成的大量损失，提高新产品投产的一次成功率。因此，快速成形技术的应用已成为制造业新产品开发的一项重要策略。

3. 快速成形制造的基本流程

快速成形制造技术是由产品的数字化模型直接驱动成形设备，从而快速制造出任意复杂形状的三维物理模型。快速成形的全过程可以归纳为以下三步（图 7.14）：

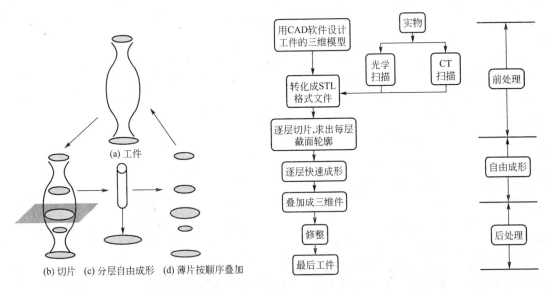

图 7.13　三维—二维—三维的转换　　　　图 7.14　快速成形的全过程

（1）前处理。包括工件的三维模型的构造、三维模型的近似处理、模型成形方向的选择和三维模型的切片处理。

(2) 分层叠加自出成形。这是快速成形的核心，包括模型截面轮廓的制作与截面轮廓的叠合。

(3) 后处理。包括工件的剥离、后固化、修补、打磨、抛光和表面强化处理等。

目前，比较通用的快速成形制造技术有以下几种：

(1) 液态光敏树脂选择性固化。

液态光敏树脂选择性固化是最早出现的一种快速成形技术。该工艺是由 Charles Hull 于 1984 年发明的。美国 3D Systems 公司于 1988 年推出了世界上第一台商品化立体光固化设备——SLA-1。

液态光敏树脂选择性固化又称立体光固化成形（stereo lithography apparatus，SLA）、立体印刷成形、光敏液相固化、立体光刻或立体造型。其是以光敏树脂（如丙烯基树脂）为原料，这种液态光敏树脂在紫外线的照射下能够快速固化，其成形过程如下：快速成形机上有一个盛满液态光敏树脂的液槽。成形开始时，可升降工作台使其处于液面下一个截面厚度的位置上，在计算机的控制下，一定波长的紫外激光按照截面轮廓的要求沿液面进行扫描，使扫描区域的树脂薄层发生光聚合反应后固化，从而得到该层截面轮廓。未被激光照射的树脂仍然是液态的。当一层固化后，工作台下降一层高度，在刚固化的层面上铺上一层新的液态树脂，使液面始终处于激光的焦平面上，用刮平器将树脂液面刮平后，进行下一层扫描、固化，新固化的一层牢固地粘结在前一层上。重复上述过程直到整个产品成形完毕。

立体光固化成形系统主要由紫外激光器、X-Y 运动装置或激光偏转扫描器、光敏树脂、容器、升降工作台、刮平器、软件及控制系统等组成。立体光固化成形系统的工作原理如图 7.15 所示。

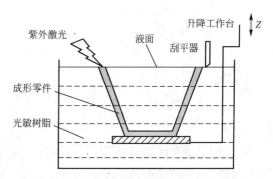

图 7.15 立体光固化成形系统的工作原理

常用的激光器有两种类型：一种是氦-镉（He-Cd）激光器，其输出功率为 15～50mW，输出波长为 325nm，寿命约为 2000h；另一种是氩（Ar）激光器，其输出功率为 100～500mW，输出波长为 351～365nm。一般激光束的光斑尺寸为 0.05～3.00nm，位置精度可达 0.008nm。

目前，立体光固化成形是快速成形制造领域中技术最为成熟、应用最为广泛的一种成形方法。与其他快速成形工艺相比，立体光固化成形具有如下特点：

① 成形精度高。目前紫外激光束在焦平面上聚焦光斑的最小直径可达 0.075mm，最小层厚在 $20\mu m$ 以下。细小的离散单元可以保证成形件的精度和表面质量。一般立体光固化成形件的精度可以控制在 0.05～0.1mm 之内。

② 成形速度快。在快速成形过程中，离散与堆积是两个相互矛盾的过程，离散的越细小，成形精度越高，但堆积成形的速度越慢。因此在保证成形精度的前提下，要提高成形速度，就必须在减小光斑直径和层厚的同时有效地提高激光光斑的扫描速度。

③ 扫描质量好。高精度的焦距补偿系统可以实时地根据平面扫描光程差来调整焦距，保证在较大成形扫描平面（600mm×600mm）内的光斑直径均在规定范围内，较好地保证了

扫描质量。此外，真空吸附式和主动补偿式刮板系统的刮平精度可达 $0.02\sim 0.1$mm。高精度高速度的刮平系统大大提高了成形的精度与效率。

④ 原材料利用率接近 100%，能够制造形状特别复杂、精细的零件。

缺点是需要设计支撑，原材料价格昂贵，可以选择的材料种类有限，加工成本高；制件容易发生翘曲变形。

(2) 薄型材料选择性切割。

薄型材料选择性切割技术是由美国 Helisys 公司的 Michael Feygin 于 1986 年发明的。1991 年后薄型材料选择性切割设备相继推出，如 Helisys 公司的 LOM-1050 和 LOM-2030 等。

薄型材料选择性切割的过程如下：先在纸、塑料薄膜等薄片材料的表面涂覆一层热熔胶；通过加热、辊压片材，使之与已成形部分粘接；在计算机的控制下利用 CO_2 激光器在刚粘接的层片上切割出零件的截面轮廓和工件外框，并在截面轮廓与外框之间的区域切割出上下对齐的网格；激光切割结束后，工作台带动已成形的工件下降，与带状片材分离；供料机构转动收料轴和供料轴，带动料带移动，使新层移动到加工区域；工作台上升到加工平面；压辊加热加压，工件的层数增加一层；重复上述操作，完成原型零件的制造。从工作台上取下被边框包围的实体，用小锤轻轻敲打使大部分由小网格构成的小立方块废料与制品分离，再用小刀从制品上剔除残余的小立方块，就可以得到三维原型制品。薄型材料选择性切割工艺的原理如图 7.16 所示。

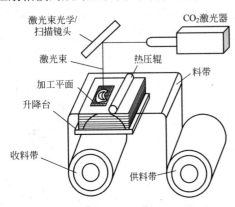

图 7.16　薄型材料选择性切割的工作原理

LOM 工艺的优点是制件的翘曲变形小，制造加工成本低。由于薄型材料选择性切割只需在片层材料上切割出零件截面的轮廓，而不用扫描整个截面，因而成形速度较快，易于制造大型零件，零件的成形精度可以达到 0.15mm。外框与截面轮廓之间的多余材料在加工过程中起到支撑作用，因此薄型材料选择性切割工艺无须设计支撑。但是还存在以下缺点：

① 材料性能较差，利用率较低，可用材料种类有限。该工艺的主要材料是纸和塑料等片材，通过粘接来实现成形，成形件的强度较差。而且材料的利用率较低，一般仅有 50% 左右的材料得以利用，其余部分均被用作边框或被切为立方块而无法重新利用。

② 设备及运行成本较高。由于需要采用 CO_2 激光作为能源，增加了设备成本和运行成本，使之无法与非激光技术的快速成形制造工艺竞争。

③ 成形工艺较低、表面质量较差。商品化薄型材料选择性切割设备的精度在 $0.15\sim 0.25$mm，与液态光敏树脂选择性固化设备的工艺水平相差甚远。

④ 系统复杂，工艺稳定性差。

此外，薄型材料选择性切割工艺还具有废料分离麻烦，后处理难度大等缺点。而且利用激光切割片材会造成烟尘等污染，激光功率较高存在一定的安全问题。

(3) 粉末材料选择性激光烧结。

美国德克萨斯大学奥斯汀分校的 C. R. Dechard 于 1989 年发明了粉末材料选择性激光

烧结工艺，经美国 DTM 公司对其进行商品化后，推出了 SLS Model125 成形机。

粉末材料选择性激光烧结借助精确引导的激光束使粉末状材料烧结或熔融后凝固成形为三维制件。其成形过程如下：① 在工作台上涂覆一层厚度约为 $100\sim200\mu m$ 的粉末材料（如塑料粉、陶瓷和粘结剂的混合粉、金属与粘结剂的混合粉等）并刮平；② 高强度的 CO_2 激光器在计算机的控制下按照截面轮廓的信息对制件的实心部分所在的粉末进行烧结。③ 当一层截面烧结完成后向上或向下移动工作台，涂覆上一层新的粉末材料，并选择性的烧结该层截面；④ 全部烧结完成后去掉多余的粉末，并进行打磨烘干等处理即可得到原型零件。粉末材料选择性激光烧结的工作原理如图 7.17 所示。

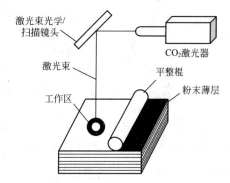

图 7.17　粉末材料选择性激光烧结的工作原理

粉末材料选择性激光烧结的特点如下：

① 粉末材料选择性激光烧结的突出优点是成形材料来源广泛且利用率高。从原理上说，任何加热时黏度降低的粉末材料都可以用于激光烧结成形。尼龙、石蜡、ABS、聚合碳化物、金属粉末和陶瓷粉末等是常用的成形材料。除烧结陶瓷外，一般不需要加添加剂，也无须进行后续处理。由于原材料种类丰富，所以采用粉末材料选择性烧结工艺可以制造出形状多样并满足不同需要的原型产品。

② 利用粉末材料选择性烧结技术可以快速成形出高强度的原型零件。成形过程中无须设计和构建支撑，成形后的产品具有较好的机械性能。

③ 根据所用材料的种类、粒径、产品几何形状和复杂程度的不同，粉末材料选择性烧结的精度可达 $\pm(0.05\sim2.5)$mm。当粉末粒径为 0.1mm 以下时，成形后的原型精度可达 $\pm1\%$。

此外，该工艺还与铸造有着密切关系。如烧结的陶瓷原型可以作为铸造的型壳、型芯，石蜡原型可以作为蜡模，用热塑性材料烧结的模型可做消失模。目前，粉末材料选择性激光烧结工艺的设备有：美国 DTM 公司的 Sinterstation2000，Sinterstation2500，Sinterstation2500plus 和 AFS-300，德国 EOS GmbH 公司的 EOSINT 系列设备，法国 Phenix System 的 Phenix900，北京隆源公司生产的 AFS 系列设备等。但缺点是制件精度低，表面粗糙，需要后处理。

（4）丝状材料选择性熔覆。

丝状材料选择性熔覆是由美国学者 Scott Crump 于 1988 年研制成功的一种快速成形工艺。

快速成形机的加热喷头在计算机的控制下，可根据截面轮廓的信息，作 $X-Y$ 平面运动和 Z 方向的运动。丝状材料（如塑料丝、蜡、ABS、PC、尼龙等）由供丝机送至喷头，并在喷头中加热、熔化，然后被选择性地涂覆在工作台上，快速冷却后形成截面轮廓。一层成形完成后，工作台下降一截面层的高度，再进行下一层的涂覆，如此循环，最终形成三维产品。丝状材料选择性熔覆的工作原理如图 7.18 所示。

丝状材料选择性熔覆具有以下特点：

① 成形材料成本低，可选材料种类多。

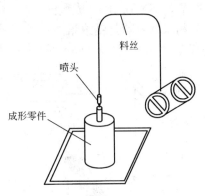

图 7.18　丝状材料选择性熔覆的工作原理

丝状材料选择性熔覆中的喷头直径一般为 0.1~1mm。多数的热塑性材料（如蜡、尼龙、橡胶、塑料等）经适当改性后都可用于丝状材料选择性熔覆成形工艺。通过添加着色剂，同一种材料可以变成不同颜色，以制造各种色彩的零件。用蜡成形的零件原型，可以直接用于失蜡铸造；用 ABS 制造的原型具有较高的强度，在产品设计、测试与评估等方面得到了广泛应用。近年来，以 PC、PPSF 等更高强度的成形材料为基础的丝状材料选择性熔覆技术也日趋成熟，使得该工艺有可能直接制造功能性零件。此外，该工艺还可以堆积复合材料零件，如将低熔点的蜡或塑料熔融并与高熔点的金属粉末、陶瓷粉末、玻璃纤维、碳纤维等混合成为多相成形材料。

② 成形设备简单、成本低

与其他快速成形工艺不同，丝状材料选择性熔覆不是利用激光进行快速成形加工，而是通过材料的熔融实现快速成形。所以成形设备因无需激光器及其电源而得以简化，生产成本也得以降低。此外，丝状材料选择性熔覆设备的运行比较可靠、维护过程比较简单。

③ 环境污染较小

一般来说，丝状材料选择性熔覆成形工艺所用的材料为无毒、无味的热塑性材料，对周围环境的污染较小，设备运行时的噪声较低。

目前，快速成形制造技术开始向桌面制造（desk top manufacturing，DTM）系统方向发展。桌面制造系统要求成本低、体积小、操作维护简单、噪声低、污染小、精度较低。丝状材料选择性熔覆系统恰好满足上述要求，是理想的桌面制造系统。此外，丝状材料选择性熔覆成形工艺也适用于大型商品化零件的快速成形制造。这类产品尺寸较大，精度和强度要求较高，成形速度较快。

(5) 三维印刷系统。

1989 年美国麻省理工学院（MIT）的 Emanual Sachs 等人发明了三维印刷工艺，并申请了相关专利。与选择性激光烧结工艺相似，三维印刷采用粉末材料（如陶瓷粉末、金属粉末）成形，不同的是材料粉末不是通过烧结连接起来的，而是通过喷头用粘结剂（如硅胶）将零件的截面"印刷"在材料粉末上。快速成形机的喷头在计算机的控制下，按照截面轮廓的信息，在铺好的一层层粉末材料上，有选择性地喷射粘结剂，使部分粉末粘接，形成截面轮廓。一层成形完成后，工作台下降一截面层的高度，再进行下一层的粘接，如此循环，最终形成三维产品。由于用粘结剂粘接的零件强度较低，因而还需要做后续处理，如烧掉粘结剂，在高温下渗入金属，使零件致密性得以提高以增加其强度等。图 7.19 所示为三维印刷的工艺原理。

三维印刷工艺的特点是成形速度快，成形材料价格低，适合作为桌面型快速成形设备。此外，通过在粘结剂中添加颜料，可以制造出色彩不一的产品原型，这是该工艺具有市场竞争力的方面。三维印刷的主要缺点是成形件的强度较低、表面较粗糙，只能作为概念原型使用，一般不能进行功能性试验。

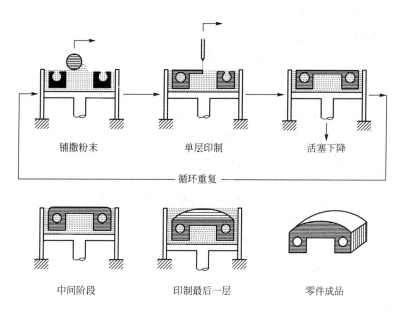

图 7.19 三维印刷系统的工作原理

7.2.2 快速成形制造技术的应用

(1) 新产品开发过程中的设计验证与功能验证。在新产品造型设计过程中应用快速成形技术可以为设计开发人员建立一种崭新的产品开发模式,运用该技术能够快速、直接、精确地将设计思想模型转化为具有一定功能的实体模型(样件),可以方便验证设计人员的设计思想和产品结构的合理性、可装配性、美观性,及时发现设计中的问题并修改完善产品设计。这样不仅大大缩短了开发周期,降低了开发成本,使企业在激烈的市场竞争中占有了先机。

(2) 单件、小批量和特殊复杂零件的直接生产。在机械制造领域里有些特殊复杂制件只需单件或少于 50 件的小批量生产,这样的产品通过制模再生产,成本高、周期长。快速成形技术以自身独有的特点可以直接成形生产,成本低、周期短。

(3) 产品展示。快速成形是产品从设计到商品化各个环节中进行交流的有效手段。

而快速成形技术在汽车上的应用主要表现在以下几个方面:

(1) 零件设计原型的快速制造:

现代汽车生产的特点就是产品的多型号、短周期。为了满足不同的生产需求,就需要不断地改型。虽然现代计算机模拟技术不断完善,可以完成各种动力、强度、刚度分析,但研究开发中仍需要做成实物以验证其外观形象、工装、可安装性和可拆卸性。对于形状、结构十分复杂的零件,可以用快速成形技术制作零件原型以验证设计人员的设计思想,并利用零件原型做功能性和装配性检验。利用快速成形技术可以实现汽车前后保险杠总成的试制、主副仪表板总成的试制、内饰手板(图 7.20)等结构样件或功能样件的试制以及地毯热压成形样件的试制等。

(2) 用于发动机试验研究:

进气道是发动机非常重要的一部分,由形状十分复杂的自由曲面构成,对提高进气效率、改善燃烧过程有十分重要的影响。在发动机的设计过程中,需要对不同的进气道方案做气道试验,传统的方法是用手工方法加工出由十几个或几十个截面来描述的气道木模或石膏模,再用木模的砂模铸造出气道,对气道进行吹风试验找出设计不足后,还要重新修改模型。如此要反复多次,每一次都要手工修改或重新制作,费时费力,且受木模工技术水平影响很大,精度难以保证。采用快速成形技术可以一次成形多个不同的气道模型,而且形状和所设计的CAD模型完全一致。和传统的手工制作木模的方式相比,不仅可以提高模型精度,而且能够降低制作、修改成本,缩短设计周期。

快速成形还可在发动机的试验研究中用于流场分析。缸内流场对发动机的燃烧过程有着十分重要的影响,直接影响到发动机的经济和排放指标;而缸盖和机体水腔的水循环决定了发动机的冷却性能。由于其都在发动机内部,研究困难,可以用光固化成形方法快速制作以透明树脂为材料的发动机模型,再用激光摄影的方法分析其流场。同理,发动机和整车上的其他外形、结构复杂的零件,用传统方法制模困难的零件,如发动机进、排气管(图7.21)等,都可以和快速成形技术相结合,制造出零件原型用于试验研究。

图7.20 快速制造的内饰手板

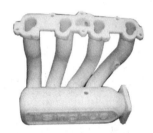

图7.21 汽车发动机的进气管

(3) 用于快速模具的制造:

汽车整车结构十分复杂,包括大量的铸件、锻压件和注塑件等。在汽车的开发过程中,各种零件模具的制造周期都很长,成本也较高;目前市场竞争日益加剧,要求产品的生产周期变短,这就需要提供更多的模具,快速成形技术在该方面有十分广阔的应用前景。将快速成形技术与传统的模具制造技术相结合,可以大大缩短模具制造的开发周期,提高生产效率,是解决模具设计与制造薄弱环节的有效途径。在实际应用中,有很多产品必须通过模具才能加工出来,用快速成形机先制作出产品样件再翻制模具是一种既省时又省费用的方法。

7.3 基于逆向工程的快速成形制造技术

7.3.1 基于逆向工程的快速成形制造技术的概述

对于快速成形制造技术来说,最主要的反求目的在于获得产品的几何造型与结构数据。通过各种三维数字化仪得到零件造型和结构数据后,可以借助三维重构技术在CAD软件中重新编辑(修改和缩放)再转换成G-Code或STL文件为快速成形制造设备使用,从而可直接加工制作出相应的模型、模具或零件。

对特定的产品开发而言，采用通用的数字化设计软件直接建模往往比较困难，而借助逆向工程技术可以快速建立产品的数字化模型。因此，逆向工程是快速成形制造技术的重要数据来源，也是快速成形制造技术的有效配套技术。基于逆向工程原理，利用坐标测量设备输入样本数据，建立和修改数字化模型，再利用快速成形制造设备完成产品的快速制造，可以实现产品的创新设计并提高企业的快速响应能力。

在快速成形技术中的逆向，就是要在现有实物的基础上求出三维的CAD模型。对于大多数产品来说，都可以在通用的CAD软件上设计出三维模型，但是由于对某些因素，如对功能、工艺、外观等的考虑，一些零件的形状十分复杂，很难在CAD软件上设计出实体模型，因此，先制造出小比例的实物模型，再通过对模型测量和数据处理获得三维实体模型。目前在反求工程中常用的测量方法有三坐标测量仪法、激光三角形法、核磁共振(MRI)法、X射线断层成像(CT)法、光栅法和自动断动扫描仪法等。通过逆向工程还可以对快速成形进行快速、准确的测量，找出产品设计中的不足，重新设计，经过多次反复的迭代，可使产品更加完善。在快速成形技术中引入逆向工程，可以实现对原型产品的快速、准确测量，可以验证产品设计的正确性，及时发现产品设计的不足之处，进而形成一个含测绘、设计、制造和检验等环节的产品快速开发闭环反馈体系(图7.22)。

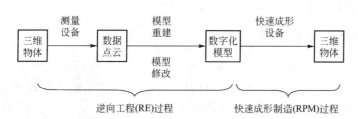

图7.22 逆向工程与快速成形制造的集成

逆向工程和快速成形制造技术的集成不仅有利于发挥各自的优势，也扩大了其应用领域和范围。逆向工程和快速成形制造技术的集成还体现在以下几个方面：

(1) 逆向工程和快速成形制造技术的结合，可以将三维物体的数据方便可靠地读入、传输，通过网络在异地重建、成形，实现异地制造。其过程如图7.23所示。

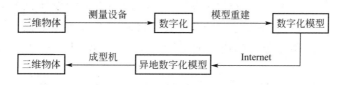

图7.23 逆向工程和快速成形制造技术的异地制造结合的过程

(2) 由于种种原因，有时在只有样件，没有样件图形文档的情况下需要对样件进行有限元分析、备件加工、模具制造或者需对样件进行修改，考察修改后的样件与其他零件间的装配协调性等，这都需要利用逆向工程手段将实物模型重建为CAD模型。另外，对于一些具有十分复杂外形的物体，如动物、植物、玩具、艺术造型等，用目前普通的CAD软件，还很难满足形状设计的要求，常常要先制作手工模型，然后运用逆向工程将实物模型转化为CAD模型。而模型重建的效果如何可以利用快速成形制造得到直观的检验。利用坐标测量机与快速成形机相结合，还可以在几个小时内制造出三维人体塑像。

（3）逆向工程和快速成形制造技术的集成可以实现快速模具的制造。在模具的研制过程中样件的设计和加工是重要的环节之一。与数控加工相比，快速成形制造技术可以更快更方便地制造出各种复杂的原型。将快速成形制作的样件用于模具制造，可明显缩短模具的制造成本和生产周期，显著提高模具的生产效率。

（4）逆向工程和快速成形制造技术相结合可以构成产品测量、建模、修改、制造、再测量的闭环系统，实现开发过程的快速迭代，有利于提高产品设计效率和质量。

（5）在医学领域利用X射线断层成像（CT）和核磁共振（MRI）等设备采集人体器官的外形数据，重建三维数字化模型，再利用快速成形制造技术可以制造出器官模型。

（6）利用反求技术生成STL文件（STereo Lithography File），供快速成形系统的数据处理软件直接使用，进而产生NC代码。

（7）利用反求技术生成层片文件，这种输出方式比较适用于对各种散乱点数据和CT图像的反求，并且由于快速成形系统本身就是采用分层制造的方法进行工件的加工，所以用反求得到的矢量化层片轮廓信息直接驱动快速成形设备可方便快捷的加工出产品的三维原型。

（8）利用反求技术可以快速重构出实体的三维模型，然后借助CAD系统可以直接转化为快速成形系统可用的STL文件。

7.3.2 逆向工程与快速成形制造的集成

快速成形制造中的逆向工程，就是通过各种手段对实物进行三维测量，获得样件的相关数据，这些数据包括结构、功能、材料等，把这些数据输入到计算机中进行处理，利用该测量数据建立相应的三维CAD模型。在快速成形制造中，逆向工程技术可以经过或不经过CAD模型而直接生成快速成形机所需的数据信息，所以这二者的集成包含样件测量和数据处理两个基本组成部分，其最终目的就是给快速成形机提供能够精确成形实物样件所需的层片驱动文件（CLI）。借助逆向工程、快速成形制造技术可以用来快速复制实物，还可对实物的三维数字化模型进行放大、缩小和修改等操作，进而对已有产品进行创新设计。此外，逆向工程与快速成形制造技术的集成还体现在通过方便地对快速成形制造技术本身制得的原型产品进行快速、准确地测量，用来验证由三维实物原型与原设计是否吻合，找出产品设计中的不足，进而对原来的设计方案进行改进或重新设计，使产品更加完善，由此可见，在快速成形制造中引入逆向工程，形成快速设计制造的闭环反馈系统，能够充分发挥快速成形制造系统和逆向工程技术的优势，拓宽其应用领域。

与快速成形技术完全匹配的逆向工程系统应具备以下特点：
（1）测量速度快、精度高；
（2）能测量样件的内外轮廓，而且在测量的过程中最好不破坏样件；
（3）能把测量数据准确、方便地转换成CAD模型；
（4）具有把CAD模型文件转换成STL文件的功能并能够直接进行切片处理；
（5）尽量能够实现自动化测量，在保证测量精度的前提下尽可能使测量成本低；
（6）不受或尽量不受外界条件或环境的限制；

(7) 能测量各种材质、形状且具有不同物理性能的物体。

7.3.3 逆向工程与快速成形集成的关键技术

(1) 快速制造中逆向系统数字化的数据量一般都很大，如何准确地再现三维曲面仍是CAD研究的重点，目前大多数CAD软件都采用STEP格式，所以研究STEP与STL的转换模式是一个重要研究方向。而不经过格式转化直接从三维CAD模型以STEP和STL格式进行切片处理已经成为研究如何提高精度的重要思路之一。

(2) 数字化过程是逆向工程的关键，为满足数字化的速度与精度，人们在数字化系统方面做了大量研究工作，提出并改进了多种数字化技术。但在数字化的路径规划方面的研究较少，这一技术是提高数字化过程速度与精度的关键。如何寻求高速、可靠的数字化规划方法是逆向技术研究的重点之一。为了与发展迅速的快速成形制造技术相匹配，需要研究速度快、精度高、成本低、能测量内外轮廓并且不破坏零件的数据采集系统，进一步提高其测量自动化程度，并使其不受被测物体材料和内外轮廓复杂程度的限制；在数据处理方面，应开发出较为完善的逆向工程CAD软件，使其既能直接处理扫描数据又有较强的曲面造型和计算功能，以提高逆向的效率和质量。

(3) 当前快速成形制造的价格昂贵、成本很高，研究快速成形材料和快速成形原理，开发成本低、品质好的快速成形机将促进该技术的广泛应用。

(4) 建立适于快速成形制造的逆向工程系统，使其具有数据采集速度快、精度高的特点，并能够充分发挥CAD/CAM技术和计算机高速处理数据的优势，达到与快速成形制造系统的匹配。数据处理要由手工分块测量建模向自动化程度高而且误差可控的曲面造型技术方向发展。

(5) 由于表面模型转换生成的STL数据模型存在裂缝、空洞和表面重叠等问题，所以应建立专用的三维重构数据处理软件，该软件应具有自动诊断和修复功能。此外，开发新的分层切片软件已成为快速成形技术领域的一个重大研究课题。直接分层就是直接基于CAD模型数据的分层方法，首先获取模型的内外轮廓线，然后根据快速成形工艺对轮廓线进行后置处理，从而避开了STL文件的弊端，得到的数据比较精确。

(6) 适应性切片厚度技术。在常规的分层制造中分层的厚度是固定的，由给定的误差参数决定。但根据最高分辨率确定的一个厚度来分层是不妥当的，需要适应性分层处理算法。在常规的算法中，根据一个固定和均匀厚度生成切片在 Z 方向的厚度。这种算法不考虑物体的适应性几何表示（网格表示），通常网格大小是以曲率变化最大的区域来选取。因此，这种适应性网格可以作为自适应分层过程的基础。如果几何形状相对扁平，则分层单元厚度可以增加使得分层数目减少；相反，如果形状曲率大，则单元可以取密，分层数目相对扁平的形状就多，这种方法的优点是分层的数目大大减少，而误差不变。

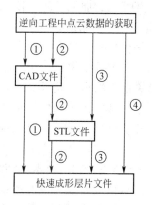

图 7.24 逆向工程与快速成形数据交换接口模式

逆向工程与快速成形集成的数据交换接口模式(图 7.24)有以下四种：

(1) 测量数据点云经曲面重构软件(如 Surfacer)拟合生成曲面CAD模型，然后通过平面与曲面求交算法直接产生等高线形式的快速成形层片文件。这是目前最常用的一种逆向工程与快速成形之间的数据交换模式。

（2）首先测量数据点云经曲面重构及三维实体特征造型后转化为 STL 文件，STL 文件再经专用分层软件处理输出快速成形层片文件。商用逆向工程软件主要用于测量数据的曲面重构，并将重构结果以商用 CAD 软件包（如 UG 等）能够接受的格式（IGES）输出，再利用商用 CAD 软件完成曲线曲面编辑和三维实体造型并以 STL 文件格式输出。

（3）测量点云经滤波、平滑、拼接及重采样处理后，再利用三角剖分算法直接输出 STL 文件。

（4）测量数据点云经数据预处理后，通过插值或逼近的方法生成经向线，通过空间曲线与平面的求交算法直接获得快速成形层片数据。

这四种数据交换模式各有优缺点：模式①和②都可利用现有的三维重构软件或 CAD 软件包进行曲面重构，但散乱数据的复杂曲面重构要求操作人员具备较强的专业知识和丰富的实践经验，且这一工作计算量较大、耗费时间较多。模式①还涉及复杂曲面的求交问题，曲面求交算法的精度、搜索效率及稳定性是影响其实用化的主要因素。模式②需要将通常意义下的 CAD 模型转化并输出 STL 文件，并且零件越复杂、精度要求越高的 CAD 模型，利用商用 CAD 软件转化为 STL 文件时，出现的错误和缺陷就越多，常见的问题包括数据截断误差导致的面片间的间隙、法矢错误、错误的面相交和退化的面片等。这就使得快速成形研究者需要在检验 STL 数据格式的正确性或修正其错误上花费大量的时间和精力。模式③和④都绕开目前逆向工程技术的"瓶颈"——三维散乱数据的复杂曲面重构和 CAD 造型，且由于模式③直接对测量数据实施三角剖分，因此与模式②相比，输出的 STL 文件较少出现错误，故模式③和④应是逆向工程与快速成形直接集成较理想的数据交换接口模式。

7.4 汽车零部件快速制模与快速试制

模具是现代工业生产的重要工具和手段之一，模具在成形工艺中的应用对于提高成形件的精度和内在质量具有重要作用，在某些材料和制件的批量化成形加工中模具化成形甚至是其唯一的加工工艺。传统的机械加工方法制造的模具具有高投入、长周期的特点。自 20 世纪 90 年代以来，随着市场竞争的日趋加剧，产品的快速升级换代和推陈出新已成为企业是否具有生命力，能否在市场竞争中生存的关键因素之一，产品的生产模式正在由传统的大、中批量生产向快速、灵活、多变的中、小批量生产转变。在这种环境下，传统的模具制造方法由于其自身固有的缺点，在一定程度上成为企业在市场竞争中发挥活力的制约因素。针对传统的机械加工模具制造技术的上述特点，近年来研究开发了适用于新产品、样机试制和中、小批量规模生产的基于快速成形制造的快速模具技术。快速制模（rapid tooling，RT）技术就是将传统的制模方法（如数控加工、铸造、金属喷涂、硅胶模等）与快速成形制造技术相结合的一种模具制造技术。该技术可显著地缩短新产品开发周期、降低研究开发和生产成本，具有较高的技术经济效益。

非机械加工型腔复制是快速模具的基本技术特征，其关键技术之一是母模原型件的设计与制造。由于技术条件的限制，传统的快速制模一般采用已有制件或机加工件作为母模,用铸造或压制的方法翻模,因而只能用于简单的仿制和毛坯的成形,而对于较复杂的和精度要求较高的快速模具,母模传统的设计制造模式显得束手无策,已成为制约快速模具制造技术发展的瓶颈。然而,快速成形技术为母模的制造提供了一条快速、经济、可行的技术途径。基于快速成形制造的快速模具技术集成快速成形制造高新技术和传统的非机械加工型腔复制技术,发挥各自优势,已成为产品快速更新换代和新产品开发及中、小批量生产的有效手段之一。图 7.25 所示为基于快速成形的快速模具制造方法。

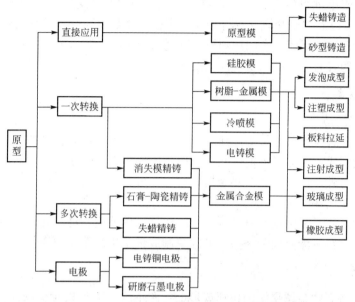

图 7.25 为基于快速成形的快速模具制造方法

快速制模技术的特点:

(1) 从模具设计到得到实物的时间更短。模具的三维 CAD 模型经快速成形制造,几小时即可得到实物,而采用其他加工方法一般需要几个月甚至更长,与传统的数控加工模具方法相比,周期和费用都降低了 1/3~1/10;

(2) 模具的形状结构设计不受制约。采用快速制模技术可以制作其他加工方法所不能制作的复杂结构,因而柔性更大;

(3) 加工设备相对于传统的机床加工更为经济;

(4) 加工过程全自动,快速制模只有后处理时需人工操作。

7.4.1 利用快速成形技术制造模具的一般工艺方法

1. 直接制造法

1) SLS 法

直接用树脂、粉末塑料(如 ABS)等制成凸、凹模,可以制作薄板的简易冲模,汽车覆盖件成形模等,用硅橡胶,金属粉,环氧树脂粉,低熔点合金等方法将快速成形准确复制成模具,这些简易模具的寿命是 50~1000 件,适用于产品试制阶段。

2) 用 FDM 法直接制成金属模

将不锈钢粉末用 FDM 法制成的金属模,经过烧结、渗铜等工艺制成具有复杂冷却液道的注塑模。

3) LOM法

采用LOM法直接制成的模具，坚如硬木，可耐200℃高温，可用作低熔点合金的模具或试制用注塑模以及精密铸造用的蜡模成形模。

2. 陶瓷型精密铸造法

在单件生产或小批量生产钢模时，可以采用此法。其工艺过程为：快速成形制作母模→浸挂陶瓷砂浆→在烤炉里固化模壳→烧去母模→预热模壳→烧铸钢（铁）型腔→抛光→加入烧注、冷却系统→制成生产用注塑模。其优点在于工艺装备简单，所得铸型具有极好的复印性和极好的表面光洁度以及较高的尺寸精度。

3. 模型铸造法

1) 石蜡精密铸造法

在批量生产金属模具时可采用此法。先利用快速成形或根据翻制的硅橡胶金属树脂复合材料或聚氨酯制成蜡模的成形模，然后利用该成形模生产蜡模，再用石蜡精铸工艺制成钢（铁）模具来。另外，在单件生产复杂模具时，亦可直接用快速成形代替蜡模。

2) 用化学粘接钢粉浇铸型腔

工艺过程为：制成零件反型→翻制硅橡胶或聚氨酯软模→浇注化学粘接钢粉型腔→焙烧粘结剂→烧结钢粉→渗铜处理→抛光型腔→制成批量生产用注塑模。

4. 金属喷涂法

金属喷涂法将雾状金属喷涂到快速成形上，产生约2cm厚的金属硬壳，然后用填充铝的环氧树脂或硅橡胶支撑，将壳与原型分离，得到精密的模具。

5. 利用快速成形制作电火花加工用的电极

1) 石墨电极成形法

利用快速成形翻制石墨电极研具，再利用研具采用平动研磨法制造石墨电极，然后用点火花加工金属模具。

2) 电铸铜电极法

在快速成形表面喷涂一层导电介质，然后电铸法在即原型的表面沉淀一层一定厚度的铜得到电镀铜电极，再利用电极电火花加工模具。

7.4.2 快速模具的分类

基于快速成形的快速模具制造方法一般可以分为直接制模法和间接制模法两大类。直接制模法是直接采用快速成形技术制作模具，在快速成形技术的诸多方法中能够直接制作金属模具的是粉末材料选择性激光烧结。用这种方法制造的钢铜合金注射模，其寿命可达五万件以上。但此法在烧结过程中材料会发生较大收缩且不易控制，故难以得到高精度的模具。目前，基于快速成形技术快速制造模具的方法多为间接制模法。间接制模法是指利用快速成形间接翻制模具。依据所采用的材质不同，间接制模法生产出来的模具一般可以分为软质模具和硬质模具两大类。

软质模具(Soft Tooling)因其所使用的软质材料（如硅橡胶、环氧树脂等）有别于传统的钢制材料而得名,由于其制造成本低、制作周期短,因而这种模具制造方法特别适用于生产批量小、品种多、改型快的现代产品制造模式。目前,常用的软质模具制造方法主要有硅橡胶浇注法、金属喷涂法、树脂浇注法等。软模是一种常用的试制模具,也可用于制作快速过渡模或快速批量生产模,其中,最常见的是硅橡胶模。

1. 硅橡胶制模技术

随着机械制造业的迅速发展,机械产品的加工过程对模具的需求越来越大。一种复杂的模具往往需要多块组合而成,但这种做法不仅费用高、周期长,而且不易保证尺寸精度。硅橡胶模具的产生完全可以解决这一难题。

硅橡胶模具制造工艺是一种比较普及的快速模具制造方法。由于硅橡胶模具具有良好的柔性和弹性,能够制作结构复杂、花纹精细、无拔模斜度甚至具有倒拔模斜度,因而这种模具备受人们关注。由于零件的形状尺寸不同,对硅橡胶模具的强度要求也不一样,因而制模方法也有所不同。

硅橡胶模具具有以下优点:

(1) 制作周期短。通常,根据工件的 CAD 文件,能在几天内提供硅橡胶软模。与传统金属模注塑原型工件相比,用硅橡胶模真空浇注聚氨酯原型,能缩短高达 90% 的开发周期。用快速成形的母模通过硅橡胶模制作铸造用聚氨酯芯盒,与制作传统的金属芯盒相比,只需 1/5 的时间。

(2) 成本低。与 CNC 机加工的金属模相比,软模的制作费用低得多,一般只有金属模的几分之一。

(3) 弹性好,工件易于脱模。在传统的金属模中,通常需要设置拔模斜度,以便使工件成形后顺利脱模,特别是对于有小凹槽的工件更是如此。但用硅橡胶模成形工件时,由于模具有足够的弹性,往往不必设置拔模斜度工件就能脱模,从而可大大简化模具的设计。

(4) 复印性能好。硅橡胶具有优良的复印性能,可良好地再现母模上的细小特征,基本不会损失尺寸精度。

(5) 室温下能用来浇注高性能的聚氨酯塑料件。聚氨酯又称为反应注射成形(reaction injection molding,RIM)塑料,原材料通常是液态双组分物料,其中一个组分是活泼氢的化合物,如多元醇,另一个组分是异氰酸酯。将这两种组分按一定的比例加以混合,并在室温下注射到成形模具内,能在几十秒至几分钟内迅速完成聚合物的聚合、链增长、交联和固化,在 10~40min 内便能脱模,然后,在 80℃ 下一般经十几小时便可完全固化。

但是室温硫化硅橡胶模具也存在以下缺点:

(1) 不能用热注射工艺成形工件。热注射成形时有较高的注射压力,而一般的室温硫化硅橡胶模较软,注射时会有明显的变形。

(2) 导热性较差。硅橡胶的导热性很差,因此,用这种材料制作的软模难于加热,如果模具达不到要求的温度,往往会使浇注的聚氨酯塑料件品质低劣。

(3) 使用寿命短。对于无尖锐边缘、无薄壁、无大高宽比凸台的简单形体,用硅橡胶模可浇注 30~40 个工件;对于有一些尖锐边缘的比较复杂的形体,用硅橡胶模可浇注 15~30 个品质良好的工件;对于有许多尖锐边缘、伸展薄壁,以及大高宽比的销柱或凸台的高复杂形体，通常用硅橡胶模仅能浇注 10～15 个可接受的工件，约 15 件后，硅橡胶模的某些部分可能有撕裂或局部损伤。因此，一般的室温硫化硅橡胶软模最好用于仅需成形约 10～30 个工件的情况。

(4) 不能成形真实的工件。使用硅橡胶模具，通过真空浇注仅能得到聚氨酯工件，而不能使成形材料与真实工件的材料一致。

2．硅橡胶模具的工艺流程

利用快速成形制作硅橡胶模具的工艺流程如图 7.26 所示。

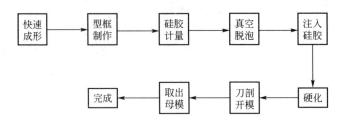

图 7.26　快速成形制作硅橡胶模具的工艺流程

下面针对上述流程中的关键步骤进行详细介绍。

(1) 快速成形件的表面处理。用于制造硅橡胶模具的原型件，其尺寸和外形与用模具加工的零件相同，在制造硅橡胶模具时起分隔作用。原型件是制造硅橡胶模具的关键，其形状、尺寸和表面质量都会直接反映到模具的型面上，所以需要对快速成形件进行表面处理。用快速成形方法制作的原型在其叠层断面之间一般存在台阶纹或缝隙，需要进行打磨、防渗和强化处理等以提高原型的表面光滑程度、抗湿性和抗热性等。只有原型表面足够光滑才能保证制作的硅橡胶模型腔的光洁度，进而确保翻制的产品具有较高的表面质量。

(2) 制作型框和固定原型。依据原型的几何尺寸和硅橡胶模使用要求设计浇注型框的形状和尺寸。在固定原型之前，需确定分型面和浇口的位置。分型面和浇口位置的确定是十分重要的，直接影响着浇注产品能否顺利脱模和产品浇注质量的好坏。当分型面和浇口选定并处理完毕后便将原型固定于型框中。

(3) 硅橡胶计量、混合并真空脱泡。硅橡胶用量应根据所制作的型框尺寸和硅橡胶的相对密度准确计量。将计量好的硅橡胶添入适当比例的硬化剂，搅拌均匀后进行真空脱泡。脱泡时间应根据达到的真空度来掌握。

(4) 硅橡胶浇注及固化。硅橡胶混合体真空脱泡后浇注到已固定好原型的型框中。硅橡胶浇注后，为确保型腔填充完好，需要再次进行真空脱泡。脱泡的目的是抽出浇注过程中掺入硅胶中的气体和封闭于原型空腔中的气体。此次脱泡的时间应比浇注前的脱泡时间适当加长，具体时间应根据所选用的硅橡胶材料的可操作时间和原型大小而定。脱泡后硅橡胶模可自行硬化或加温硬化。

(5) 拆除型框、刀剖开模并取出原型。当硅橡胶模硬化后即可将型框拆除并去掉浇道棒等。参照原型分型面的标记进行刀剖开模，将原型取出并对硅橡胶模的型腔进行必要清理。经过处理后的硅橡胶模具便可在真空状态下进行树脂或塑料产品的制造。

3．制造硅橡胶模具应注意的问题

在翻制硅橡胶模具时，硅橡胶模具的成本、寿命及尺寸精度是硅橡胶模具制作过程中需要重点考虑的因素。

(1) 型框尺寸的确定要合理。型框尺寸较小可以节省硅橡胶的用量，降低硅橡胶模具的制造成本，但这样的型框不利于硅橡胶的浇注；型框尺寸较大，既造成硅橡胶的浪费又降低了硅橡胶的柔性，增加了从硅橡胶中取出产品的难度。为使硅胶模大小适中，在搭建硅胶模型框时，通常使型框四壁、底面距快速成形边缘 20mm，侧面挡板高度为快速成形的高度再加上 90mm，留出 50mm 的高度，以保证脱泡时硅胶不能溢出，如图 7.27 所示。

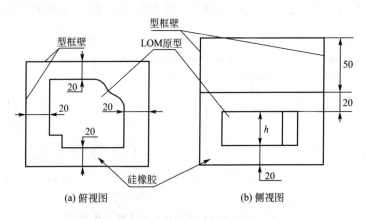

图 7.27　硅胶模型框示意图

(2) 为了脱模方便，应合理选取分型面。分型面通常选取投影面积最大的面。但是由于硅橡胶材料具有较高的弹性，在开模时可以进行较粗劣的操作，因此有一些特殊结构，如侧面的小凸起等，在选取分型面时可以不予考虑。另外，为便于两个半模在剖切过程中容易分离，应该用透明胶等将原型中的封闭通孔或不封闭的开口封住。

(3) 对于较高的薄壁件，如果要求壁厚尺寸比较精确，在选择分型面时要注意将薄壁整体置于同一半模中，以减小因合模或模具捆绑时引起薄壁型腔的变形而导致薄壁尺寸产生较大的误差。较高薄壁件分型面的选定如图 7.28 所示。图 7.28(a) 中分型面位置选取比较合理。如果分型面的位置选为图 7.28(b) 所示的位置，使得薄壁处的型腔由上下模形成，在这种情况下进行合模时如果上下模位置放偏则较高薄壁处的壁厚尺寸精度将难以保证。

(4) 型框一般做成长方形或正方形，但是对于一些特殊结构的零件，为了节省硅胶、降低成本，可按产品的具体形状搭建型框，如图 7.29 所示。

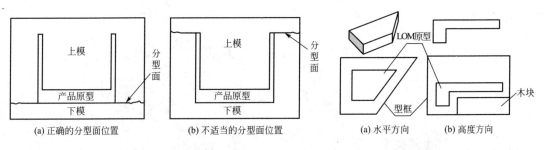

图 7.28　高薄壁件分型面选取示意图　　　图 7.29　按形状制作型框示意图

(5) 对于存在大面积平面形状的原型,当贴好分型面后应合理选定浇道的位置及方向。对于单一浇道来说,在结构允许的情况下,浇道位置应选在原型的重心附近。浇道的方位应注意避免使大面积平面形状置于型腔的最高位置。否则,该较大面积平面在最后充型时会因少量气泡无法排出而导致该平面处存在较多气孔。图 7.30 给出了浇道方位摆放示意图。图 7.30(a)为正确的浇道摆放方式,对于这种方式来说,随着材料的不断填充,剩余的气体将会从薄壁的上缘通过排气孔排出。若将浇道设置为图 7.30(b)所示的方位,在填充的最后阶段,剩余的气体被围困在产品较大面积的上表面处,该水平面上的气泡因无法流动而最终残留在型腔中,这样就会在产品表面形成气孔,影响产品的表面质量。

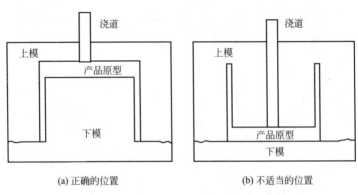

图 7.30　较大面积平面浇道设置示意图

(6) 在刀剖开模时手术刀的行走路线是刀尖走直线,刀尾走曲线,使硅橡胶模的分模面形状不规则,这样可以确保上下模合模时准确定位,避免因合模定位引起的误差。

4. 电弧喷涂快速制模技术

电弧喷涂制模是一种典型的快速制模技术,具有制模工艺简单、制作周期短、模具成本低等显著特点,特别适用于小批量、多品种的产品生产。特别是在当前市场竞争日益激烈的情况下,电弧喷涂制模技术为产品的更新换代提供了一个全新的制模方法和途径。电弧喷涂制模技术是将两根带电的制模专用金属丝通过导管不断地向前输送,金属丝在喷枪前端相交形成电弧,金属丝经电弧熔化,在压缩空气的作用下将熔化的金属雾化成金属微粒并以一定的速度喷射到样模表面,一层一层的相互叠加而形成高密度、高结合强度的金属喷涂层,即模具型腔的壳体(或实体)。这层壳体的内壁形状与样模表面完全吻合,从而形成了所需的模具型腔。喷涂形成的金属壳体与其他基体材料填充加固,结合成一个整体,再配以其他部件,即组成一副完整的模具。图 7.31 所示为基于 RP 原型的电弧喷涂制模工艺流程。

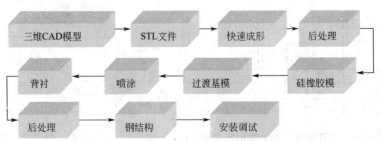

图 7.31　电弧喷涂制模的工艺流程

电弧喷涂制模可广泛应用于塑料加工中的反应注塑成形、吹塑成形、结构发泡以及其他一些注塑成形等工艺中。此方法制造的模具特别适合于生产反应注塑成形工艺中的聚氨酯零部件，如汽车制造中可以用来生产转向盘、仪表板、坐垫、头部靠垫、阻流板、汽车内饰顶棚等。

电弧喷涂制模技术具有如下优点：

（1）不论原模的材料是金属、木材，还是塑料制品，所得到的模具型腔线条轮廓清晰，外形尺寸不变，因喷涂时原模的表面温度一般不超过 60℃，因此没有热应力引起的变形问题；

（2）制模效率高，大大缩短制模周期；

（3）所制造的模具尺寸不受限制；

（4）使塑料生产线能迅速更改产品的品种，符合市场的变化要求；

（5）设备投资小、经济效益高。随着加工时间的增加，用此方法加工模具的成本优势就越显著。

其制模工序可以分为以下五个步骤：

（1）模型准备（清理模型表面、刷脱模剂）。模型可由许多材料制成，包括木材、塑料、石膏、橡胶等。模型准备中最重要的是涂抹脱模剂。脱模剂在制模中的作用有两个：其一，对喷涂到基体上的金属颗粒有粘结作用，否则金属颗粒将不能牢固地吸附在模具表面而容易脱落；其二，脱模剂可以防止金属图层对模型的过热烧损、变形、黏附，起到隔热、脱模的作用。将脱模剂均匀地涂在模型表面，并使其干燥成膜。

（2）在模型上喷涂金属。待脱模剂干燥以后，在最佳的喷涂参数情况下，可以在模型上喷涂金属，喷涂时应保证使喷枪连续运动，防止涂层过热变形，涂层厚度一般控制在 2~3mm。

（3）制作模具框架。如果模具在工作中要受到内压力或模具必须安装在成形机上工作，则模具必须有骨架结构且制成的骨架应带有填料。模具框架制作应注意两个问题：第一，使模具框架材料与涂层材料以及填料的热膨胀性能相匹配；第二，框架的外形尺寸及注射口的选择要根据具体的注塑机型号而定。

（4）浇注模具的填充材料。由于在塑料制品生产中要求模具有良好的导热、散热能力，因此在选择浇注填充材料时应使填充材料具有较高的热导率和较低的凝固收缩率，同时模具在一定的温度和压力下工作，所以要求填充材料应具有较高的抗压强度和耐磨性能。

一般选用的填充材料为环氧树脂与铝粉、铝颗粒等金属粉末的混合物。环氧树脂使浇注材料与喷涂壳体、模具框架有很高的结合强度，有色金属粉末可以提高模具的导热性能，为提高模具的抗磨损性能可在填料中加入铁粉，另外在浇注填充材料时可安放冷却管，加强模具的散热性能。

（5）脱模、加工处理。如果在模型准备阶段做得比较好，脱模就不会很困难。脱模后要把残留在金属涂层表面的脱模剂清洗干净，然后再根据不同的需要对模具进行抛光等后期处理。

其工序流程如图 7.32 所示。先把模型按上、下模分型面准确地放置在地板上，再用毛刷在模型表面上均匀涂一层脱模剂[图 7.32(a)]；待脱模剂成膜后，在模型表面开始喷涂金属，一直达到所需的涂层厚度为止[图 7.32(b)]；把准备好的金属框架放好，框架与底板之间必须密封,这样在倒入填料时才不会泄漏,然后浇注填充材料[图 7.32(c)];待浇注液固化后,将半模倒转,移去底板和可塑性材料[图 7.32(d)];重复图 7.32(a)~(d)所示的步骤,便可制作另一半模具[图 7.32(e)~(g)]。

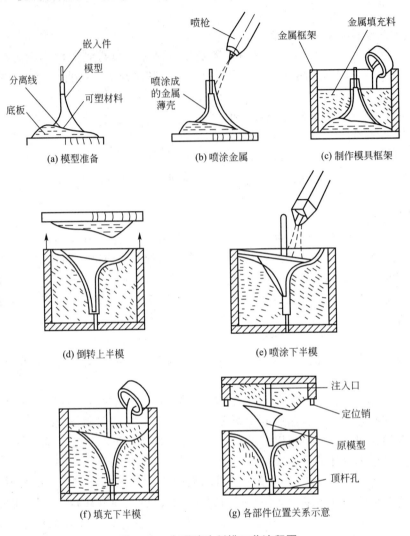

图 7.32　电弧喷涂制模工艺流程图

5. 环氧树脂模具快速制造技术

环氧树脂快速制模就是借用金属浇注方法将已准备好的浇注原料(掺入添加剂的树脂)注入一定的型腔中使其固化(完成聚合或缩聚反应)从而得到模具的一种制模技术。环氧树脂快速制模一般采用常温、常压条件下的静态浇注,固化后无需或仅需少量切削加工,只需根据模具情况对外形略作修整即可。环氧树脂制模工艺流程如图 7.33 所示。

(1) 模型准备。用快速成形技术制作母模,并对母模进行表面打磨和抛光处理。多数采用快速成形技术制作的原型具有与真实零件完全相同的结构和形状,并用做设计评估和试装配。当原型用作制模模型时,必须考虑以下两个问题:第一,真实功能零件

逆向工程与快速成形制造技术 第7章

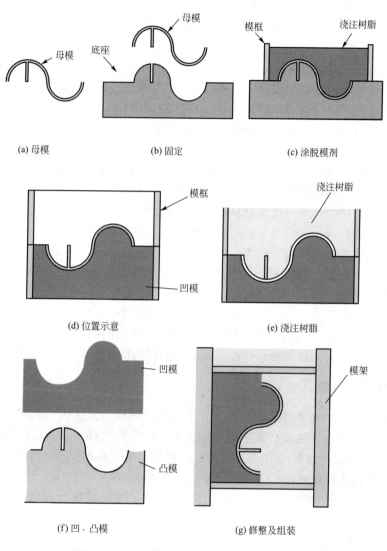

图 7.33 环氧树脂快速模具制作工艺流程图

制造中可能存在材料的收缩,因此,原型的形状和尺寸应该适当修正以补偿材料收缩引起的变形;第二,用于制造环氧树脂模具的快速成形应带有适当的拔模斜度。通常分型线用耐火泥在模型上制出,但是复杂的分型线也需要在快速成形上直接制造出来。用于制模的原型有时需要进一步抛光以减弱"台阶效应",并使模型具有较高的光洁度。

(2) 制作底座并固定原型。底座的制作要保证与模型及分型面相吻合,底座可以由一些容易刻凿的木材、金属、塑料、玻璃、石膏、耐火泥的材料制作。固定好模型后进行模框搭建工作。当环氧树脂模具需要用模框加强时模框应当用金属制作,并且模框内部应尽可能粗糙,以增大环氧树脂与模框的粘结强度。

(3) 涂脱模剂。为了顺利脱模,模型及分型面必须涂脱模剂。脱模剂应该涂得尽可能薄,并且尽量均匀的涂 2~3 遍,以防止漏涂和涂抹不均匀,但起增强作用的金属框和一些镶嵌件不能涂脱模剂。将环氧树脂与固化剂、填料和金属粉末等附加物均匀混合,混合过程中必须仔细搅拌,尽可能地防止混进气体。采用真空混料机可以有效地防止气体的混入。

(4) 浇注树脂。脱模剂喷洒完毕后,将混合好的填充物浇注到模框内,应掌握浇注速度尽量保证浇注均匀,并尽可能使环氧树脂混合料从模框的最低点进入。

(5) 去除底座并进行另一半模的制作。待树脂混合物基本固化后将模具小心的翻转过来并移走底座,搭建另一半模的模框,喷洒脱模剂,采用同样的过程浇注另一半模具。

(6) 树脂硬化并脱模。待树脂完全固化后移走模框,将上下半模放入后处理的炉子内加热并保温,环氧树脂的硬化过程可以在一定压力下进行。实践证明,压力条件下进行硬化可以防止气孔的产生,并可提高材料的致密度以及模具的精度和表面光洁度。由于光固化树脂的力学性能较低,而且为了提高制造速度并节约树脂材料,大部分光固化树脂都做成中空结构,因此施加的压力不能太高。硬化过程最好在60℃以下进行,因为光固化树脂材料的玻璃化转变温度一般在60~80℃之间。当环氧树脂完全硬化后,采用顶模杆或专用起模装置将原型从树脂模具中取出。

(7) 模具修整并组装。如果环氧树脂模具上存在个别小的缺陷,可以进行手工修整。修整内容主要包括局部环氧树脂补贴和钳工打磨等。当上下半模修整完毕后便可以与标准的或预先设计并加工好的模架进行装配,完成环氧树脂模具的制作。

7.4.3 快速过渡模制造

所谓快速过渡模(bridge tooling)是指介于试制用软模与正式生产模之间的一种模具。这种模具可直接进行注塑生产,其使用寿命预期目标为提供100~1000个零件。

目前,常用的快速过渡模有以下六种:①铝填充的环氧树脂模;②SLA成形的树脂壳-铝填充的环氧树脂背衬模;③SLS直接烧结低碳钢-渗铜模;④低熔点金属模;⑤三维打印-渗铜模;⑥纤维增强聚合物压制模。下面分别介绍这六种快速过渡模的制造工艺。

1. 铝填充环氧树脂模

铝填充环氧树脂模(composite aluminum-filled epoxy,CAFE),是利用快速成形的母模,在室温下浇注铝基复合材料-铝填充的环氧树脂而构成的模具。

目前主要有三种制造铝填充环氧树脂模具的工艺。图7.34(a)所示为采用正母模(即形状与最终零件完全相同,但尺寸方面考虑了材料的收缩率等因素)的工艺,仅需要一个工步就能得到铝填充环氧树脂模。由于母模和树脂模材料都比较硬,对于形状结构比较复杂的零件可能会难以脱模,必须适当增加拔模斜度。图7.34(b)所示为采用负母模(即形状与最终零件相反,尺寸方面考虑了材料收缩等因素)及中间硅橡胶软膜的工艺。因为有中间硅橡胶软膜,所以加工过程中比较容易脱模,但增加了一次转换,会增大尺寸误差,此外,负母模的设计与制造一般比较困难。图7.34(c)所示为采用正母模及两次中间硅橡胶软膜的工艺。这里的正母模可直接根据零件的实际形状进行三维实体设计与制造,不必将此实体模型转化为负母模文件。但这种工艺需要两个中间硅橡胶模,工序较多,会增大尺寸误差。

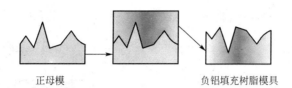

(a) 采用正母模

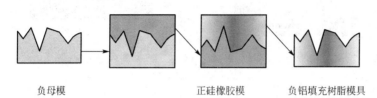

(b) 采用负母模及中间硅橡胶软模

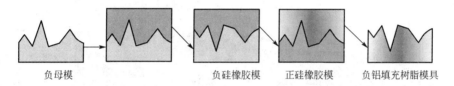

(c) 采用正母模及两次中间硅橡胶软膜

图 7.34 制造铝填充环氧树脂模具的三种工艺过程

铝填充环氧树脂模制造工艺

下面我们将重点介绍第一种铝填充环氧树脂模制造工艺。如同制造硅橡胶模具一样，制造过渡模具也需要与最终零件完全一致的原型。若不具备真空条件，则可以采用如下方法进行铝填充环氧树脂模具的制造：首先，在原型的表面涂上一层脱模剂，然后在原型上外覆一层树脂作为注塑模型腔镶块。制造树脂型腔可以采用喷涂或刷涂的方法，如同制造玻璃钢制件一样。硬壳的厚度大约在 1.5～2mm 之间，由于型腔在注塑过程中要承受一定的压力，因此，型腔背后需要填充环氧树脂或铝粉加以支撑，再将填充后的型腔镶块安装在钢模之中进行注塑。其工艺过程如图 7.35 所示。

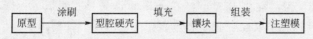

图 7.35 采用正母模的铝填充环氧树脂模具工艺路线

如果具备真空条件，则可以采用以下步骤进行铝填充环氧树脂模具的制作。

(1) 制作母模与分型板[图 7.36(a)]。CAFE 模一般直接由正母模产生，这个母模可以是 CNC 机床切削加工而成的铝模、塑料模、木模也可以是速成形件。用快速成形件作为母模时，原型件需要先经过打磨、抛光等后处理工序，以消除原型表面的台阶效应与其他缺陷。

(2) 在母模表面涂覆一层很薄的脱模剂。

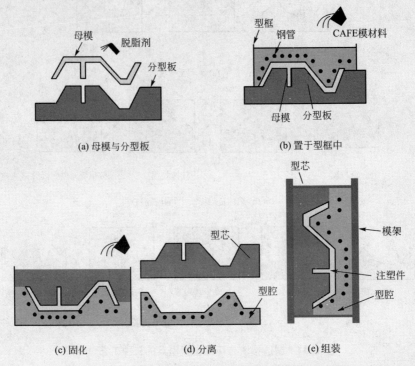

图 7.36 采用正母模的铝填充环氧树脂模具制造过程

(3) 将母模与分型板放置于型框中。[图 7.36(b)]

(4) 置薄壁铜质冷却管于型箱中靠近母模处。

(5) 配备必需数量的 CAFE 模具材料，包括预混的精细研磨铝粉和双组分热固性环氧树脂。上述混合物须在真空中排气，以便去除气泡。

(6) 在摇晃与真空的状态下，将 CAFE 模用材料浇于母模的外面，让其固化。

(7) 将母模与完全固化的 CAFE 模倒置。拆除分型板，在母模反面与先前固化的 CAFE 模上涂覆脱模剂，并重复上述浇注过程，浇注另外一半模[图 7.36(c)]。

(8) 12 小时后，第二部分 CAFE 模已完全固化，即型芯与型腔为彼此分离的两部分，去除母模，检查型腔与型芯是否有明显缺陷[图 7.36(d)]。

(9) 用定位销使型芯与型腔对准，在合适的位置钻推料孔，安装推料板与推料杆，连接冷却管，最后将整个装配件置于标准模架中[图 7.36(e)]。

(10) 注射热塑性塑料，得到最终产品。

铝填充环氧树脂模具与传统注塑模具相比，省略了传统加工工艺中的模具图详细设计、数控加工和热处理这三个耗时费钱的过程，因而，其成本只有传统方法的几分之一，生产周期也大大缩短，可满足中小批量生产的需要。

2. SLA 成形的树脂壳-铝填充的环氧树脂背衬模

SLA 成形的树脂壳-铝填充的环氧树脂背衬模（ACES injection modeling，AIM）是指用 SLA 的 ACES 工艺固化的树脂壳,并用铝填充环氧树脂做背衬而构成的模具。ACES 是 Accurate Clear Epoxy Solid 的缩写,是由 3D Systems 公司开发的一种 SLA 快速成形工艺。这种模具的寿命一般只有 10~50 件,模具在 2~5 天内即可投入使用。相对于传统生产用注塑模而言,直接 AIM 的注塑循环时间较长,因此,这种模具不宜生产大批量注塑件。采用 AIM 的优点是可以在 SLA 系统上直接成形型芯与型腔的镶块,不必进行二次处理。但该工艺也存在以下缺点:

(1) 固化 SLA 树脂的热导率只有传统模具钢的 1/300,采用直接 AIM 镶块时,所需的注塑循环时间较长;

(2) 在 SLA 系统上直接成形大型 ACES 镶块,需要约 30~40h,费用很高;

(3) 直接 AIM 镶块的物理强度差,特别是在注塑过程中经受高温时更是如此。因此,在取出工件时可能损伤模具,出现这种情况的主要原因如下:①热注射塑料可能粘于 ACES 镶块;②在高温下,型芯软化,比较脆弱;③塑料冷却时向型芯收缩,使工件难以取出,如果注塑件取出较快则可能导致型芯损伤;

(4) 与传统模具钢相比,固化的 SLA 树脂相当软,直接 AIM 镶块的工作表面容易因磨损而失效,特别是注射玻璃纤维填充的热塑性塑料时,会显著降低直接 AIM 模的寿命。

为此,一般不制作实心的 AIM 型芯与型腔,而是在 SLA 系统上制作两个 ACES 薄壳,并用铝填充的环氧树脂(或低熔点金属)作其背衬(图 7.37)。增加背衬的优点如下:

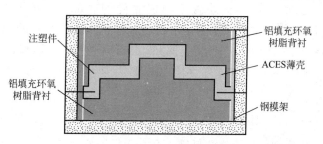

图 7.37 铝填充环氧树脂背衬的直接 AIM 模原理

(1) 节省成形时间。

(2) 铝填充的环氧树脂比 SLA 树脂便宜得多。

(3) 提高热导率,从而可以将注塑循环时间缩短 2min。

(4) 可用弯曲铜管容易地制作与模具工作面形状共形的冷却系统。

有背衬的直接 AIM 镶块注塑模制作过程如下:

(1) 用 SLA 成形机制作 ACES 薄壳式镶块,去除支撑结构,对薄壳式镶块进行后固化、打磨等后处理。

(2) 倒置 ACES 镶块,将其安装于模架中,弯曲冷却铜管,使铜管置于靠近模具的工作表面的空隙处并与注塑件的主体形状共形。

(3) 用铝粉与双组分环氧树脂的混合物填充剩余的空间,构成背衬。同时,也可用铋、锡、锑与铅构成的低熔点合金作 ACES 薄壳的背衬。这种背衬的优点是,当模具完成其工作后,可将模具置于沸水中,使背衬材料熔化,以便多次重复使用。

(4) 待背衬固化后,去除多余的背衬材料,安装推料杆,构成注塑模。

还可以使用以下方法使一些材料附着于 ACES 镶块的工作表面:①物理气相沉积

(PVD)；②电化学沉积（ECD）；③低温喷镀金属；④脉冲激光沉积。

3. SLS直接烧结低碳钢-渗铜模

SLS直接烧结低碳钢-渗铜模工艺是由DTM公司开发的，称为RapidTool™。该公司在其SLS快速成形机上最初采用的成形材料是一些热塑性材料，例如，PVC、PC、尼龙、蜡粉以及用于制作壳型熔模铸造模型的材料。后来开发出丙烯酸基（PM）粉末、尼龙与玻璃珠强化尼龙组成的合成材料、聚合粘结剂预包裹的低碳钢粉末（RapidSteel2.0）、420不锈钢粉末和聚合物粘结剂等，这些材料都可用于DTM烧结站。

SLS直接烧结低碳钢-渗铜模是指用SLS RapidTool™工艺直接烧结粘结剂包裹的低碳钢粉，再进行渗铜后处理而构成的模具。这种模具的制作过程如下：

（1）使用SLS RapidTool™工艺，激光束烧结低碳钢和粘结剂粉粒，是熔合在一起并一层一层地建立工件，得到半成品件。此时的半成品件相当脆，强度只有3MPa，因此，必须小心处理，以免损伤薄弱部位。随后将半成品件置于含有25%体积的氢气和75%体积的氮气的电炉中，当炉温升至700℃时，粘结剂几乎全部被去除，尚未去除的粘结剂会产生小孔道，从而形成多孔的工件（含有60%体积的金属和40%体积的空隙）。

（2）将半成品件放入另一炉中，进行二次处理，其目的是：①去除包裹的聚合粘结剂；②烧结钢粉；③将铜渗入多孔的钢骨架。

渗铜过程如下：将一些小铜块置于半成品件的底部，使炉温升高至纯铜的熔点（1083℃）以上、低碳钢粉粒的熔点以下，由于毛细管的作用，熔化的铜渗入半成品件，从而获得全密度的模具（含有64%体积的金属和36%体积的铜）。所得模具的总线收缩率约为2.5%~3.5%，硬度可达HRC27。制作模芯时间为3~4天，这一时间只是传统制模方法所用时间的一半。

4. 低熔点金属模

低熔点金属模是指利用母模浇注低熔点合金而得到的模具。所采用的母模可以是用快速成形机制作的模具，也可以是切削加工的木模、聚氨酯基模或泡沫聚苯乙烯模等。常用的低熔点合金有锡-铋基合金或锌合金（Kirksite），其熔点可以低于大多数SLA光敏树脂的玻璃转化温度（65~85℃），因此可以用不耐高温的母模直接或间接浇注金属膜。这些低熔点合金可以多次重熔，浇注的模具表面不需修整，制作费用较低。利用低熔点合金制作金属板材拉伸膜的过程如下：

（1）制作母模。母模可以是正母模也可以是负母模。

（2）制作负印模。采用正母模时用此母模浇注负印模，印模的材料可以是树脂或树脂砂等。

（3）取出母模，倒置印模。

（4）用低熔点合金浇注凸模。

（5）去除浇注框，用预热的蜡片覆盖凸模的周边。

（6）用低熔点合金浇注压边圈。

（7）去除印模，倒置凸模与压边圈，在其上面覆盖蜡片，然后浇注凸模。

（8）将凸模、凹模、压边圈与模架等装配成拉深模。

用上述工艺还可以制作注塑模，以及失蜡铸造中注射蜡模的压型。

5. 三维打印-渗铜模

三维打印-渗铜(ProMetal，又称 MoldFusion)模的工艺是由 Extrude Hone 公司与 MIT(麻省理工学院)合作开发的，用三维打印方法选择性的一层层的粘结金属粉末，得到半成品后进行二次烧结与渗铜，形成 60%体积的钢和 40%体积的铜的金属模具。这种模具具有较好的机械性能、较好的成形特性，适合所有树脂。但模具的表面粗糙度、精度都受到限制，模具尺寸限制在 305mm×305mm×254mm 内。ProMetal R 系列快速打印机的工作原理如图 7.38 所示。利用该设备打印半成品的过程如下：①成形活塞使台版下降，等待接收下一层粉末，供粉器上升将金属粉铺于成形台版上；②打印头喷洒粘结剂(光敏聚合物)；③用干燥灯(紫外灯)。

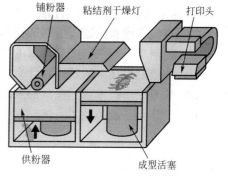

图 7.38 ProMetal R 系列快速打印机原理

将打印出的半成品件放入加热炉中，进行二次烧结与渗铜处理后可以获得全密度金属模具或工件。在成形机上制作半成品时，还可将共形冷却道置入模具内，从而使模具的注射周期缩短 35%以上；也可以设置支撑结构以改善模具中热量的分布状况并减轻模具的质量。

6. 纤维增强聚合物压制模

纤维增强聚合物压制模是用 Swift Technologies, Co., Ltd. 开发的 SwifTool™ 技术制作的模具。这种技术采用的制模材料是 smart polymeric composite(SPC)，这种材料具有很好的强度，不易碎裂，是一种用纤维增强的热固性混合聚合物。

压制这种模具的设备是 Swift Technologies Co., Ltd. 开发的一种专用压力机。用 SwifTool™ 技术制作模具的过程如下：

(1) 制作母模。母模可以由快速成形系统或 CNC 加工建立。

(2) 压制 SPC 模镶块。将母模嵌入有塑泥状 SPC 的型框中，确定分模面，在母模与 SPC 材料的上表面喷射脱模剂，再用 SPC 材料完全包裹母模，然后将其置于 SwifTool 压力机中，分别对上半模与下半模加压固化 1h，去除母模，得到 SPC 模镶块。

(3) 模具装配。制作推料杆与其他附件，将其及 SPC 模镶块固定于模架中，构成完整的模具。

制作 SwifTool 模具的周期只有传统制模工艺的 1/10，而制作成本却只有传统模具的 30%～70%。这种模具的性能类似于铝填充环氧树脂模，且其硬度更高，可用于注塑 PP、PE、ABS、POM 和 PA66 等塑料。

思考题

1. 逆向工程的研究对象有哪几种？并论述各自的特点。
2. 逆向工程的基本流程可以分为哪几个阶段？
3. 目前常用的采样方法有哪几种？
4. 测量规划的基本原则是什么？

5. 数据采集有哪几种方法?
6. 如何处理原始数据?
7. 论述下曲面重构的方法。
8. 论述逆向工程技术的应用。
9. 论述快速成形的特点和流程。
10. 逆向工程和快速成形制造技术的集成体现在哪几个方面?
11. 逆向工程与快速成形集成的数据交换接口模式有哪几种?
12. 快速制模技术的特点是什么?
13. 快速成形技术制造模具的一般工艺方法有哪些?
14. 简述模具制造技术。

第 8 章 数字化工厂技术

本章学习目标

★ 了解数字化工厂产生的背景,理解数字化工厂的研究内容及特点
★ 掌握数字化工厂的运行模式、组成模块及其功能
★ 掌握数字化工厂的各项技术及其应用
★ 熟悉数字化工厂在汽车方面的应用,了解数字化软件及其发展趋势

本章教学要点

知识要点	掌握程度	相关知识
数字化工厂	熟悉数字化工厂的研究内容及应用;掌握数字化工厂的关键技术	传统工厂的布置;生产线的流程
数字化装配技术	掌握数字化装配的过程;掌握数字化装配的关键技术;熟悉数字化装配的各功能模块	汽车装配流程;装配干涉检验
数字化质量管理检测	掌握数字化质量管理的功能及其关键技术;熟悉数字化检测技术	三坐标测量仪等仪器的使用方法;装配尺寸及装配公差
数控加工技术	熟悉数控机床及数控编程	数字化机床的操作;工序的含义
数字化工厂的应用	了解数字化工厂在汽车领域的应用	发动机、车身的制造工艺及汽车的总装

汽车数字开发技术

导入案例

图 8.1　导入案例图

21世纪，制造企业的核心活动，将会从实物生产转化为知识生产，即如何通过知识的处理及加工，为顾客创造出更高的附加值。数字化工厂的概念就是在信息时代的制造业中应运而生的，是数字制造中关键环节之一，数字化工厂技术最主要解决产品设计和产品制造之间的"鸿沟"，主要解决工厂、车间和生产线以及产品从设计到制造实现的转化过程，使设计到生产制造之间的不确定性降低，提高系统的成功率和可靠性，缩短从设计到生产的转化时间(图 8.1)。

8.1　数字化工厂理论

8.1.1　数字化工厂概况

1. 数字化工厂产生的背景

(1) 制造信息化的需求。制造业信息化是指采用先进成熟的管理思想和理念，依靠现代电子信息技术，对制造业进行资源整合、管理流程的分析与再造。

数字化工厂系统作为一个制造企业综合的工艺信息系统，包含工厂规划、工艺规划、仿真优化等内容，成为企业信息化平台的组成部分。解决在产品设计阶段或产品设计完成之后，如何组织生产制造过程，包括制造过程中所面临的一系列问题，填补了产品设计自动化、加工自动化等系统间存在的技术鸿沟，有效地解决了制造业信息化过程中遇到的问题。

(2) 数字化工厂是并行工程的体现。并行工程是对产品及其相关过程(包括制造过程和支持过程)进行并行、一体化设计的一种系统化的工作模式。在数字化工厂的虚拟环境下，通过规划部门、产品研发部门、生产工程部门和生产车间的高度信息共享，实现各部门间的并行协同作业。将制造过程与设计过程同步规划，在产品的设计阶段就考虑可制造性、可装配性问题，尽早发现并解决各种潜在的问题，真正体现了在产品设计规划阶段就可以预测产品全生命周期的并行工程理念。

(3) 虚拟制造发展的必然趋势。虚拟制造是数字化工厂的基础，数字化工厂是虚拟制造发展的必然趋势。数字化工厂系统是一个集成的虚拟制造平台。在这个平台上，工艺规划人员可以采用组群工作方式和计算机仿真技术，预先呈现和模拟产品的整个生产制造过程，并把这一过程用二维或三维方式展示出来，从而验证设计和制造方案的可行性，尽早发现并解决潜在的问题，从而为生产组织工作做出前瞻性的决策和优化。这对于缩短新产品开发周期、提高产品质量、降低开发和生产成本，降低决策风险都是非常重要的。

(4) 数字化工厂是计算机辅助工程发展的高级阶段。制造过程的计算机辅助生产工程(CAPE)是一种迅速发展的信息技术，是通过制造工艺设计、资源管理而实现生产全过程的规划设计方法。数字化工厂与 CAPE 的关系是，CAPE 提供给规划人员一个虚拟的三维环境，完成设计、仿真和离线编程等大量的制造活动，包括装配、加工、质量检查、焊接等，进而完成人机工程学分析、装配规划、制造系统性能评估等。但是目前 CAPE 的应用散布于生产工程中各个环节，缺乏系统性和集成性，数字化工厂通过引入分布分层集成化思想、基于仿真的优化技术和虚拟现实技术，有效地扩展了传统 CAPE 的功能和应用。数字化计算机辅助工程发展趋势的最高阶段为数字化工厂。

2. 数字化工厂的定义

数字化工厂从应用和研究方面分为广义和狭义两个方面，具有各自的定义。

广义的数字化工厂是以制造产品和提供服务的企业为核心，由核心企业以及一切相关联的成员构成的、使一切信息数字化的动态组织方式，是对产品全生命周期的各种技术方案和技术策略进行评估和优化的综合过程。

在广义的数字化工厂中，核心制造企业主要对产品设计、零件加工、生产线规划、物流仿真、工艺规划、生产调度和优化等方面进行数据仿真和系统化，实现虚拟制造。广泛使用 IT 技术，通过有效地管理和利用该组织的数字化信息和数字化信息流，利用、控制、管理该组织的工作流、物流和资金流，实现组织内所有成员之间的高度协同工作和资源共享，提高该组织和组织内成员的敏捷性，为客户提供满足其需求的产品、全方位的服务和最大的附加值，同时实现该组织的成员共同和各自的目标。

狭义的数字化工厂是以资源、操作和产品为核心，将数字化的产品设计数据，在现有实际制造系统所映射的虚拟现实环境中，对产品生产过程进行计算机仿真和优化的虚拟制造方式。狭义数字化工厂与虚拟制造系统具有很多相似之处，但侧重点有所不同。狭义的数字化工厂根据虚拟制造系统的原理，通过提供虚拟产品开发环境，利用计算机技术和网络技术，实现产品生命周期中各个阶段的功能，达到缩短新产品的上市时间、降低成本、优化设计、提高生产效率和产品的质量的目的。

由此可以得到数字化工厂的定义：数字化工厂是以产品全生命周期的相关数据为基础，根据虚拟制造原理，在虚拟环境中，对整个生产过程进行规划、仿真、优化和重组的新的生产组织方式。其经济学本质是通过对生产知识的有效管理来实现产品增值。

3. 数字化工厂的特点

在数字化工厂中，一切数据及信息都是数字化的，无论是生产计划，还是产品结构图形图像、成本数据等都能以二元数码的形式在计算机及网络上通过各种存储、传递和处理系统进行自由地存储、转换、传递、分析、综合和应用。

(1) 产品开发过程数字化。产品模型、设计文件、产品数据和信息等全部数字化，不仅核心企业内部的各个功能组织和人员共同参与产品的协作开发，而且客户、供应商、协作厂家、分销商和合作伙伴等数字化工厂成员都能够随时通过 Internet/Intranet/Extranet 以数字化方式参与产品的协作开发，提供数字化信息和知识，消除在设计中存在但在制造和使用中不必要的成本。图 8.2 所示为产品开发过程中生成的数字化三维模型。

图 8.2　数字化三维模型

（2）产品制造过程数字化。数字化的产品模型、设计文件、产品数据和信息可以直接进入数字化产品制造过程；在产品制造过程中依靠数字化信息系统运作，主生产计划、车间作业计划、库存、成本控制等业务也是数字化和网络化的，不仅在单个制造企业内部各个功能组织之间依靠数字化信息系统高度协同工作，而且数字化工厂的其他成员，特别是处于供应链中的成员，如同一个整体高度协作，相互之间通过 Internet/Intranet/Extranet 自如地访问需要的数字化信息。

（3）产品本身数字化。数字化工厂制造的产品不同程度地数字化，用户可以方便、简单地使用产品，数字化产品能够提供故障诊断等功能，从而方便维护和维修。

（4）技术支持与服务过程数字化。数字化工厂为客户提供数字化服务，产品的维护和维修人员可以随时随地访问数字化工厂的数字化信息，与核心企业的产品开发部门和生产制造部门、供应商、协作厂家、合作伙伴等进行数字化交互，获得支持和帮助；客户也可以随时随地访问数字化工厂的技术支持信息，与有关组织和人员进行数字化交互，利于客户使用和维护产品。

（5）产品销售过程数字化。数字化工厂建立完善的产品数字化销售网络，客户、分销商是数字化工厂的成员，建立完善的产品、客户、分销商等的数字化档案，核心企业、分销商等为客户提供完整的数字化产品介绍。客户可以通过 Internet/Intranet/Extranet 访问核心企业、分销商的产品数字化信息，通过 Internet/Intranet/Extranet 进行咨询、谈判和订货，客户能够逐条定义他们的产品规格，这些产品规格是唯一的或具有高度的"工程师下达订单"的内容，通过 Internet/Intranet/Extranet 参与产品开发，监督制造状态和发运状态，最后通过 Internet/Intranet/Extranet 进行数字化结算。

（6）经营决策过程数字化。任何与经营决策有关的组织、人员利用数字化信息进行科学决策，这种决策在协同工作的环境中进行，参与决策的组织和人员无须面对面以会议讨论的方式进行。

（7）信息和知识数字化。不仅产品全生命周期的所有信息（包括图形和视觉信息）需要数字化，而且数字化工厂的其他信息也予以数字化，通过 Internet/Intranet/Extranet 和数字化工厂的信息系统在全球范围把"知识岛"有效地组合起来。

（8）数字化信息和知识共享。不管数字化的信息分布在何处，以什么格式存储，所有信息和知识都可以通过 Internet/Intranet/Extranet 进行交换和共享。

8.1.2　数字化工厂的内容

1. 数字化工厂的总体建设步骤

（1）CAD，CAE，CAM 建设。主要任务是实现数字化、网络化设计和制造，提高工艺规程设计效率和设计质量，缩短技术准备周期；实现工艺设计的一致性、规范化，推进工艺的标准化；为企业数据信息的集成打下坚实的基础，为企业物资采购、生产计划调度、组织生产、物资平衡、成本核算等提供重要依据。

(2) PDM 建设。主要实现与 CAD 系统的集成以及对文档、文件夹、产品结构和构型、管理工程更改和工作流程设计等的有效管理和控制。

(3) ERP 建设。主要实现 CAD，PDM，ERP 系统的集成以及对生产计划、物料需求计划、能力需求计划、库存管理、车间作业管理、财务管理、成本管理、项目管理、质量管理进行有效的组织、控制和调整。

2. 数字化工厂的组成

广义的数字化工厂的组成成员有如下九类：

(1) 核心企业。核心企业为客户和市场提供最终产品和服务，因此应该是数字化工厂的发起单位和组成核心。核心企业承担数字化工厂发起任务，征集、鉴别其他成员。

(2) 客户。数字化工厂的客户不仅需要能够通过 Internet/Intranet/Extranet 搜索产品和服务的提供者，通过 Internet/Intranet/Extranet 订货，而且参与数字化工厂的数字化设计、制造，接受数字化服务，因此客户本身需要具备必需的数字化条件。

(3) 供应商。数字化工厂的供应商是供应链(包括信息和知识供应)上的重要环节，供应商需要具备必须的数字化条件，能够通过 Internet/Intranet/Extranet 参与核心企业和其他成员的数字化产品设计、产品制造，提供数字化支持服务，核心企业能够访问其生产计划、库存等必要的信息，并且能够通过 Internet/Intranet/Extranet 下达数字化订单。

(4) 协作厂家。数字化工厂的协作厂家需要必须的数字化条件。

(5) 分销商。数字化工厂的分销商需要通过 Internet/Intranet/Extranet 发现客户，同时能够访问核心企业的库存等必要的数字化信息，参与数字化工厂的数字化产品设计、制造和销售服务，提供市场需求等数字化信息，向核心企业下达数字化订单。

(6) 合作伙伴。数字化工厂的合作伙伴需要能够为数字化工厂的成员提供数字化的信息、知识和服务，参与数字化工厂的某些过程，主要活动通过 Internet/Intranet/Extranet 进行。

(7) 物流公司。数字化工厂的物流公司除了为数字化工厂提供物流运输、代保管、储存等服务以外，数字化工厂的成员能够通过 Internet/Intranet/Extranet 和信息系统跟踪货物的状态。

(8) 银行。银行为数字化工厂的所有成员提供数字化(又称电子化)结算、汇兑、存款、贷款和信用保证等数字化服务。

(9) ASP。应用服务提供商 ASP(applieation serviecs provider)为数字化工厂提供诸如服务器、应用软件、应用信息等数字化服务。

从狭义的角度来说，一般可以将数字化工厂系统分为四个层次：

(1) 工厂车间层(factory level)。该层主要任务是进行工厂车间的制造设备、辅助设备、操作区域以及控制网络系统的布局与分析，并且核对车间面积与空间，为工厂设计或者改造人员提供分析工具。工厂车间层的设计与设备的利用率、产品的生产效率等密切相关，如果设计不当，就会造成设备利用率低、产量不能满足用户需求、操作人员空闲等问题。譬如设备之间的物料运输路线长度直接决定了物料的运输成本，而运输路线的长度与设备的布局有关，因而设备布局问题就是须在二维或三维空间中合理地安排设备的位置使物料运输总成本最小化。所以，如何合理地设计制造工厂车间，保证高效运行是一个非常重要的问题。

(2) 生产线层(product line level)。该层主要任务是对初步完成的生产线进行物流规划、生产线平衡、瓶颈情况、加工成本、设备利用率与负荷率、工件的平均通过时间、工人工作效率等的分析,帮助工程师们判断生产线布局是否合理,是否满足制造的要求,并且进行生产线的调度与控制优化设计。参照生产计划和工艺过程等资料在虚拟环境中建立参数化的生产线模型,确定物料在生产线内各个设备间的转移,对同一生产线内各个工序之间的物流方案进行决策,包括节拍、输送方案、夹具的确定,运行仿真判断物流分流策略和控制规则是否合理,验证缓冲站容量和仓库容量是否过大或过小;进行生产线平衡仿真分析,根据仿真结果(如机床利用率)判断生产线上的各种随机因素对平衡性的影响,找出瓶颈工位,调整参数重新配置,再次运行仿真,如此反复直到优化工序消除瓶颈,得到优化的生产线规划方案。

(3) 单元层(cell level)。该层具有独立完整的功能,并且与其他单元层之间保持物料与信息的联系。主要提供设备与设备之间以及设备内部的运动干涉问题分析,协助工艺规划人员生成相关单元设备的加工指令,比如加工中心的 NC 代码、机器人运动指令等,并加以仿真验证与优化,在虚拟环境中再现或预测真实的加工过程。

(4) 操作层(operation level)。该层是粒度最小的仿真层次,具体到每个工位详细操作的仿真与优化,比如对加工过程中的干涉分析,手工操作工位的人机工程分析,机器人手臂焊接动作等。手工装配工位要求合理地进行工位内部的设备布局,合理地安排手工操作工艺,使此工位上的操作时间不超过生产节拍,并满足人机工程学的要求,避免因工人疲劳而导致工作效率的降低的情况。机器人焊接工位要求合理地为焊接手臂分配焊点加工任务,并在此基础上对机器人焊接操作手臂的运动路径进行规划,一方面使该工位的焊接任务能够在生产节拍规定的时间内完成,另一方面在焊接过程中不能发生设备之间或设备与工件之间的碰撞。

需要说明的是,上述四个层次中相邻层次或非相邻层次之间并不是简单的上层对下层产生影响的单向关系,各层次的规划都与多种因素有关,所以必须从并行工程角度对各个层次进行优化设计。例如,工厂车间层的布局规划就与后续的生产线层的物流系统参数规划、控制系统参数规划以及生产管理等因素有关,所以综合的并行规划是很有必要的。

3. 数字化工厂的功能模块

(1) 工厂布局模块。该模块是实施数字化工厂的前提和基础,主要是按照建筑规划、生产纲领、产品技术和人机工程等要求,对制造装备和工装夹具等主要制造资源进行合理的空间布局,以此在计算机中建立数字化的生产线平台。因而该模块分成了组件库管理、厂房布局设计、设备布局、工装夹具布局等四个子模块。另外,由该功能模块输出的关于生产线分布的信息(工厂布局模型)将作为工艺规划模块的输入数据。

(2) 工艺规划模块。在数字化工厂技术中,工艺规划基础的实质是将产品数据、制造资源、加工操作和对象特征四者联系起来建立工艺过程模型。该模块在工厂布局模块输出的虚拟生产线平台上,在满足生产计划与工艺要求的情况下,将产品数据(部件和零件)、制造资源(厂房、制造设备、工装夹具等)和加工操作(装配、机加工)三个基本要求关联起来,完成合理的加工工艺(加工方法和加工顺序)和装配过程的设计。根据实际生产需要,首先与工艺库中已有的典型生产工艺方案进行匹配,匹配成功可以实现快速构建生产线全局工艺模型。由此可以看出，工艺规划模块是实现产品从设计到制造的枢纽，是整个制造系统中的重要环节，极大地影响着产品质量与制造成本。在进行工艺规划时，一般会进行以下五个过程：项目说明、数据导入（CAPP 系统数据导入）、工艺设计、工艺预规划、项目报告。最终生成的预规划工时、PERT 图、Gantt 图等形式的工艺模型数据将作为仿真分析模块的输入数据。

（3）仿真优化模块。该模块是数字化工厂的最终目的，在工厂布局模块的输出结果（虚拟生产线）平台上，基于工艺规划模块的输出结果，对生产线进行包括物流、工时分配、线平衡、加工操作、装配以及人机工程在内的仿真，进而对工艺规划方案进行验证、更改以及优化，提高生产效率；同时输出生产工艺报表、操作手册以及生产决策支持报表。

4. 数字化工厂系统的主要技术性能指标

（1）使用统一的数据库管理平台。通过统一的数据库管理平台对所有的工艺规划数据进行分类管理，极大地方便了用户查找和浏览工艺规划数据，同时，使参数查询和数据检索工作能够在短时间内快速完成。通过对制造资源数据和操作工艺的积累，形成的资源库和工艺库，可以在以后的工艺规划中重复使用，提高了资源和数据的利用率。

（2）工艺规划、模拟验证。系统在二维仿真环境中对制造过程进行工艺规划、模拟验证，包括完成整个生产线中所有制造资源的布局、检验设计的工装夹具与产品之间是否存在干涉、验证产品的可制造性。例如，在焊接过程中通过在已有的标准资源库中选择各焊接过程最合适的焊枪，检查在各工位的焊接过程中，焊枪和机器人是否与夹具、产品和其他制造资源产生干涉，优化各工位的焊接路径，包括各焊点的焊接方向调整、添加必要的焊接路径中间点、焊接路径中间点优化，对所有的机器人工位进行离线编程和调试，输出机器人程序。

（3）客户化输出。通过客户化开发，系统可以提供多种辅助工具快速输出符合要求的工艺文件、图表等，极大地降低了工艺规划过程中文档编制和输出的工作量。

（4）知识库。已形成的标准工艺知识库，将已有的典型工艺数据保存在工艺知识库中，方便在后续的规划项目中重复利用，可大大缩短整个工艺规划周期，加快产品的上市过程，还可以避免工艺规划经验的个人垄断，快速提高新规划员的工艺规划能力。

（5）系统集成。通过集成工时分析工具等，实现 MTM 工时分析，平衡各工位之间的工作量，提高制造资源的有效利用率，从而达到提高生产线产能的目的。

（6）基于"数字化工厂"统一的数据平台，通过网络可实现与供应商之间的并行工程。

8.2　数字化工厂技术概述

数字化工厂技术使产品先在数字领域进行制造，从而使产品在真实制造时达到最优化的产品制造过程、最小的制造系统投入、缩短产品的上市时间并提高产品的质量。

8.2.1　工厂和车间层面的数字化

数字化工厂在工厂层面的应用主要是工厂及车间的布局和初步的生产计划规划仿真。

1. 车间布局及布局原则

车间布局是指对车间内的工段、班组、单元、工作地、机器设备、通道、存货点、管理部门、生活设施等位置的合理安排，是对工厂总平面布局的补充和具体化，同时要解决物料搬运的流程和运输方式。

车间布局是一个制造系统布局问题，制造系统布局问题不同于一般的几何布局问题，比单纯的几何布局问题要复杂得多。几何布局只考虑空间利用率的问题，各布局实体之间没有必然的联系，其约束条件也仅为单纯的几何约束。而制造系统布局不仅要考虑空间利用率的问题，更重要的是要考虑系统中的物流问题；不但要满足单纯的几何约束条件，而且还要满足其他一些定性定量方面的条件。

因此，车间内设备的布局原则包括以下几个方面：

（1）遵循工艺规程原则。设备必须按工艺规程的要求进行配置，保证实现零件加工的要求。

（2）最小距离移动原则。保证搬运线上的各项操作之间的最经济距离，物流和人员的流动距离尽量缩短，以节省物流时间，降低物流费用。加工过程中，采用最优的工艺流程，使物流过程合理，不发生交错和混乱。

（3）直线前进原则。要求机器上安排操作的流程按照材料加工或装配过程的顺序进行，避免迂回和倒流，尽量按直线型流水布置。

（4）充分利用空间和场地原则。合理安排机器、人员和物料，在保持机器之间适当距离的同时尽量节约场地。

（5）生产均衡原则。维持各种设备工位生产的均匀进行，必要时设置缓冲区以协调各个工位。

（6）集装单元和标准化原则。搬运过程中使用的各种托盘、料箱料架等工位器具要符合集装单元和标准化原则，以有利于提高搬运效率、物料活性系数、搬运质量以及系统的机械化和自动化水平。

（7）尽量简化搬运作业，减少搬运环节原则。物料的搬运不仅要有先进的设备和容器，而且还要有科学的操作方法，使搬运作业尽量简化，环节尽量减少，提高系统的物流可靠性。

（8）柔性化原则。产品结构、生产规模、工艺条件的变化或管理结构的变更都会引起车间布局的变化，因此应尽量使车间布局具有一定的柔性。

2. 车间内设备布局的类型

传统的车间布局常见类型有加工流水线布局，机群式布局，单元布局(图 8.3)等。传统的车间布局有一个缺点，就是车间的布局一旦确定以后便基本不再变化，但事实上制造车间的布局需要根据生产任务的变化及制造技术的发展在一定范围内进行适当的调整，使得布局更能适应具体生产情况的要求。对车间布局的调整应基于车间一定阶段内相对稳定的生产任务而言，建立在生产设备的重构基础上，并在技术上保证设备在调整后的生产能力。新型的车间布局主要形式如下：

（1）分布式布局。将大的功能单元分解成小的子单元并将其分布在整个车间(图 8.3)。重复配置单元，并分布于工厂车间的不同区域，将有助于从车间的不同区域对其进行访问，从而改善物流。这样的方式在生产需求频繁波动的环境中尤为适用，根据不同的需求快速组建单元，而物理上又不需要对资源重新进行组织，同时也能使物流距离保持最小，这正是我们所期望的工厂布局。

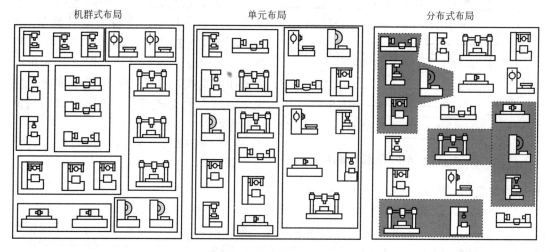

图 8.3　机群式布局单元布局和分布式布局

（2）模块化布局。将布局设计成基本布局模块（车间、单元和流水线等）的网络结构，根据需求选择使用相应的模块，这样的布局形式称之为模块化布局，如图 8.4 所示。模块化布局的一个前提假设是至少在短期内产品需求已知且稳定，当产品需求发生变化时可以删除其中的一些不用的布局模块，同时按需要增加一些新的布局模块。模块化布局的设计思想是将不同工艺路线的工序子集所需要的机床进行分组并排列成经典的布局配置，使运输距离（成本）最小。

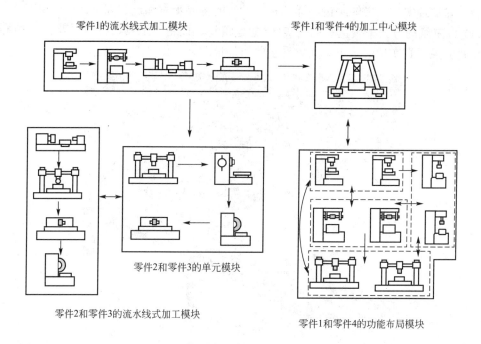

图 8.4　模块化车间布局

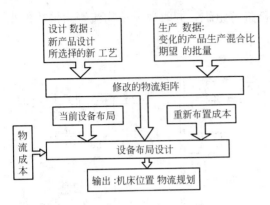

图 8.5 可重组布局的设计程序

(3) 可重组布局。该布局是针对以上几种方法的缺点而提出的,上述求解方法的一个前提就是假设生产数据(包括所生产的产品、工艺数据、设备资源的数量)已知,而在动态环境下,由于生产变化比较频繁,所以要求布局设计者所设计的布局能够快速重构,且重构费用很小即能适应未来周期内的生产需求。可重组布局的设计程序如图 8.5 所示。

(4) 敏捷布局。敏捷布局的设计目标与经典的设计目标不同,经典布局的设计目标通常是物流距离(成本)最小,该目标没有考虑布局对单元运行性能的影响,如交货期、在制品库存、机床前排队时间和生产率等,而敏捷布局以库存量低、生产周期短、生产率高为出发点,从单元运行性能作为其设计指标。通过该方法可以设计出任何类型的布局。该方法以仿真为基础,在设计该类布局时需要应用一些仿真优化策略,可借助于排队模型分析布局配置对制造系统关键性能指标所产生的影响,并根据分析结果开发出车间布局。

3. 基于虚拟现实的车间布局设计方法

虚拟现实技术的日趋成熟为设备的布局,特别是为详细布局设计阶段的设备布局提供了新的手段。数字化工厂技术采用虚拟现实技术进行设备布局,用虚拟现实技术将车间、设备、环境等映射到计算机的数字空间中,为车间布局的规划提供了新的方法。

利用虚拟现实技术来解决设备详细布局设计的主要步骤和过程如下:

(1) 以三维的方式来表达布局中实体(如建筑物、设备、工具、材料以及在制品等)的相互位置关系,真实地展示出单元内设备的布局情况,如图 8.6 所示。

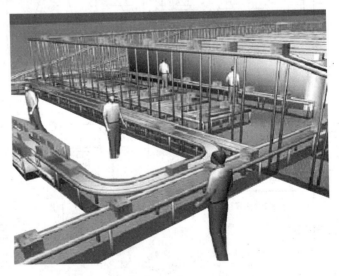

图 8.6 虚拟车间布局

(2) 虚拟现实提供一组沉浸式和非沉浸式的交互布局手段，以实现对布局物体的移动和定位操作。例如，沉浸式虚拟环境下的虚拟手抓取操作和虚拟菜单操作；非沉浸式虚拟环境下的基于鼠标的选取对象、移动对象和旋转对象操作，以及通过键盘输入对象绝对坐标和相对坐标的操作等。

(3) 提供一组支持布局设计的辅助功能。例如测量功能（测量两个对象之间的距离和角度等）、查询功能（查询对象的名称、空间位置坐标、方向、面积以及长宽高等基本属性值）、计算功能和干涉检查等功能。

(4) 建立虚拟环境下的布局约束机制，设定设备间的最小距离，设定物体的移动特性（可动或固定不动），设定限制区域的禁止属性。当布局违反约束时系统则以响铃或改变颜色的方式予以警告。

(5) 提供虚拟环境下的动画仿真功能，以模拟机床的运转或模拟物料沿某一给定路径移动或搬运的情况，从而观察是否会与周围的物体相碰撞。

(6) 通过人机工程学校验分析操作者的工作环境和工作负荷，使布局设计符合人机工程学的要求。

(7) 利用沉浸式的虚拟环境让用户真正的体验和感受设备布局的效果，从而对布局的美观性、生产的安全性以及环境的舒适性等定性指标作出直观的判断。

(8) 设备布局方案的评价包括定性评价和定量评价两个方面。定性方面的评价可由设计人员在虚拟环境中直观地作出判断。当定性指标不符合要求时则需要对布局方案作进一步调整。

(9) 针对设计好的布局进行详细的物流分析，验证布局规划是否满足设计要求，并可对布局进行进一步的评价。

总之，在设备的详细布局阶段，为了得到一个理想的布局方案，常常需要对设备的位置作反复的调整，采用虚拟现实技术则能极大地方便布局设计过程，改善布局决策，提高布局质量和效率。

8.2.2 生产线的规划与仿真

生产线系统规划主要确定生产系统的规模、构成和布局，对构成生产系统的机床设备进行合理的选择和优化配置可以减少投资费用，降低维护费用和运行成本，提高机床利用率，对生产系统的长期高效运作具有十分重要的意义。

1. 虚拟环境下生产线的规划内容

(1) 生产线总体初步规划。根据生产纲领和工艺内容确定生产节拍，选择合适的加工设备和加工参数，采用预设计的物流策略和控制规则，合理安排空间布局以符合现场空间限制，这是生产线规划的第一步，其他规划内容都要依据初步规划后的模型运行数据进行分析判断。

(2) 设备分析。判断机床等设备的加工参数设置、服务优先级机制、装夹方式是否合理；分析设备发生故障的频率、故障的修复时间、设备的维护成本对生产线产能和生产任务进度的影响，重新设置设备参数乃至更换设备。

(3) 生产线物流规划。判断物流分流策略和控制规则是否合理，验证自动导向小车(AGV)和机械手等运送设备的路径、数量、速度以及服务机制的合理性，分析缓冲站容量和仓库容量是否过大或过小。

(4) 生产线布局规划。规划生产线布局，建立生产线的三维视图，对特定工位进行三维的装配操作接近性分析和装配干涉检查。

(5) 人机工程分析。通过对生产线上的工作人员进行仿真模拟，对人员工作的空间和劳动强度进行分析，优化工人的动作和行走路线。

(6) 平衡性和瓶颈分析。判断生产线上的各种随机因素对平衡性的影响，找出瓶颈工序，通过参数的重新配置和工序的优化消除瓶颈，提高生产能力。

2. 生产线的设计流程

生产线的规划设计一般可以分为以下四个步骤，即初步设计、详细设计、建模仿真和优化评价(图 8.7)。

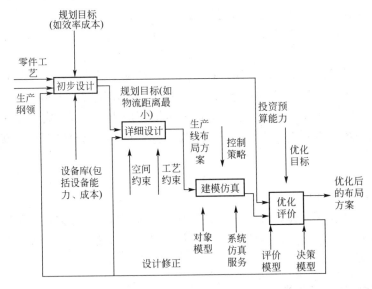

图 8.7　生产线设计框架

初步设计：根据零件工艺规程以及生产纲领初步估算出整个生产线中所需要的设备及其数量。

详细设计：根据初步设计给出的结果(设备种类和数量)，结合工厂空间、工艺约束条件以及设备的大小，合理确定机床、运输设备缓冲区和仓库等生产工位的位置，并初步给出不同的生产线布局方案。

建模仿真：根据生产线布局方案图，建立生产线上各实体的对象模型，包括机床、缓冲站、仓库、工人、物料运输设备(小车、行车、托板等)，确定其之间的关系，定义控制规则，如零件进入系统的节拍、设备服务的优先级、机床零件的加工节拍(对于不同零件的加工工序，机床所需要的加工时间是不同的)、小车的运动策略等，设置仿真时钟，运行所建立的模型。系统仿真可真实地反映出系统运行的状况，容易查找到瓶颈工序，确定机床、小车、缓冲区以及仓库的负荷率，并能确定整条生产线的生产能力。

优化评价：前面的各个阶段为优化评价提供了足够的数据，这些数据包括加工成本、设备利用率、工件的平均通过时间、工人的工作效率等，选择合适的评价模型(如模糊层次评价方法)对各个方案进行综合比较,选择最佳方案。

3. 数字化生产线性能评估系统

数字化生产线性能评估系统是一个多用户的网络版的数据管理系统,主要实现数据集成、系统管理、单属性性能分析、综合属性性能分析等功能。

数字化生产线性能评估的具体任务有四项:一是找出或分析出能反映数字化生产线全生命周期各方面性能的相关指标和指标值;二是根据相关指标和指标值,帮助企业判断或找出数字化生产线存在的主要问题和薄弱环节;三是找出问题或薄弱环节产生的主要原因,提出切实可行的改进方案;四是评估改进方案的结果,保证生产目标的实现。其过程如图8.8所示。

图8.8 数字化生产线性能评估

数字化生产线性能评估系统主要包括以下四个模块:

(1) 系统启动登录模块。系统启动登录是系统启动时最先出现的界面,完成系统的登录验证和人员身份选择工作,是系统启动时最先执行的模块。该模块使各个用户操作与其权限相符,保证了数据的安全性。另外在系统首次运行时,还将完成数据库的初始化工作。

(2) 系统管理模块。该模块是数字化生产线性能评估系统中权限最高的模块,主要完成系统中合法用户的定义和管理、角色的定义和管理、系统用户和各角色之间关系的定义和管理等工作。

(3) 单属性性能评估模块。该模块主要用来评估单个属性的性能,如生产运行管理人员对生产运行性能的评估,财务人员对数字化生产线经济性的评估。对每个单属性的性能评估主要包含以下几个步骤:数据导入、决策矩阵生成、属性约简、评估模型的生成和评估结果分析。每个步骤细分为一个小模块。数据导入模块主要是将数字化生产线能提供的各种数据导入数字化生产线性能评估系统中,在该模块中最重要的是系统与数据库之间的接口设计与处理问题。决策矩阵生成模块主要完成了三个操作:一是原始数据的规范化处理;二是阈值的计算;三是决策矩阵的生成。属性约简模块主要完成了初始指标体系删减和整体属性删减两大功能。评估模型的生成主要完成了约简属性重要度的计算和对各个方案评估值的计算两大功能。评估结果分析主要是对前面计算结果的文字总结。

(4) 综合属性性能评估模块。该模块主要用来评估数字化生产线的综合属性性能。以单属性性能评估的结果为基础,同样包括了数据导入、决策矩阵生成、属性约简、评估模型的生成和评估结果分析这样几个小模块。每个模块实现的功能与单属性性能评估类似,不同的是这里的数据导入模块导入的数据是单属性性能评估模块的最终评估值。

8.2.3 数字化装配

1. 数字化装配概述

数字化装配技术是指在计算机系统中建立产品零件的数字化模型,并对这些模型进行模拟装配,然后对产品装配过程和装配结果进行分析和仿真,以便在产品的研制过程中及时进行静动态干涉检验、工艺性检查、可拆卸性检查和可维护性检查等,以尽快发现错误,及时修改。数字化装配的产品对象不仅仅指产品结构的装配,还包括产品的各种系统件,如机械系统、电气系统等。

数字化装配技术包括数字化装配（digital assembly，DA）、基于虚拟现实的数字化装配（virtual reality based-assembly，VRA）和基于增强现实的数字化装配（augmented reality-based assembly，ARA）。其中，数字化装配又称"广义的虚拟装配"或"数字化预装配"，可定义为无需产品或支持过程的物理实现，利用计算机工具通过分析、先验模型、可视化和数据呈现来作出或辅助作出与装配有关的工程决策。基于虚拟现实的数字化装配强调在虚拟现实技术的基础上，利用产品或过程的数据来模拟物理装配过程，即在虚拟环境下对虚拟产品和零件进行装配过程仿真和分析，图8.9所示为柴油机水泵结合组与冷却风扇的数字化设计装配图。VRA具有真实感、沉浸感、交互作用强等特征，从以计算机为中心的设计方式转变为以人为中心的设计方式，设计者不再需要考虑怎样表达各种装配关系和约束方式才能为计算机所接受，而是可以把更多的精力集中在怎样提高产品的可装配性等设计质量问题上。VRA有助于工程技术人员在设计和规划过程中充分发挥创造性思维，以提高产品开发的质量和效率。基于增强现实的数字化装配技术借助于看穿式头盔使计算机图像叠加在周围环境中的物体上，可以在复杂的装配过程中起指导作用，还可对样机的可行性、成本和装配规划等进行评估。

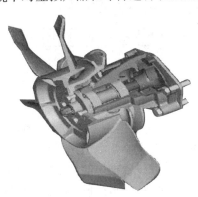

图8.9　数字化设计装配图

数字化装配技术可以在产品设计阶段有效地支持面向装配的设计（design for assembly，DFA）分析，检验设计的可装配性和可拆卸性，对不合理的结构提出改进性意见并进行装配效率分析。在产品试验阶段，数字化装配技术利用虚拟原型可以直观地展示出装配体结构和装配过程，并可对运动过程中发生的干涉给出提示，最后对装配性能进行分析，这样可以减少对物理原型的依赖。数字化装配技术支持规划人员在产品设计的同时并行地进行装配规划以及规划方案的评估和优化。此外，数字化装配还可用于产品装配、售后维护和报废拆卸等任务的培训并在这些操作过程中起指导作用。

进行数字化装配的基本条件包括产品数据管理（PDM）系统和计算机辅助设计/制造系统。首先，需要产品数据管理软件进行以下工作：

（1）完整的数据管理。管理产品零部件模型的存取、更改、复制其之间的相互关系。

（2）确定用户的权限。对设计数据进行集中控制，以保证不存在未经授权而访问产品信息的问题。确保在同一时间内只有一个用户对数据进行修改，但允许任意数目的授权用户同时读取同一数据项，实现并行设计。

（3）项目管理。提供对项目的初始化设置、项目创立和数据输入。

然后利用CAD/CAM软件进行产品零件模型的生成、部件装配以至整个产品的数字化装配。这种软件至少需要具备以下几个基本功能：

（1）三维实体造型功能。由于数字化装配需要进行协调分析和干涉检查，因而零件模型均采用三维实体建立，故要求所使用的软件具备三维实体造型功能。

（2）装配功能。该软件必须能够建立起零部件之间的相互逻辑关系，并能从数据库中搜索到各零部件模型，以便对其进行装配。图8.10所示为在三维环境中柴油机的装配效果。

（3）协调分析、干涉检查功能。该软件必须能对装配好的部件进行干涉检查、协调分析，并能够及时将错误的设计信息反馈给设计人员。

数字化装配通常有两种方式，即"自底而上"（Bottom-up）的装配方式和"自顶而下"（Top-down）的装配方式。如图 8.11、图 8.12 所示。

"自底而上"装配方式的基本步骤如下：

（1）由各设计人员按照自己的任务完成各自的零件设计工作；

（2）按定义的装配关系将相关的零件装配成部件，此过程称为"子装配"过程，一个产品的子装配可以有多层多级；

图 8.10　三维环境下柴油机的装配图

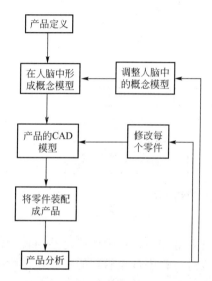

图 8.11　"自底而上"装配过程

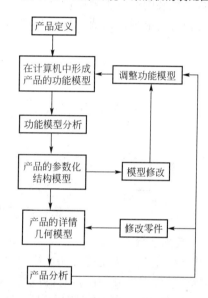

图 8.12　"自顶而下"装配过程

（3）将相关的零件、部件进行总装，完成整个产品的装配。

这样的装配方式是传统意义上的装配方式，如果在装配过程中发现某些零件不符合要求，例如，零件与零件之间产生干涉、某一零件根本无法进行安装等，就要对零件进行重新设计，重新装配，如果发现仍然存在问题，则需要再次进行修改，如此反复，直至设计方案满足要求为止。这种装配方式的缺点是不能实现信息共享，最初的设计模型也不能充分地体现，而且在设计中会存在很多重复性工作，工作效率低，所以这样的方式不利于产品的并行设计，带来的后果是产品设计周期长、更改次数多、不能将装配中出现的不协调问题在零件设计中给予解决。

"自顶而下"的装配方式是从功能建模开始，根据产品的功能要求和设计约束，在确定产品初步设计模型的基础上，确定各组成零部件之间的装配关系和相互约束关系。这种装配方式具有以下特点：

（1）产品设计直接面向装配。与"自底而上"的装配方式相反，产品装配并非沿着"零件—部件—总装"这条路线进行，而是一个先有装配后有零件的过程。在产品设计的开始就形成装配，此时仅有参与装配的零部件的图号及相互装配关系，而无具体的零件结构几何内容，在此基础上再分别进行各个零件的具体结构设计，零件设计结束时，装配也相应完成。

(2) 可在同一装配环境下进行并行设计。众多设计人员可在同一装配环境下并行地完成装配设计工作。产品零部件的几何图形以及表示零部件间相互装配逻辑关系的结构树是同时显示且相互关联的，设计人员可以在一个屏幕窗口下同时看到彼此之间的设计情况及其相互装配关系，并且可以进行协调分析，从别人的设计结果中直接读取数据进行自己的相关设计工作，这样就把零部件间的干涉协调分析工作贯穿在零部件的整个设计过程中，而不是在完成零件设计行程装配以后再进行协调分析。这正是并行设计思想的重要体现。

2. 数字化装配功能模块

数字化装配系统主要由产品装配建模、产品装配序列规划、产品装配路径规划、产品装配分析等功能模块组成，该系统的功能结构如图 8.13 所示。

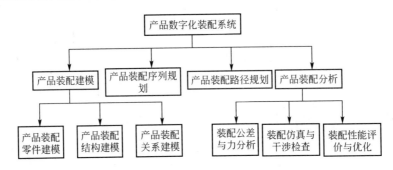

图 8.13　数字化装配系统功能结构图

1) 装配建模

装配模型是一个支持产品从概念设计到零件设计并能完整、正确地传递不同装配体设计参数、装配层次和装配信息的产品模型，是产品设计过程中数据管理的核心，是产品开发和支持设计灵活变动的有力工具。装配建模研究的核心问题是解决如何在计算机中表达和存储产品装配体的信息，使之能够全面支持产品的设计过程，并为后续的装配工艺规划、装配分析与评价以及装配仿真提供所需的信息数据。

装配建模是进行虚拟装配的前提和基础，决定着虚拟装配实施的质量和效率。没有一个好的装配模型，虚拟装配的实施将会十分困难甚至无法完成。装配模型主要包括以下五部分信息：

(1) 管理信息。管理信息是指与产品装配体及其装配元件(指零件或子装配体)的管理相关的信息。主要包括装配体及其装配元件的名称、代号、类型、材料、件数、技术规范或标准、技术要求以及设计者等信息。管理信息是在产品设计过程中逐渐形成的，主要是为产品的设计、制造及装配的管理提供依据。

(2) 几何实体信息。几何实体信息是指与产品的几何实体构造相关的信息。反映了装配元件和整个产品装配体的几何形状和尺寸大小。由于现有的商用 CAD 系统(如 Pro/E 等)已经具备相当完善的几何建模功能，所以这部分信息可以直接从 CAD 系统中提取。

(3) 位姿信息。位姿信息指装配元件在装配体坐标系中的位置和姿态，可用 4×4 的几何变换矩阵 $\begin{pmatrix} R & 0 \\ T & 1 \end{pmatrix}$ 表示，其中 R 是 3×3 正定矩阵，表示装配元件坐标系到装配体坐标系的旋转关系，T 是 $3×1$ 矩阵，表示装配元件坐标系到装配体坐标系的平移关系。位姿信息主要包括两类信息：一类是装配元件在根装配体坐标系中的位置和姿态；另一类是装配元件在其父装配体坐标系中的位置和姿态。位姿信息是装配模型空间位姿视图的主要组成部分。

（4）层次结构信息。层次结构信息是指装配元件在装配体结构树中的位置信息。装配体的层次结构信息可以表达为 $C=\{C_1, C_2, \cdots, C_n\}$，其中 C_i 表示装配体 C 的第 i 个子装配体，C_i 可以是一个零件，也可以是一个装配体。如果 C_i 为装配体，则可将 C_i 进一步划分为 $C_i = \{C_{i,1}, C_{i,2}, \cdots, C_{i,n}\}$。如此进行下去，直到得到所有零件，则 C 就构成了装配体的整个层次结构信息。层次结构信息是装配模型层次结构视图的主要组成部分。

（5）约束信息。约束信息是指产品装配体中零件与零件之间的约束关系。常见的约束关系有贴合（mate）、对齐（align）、同向（orient）、相切（tangent）、插入（insert）和坐标系重合（coord sys）等。约束信息是装配模型约束关系视图的主要组成部分，主要为以后的装配工艺规划提供依据。

要构建一个装配体的装配模型，必须要获得上述的五类信息。上述信息的获取过程如图 8.14 所示，用户使用约束关系通过 CAD 系统将零部件组装成完整的装配体，并存于 CAD 系统数据库中。从 CAD 系统数据库中，可得到装配元件的几何实体信息、位姿信息、层次结构信息和约束信息。装配元件的管理信息则是由设计过程中形成的文档中获得。有了这五项信息后就可以建立装配模型。模型建立完毕后保存在 VA 文件中。VA 文件是虚拟装配支持系统（VASS）自定义格式的 ASCII 文件，以"va"作文件名后缀。

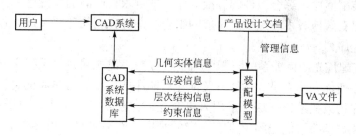

图 8.14　装配模型信息获取过程

2）装配序列规划

装配序列规划在数字化装配设计系统中起着承上启下的作用，是装配路径规划模块的前提。其实质就是在各种几何约束条件及工艺约束条件的制约下，求解出满足各种约束条件、性能优良的装配顺序。装配序列规划好后，应严格按照或基本严格按照装配线的装配序列来规划虚拟装配线，如图 8.15 所示为变速器装配的基本树状结构图。

常用的装配序列的规划方法可分为如下几类：

（1）拆卸法求解装配顺序的方法。若零件的装配和拆卸互为可逆过程，则可通过求解零件的拆卸顺序来得到零件的装配顺序。拆卸法求解装配顺序的特点如下：若判定某零件满足拆卸条件，则该零件一定满足序列约束。反之，装配过程中某一阶段满足装配条件的零件并不一定满足装配序列约束条件，因为该零件有可能影响到后续零件的装配。另外，通过几何计算和推理可从零部件的装配状态演绎出零部件拆卸的初始方向，而从自由状态

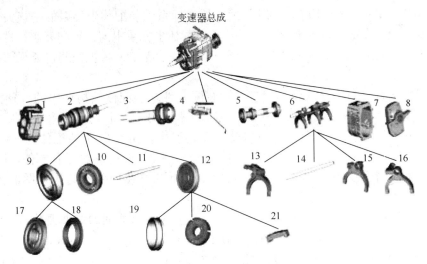

图 8.15 变速器总成装配层次结构图

1—前箱体；2—二轴；3——轴；4—操纵盖；5—中间轴；6—移动轴；7—后箱体；8—后盖；9—二轴一挡；10—轴承；11——二轴；12——二挡同步器；13——二挡拨叉；14—移动轴；15—倒挡拨叉；16—三四挡拨叉；17——挡齿轮；18——挡齿环；19—同步器齿套；20—同步器齿毂；21—同步器滑块

的零部件却无法推导出零部件的装配方向。拆卸法的局限性是必须满足装配和拆卸互为一逆过程这一前提条件。

（2）基于组件识别的装配序列求解方法。根据零件的组件分类，确定组件之后，分层次生成组件的装配顺序，综合组件的装配顺序，即可求得产品的装配序列。基于组件识别的求解方法可以有效地减小装配顺序生成的组合复杂性，删除那些装配操作工艺性差但理论上可行的装配序列。

（3）基于装配优先约束关系的装配序列生成方法。优先约束关系指零件之间的装配顺序约束。装配序列优先约束是表达零件装配先后顺序的一种非常紧凑的方法。这种方法的关键是装配优先约束关系的获取。采用人机交互的方法，工作量大，对操作人员要求高，而且容易出错。自动获取优先约束则有一定的难度，然而一旦获得零件装配的优先约束，则能很容易地求得零件的装配顺序。

（4）基于知识的求解方法。这种方法采用一阶谓词逻辑来表达产品结构、序列优先约束和装配资源约束等知识。系统以产品 CAD 模型为输入，通过人机交互获取零部件的装配优先约束、通过图搜索算法求解产品配合特征图的最小割集来产生装配序列，基于知识的装配顺序的求解方法，对于特定产品的装配序列求解比较有效，但其适用面窄且领域知识的获取需要较深的专业知识。

（5）基于矩阵运算的方法。装配体中有配合关系的零件，其之间的连接关系以矩阵形式记录下来，矩阵中的每个元素代表零件的装配关系。矩阵用线性代数中的有关运算进行变换、规约，简化了连结关系矩阵对应的装配序列。

对一个复杂的装配体，其可行的装配顺序可能不计其数，然而，要找到一种最佳的或比较满意的装配方案，除了要考虑可行性以外，还要考虑装配成本、装配时间、装配质量等诸多因素，一般来说，对产品装配序列的评价应遵循以下原则：

(1) 稳定性原则。要求已经装配的零件应具有较好的稳定性。装配过程中要选择基准零件，其他零件通过与基准零件或包括基准零件的子装配进行装配。基准零件的选择一般要求该零件与其他零件间的连接数最多、体积重量最大、重心位置最低等。

(2) 装配序列并行度原则。装配序列中能够并行执行的操作越多，装配顺序越好。

(3) 不产生干涉原则。要求在应用生成的装配序列以及装配路径信息进行装配过程仿真时不会出现零部件间的干涉现象。

(4) 零件重定向次数最少原则。零件应尽量从同一方向上装配，重定向次数少，减少装配对翻转基体所消耗的时间。

对于特定的装配体而言，一旦装配关系建立，则需要对装配的顺序进行量化评价以便指导再设计，而且装配顺序评价应与CAD系统充分结合起来，实现在线评价，即装配顺序不合理或装配顺序评价不高时可返回到CAD系统中进行重新设计。

以上装配序列的评价原则以及后续的装配路径的评价都需要通过最终的装配过程仿真得以验证并且通过分析问题出现的根源对相应的规划结果实施修改。

3) 装配路径规划

装配路径规划是在装配建模和装配序列规划的基础上，利用装配信息对零部件从摆放的位置到零件被装配上所运动的轨迹进行分析和求解，判断并生成合理的装配路径，为装配仿真提供显示数据，为设计人员提供可视化的辅助设计工具。

装配路径规划的方法主要有以下两种：

(1) 基于CAD的装配路径规划的方法。对于每个装配关系，利用鼠标通过交互操作，用户定义每个运动元件局部坐标系的位置和方向，CAD系统模块对每个元件按照一定顺序依次进行矩阵变换时，元件将沿着一条无干涉的路径装配进入另外一个与之相配合的元件或子装配体。为支持路径规划功能，支撑系统应该提供几何建模功能、装配建模功能、干涉检查功能和通用的几何控制功能，如几何变换等。

(2) 基于VA(virtual assembly，虚拟装配)的装配路径规划的方法。用户所做的工作就是在虚拟环境下，利用虚拟设备(如数据手套、头盔显示器等)，模拟产品的手工装配过程，选择记录在任意时刻的装配方位矩阵。

在第一种方法中，装配矩阵的确定需要用户指定，即装配路径上的关键点和该点处的元件方向要求工程师交互输入，在发生干涉时还需要修改数据重新输入，工作量非常巨大。而在第二种方法中，虚拟设备能够自动记录装配路径规划所需要的元件位置和方向信息，进而确定装配矩阵，这个过程是实时的、高效的，工程师能够有时间和精力把注意力放在工艺规划上，而不是烦琐的交互操作上。

根据实际经验，如果我们能够将产品按照一定的次序无损坏地拆卸下来，那么沿着相反的次序和相反的路径就能够将产品安装起来。这种方法的局限性在于产品必须满足装配和拆卸互为可逆过程这一前提条件，而且要求参与装配的零部件均为刚体，零部件之间的装配关系一次建立，且在装配过程中保持不变。由于目前绝大多数产品都符合这一条件，所以可以采用"变装为拆"的方法得到装配路径，这就是所谓的"可拆即可装"思想。前面介绍的拆卸法求解装配顺序的方法就是基于这种思想。

基于"可拆即可装"思想，装配路径规划的获得过程如下：

首先，用户根据已生成的装配序列，逐一选择待拆卸的零件，依据零部件配合面的单位法向矢量将零部件从装配体中分离出来；计算机系统根据用户选择的拆卸方向，按给定的步长进行细化处理,逐步地进行零部件空间位姿的变换;零部件每变换一次空间位姿就要进行一次干涉检查,以验证每一步拆卸的可行性;同时,用户凭借自己的常规知识和经验知识来判断进一步拆卸可行性。若零部件按给定的拆卸方向拆卸可行,则零部件从拆卸的终了位置按拆卸方向的反方向运动到装配终了的位置之间的路径即为零部件的装配路径。当检测到有干涉时,必须重新确定装配方向。

当该零部件的拆卸路径规划完成以后,系统再选择下一个零部件进行下个零部件的规划,直到该规划操作完成以后,系统再将零部件的拆卸顺序进行求逆运算,以得到相应的装配序列;同时,将各个零部件的拆卸方向进行求逆运算,以生成该零部件相应的装配方向等装配参数。具体的路径规划流程如图 8.16 所示。

4) 产品装配分析

产品装配分析模块为虚拟装配系统提供一个产品装配性能分析与仿真的环境,包括相应的装配分析、仿真工具和资源,功能是为上游功能模块提供装配分析、仿真结果,指导装配设计的改进。包括装配公差与力分析、装配仿真与干涉检验、装配性能评价与优化三个功能子模块。其中装配仿真与干涉检验是数字化装配的基础。

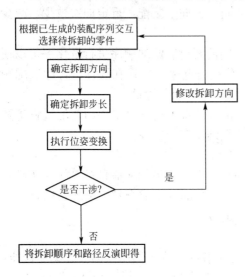

图 8.16 路径规划流程图

装配仿真与干涉检验,就是应用计算机图形学和仿真技术,直观展示装配过程中零部件的运动形态和空间位置关系,并对产品结构和装配规划进行干涉检验,包括检查产品的可装配性、发现在装配过程中零部件之间或工具与零部件之间的碰撞,以及动态检查产品在正常运转中发生的碰撞。

要实现产品的装配仿真过程的动画效果需解决以下几个问题:

(1) 装配体中相同的零部件的识别。在一个大型的装配体中难免会遇到相同的零部件,因此如何在系统中识别这些零件成为装配工作的一个难点。通过零件所在的装配层数以及装配特征可以保证每个零部件在装配体中的唯一性。

(2) 零部件的装配方向。零部件的装配方向已经在装配路径规划时确定下来,并保存在统一的数据库中供系统调用。

(3) 零部件在装配过程中任意空间位置姿态的确定。零部件的位置姿态必须转化为易于被系统所识别的三维空间位姿矩阵并保存到数据库的路径表中供系统调用。

(4) 装配运动步长的初始选定。装配元件的运动是一个连续过程,为了便于进行干涉检查,我们将连续过程离散化,也就是将对象元件置于装配路径上的若干点上,检查是否与其他元件存在干涉现象。其中,装配运动离散化步长的选取就成为关键问题。步长过长则不能真实反映干涉情况;步长过短则计算量过大,影响检查速度。步长越短,干涉检验越可靠,但干涉检验本身是拆卸零部件与装配体中的其他部件进行求交的一种求解运算,每次的干涉检验需要处理大量的数据,占用大量的计算机内存,所以步长越短计算量越大、计算机的处理速度也就越慢、其图形的显示效果也就越差。

在装配仿真中,最重要的是进行可装配性分析,装配元件运动路径的可靠性检查是确保装配工艺合理可行的关键,而路径的有效性检查主要是以判断是否发生干涉为依据的。在数字化装配过程中,通常需要进行静态干涉检查和动态干涉检查。静态干涉检查是对产品零部件的设计进行评估,在确定装配结构和总体设计后,进行零件细化设计,在装配过程中静态检验零部件之间的干涉、间隙等,并根据检验结果对零部件进行设计修改,从而得到正确的设计方案。动态干涉检验是对产品可装配性进行评估,在产品装配过程中,根据零部件的装配路径、装配关系和约束条件,进行装配姿态调整、修改,直到得到正确的设计方案。

下面介绍一种基于包容盒(envelope)的逐层快速干涉检验法。包容盒是由平行于一定参考坐标系的六个平面所围成的能够包容目标对象的最小长方体。包容盒的六个平面均与目标对象相切,并且其形状大小与所选定的参考坐标系有关。该方法以层级装配模型为分解线索,以不同精度的包容盒过滤整个装配体组成部件,筛选出最有可能干涉的零件,从而极大地提高算法的效率和科学性。这种方法的理论依据是部件包容盒干涉是部件实体干涉的必要条件,即包容盒相交了,但是实体不一定干涉;但是如果部件实体干涉了,则包容盒一定相交。利用这种方法进行干涉检查的基本过程如下:以复合表达的层级装配模型为基础,用不同精度的包容盒筛选出不同级别的可能干涉部件,剔除不可能发生干涉的部件,将最可能发生干涉的零件归纳为一个集合,最后对为数不多的、最可能干涉部件精确的几何求交,从而确定待检部件与装配环境是否发生了干涉碰撞。以图8.17所示的两个零件为例对包容盒逐层快速干涉检验法的基本原理进行说明。部件A的包容盒与部件B的包容盒相交,说明这两个部件可能干涉,但实际上两个子装配体是不相交的。但是,这个时候直接进行精确的几何求交是不合适的,这是因为包容盒不可避免地囊括进了一些非实体空间,这些非实体空间干扰了包容盒相交判断的准确性。那么,我们可以将部件B拆散,分别用其组成部件b1、b2、b3的包容盒与部件A的包容盒进行相交判断,发现b2和b3的包容盒与部件A不相交,但与b1相交。所以再将A分解为a1和a2,这时b1与a1、a2的包容盒都不相交,则可以断定A和B不干涉。分解的原则是先细分一个参检部件,直至分到不能再分的零件为止,如还有包容盒相交,则再细分另一个参检部件。这样,可以有效地消除包容盒内非实体空间对定性干涉检验的影响。

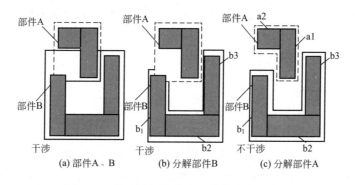

图8.17 包容盒逐层快速干涉检验法示意图

逐层分解的快速干涉检验算法采用了定性与定量相结合的方法。定性检查是利用包容盒判据来判断部件的包容盒是否干涉,给出包容盒干涉或不干涉的判据,主要排除相隔较远的不可能干涉的零件。定量检查是通过精确求交来判断两零件是否干涉,不仅给出零件是否干涉的布尔量同时给出具体的干涉量和干涉区间。最后确认某两个零件是否干涉,必须通过定量检查来判断。这样可以节约计算时间和资源,在保持精度的前提下提高效率。

3. 影响装配性的因素及评价方法

产品的可装配性是指装配单元(参与装配的零件、组件或部件)能以相对较低的成本和较短的时间顺利地装配成产品的能力。对于一个确定的装配工艺,其可装配性的优劣主要在于三个方面的特性:技术特性、成本特性和社会特性。技术特性是指装配在技术上必须是合理可行的;成本特性是指在保证质量的前提下应尽可能地降低装配成本,从而降低总的生产成本的特性;社会特性是指装配要受社会因素的制约。

影响产品可装配性的因素可分为三类:

(1) 装配单元对可装配性的影响。装配单元是决定可装配性优劣的内在因素,其影响内容主要考虑装配单元的整体外形,如单元的输送、单元的方位识别、单元的抓取和操纵等;

(2) 装配工艺对可装配性的影响。装配工艺是将装配单元装配成产品的具体操作过程,其影响内容包括装配顺序、装配路径和装配工位对可装配性的影响;

(3) 装配资源对可装配性的影响。装配资源是用于实施装配工作的装配工装夹具和工作台等,其影响内容包括资源的种类、配置和元件装配资源的使用、装配资源的操作等。

可装配性评价准则与企业的生产方式、产品、设备、质量等有关。这些标准包括:配合、装配时间和序列、人机工效和工作安全、返修和拆卸、固定、间隙尺寸、过程数据、零件处理等。应用这些标准对产品方案进行评估后得到数据,经系统工程方法处理后,得出当前产品的装配评估结果,用于制订科学的生产决策。

目前,常用的可装配性评价方法有以下两种:

(1) 基于规则的定性分析方法。这种方法基于一些通用的规则和设计准则对设计进行评价,这些规则或准则包括零件数量最少原则、零件对称性原则、紧固件数量最少原则、装配中定位和调整次数最少原则等。

(2) 基于数值的定性分析方法。这种方法提供评价指标量化的可装配性评价结果,包括装配时间、成本等,通常分为以下几个方面:对产品进行功能分析,分析零件轮廓尺寸、形状等零件级因素对装配难度的影响,分析装配方向、路径等装配结构级因素对装配难度的影响,分析装配条件、装配系统布局等装配工艺级因素对装配难度的影响等。

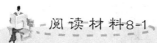
阅读材料8-1

基于Delmia/QUEST的数字化装配生产线

Delmia/QUEST是数字化工厂及离散事件仿真软件,是用于对生产工艺流程的准确性与生产效率进行仿真与分析的全三维数字工厂环境。

装配生产线仿真模型环境的建立。装配生产线车间建模不但需要在虚拟环境中建立有形实体的三维几何形状,而且需要定义包含各种资源对象的层次结构关系和交互行为。例如,在进行工艺设计时,往往需要定义与机床、工艺参数、工人等对象的关系。

在上述对象中，对于机床对象而言，又具有装载、加工和卸载工件等行为，通过消息传递机制与其他对象发生交互行为。例如，当生产线仿真运行时，机床、缓冲区、传送带、工人等对象会发生交互行为和动态行为联系。所以虚拟物理建模和虚拟逻辑建模是实现将现实装配生产线映射到虚拟环境中并进行仿真的关键步骤。其中，虚拟物理建模针对生产线上所有设备进行三维几何建模，以使虚拟环境中的装配线（含相关设备）模型能与现实生产线（含相关设备）的有形实体相符或相近，便于可重组装配生产线的布局优化设计。我们可以建立虚拟物理模型的生产资源，包括机床、上料站、缓冲站、卸料（仓储）站、自动导向小车、工人及装卸机器手等。根据装配生产线的层次结构关系，可以从装配线类中派生出物理设备类、工艺类、逻辑控制类、仿真支持类。物理设备类对应现实生产线中有形的实体，如加工设备、物流设备等；工艺类在现实生产线中没有有形的实体对应，如循环加工工艺、装载工艺、卸载工艺、生产计划和任务等工艺内容。逻辑控制类描述对象间的逻辑关系，如AGV控制逻辑、Labor控制逻辑、传送带控制逻辑等。仿真支持类描述生产线仿真交互过程时间、事件和数据性能统计等仿真支持对象。

装配生产线的仿真优化。在搭建完成虚拟的装配线仿真环境后，我们就可以进行装配线的虚拟装配仿真了。因为Delmia/QUEST是数字化工厂及离散事件仿真软件，其仿真机理主要是由内部的逻辑事件来驱动外在的物理事件。例如，我们建立了一条传送带，如果没有内部逻辑事件驱动的话，也只是一个静止不动的传送带三维实体而已，必须依靠系统背后的逻辑事件的驱动，才能使得传送带在仿真过程中输送零件；同理，装配工人也是在其内部逻辑事件驱动下往返于不同的装配工位完成其装配操作的。总之，我们所建立的所有仿真模型都必须在其各自的逻辑事件驱动下才能实现仿真，Delmia/QUEST内部逻辑事件是由其SCL（simulation control language）编写的，系统内置了数字化工厂仿真中常用的逻辑事件。软件依靠其内部的仿真时钟来模拟装配线运行仿真进程。

在装配线的规划仿真中，一个重要问题就是调整装配线平衡并保证装配线的物流顺畅。如果局部装配节拍调整不协调或设备位置规划不够合理，将会导致传送带上有大量的零部件积压，阻塞物流，使得后续装配线无法继续运行，导致设备和工人的利用率和忙闲程度等指标不合理等。通过对仿真模型的反复调整和对工人运动路径等问题的重新规划调整等措施，可使装配线得以平衡，而且工人和装配机床等的忙闲利用率等装配线指标也将随之趋于合理化。

8.2.4 数字化质量管理与检测

数字化质量管理是以现代信息技术为基础，以现代质量管理技术为核心，结合自动化技术、先进制造技术、现代检测技术、数据统计技术等各种新技术，综合应用于企业产品设计、制造、管理、试验测试和维护全生命周期质量管理的各个阶段，通过质量数据的自动实时采集、传输、分析与反馈控制以及质量信息资源的共享和质量管理的协同，建立一套以数字化、集成化、网络化和协同化为特征且软硬件结合的制造企业质量管理新体系。

1. 数字化质量管理系统

数字化质量管理系统的运行模式如图 8.18 所示，可以看出系统的运行是以数字化质量体系管理为核心，首先对企业的质量管理体系进行仿真优化，在质量体系合理后转入运行控制阶段，重点控制质量体系运行的有效性和持续改进，并通过质量信息的自动采集实现质量信息的集成化管理，通过协同监控平台实现质量体系和产品质量的协同监控和追踪。通过数字化质量管理系统中的可视化监控平台，可以实现对企业产品质量进行生命周期监控，其监控系统的运行模式如图 8.19 所示。

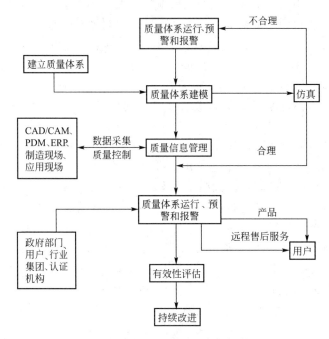

图 8.18　数字化质量管理系统运行模式

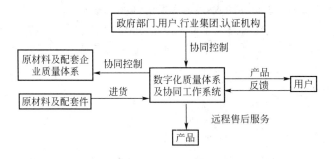

图 8.19　数字化监控系统的运行模式

数字化质量管理系统从大的层次上可以分为硬件支撑环境层、软件支撑环境层和应用系统层(图 8.20)。硬件支撑环境层为数字化质量管理系统提供硬件支撑，包括加工及检测设备、计算机硬件、通信网络等。其中，检测设备又包括各种计量器具和条形码数据采集系统等。

软件支持环境为数字化质量管理系统的运作提供软件保证，包括网络管理系统、数据

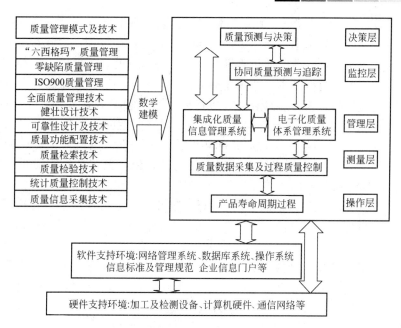

图 8.20 数字化质量管理系统

库系统、操作系统、信息标准及管理规范、信息安全系统、企业信息门户等。企业信息门户为数字化质量管理系统与企业其他数字化应用系统的数据交换提供信息通道。

应用系统层又可分为操作层、测量层、管理层、监控层和决策层，各层的主要功能如下：

（1）操作层。操作层指的是产品质量形成的各种过程，包括市场调研、设计开发、试制、生产准备、加工制造、质量检验和试验、包装运输、应用及售后服务等。操作层完成产品的设计与制造，并产生质量管理中所需的各种数据，数字化质量管理系统以操作层作为管理与控制的主要对象。

（2）测量层。测量层是整个数字化质量管理的基础和数据来源。其主要功能是通过各种测量和评审手段从操作层采集各种数据，包括通过产品设计质量评审采集产品研发过程的各种数据；通过质量检验采集产品生产过程的各种数据；通过过程评价采集经营管理各种过程的工作质量数据；通过质量体系评审采集质量体系运行有效性方面的数据；通过对数据的统计分析（特别是控制图技术）实现质量管理系统的控制和持续改进。由此可见，测量层是提高数据有效性的基本保障。

（3）管理层。管理层主要包括数字化质量体系管理和集成化质量信息管理两大部分内容。数字化质量体系管理主要包括数字化质量体系的建立（包括流程优化）和数字仿真、数字化质量体系运行管理与控制、数字化质量体系资源管理、数字化质量体系远程审核管理和数字化质量体系持续改善等内容，是实现和确保产品质量与可靠性的基石。集成化质量信息管理主要以产品研制、生产、使用和服务生命周期全过程的质量信息的集成化管理和分析为主要目的，并为各相关方提供一种全局视图。集成化质量信息管理可以借助数据库管理技术对数字化质量管理系统的各种数据进行全面管理，包括应用各种统计分析工具对数据进行处理和分析，是实施质量决策的基础。总之，管理层为实施各种质量管理活动提供了数字化与信息化的工具和平台。

(4) 监控层。数字化质量管理系统的监控层主要实现对质量管理体系的运行过程进行监控。由于质量管理体系基本上覆盖了产品质量形成的各种过程,因此,只要能够保证质量管理体系的正常运行,企业的质量管理水平和产品质量就有了保障。监控层利用可视化技术和各种主动监控与追踪技术,实现企业质量状态的全面监控和报警,包括质量体系运行状态的可视化监控与报警(企业内部)、质量体系运行监督及跟踪管理(企业外部)和产品质量状态的可视化监控与报警等内容。在发生质量问题时,监控层可以从集成化质量信息管理系统提取信息,从而实现质量问题的追踪和处理。由此可见,监控层是帮助制造企业管理人员、用户、上级主管单位以及政府监督机构监视和控制质量状态的一种有效工具。

(5) 决策层。决策层根据质量体系的运行结果和来自集成质量信息管理系统的统计信息,对企业的质量现状进行分析,发现质量管理中存在的问题;也可采用各种数学方法对质量的发展趋势进行分析,作出实事求是的决策。为了保证数字化质量管理系统的有效运行,需要采用数学建模技术将各种现代质量管理模式和技术转化为数字化质量管理系统可以接受的形式。从计算模式看,数字化质量管理系统主要采用由数据库服务器/应用服务器/浏览器组成的三层结构形式,即通称的 B/S 模式。

数字化质量管理的实现可对制造企业的质量管理模式和质量管理理念带来巨大的变化,可以有效地促进企业素质的全面进步,以及企业质量管理水平和产品质量的整体提高,大幅度降低企业的质量损失和质量成本,增强企业的市场竞争能力。其功能模块主要包括质量标准、质量设计、质量跟踪与控制、质量判定、质量分析等。

(1) 质量标准管理。对产品质量进行有效控制的基础是建立完善的质量标准体系。质量管理系统的标准管理模块将 ERP 系统中的静态质量标准按照订单生产体制的模式在系统中进行管理,并依照不同的订单进行生产执行标准的详细管理。

质量标准管理是一个动态过程,在 ERP 系统中根据用户个性化要求不断增加。质量标准管理的内容主要分三大类:国家/国际标准、客户标准和企业内控标准。另外,还有订单用途管理、生产制造工艺规范管理、判定标准管理等辅助模块。

(2) 质量设计。质量设计是实现系统化质量管理功能的关键。在订单生产体制下,用户订单由 ERP 系统传输到质量设计模块,质量设计模块根据客户质量要求自动进行系统的质量设计。系统利用质量设计关键要素,在订单数据库、标准数据库中,将订单质量要求与质量标准进行自动匹配,每个订单都产生与之相对应的质量设计结果。如果匹配时出现错误,系统会自动提示并记录错误信息。质量设计模块的具体功能包括:质量设计要素接收、质量设计结果确定、质量设计错误处理。质量设计的结果传送给 MES 中工序计划排产系统,作为编制生产计划的基础数据,并用于产品生产过程中的质量判定和控制。

(3) 质量跟踪与控制。质量控制模块的功能包括钢板生产质量数据的采集与跟踪以及在线工序质量控制。质量跟踪即质量监控,主要对生产过程中的物料以及生产线的工艺设备异常和质量异常进行跟踪。如果工艺设备出现异常,系统将做出快速反应,采取措施,避免质量不良品的产生;对于质量判定后发现的异常产品,系统将产品的异常情况在监控界面显示,由人工改判后,选择替代订单,以最大程度减少最终不合格品。质量异常主要包括:成分、性能、外观、工序、设备等类型的异常,通过异常代码进行管理。

(4) 质量自动判定。质量自动判定系统的部分功能包括：①成分判定，根据质量设计标准，检查各工序中的产品的化学成分是否在规定的范围内，并针对国家/国际标准、内控、客户的特殊要求等不同标准进行各成分项目单位合格与否判定，同时，根据各种组合的最终结果作为质量分析统计的依据；②外观判定，对产品的表面缺陷与质量设计相比较并进行判定，按产品检查作业中产生的表面缺陷结果，判断产品是否不良；③性能判定，对生产出来的产品进行性能检验。将检验结果与性能设计标准进行对比，检查产品性能是否在设计指示范围内；④综合判定，根据成分化验、材质检验及外观检查结果按照综合等级判定标准判定产品的综合等级。

(5) 质量分析。质量分析模块采集产品的所有相关质量数据，以完成质量追溯功能。系统在实施过程中运用基于数据库的数据挖掘技术实现质量分析，通过统计报表、控制度、直方图等手段满足实际生产过程中对质量分析的要求。

2. 数字化质量管理系统的关键技术

1) 质量数据采集技术

质量数据的有效性是质量管理的核心，要实现数字化质量管理，必须首先解决质量数据的采集问题。质量数据一般可以分为四种：

(1) 通过质量检验获得的检验数据，包括原材料检验数据、外协件检验数据、配套件检验数据、加工过程检验数据、装配过程检验数据、成品实验数据等；

(2) 通过质量体系评审获得的数据，包括内审结论和不合格项、管理者评审结论、外部审核结论和不合格项等；

(3) 过程评审和评价获得的数据，包括设计评审结果、工作质量评审结论等；

(4) 与质量数据有关的其他数据，包括检验人员代码、质量问题代码、质量故障代码、工序号、零件号等。

在这四种类型的质量数据中，有些可以采用测量仪器设备进行自动采集，有些可通过手工采集，有些则可通过条形码系统进行采集，还可通过数据接口的方式从其他数字化应用系统采集数据。

(1) 采用测量仪器的数据采集。在企业生产过程中采用了大量的质量检测仪器，如三坐标测量机、各种专业检测设备、通用数字化检测仪器、专用量规等。在这些仪器设备中，有些属于自动化检测设备，有些则是手工量仪。

(2) 采用条形码技术的数据采集。条形码技术已经在质量数据采集中得到广泛应用，图 8.21 是条形码技术应用于食品生产中的示意图。在采用条形码的数据采集系统中，条形码采集装置主要用来自动采集检验人员代码、质量问题代码、质量故障代码、工序号、零件号等数据。是将上述数据预先制成条形码并将条形码粘贴在零件、检验卡或工序卡上，在检验过程中，首先用条码枪扫描所粘贴的条形码，获取检验人员代码、工序号、零件号等数据，然后进行质量检验，再根据检验结果扫描质量问题代码和质量故障代码，将检验结果送入计算机。需要说明的是，条形码数据采集技术不仅可以采集检验数据，也可以采集物流信息，还可用来管理计量器具和工装夹具的质量。

(3) 手工数据采集。手工数据采集主要用来采集各种纸质文件数据，如质量体系评审数据、过程评审和评价数据、采用专用量规和目测式量具获得的数据。在进行手工质量数据采集时，需要将存于纸介质上的数据通过录入界面送入计算机，这也是质量数据采集必

汽车数字开发技术

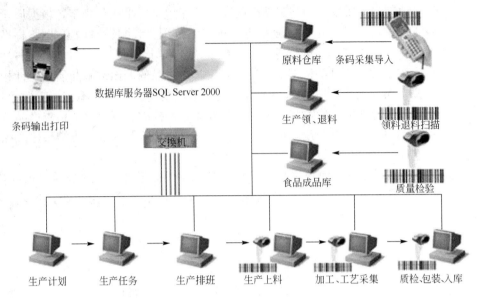

图 8.21　条码技术在食品安全生产中的应用

不可少的方式。

(4) 通过数据接口采集数据。在有些情况下,数字化质量管理系统需要的数据可能存储在其他的数字化应用系统中,这些质量数据就必须通过数据接口的方式进行采集。

2) 基于质量 BOM 的产品寿命周期电子质量档案技术

质量 BOM 是产品研制、生产、使用和服务等生命周期全过程质量信息的一种全局视图,将产品全生命周期中各阶段的各种质量信息有序、分层、关联地组织起来,形成产品寿命周期电子质量档案,从而实现产品供应链上各相关实体之间质量信息的有效集成。通过电子质量档案,可以方便地得到质量故障、发生原因、责任单位、造成的损失、解决措施以及各种技术文件手册等方面的综合信息。电子质量档案一般存储在一个芯片上,称为质量信息芯片。芯片可以为每个产品建立一个电子化的档案,可以作为产品的身份证,为产品的生命周期质量信息管理提供有效手段。此外,电子质量档案还具有开放性,产品供应链上各相关方可根据自己的需要对电子质量档案进行扩充和完善。

3) 数学建模技术

数学建模技术是将各种现代质量管理模式和技术分解、融合、抽象成数学模型,通过数学模型实现质量管理模式与数字化质量管理系统之间的映射,以便于数字化质量管理系统采用标准模式进行处理,这是数字化质量管理系统应用软件实现商品化的基础。

阅读材料8-2

几种质量检测仪器简介

三坐标测量机。三坐标测量机是一种计算机控制的质量检测设备(图 8.22),其特点是自动化程度高、检测精度高、适用性广。三坐标测量机安装一个三维测头作为检测传感器，计算机控制测头接触被检测零部件，根据测头的微量位移获取数据，通过模/数转换装置将模拟信号转换成数字信号，通过显示装置显示或存储在控制计算机中。显然，通过采用数据接口技术，我们可以从三坐标测量机中提取质量数据送给数字化质量管理系统。

通用数字化检测仪器。由于三坐标测量机价格昂贵，使用要求较高，不适合于大规模生产的现场检测。因此，对于批量比较大的检测，人们往往采用价格低廉的通用数字化检测仪器，如数据线与数据处理器相连的数显千分尺、数显卡尺、数显高度尺、数显千分表等。检验人

图8.22 桥式三坐标测量机

员在检测零件时，检测结果不需要手写记录，而是由仪器自动地送入数据处理装置存储起来。检验完毕后，可以按各种统计数据处理方式对数据进行处理，并将处理结果显示打印出来。半自动检测目前已广泛应用在尺寸参数、几何参数、表面粗糙度、质量、力、硬度等的检测方面。采用通用数字化检测仪器的检测过程属于半自动化检测，也可以通过采用数据接口技术将质量数据送给数字化质量管理系统。

专用量规和目测式量仪。在生产现场中，很多检测工作是采用手工方式完成的。例如，大批量生产中常采用各种专用量规和目测式量仪。在这种检测方式中，检测人员需要手工操作量规或量仪，"目测"量规的"止/通"状态或计量仪（千分尺、游标卡尺、千分表等）的读数，再把结果记入专用的表格或利用键盘把数据送入数据处理计算机。这种方式简单、经济，但花费时间长，检测精度不高，数据录入时也容易出错。定尺寸检测量具，如环规、卡规和塞规等只能将零件的尺寸分成两类，不能检测出其具体值，故只能用于采集"合格/不合格"数据。如果从数据采集的方式划分，专用量规和目测式量仪属于手工数据采集的范畴。

3. 数字化质量检测技术

就汽车产品而言，汽车装配的质量检测系统主要是包括质量指标、检测方法和抽样检查方案的确定，质量控制、质量测检单元的规划，质量数据的采集等。其中，质检单元的规划是很重要的一个方面，关系到是否能全面有效地对关键质量指标进行检测从而保证整车质量。使用计算机辅助规划能够使质量检测单元的数目最少、质量检测最全面、质量成本最低。

在生产线上设置的检测单元是组成装配质量检测系统的基本元素，由于汽车的装配生产是属于流水作业的方式，如果仅在汽车下线后对其装配进行质量检测，那么不仅有很多零部件已经被覆盖，无法进行检测，而且进行维修也是一件很麻烦的事情。因此，在装配过程中设置检测单元，对汽车的装配质量进行分段检测、过程控制，既可以及时发现问题，进行维修，又可以根据出现的质量问题集中程度判断生产线是否出现异常情况，进行质量把关，以避免质量问题。

如果把检测系统看作是一个"黑箱"的话，则其输入量应该是产品的设计信息、生产

的工艺信息以及生产线的布局信息等,通过系统模块的计算,输出量应该是质量控制的对象和内容以及检测单元的布局(图 8.23)。

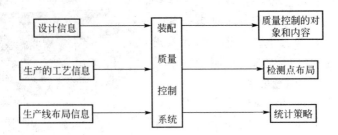

图 8.23 质量检测生产线布局

为保证数字化质量检测系统的正常、高效运行,系统应遵循以下原则:

(1) 质量成本最优原则。此原则是设置检测单元的核心原则,其主要功能是在质量与成本之间选择一个合理的平衡点,也就是保证一个合理的质量成本;

(2) 分段设置原则。主要是为了便于管理而将生产线分成若干个工段,因为汽车的装配是一个非常复杂的过程,检测单元的设置与优化是在某一个特定的工段内进行的,该工段内安装的零部件一般不应在后续的工段内进行检测;

(3) 模块化控制原则。该原则是将一辆汽车看成是由若干功能模块组成的,以这些功能模块作为质量控制的对象,会极大地简化质量控制的工作。

除了上述需要遵循的原则之外,还需定义一些在规划检测单元时得到的质量信息,便于计算机识别与处理,这些信息描述的主要内容是产品的结构、装配工艺、质量要求以及所属模块等。

(1) 产品结构信息。即装配次序,先装配的零件可能会被后装配的零件覆盖掉,若被覆盖的零件需要进行质量控制,则必须在覆盖前进行检测。

(2) 零部件的重要度信息。根据所需装配的零部件质量的重要度分为关键项、重要项、一般项和其他项,以确保重要零部件装配质量控制。

(3) 产品所属模块信息。将装配线上所需装配的零部件划分成模块,确定模块的位置、作用及在质量控制功能中的地位。

数字化质量检测系统可以及时发现产品的质量问题,快速的找到问题的根源,从而优化产品的加工及装配工艺。其实施对于提高总装生产线的装配质量、减少误操作率、降低返修率、提高劳动效率起着重要作用。

8.2.5 数字化加工技术

1. 数字化工艺规划

数字化工艺规划是指在数字化制造平台上对产品的工艺进行规划,即以数字化加工资源和工艺方法为基础,通过自动识别零件的工艺特征,为产品设计加工工序,自动选择最佳的加工参数和刀具,生成 NC 刀具路径乃至 NC 程序,并为生产线上的工位分配优化的工序。数字化工艺规划在数字化工厂系统中所处的地位是非常关键的:一方面,产品设计部门的零件制造特征和零件的三维模型以及企业工艺部门的工艺知识、工艺经验和机床刀具的相关信息都是在工艺规划子系统中得到汇集和整理;另一方面,数字化工厂的其他模块要从工艺规划子系统中获得相关的数据,同时工艺规划子系统还能够输出工艺卡片信息供实际的生产所用。

在工艺规划系统中零件的信息占有十分重要的地位,如何处理好零件的信息将会是部署工艺规划系统成败的关键。目前对于零件信息的处理比较可靠的方式就是采用特征识别技术。所谓特征识别就是从产品的实体模型出发,自动地识别出其中具有一定工程意义的几何形状即特征,进而生成产品的特征模型。其过程一般步骤为:①搜索产品几何数据库,对特征的几何和拓扑类型进行匹配;②从数据库中提取已识别出的特征实体;③确定特征描述参数;④构造特征几何模型;⑤对能够合并成组合特征的基本特征进行组合。

从零件的使用功能、制造方法等角度出发,零件特征包括:形状特征、精度特征、材料特征、装配特征、性能分析特征和附加特征。加工特征是包含了零件加工所必需的加工工艺信息的特征,可以通过对几何特征的识别转换得到。零件的加工特征信息结构如图 8.24 所示。

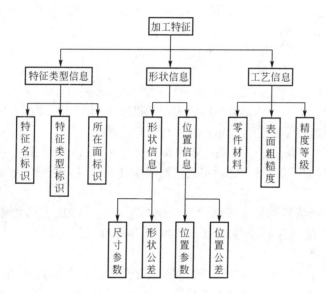

图 8.24 零件的加工特征信息结构

加工方法库和加工资源库是进行数字化工艺规划的基础,在进行工艺规划之前需要首先构建加工方法库和加工资源库。

加工方法库具有较强的企业关联性,不同的企业所制造的产品不同,即使是相同的产品在不同的企业中所表现出的制造工艺也不一样。企业的加工方法根据不同企业的加工资源针对相同的特征有可能采用不同的加工工艺,如加工孔,可用钻头或复合钻来完成。因此,要建立企业加工方法库首先必须构建企业制造知识库框架。企业的加工知识库的框架结构是用节点和联系来表示的,形成树状结构,根节点下面分为加工特征、刀具、工件材料、机床、机床运动五个节点。可以为各节点定义参数,参数可以是变量也可以是常数,子节点对父节点的参数具有继承性(特征继承)。

加工资源库中包含机床、刀具、夹具以及相关切削技术等数据。机床分为机床本体、控制系统、换刀装置以及托板四部分,对机床本体,需要定义机床的运动轴(X, Y, Z 等)以及行程范围,主轴孔的类型,以及其他的一些机床参数等。刀具部分是以刀具装配体的形式定义,包括刀片、刀具体、接长杆和刀柄等部分的定义;刀具的集合称之为刀具集,刀具是以刀具集的形式分配给机床的。夹具是由基础件、定位件、夹紧件和连接件组成,可以分别对其进行定义;由于在进行工艺规划时,生成刀路轨迹时要防止刀具与夹具之间的干涉,因此,夹具需要以三维模型的形式进行定义。相关的切削技术包括铣、镗、钻、铰、攻丝切削技术,实际上对切削技术的定义是由切削工艺的类型、工件材料的类型以及刀片材料的类型所决定的,可以对其所对应的进给量、切削速度(或主轴速度)以及是否需要冷却液进行定义。

在加工知识库和资源库构建完毕后,就可以进行工艺规划了。在进行工艺规划时,需要以人机交互的形式对机床、夹具以及装夹方式进行定义。工艺规划的基本流程如下:

(1) 零件的工艺规划是在制造特征识别的基础上进行的,因此,首先需要导入零件毛坯和零件成品几何模型,由于模型的导入可能会造成尺寸公差、形位公差以及粗糙度等信息的丢失,所以需要对上述丢失的信息进行手工添加。通过对两个模型进行对比,自动识别出待加工特征(包括复合特征,如阶梯孔等)以及特征之间的关系(即复合特征与原子特征之间的关系)。

(2) 根据零件加工的初步规划,通过人机交互为每一道工序定义所需要的机床、机床所配置的刀具以及夹具,调整机床工作台面、夹具以及工件之间的相对关系,定义该工序中待加工的工作面(即定义加工的法向方向),系统将根据机床的定义,判断出机床能否加工所定义的工作面。例如,如果需要在卧式加工机床中加工零件顶面上的特征,则在该机床上无法实现,系统将予以警告提示,并停止执行后续的步骤。

(3) 定义完装夹关系后,系统基于知识库和资源库为每一个制造特征推理出相应的加工策略以及所需要的加工刀具。之后用户根据需求进行相应的调整,如调整加工策略或加工刀具。

(4) 系统根据所选择的加工策略以及所选择的刀具,生成刀路轨迹,系统可以逐个特征进行仿真检查是否存在干涉现象,如检查刀具与工件、刀具与夹具之间是否发生干涉。

(5) 由于加工特征操作是由系统根据装夹关系分配的,各台机床的负荷并不均衡,所以需要对生产线进行粗平衡,也就是在技术条件允许的情况下,对加工特征操作进行二次重新分配,并生成每道工序的加工顺序,即特征加工次序(工步序列),最后为每道工序输出所需要的机床、夹具和刀具集以及本道工序中完成的加工操作集、APT 文件、NC 代码以及工时等。

功能完整的数字化工艺规划系统应包括以下模块:

(1) 工艺表格定制模块。使不同企业可以定制自己的工艺卡片格式。

(2) 工艺任务分配模块。可以完成工艺管理者向工艺填卡人员分配工艺编辑任务。工艺管理人员进入此界面看到两个窗口,一个是工艺 BOM 表窗口,另一个是工艺填卡人员列表。工艺管理人员只需将 BOM 表中的工艺任务发给相应的工艺填卡人员即可完成工艺任务的分配。

(3) 加工特征的识别模块。该模块是为软件的更高版本考虑的,需要实现的功能是直接从三维 CAD 模型中读取工艺特征信息,从而自动完成工艺信息的编辑。此模块功能实现的基础是三维 CAD 软件采用的 STEP 能够很好地描述零件的加工特征信息。

(4) 工艺卡片的填写模块。该模块是工艺信息的主要输入口。工艺填卡人员参考工艺知识，将工艺部门的工艺经验和待加工的零件或待装配的部件的实际工艺需求输入的数字化工厂系统中。

(5) 工艺资源管理模块。工艺资源管理是工艺管理者对工艺知识、工艺信息管理的窗口。通过这个模块，工艺管理者可以很方便地在工艺知识库中添加工艺经验知识，管理工艺填卡人员编辑的工艺信息。

(6) 管理模块。工艺管理模块是工艺管理者进行工艺管理的界面。工艺管理者可以完成工艺卡片的打印输出。

(7) 数据的导入导出模块。可直接从外部的 PDM 中导入工艺信息，同时还可以将数字化工厂系统的相关数据导出到外部的 PDM 中。

(8) 加工过程动态仿真。对所产生的加工过程进行仿真，检查工艺的正确性。

2. 数字化数控加工技术

数字化工艺规划系统中所产生的数控程序是否正确，或者能否加工出正确的工件，这需要仿真验证。在数字化平台上对数控加工技术进行仿真的技术，称为数字化数控加工技术。

数字化数控加工系统一般由两大模块组成：仿真环境和仿真过程，如图 8.25 所示。仿真环境由机床、工件、夹具和刀具构成，采用 CAD 软件系统对机床、夹具、刀具和工件进行特征建模。加工过程仿真就是在加工环境中，通过数控文件对数控代码进行解释，系统对机床运动进行控制，完成切削加工过程的仿真，包括换刀动作、进给运动、切削运动等。

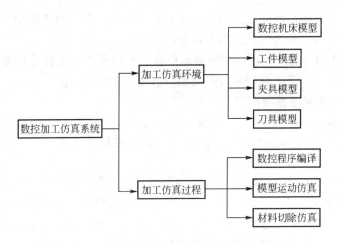

图 8.25　数控加工仿真系统总体结构框图

数控加工仿真能够真实反映出加工过程中遇到的各种问题，包括加工编程的刀具运动轨迹、工件过欠切情况和刀具、夹具运动干涉等错误，甚至可以直接代替实际加工过程的试切工作，并且提供对刀位轨迹和加工工艺优化处理的功能。

数控加工仿真过程的具体实现步骤(图 8.26)如下：

(1) 虚拟机床模型的建模。分别建立代表机床三维形状与尺寸的几何模型与运动学模型，并确立几何模型和运动学模型的对应关系；

(2) 毛坯与夹具的建模。比较简单的毛坯和夹具模型可以直接在系统内定义，相对复

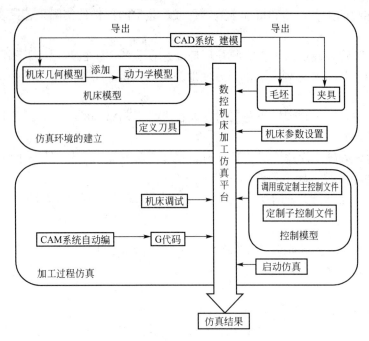

图 8.26 数控加工仿真过程步骤

杂的毛坯和夹具模型则可以在其他 CAD 系统建好后导入并完成装配;

(3) 加工刀具的定义。包括铣刀、车刀、钻头、复合刀具等的形状与尺寸的描述,一般分别定义刀头、刀柄和刀夹三部分并完成装配。可以在系统内直接定义,或按照相应格式编写参数文档导入,并为刀具添加刀具号;

(4) 机床参数的设置。包括机床轴初始位置、编程零点、工件坐标偏置等在内的初始参数,碰撞检测设置,运动轴分配与运动轴行程极限设置等;

(5) 定制或调用机床控制模型并添加至机床模型;

(6) 机床运动调试。如 X、Y、Z 轴线性运动和对应的旋转运动以及换刀动作等;

(7) 调入 NC 程序,设置编程方式与换刀方式,并启动仿真。

数字化加工技术具有以下优点:

(1) 降低生产成本。因为数控仿真减少了试切材料的浪费和人力资源的使用,所以,数控加工仿真系统降低了产品的生产成本,同时,机床及刀具的寿命也得以延长。

(2) 提高了生产效率,缩短了产品的生产周期。一方面是因为避免试切而减少了生产准备时间,另一方面仿真对数控加工参数进行优化减少了切削时间。

(3) 提高了预测数控加工程序和切削过程的可靠性及高效性。仿真检验零件的最终几何形状是否符合要求,加工过程中是否存在欠切、过切现象,刀具运动过程中是否会与夹具或机床产生碰撞,确保加工出符合设计的零件,避免刀具、夹具和机床的损坏。

(4) 提高了加工精度。仿真过程通过计算切削力、切削热,进而计算出工件、刀具、夹具和机床的变形量,可进行在线精度补偿。

(5) 预测刀具寿命,避免刀具崩刃或过度磨损造成废品产生或损坏夹具与机床。仿真过程根据刀具和工件的材料属性、加工过程中的物理参数(切削热、切削力)预测出刀具的使用寿命,当刀具接近寿命极限时及时换刀。

(6) 可以提供技术培训与训练。通过数控加工仿真系统可以对员工进行可视化培训,预置的数控程序仿真可以在加工前向操作人员和管理人员演示新的 NC 程序;同时,在没有 CNC 机床时是很好的训练工具,从而提高培训速度和质量。

8.3 数字化工厂在汽车开发制造中的应用

汽车行业是数字化工厂技术应用的一个重要领域,许多数字化工厂技术的新概念和技术首先在汽车行业得到应用,并且围绕着汽车行业制造的特点,形成了专门针对汽车制造的解决方案。

8.3.1 汽车白车身规划与仿真

数字化工厂可以实现对分布的白车身生产线、装配单元和工艺过程进行设计、规划、方案验证及详细的设计和仿真、优化,并保证信息及时更新、交流和共享。

eM-Power 白车身解决方案主要由计划包、工程包和实施及协作三部分组成(图 8.27)。

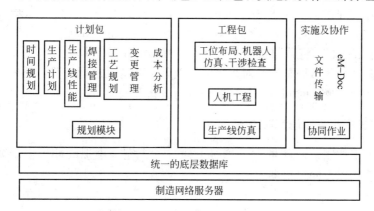

图 8.27 eM-Power 白车身解决方案

(1) 计划工具类。其主要功能包括工艺过程的定义、二维布局草图、工时估算、行为分析(产量、资源利用率、瓶颈、节拍等对装备线的能力分析)、成本估算、物流计划和变型产品管理。主要模块有 eM-Planner(Process Planner)和 eM-Plant。

(2) 工程应用类工具(eM-Weld、eM-Workplace、eM-Human 等)。用于工位和生产线的详细设计和优化。包括装配顺序计划、动态装配验证、三维工位布局、点焊工艺设计、机器人和人体仿真、周期时间优化、人机工程学研究、运动学研究、夹具和刀具设计、生产线行为优化、物流分析和生产线三维动态可视化。

(3) 操作工具(eM-Work Instructions 等)。用于过程信息存档和生成工艺文件,包括离线编制机器人运行程序、PLC 程序编程、电子化操作规程和生产顺序定义。

(4) 协同工具(EBOP、eM-Reports)。用于通信和工艺信息交流,包括基于网络的过程计划的定义、基于网络的项目和计划的审查以及用户化的报告、电子化操作规程向车间的分发。

白车身数字化规划与仿真主要分为四个阶段，即项目的评估与初步规划、工艺过程规划、工程细节仿真以及生产线规划与物流仿真。利用 eM-Power 软件进行白车身规划仿真时的主要流程如下：

（1）输入装配结构和零件的制造特征。将产品的三维几何信息、结构信息以及焊点清单和图形信息经过 CAD/PDM 或手工输入 eM-Planner。还可通过 Excel、XML 和 eM-Planner 定义的 PPD 格式将数据导入。可通过软件提供的 3D 浏览功能对输入进行校验。

（2）初始的工艺规划。将产品的 EBOM 转化为制造 MBOM，即将设计结构树定义成装配结构树，eM-Planner 软件也提供简便的方法定义操作次序和物流，通过鼠标的拖拽以及 PERT 图工具来实现，完成向工位分配零件和操作，向操作分配零件和资源，并可进行初步的生产线平衡分析。

（3）工艺设计。通过 eM-Weld 和 ROBCAD 软件分配焊点到零件，进行工位布局的设计，并将焊点分配到各个工位，将焊接资源（焊枪、控制器、变压器）分配到各个焊接工位，定义焊接的详细操作，确定操作的最佳顺序，检查操作过程中的运动特性，机器人或焊接工人是否能在指定空间范围内对焊点进行操作。

（4）工艺验证与确认（焊接研究）。建立工艺数据，包括操作、资源、零件和每个工位的焊点以及零件和资源的 3D 信息，从而得到经过优化的焊接工艺、机器人焊接路径、多截面的焊枪设计、焊接工时仿真和经过优化的焊接工位布局。检查焊点是否被分配到零件，检查有无重复分配的焊点，进行成本分析，检查水、电、压缩空气等资源。

（5）工程细节仿真。将数据从 eM-Server 中调入 ROBCAD 创建和更新机器人（人工）焊接工位，得到精确的布局数据，对焊接路径及其干涉情况进行校验，还可对焊接可接近性、焊接时间、工位操作时间以及焊接效率进行分析和校验。

8.3.2 数字化工厂汽车冲压解决方案

冲压解决方案使制造商能够在计算机上建立一个完全虚拟的冲压生产线，包括进料器、方向定位机构以及操纵机器人等。

汽车车身是由冲压线多阶段冲压而成，在每个阶段，零件都将会发生拉伸或变形。在设计阶段利用有关的计算机辅助软件 CAD/CAE/CAM 对设计方案进行分析和优化。冲模设计完成后需要实际安装试模，直至达到生产要求的质量和生产率。数字化冲压技术的出现使冲压规划有了虚拟的制造过程仿真，可在营造出的虚拟现实环境中进行冲压过程的计算机模拟。

首先可进行冲模的装配模拟检验，在计算机中将冲模安装到压机的移动小车上，可检验模具的安装定位是否合适，然后将小车移进冲压机中进行定位，这个过程可检验是否存在干涉现象，然后移动压机滑块，进行上模的安装检验和压机运动行程的校验。装模检验完成后，进行滑块及落料区分析，检验滑块的运动和废料槽是否满足要求。

另一项重要的工作是压机线输送装置的校验，包括运动分析和干涉检查。一般冲压线是由 5~6 台压机和辅助设备组成，冲压件经过这 5~6 次冲压形成最后的冲压产品，冲压件通过输送装置从储料仓逐步被输送到最后一台压机。自动冲压线承担输送任务的是穿梭小车和输送机械手。穿梭小车、输送机械手和压机滑块之间保持一定的运动关系，通过软件建立的虚拟环境，可以对压机及其附属设备的机械及动力学特性进行分析，还可对干涉问题进行仿真检验。

软件为模具和冲压线交互设计和优化提供了一个虚拟的三维环境，用于包含冲模、工序件、运动装置、夹具、吸盘及机器人的整个冲压线仿真。可以在冲压线上验证冲模并进行运动学分析，以适应工序件的运动。可以通过对驱动器与滑块的定义实现对凸轮组的定义。打开或关闭冲模时，eM-Press 会计算和仿真驱动器与滑块之间正确的相对运动，来分析和验证冲模功能。可视化的工序件扫掠空间体积生成，能设计出无干涉的冲模。DMU 能够检验余料是否会落到排屑斜槽，以帮助斜槽设计。

8.3.3 基于 eM-Power 的汽车发动机缸盖解决方案

1. 发动机缸盖的工艺规划

（1）资源库的建立。资源库中保存了一些典型的刀具、夹具和机床数据，但有时仍需添加一些数据信息，如专用刀具、夹具等。我们选取的阶梯螺纹孔所用的刀具是山特维克公司生产的，刀头为 TAP-20422-M6×1.0，刀柄为 HSK392-41060A-080-M6。刀头和刀柄定义完成后把其组成一个完整的刀具（Tool Assembly）。夹具为沈阳机床厂生产的专用夹具，所用机床的型号为 BW60HS。在资源库中的刀具、夹具、机床部分分别建立尺寸、所属类别、厂家等加工必需数据。

（2）工艺知识库的建立。工艺知识库以 Oracle 数据库为基础，在树状结构上定义加工方法。Domain 中定义了刀具、机床、夹具等加工方法的基础框架。将加工特征、机床、刀具、运动按"与/或"逻辑构建成树状结构，并通过别名与 eM-Machining 的内部数据库关联起来。

Method 的建立方法是按"逆向推理"的原则进行的，将加工前特征（♯Feature）、加工后特征（Feature）、机床（Machines）、刀具（Tools）、运动（Motions）、材料（Materials）关联起来，同时对此关联给出约束，包括加工精度约束、刀具尺寸约束、刀具优先级等，根据加工方法的不同对各个 Method 进行命名。基础数据部分建立完成后，就可以进入加工工艺生成部分。

（3）CAD 模型的导入。首先，要把已经建好的 CAD 模型导入 eM-Machining 中。CAD 模型以 Feature STEP 文件格式输出加工特征信息，为了完整地输出所有的加工特征信息，需要进行一系列的信息集成。首先，在 Pro/E 软件中从已有的毛坯模型输出毛坯 STEP 中性文件，再添加一些缺失的加工特征、特征尺寸精度信息、形位精度等，然后提取几何、精度信息，由此导入 Feature STEP 文件。

（4）特征识别（Feature Recognition）。产品的加工特征分为原子特征（Atomic Feature）和复合特征（Compound Feature）两类，其中原子特征是一些可以用一组事先定义的参数描述的基本形状，如孔、槽等；复合特征提供了一种描述原子特征的组合机制，例如螺纹孔，包括了螺纹特征和孔特征。对比毛坯和零件模型，软件可以自动地识别出大部分的特征，对于一些不能自动识别的特征需要手动添加。

（5）工艺规划中的其他工作。在加工生产线（Production Line）定义中，把所建立的资源库与识别出的特征进行关联，并把工件定位在工作台上。

与上一步基本类似，在加工操作（Operation）步骤中，把所建立的方法库与特征相关联起来。到此，缸盖加工的所有前期已经完成。

在刀具路径（Tool Path）中，可以生成每一个特征的加工 APT 代码，同时在视图中一步步地模拟出来，以此来检测单个特征加工时的干涉、碰撞等情况。

在生产线平衡(Line Balancing)中，根据节拍表将加工时间、换刀时间以及定位夹紧时间输入系统，系统会自动计算出负荷率。选择三维模型的一个面作为起始加工方向，eM-Machining 检测该方向是否符合机床运动原理。

最后，系统生成加工整个缸盖的 APT 代码，但 APT 文件不能直接在该生产线中的加工中心中执行，系统输出的 APT 代码可通过后置处理模块生成生产线中所需要的数控程序。

2. 发动机缸盖生产线模拟与优化

初步规划好的发动机缸盖生产线还需要进行生产线物流的仿真和制造性能验证，以确定生产能力是否满足要求。该生产线的性能仿真是在 eM-Power 软件中的 eM-Plant 模块中进行建模实现的，根据毛坯进入生产系统的节拍、工艺参数、物流参数得出生产线的制造性能，如工件平均通过时间、机床的负荷率、在制品数量等。

在人机分析方面可采用 eM-Engineer 中的 eM-Human 模块，应用 OWAS 和 NIOSH 分析方法对操作工人的工作姿态和抓举及搬运作业进行分析。

通过以上步骤，在数字化平台上完整地设计出了一条发动机缸盖生产线。显然，与传统的规划方式相比，该方案可以显著提高规划质量。

8.3.4 数字化汽车发动机生产线

发动机制造与装配的流程如图 8.28 所示，其中虚线部分为数字化发动机生产线所涉及的内容。Tecnomatix 公司针对发动机制造开发的解决方案 eM-Power Machining 支持从生产线设计、具体的工艺设计到生产厂作业的整个制造过程生命周期，支持用电子工艺表的格式定义制造工艺并储存到数字化制造服务器中，便于用户在拓展企业内进行访问、交流和互动。

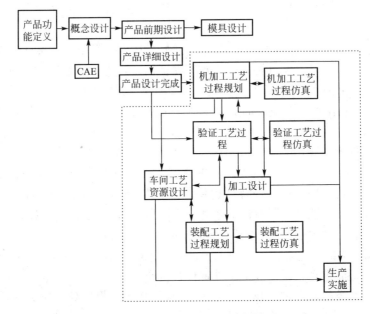

图 8.28 发动机制造与装配的流程

(1) 基于 eM-Machining 的 CAPP。采用 eM-Machining 的基础是建立加工方法库以及资源库,如果系统是首次使用,则需要首先完成资源库和方法库的建立工作。其方法是首先对各个特征出现的机率进行列表汇总,这里的特征是指最终特征,而非中间特征,并列出加工该特征的各种方法。在制造方法库中输入该方法及其约束条件。如果系统中方法库和资源库已经建好,则 eM-Machining 应用软件使规划人员可以在考虑到所有现有设备的情况下,设计出一条完整的发动机生产线。通过工艺规划可以得到机加工工艺卡片(包括所完成的工步、所使用的刀具、机床和夹具以及相应的 NC 程序)、工时定额以及成本分析。

(2) NC 程序的验证。CAPP 中生成的数控程序是否正确,或者能否加工出正确的工件,需要进行仿真验证,这项工作是在 eM-RealNC 模块中完成的。首先建立 BW60HS 机床的模型,包括运动模型、刀库运动模型及刀库配置,导入毛坯、夹具以及所生成的 NC 程序,仿真整个数控加工过程,包括材料去除过程以及换刀过程等,仿真得到的加工过程是否正确,刀具与工件或夹具是否存在干涉,机床的行程是否满足加工的需求,并且可以精确的给出加工时间。

(3) 布局的设计。布局设计包括整个缸盖零件生产线的配置以及在整个车间中的布置,生产线中不仅包括机加工设备 BW60HS,而且还包括清洗设备、装配设备以及相互间的输送设备。先在 AutoCAD 中实现平面布局,然后在 eM-Workplace 中实现三维布局。

(4) 生产线物流仿真以及性能验证。生产线物流仿真是在 eM-Plant 中进行建模实现的,根据定义的毛坯进入系统的节拍、工艺参数(如加工技术、准终时间)、物流参数(如辊床的长度、速度等)的出生产线的制造性能,如节拍、工件平均通过时间、机床的负荷率等。

(5) 人机工程分析。人机工程分析采用了 eM-Human 模块,应用了 OWAS 分析方法和 NIOSH 分析方法对操作工人进行分析,其中 OWAS 是对工作姿态进行分析,NIOSH 是对抓举和搬运作业进行分析。

(6) 项目数据管理及发布。发动机生产线由机加工和装配操作组成,如何管理好项目数据以及项目数据的共享是一项关键技术。新推出的 Advanced eM-Machining 版本将 eM-Machining 与 eM-Planner 集成起来,通过 eM-Planner 对数据进行管理,数据存放在数字化制造服务器 EMS 中,生成电子工艺表(Electronic Bill of Process,EBOP)、报告和作业指导书并通过 Web 发布,用户可通过 EBOP 浏览器协同工作。

8.3.5 数字化汽车总装技术

汽车总装具有以下特点:①产品复杂,装配过程涉及的零部件品种多、数量大;②装配任务数以千计,产量数以万计;③多个品种混线生产。因此装配工艺规划非常重要,不仅直接影响汽车的装配效率和质量,而且还决定了厂房建设、设备投资、生产人员数量等其他重要指标。装配工艺的整体优化和局部精化都将产生巨大的经济效益,显著提高汽车生产企业在市场上的竞争力。

利用 UGS Tecnomatix 公司的 eM-Power 软件对汽车零部件实现数字化总装,主要包括以下内容:

(1) 初步的工艺规划;
(2) 装配工艺设计;

(3) 总装工艺的验证和优化；

(4) 生产细节设计与仿真；

(5) 生产线性能的优化和生产线物流分析；

(6) 各种工艺文件的生成，协同作业环境的建立和创建电子化的工作指导文件。

具体操作步骤如下：

(1) 初步工艺规划和工艺设计。

规划员将进行初步的工艺设计，定义生产线结构和装配操作结构树、操作顺序、分配工位间的装配关系和定义工位并将装配工具分配到各工位。初步对生产线进行生产能力的评估，瓶颈检查和生产资源利用率的评价。

采用 eM-Planner 建立数字化总装系统的基础平台，这个平台将建立一个统一的信息化系统，所有与总装相关的数据都存储在这个平台中。产品树根据零件数据导入，制造过程树 MBOM 可通过装车表和相关文档图样输入，装配工艺和相关文档都可直接在这个系统中输入、编辑和修改，修改后的数据自动地发布，所有相关的设计人员可以立即得到这个修改信息。使用这个平台，建立规范和统一的规划流程，将规划员的知识积淀到系统中，提高规划的效率、可重用性和正确性。从这个平台基础出发，总装规划将能形成自己独立的规划能力，在积累规划知识的基础上，将来逐步形成从布局规划、时间和瓶颈分析、生产线平衡和详细工艺操作规划的全部过程的规划设计能力。

对于资源数据，在实施数字化工厂的过程中，可以建立一个标准的工具库(包括螺丝刀、扳手等手工工具)，并且每一个工具都附有三维的图形说明。这个工具库今后可以不断地被使用和更新。产品、操作和资源的关联步骤为：①根据工艺卡片信息和工位信息建立相应的产品树、操作树和资源树；②对这三棵树进行关联，形成从使用资源到形成产品的过程。

完成初步工艺规划后，规划员就可对目标工位的装配操作进行装配可行性分析，并可对不同的变量目标进行优化选择，另外可对特定工位进行三维的装配操作接近性分析和装配干涉检查。此阶段规划员应用的软件主要有 eM-Planner、eM-Assembler 和 eM-Human。

数字化与装配 DPA(Digital Pre-Assembly)研究：使用三维仿真工具进行装配分析，而不是使用传统的产品原型。在工艺规划阶段，每一个 DPA 都要在三维虚拟环境下经过数次仿真测试以确保安装次序和路径的正确性，这样就降低了在车间生产中发生问题的概率。DPA 分析的目的是从装配的角度验证产品设计，如果在 DPA 过程中发现了错误就需要更改产品设计。

在三维环境下进行 DPA 分析：使用 eM-Assembler 模块进行装配工艺的几何检查，检查工艺过程的可行性，验证工具设计是否合理，确定详细的工艺设计。eM-Assembler 模块可以给出干涉的区域和相关的干涉尺寸。

装配顺序的规划和验证：装配顺序的规划和检验包括可装配性检验、动态装配截面检验、装配路径分析、动态装配干涉检查和工装卡具检验等内容。在装配过程中进行早期检验，可进行多种装配方案的评估选择，可进行装配冲突分析并优化装配方案。

为了能够准确的进行工艺设计并分析制造过程，我们需要对不同的变形产品进行定义。在工艺设计已经得到高级验证的基础上，需要确定每个工位内的操作顺序。使用 PERT 图来创建表示工位内操作的方框图和装配的工作流程。在一个工具模块中对整个生产工艺进行优化组合，并建立对工时计算、成本分析、文件管理和变更产品管理的模型。

装配线上所有工具、夹具的定义：完成对装配线上所有工具的定义，这涉及车间内使用的全部资源，例如夹具、滑轨、起重设备、辅助设备等。生产过程描述的基本要素包括操作(对一个或多个零件进行的加工、装配过程)、零件和资源(工装、卡具、设备)、参数(加工时间、设备性能)等，利用对这三个基本要素的优化，对整个生产制造过程进行描述。定义装配线上的工人，向装配线上的各工位分配工人，完成对所有资源的配置。对各个工位的详细操作进行定义，在流程上可以得到每个工位进行各种处理所需要的准确时间，以此为依据平衡并优化装配线。

总装是一个人力较为密集的工作，在以人为本的制造理念的基础上，人机工程分析就显得越来越重要。在 eM-Engineer 中可进行详细的人机工程方面的分析，实现对人的操作空间、视野、劳动强度等方面的分析。

(2) 工艺验证和优化。

工艺设计工作结束后规划员将进行工艺验证与优化，应用 eM-Plant 对生产线的性能和制造能力进行分析和优化(生产线物流分析)验证分配的操作。逐个工位验证在汽车的哪一侧进行操作比较合适。生产线动态仿真使用总装应用对象库中的标准组件建立 eM-Plant 模型，在此模型的基础上，根据详细的需求分析瓶颈，优化缓存的大小，并且对设计中的生产线进行估算，判断其能否满足对生产能力的要求。规划员可进行生产线制造瓶颈的确认，缓冲区大小的计算产量评估，来确保所制订的工艺方案和生产线布置可以达到生产目标。

通过 eM-Plant 的仿真可以得到生产线的运行参数，即在各个工艺段的运行时间；得出输送系统的设备利用率；并仿真分析关键设备故障维修对系统的影响。

仿真的目的不仅是要获得某一生产计划的动静态运行数据，不同生产计划之间的对比往往更有意义。

(3) 工程协作和工艺信息的共享。

规划员向管理人员和车间人员提供当前做出的工艺计划并听取反馈意见。通过使用 eM-Planner 创建这些工艺计划，管理人员能够以非常便捷的方式对他们非常关注的三维浏览和相关信息进行查询并生成报表。项目组根据从管理部门得到的信息，并依照在这一步得到的产品系列信息和产品配置信息创建不同的选择方案。

通过 EBOP-Browser 实现工艺数据和信息在制造部门内部进行数据共享，其他工程部门、规划部门也可进行信息共享。应用 eM-Reports 规划员可创建各种工艺报告并且通过网络进行发布。通过 eM-Work Instructions(eM-WI)可从 eM-Power Planning 和 Engineering Applications 中直接创建各种电子化的工作指导，并可在网络中传输。

8.4 数字化工厂应用软件

数字化工厂软件系统的主要对象包括产品数据、制造资源、工序操作和制造特征等，它们之间是相互关联的，因此在建立工艺过程模型的时候要把其联系起来作为工艺规划的基础。在这个基础上实现对工艺规划、生产线布局等的设计、仿真与优化。还可以综合利用各种工具，例如用二维或三维图形显示零件及生产线布局；用图示来分析工序或平衡生产线以达到工艺过程优化的目的。软件系统的功能结构大致如图 8.29 所示。

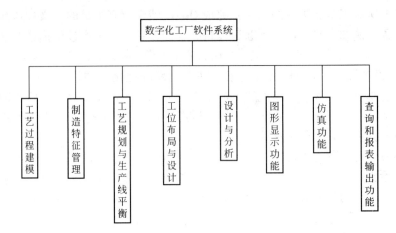

图 8.29 软件系统的功能结构

1. eM-Power

eM-Power 软件是原 Tecnomatix 公司发布的数字化工厂应用软件,是基于制造过程管理软件构架的计算机辅助生产工程(computer aided production engineering,CAPE)软件,是对一个完整的工厂从生产线、加工单元到工序操作的所有层次进行设计、仿真和优化的集成软件平台。

eM-Power 通过建立统一的工艺数据库(EMS)来支持计划人员和工艺人员完成复杂的生产工程管理和优化任务,以产品数据管理为平台将产品、工艺、工厂和资源进行有效的关联,同时保证数据信息的一致、有效和重用。下面介绍 eM-Power 的各个模块及其功能。

1) 机器人生产工程仿真工具 eM-Workplace(ROBCAD)

主要特点如下:能够与多种 CAD 软件(例如 UG、IDEAS)实现无缝集成;能够实现对生产线和工作单元的交互设计;机器人、设备和人的三维运动可以实现三维可视化;通过仿真生产单元可以对机器人及手动任务的设置和编程进行测试、校验和优化;可以离线建立加工程序并下载到机器人控制系统。

eM-Workplace(ROBCAD)各模块主要功能如下:Line 能集中管理控制焊点,可在同一环境下建立、执行对机器人与人、零部件流与机械操作的仿真,可以快速有效地从库或以前项目中检索出装配体单元并绘制生产线和单元图;Spot 能完成点焊工艺的设计与离线编程,还可以自动放置机器人和建立焊点,自动从库中选择理想的焊枪装配体,自动检测干涉范围并进行焊接分析;Man 能对半自动加工操作进行设计、仿真和分析;Fixtures 能对卡具工作过程进行设计、仿真和测试;Onsite 能适合于在车间离线编制和维护程序;Paint 能对喷漆和覆盖工艺的设计、优化和离线编程;Arc 能对弧焊、密封、抛光及其他循迹工艺进行设计和离线编程;Drill 能自动钻孔和铆接,适用于飞机机架制造;Laser 能自动对激光切割机进行离线编程。

2) 公差管理和质量工具 eM-Tolmate (VALISYS)

该软件主要用于产品制造过程中公差的定义、预测、测量和分析,能够进行装配过程的叠加分析,生成离线的检测程序,该模块能够与 UG 和 CATIA 软件完全集成。

eM-Tolmate (VALISYS)各模块主要功能如下:Design 能根据各种国际设计标准对

CAD 模型添加加工公差；Assembly 能实现 3D 公差链分析；Reverse 能从真实零部件或样件创建精确的三维 CAD 模型；Programming 可生成能在 CMM 及 NC 机床上运行的数控程序；CMM 能生成与机床无关的 DMIS 程序；Inspection 能检查和分析在车间的零部件；Analyze 能把测量到的检测数据与 CAD 模型进行比较。

3) 动态装配和检验工具 eM-Assembler (DYNAMO)

eM-Assembler (DYNAMO)软件可以动态地研究产品的装配工艺计划，能够进行维护过程设计。eM-Assembler (DYNAMO)使用户能够发现设计错误并在产品离开设计室前进行制造工艺的审查。eM-Assembler (DYNAMO)与主 CAD 系统可以无缝集成，能够直接访问 CAD 系统中的产品数据，避免了数据的转换与复制。

4) 工厂和生产线仿真和优化工具 eM-Plant(SIMPLE++)

eM-Plant 可以对各种规模的工厂和生产线，包括大规模的跨国企业建模、仿真和优化生产系统，分析和优化生产布局、资源利用率、产能和效率、物流和供需链，以便于承接不同大小的订单与混合产品的生产。使用面向对象的技术和可以自定义的目标库来创建具有良好结构的层次化仿真模型，这种模型包括供应链、生产资源、控制策略、生产过程、商务过程。用户通过扩展的分析工具、统计数据和图表来评估不同的解决方案并在生产计划的早期阶段做出迅速而可靠的决策。在综合考虑企业内外供给链、生产资源和商业过程的基础上，采用面向对象的技术生成结构合理的企业模型。eM-Plant(SIMPLE++)还能够根据产品的批量分析机床的缓存和工人的工作效率，确定瓶颈可能出现的位置，对生产线进行优化。具有与 CAD、CAPE 和 ERP(Enterprise Resource Planning)软件实时通信和集成的能力。

5) 机械加工工艺规划工具 PART

PART 根据 CAD 系统生成的零件模型，自动识别零件特征，安排加工工序，选择装夹方案，自动从数据库中选择合适的刀具和工装；对数控设备可生成优化的刀位文件和数控程序。

2. Delmia

Delmia 是达索系统公司提供的数字化制造子系统，其重点工作是利用前端 CAD 系统的机数据，结合制造现场的资源，通过三维图形仿真引擎对整个制造、维护过程进行仿真和分析，得到可视性、可达性、可维护性、可制造性以及最佳效能等方面的最优化数据。Delmia 数字化制造解决方案包括以下内容：白车身制造(Body in White)，车体总装(Final Assembly)，零件冲压、喷涂(Press and Painting)，发动机零件加工和机体组装(Power Train Machining & Assembly)，质量检测(Inspection)等。

按功能模块来划分，Delmia 的体系结构包括面向制造过程设计的 DPE、面向物流过程分析的 Quest、面向装配过程分析的 DPM、面向人机工程分析的 Human、面向虚拟现实仿真的 Envision、面向机器人仿真的 Robotics、面向虚拟数控加工仿真的 VNC、面向系统数据集成的 PPR Navigator 等。

1) DPE

DPE(Digital Process Engineer，数字工艺工程)是一个工艺和资源规划应用环境，通过导入产品设计各阶段产生的 EBOM 或 DMU 产品数据，资源数据，并编制或重用已有的工艺，产生总工艺设计计划、工艺图表、工艺细节规划、工艺路径等。同时，作为数字化工艺规划平台，DPE还可进行工厂或车间流程的规划，能有效地对产品、资源、工艺数据进行统一管理，实现产品分析，产品工艺流程的定义，总体工艺方案的规划、评估，数据统计以及产品工艺结果的输出。DPE作为基于Oracle数据库的协同工艺设计管理信息平台，在数据库的支撑下，用户可以根据项目分工实现协同并行作业和集中的项目管理。结合VB语言的宏程序，在DPE中可以快速实现EBOM的导入和3D浏览。在统一的数据库中，项目小组可以实现共同浏览产品结构和对其工艺结构BOM划分的讨论分析。其主要模块有Delmia Process Engineer（工艺工程）、Delmia Process and Resource Planner（工艺及资源规划）、Delmia Layout（车间布局）等。

2）DPM

DPM（Digital Process Manufacture，数字制造维护工艺）是一个工艺（流程）细节规划和验证应用3D环境。结合生产制造规则将DPE产生的结构和图表转化为三维虚拟制造环境，以实际产品的3D（或DMU）模型，构造3D工艺过程，分析产品的可制性、可达性、可拆卸性和可维护性，实现3D产品数据与3D工艺数据的同步并行。DPM以DPE中规划的产品工艺流程、产品的三维数学模型、各种资源为基础进行数字化装配过程的仿真与验证。通过仿真与验证的结果来分析工艺规划的可行性，实现工艺规划的优化和改进。其主要模块有Delmia DPM Assembly（装配）、Delmia DPM Shop（3D工艺指令）、DelmiaCA×（各种CAD系统数据接口）、Delmia Cell Control（工位控制）等。

3）Resource Modeling and Simulation

Resource Modeling and Simulation（资源与仿真）是创建和实施与工艺规划和工艺细节规划应用相关的辅助工具。将人机工程、机器人、3D设备/工装/夹具、生产线等资源均定义并加入到DPE，DPM环境中，构建虚拟的生产环境，仿真工厂作业流程，分析一个完整数字工厂（车间/流水线）环境。其主要模块有Delmia Robotics（机器人仿真/操作分析）、Delmia Quest（工厂作业流程分析）、Delmia Human（人机工程仿真分析）、Delmia Inspect（零件检测分析）。

4）DPH Human

DPH Human（人工焊接仿真）Delmia V5人体模型解决方案，可提供一系列的人体仿真模拟和人性因素（HF）工具的体系结构，提供人员及其制造、安装、操作和维护的产品之间的关联。

Delmia人体模型解决方案，以两种程序包的形式出现：第一，Delmia人体基本行为解决方案，是一个入门级的人体仿真模拟解决方案。该产品程序包向用户提供一组有效的工具组合，可以创造和熟练操作精确的标准数字化人体模型，称之为"工人"。还可以在Delmia工艺模拟平台上，模拟作业行为，进而在制造和装配早期分析工人的生产过程。该解决方案程序包，以其他Delmia解决方案的插件形式进行配置。第二，Delmia完成人体模型建造解决方案，是一套高级的、全功能的人体模型建造解决方案。向用户提供全套Delmia人体模型建造技术的捷径，创造和熟练使用先进的、用户定义的数字化人体模型，称之为"工人"。在Delmia工艺模拟平台上，模拟作业行为，进而在制造和装配早期分析工人的生产过程。该解决方案程序包允许用户针对预期的目标人群，创建详细的自定义模型，明确地分析在虚拟环境中人体模型与目标间的相互作用方式，进而判断在新设计的环境中操作人员的舒适度和执行能力。

3. Delmia 在汽车白车身焊装领域的应用

Delmia 在汽车白车身焊装领域的应用主要体现在白车身焊装项目的前期工艺规划与仿真验证过程。白车身焊装项目的前期工艺规划主要完成焊装产品数据的集中管理、焊点管理、焊接资源的管理、产品工艺过程的分配、焊钳的初选与验证、焊装工厂的工艺规划、焊接工位的能力分析、工位产品装配仿真、产品与焊装资源的仿真、输出各种焊装工艺文档等工作。

1) EBOM 的输入

EBOM 是指焊装产品工艺分配明细表，通常各汽车主机厂提供的产品三维数据在文件格式上是有差异的，因此在通过宏脚本程序将其输入到 DPE 之前需要经过细致的产品整理过程。如果没有 Delmia E5，也可以在 Delmia V5 中以基于文件的形式创建车身产品的 EBOM，但这种管理形式要比 E5 松散、薄弱得多，E5 对产品的管理功能更强大、更系统、更规范。

2) 焊点文件的输入

焊装项目中有效的焊点管理无论对主机厂还是夹具供应商都是非常重要的。目前，大多数主机厂提供的点焊文件均不能直接被 Delmia 接受，都要通过宏程序或手工整理成 Delmia 的标准格式。

DPE 中通过宏来处理焊点列表的输入、焊点和零件的关联。用 DPE 能够处理诸如焊点的修改和编辑。这些功能在单纯的 V5 环境中是很难处理的。焊点数据的管理在 DPE 中是可行的。

如果只应用 Delmia V5 也要通过整理好的标准格式的 TXT 文件将焊点输入到 V5 中。标准的焊点文件要包含焊点标签、焊点数量、点焊归属的 Group、焊点的中心点坐标 X、Y、Z 坐标值以及 Y、P、R 角度值等内容。

3) 焊装线及焊接夹具的工艺规划

在 DPE 软件中要预先定义好相对完善、通用性强的焊装工艺规划模板，将产品 EBOM 导入到 DPE 后，利用焊装工艺规划模板进行实际的焊装工艺规划。规划过程中要同时将各种焊接资源和焊装厂房结构、工艺节拍、工装夹具布局、工艺物流、焊接设备等因素统一考虑，形成真实的焊装工艺流程，通过软件的分析功能对焊装生产线的生产能力进行平衡分析，并对产品的工艺分配、焊点分配、工位数量、人员分配、工装自动化程度等内容进行不断地优化。最后，将规划结果通过 PPR Hub 存入数据库中保存，同时可作为今后相近车型工艺规划的参考资料。在 DPM 中也可利用工艺规划模板完成相应的分析工作，但脱离了 E5 的数据库很难将最终的工艺规划结果系统保存，今后参考使用也非常不便。

4) 三维工艺规划的仿真验证

（1）产品在工位的装配顺序仿真。通过模拟产品零件在工装夹具上的装配顺序过程（包括产品上件与卸件过程）来发现产品分配工艺是否合理，零件上件顺序是否使其互相干涉，同时也要检验零件上件与卸件是否与夹具结构干涉。这会对进行焊装工艺分配起到很好的辅助作用。

（2）各个工位资源间相互匹配仿真。

（3）焊装工厂布局仿真。在三维环境下仿真出焊装线、工装夹具的真实布置，从而直观地分析出焊装线、焊接夹具与厂房的钢结构是否干涉，工装与夹具钢结构间的布置是否匹配，工位器具与工装的布局是否合理，焊钳的布置与夹具摆放是否恰当，操作人员是否方便进行工序内容操作等。对优化焊装工艺布局起到了积极作用。

（4）焊装线及夹具工位的时序分析及仿真验证。焊装工位的产品、焊点、人员、设备器具摆放等工艺内容确定后要进行工序的时序分析用以验证是否满足工艺节拍的要求。时序分析可在 DPM 中直接进行，也可通过宏程序输出到外部 Excel 软件中进行调整分析。时序分析对焊装工艺规划非常重要，很多规划内容需要参考时序分析结果进行优化。

（5）焊钳的仿真验证。焊钳与焊装夹具、工位产品之间的仿真验证对焊装设计非常重要。在 DPM 中通过 TSA（焊钳选择工具助手）工具条下的命令可方便地进行焊钳与焊装夹具、工位产品之间的干涉检查。通过仿真结果来优化焊钳形式、焊接姿态、焊钳焊接路径等内容，从而优化工装设计质量。

（6）人机工程仿真。将定义好的三维人体模型放入工位环境中进行动态仿真，包括仿真操作者从取零件到将零件放入夹具中的过程、仿真操作者操作焊钳的姿态及可达性、仿真操作者操作高度是否与夹具匹配等。在焊装夹具制造出来前就进行生产现场操作状态模拟，可最大限度地满足实际生产需要，避免设计失误给操作者带来不便。

（7）机器人焊接装配过程仿真。Delmia 软件 Robot Task Definition 模块中的 Robot Management 工具条下的命令可方便地进行机器人的焊接仿真。通过直接仿真机器人的焊接动作与顺序，从而确定机器人的放置位置是否合适，机器人焊钳与产品、夹具是否干涉，焊接路径、焊接动作时间等众多内容。通过离线编程模块，可将仿真结果输出供焊装调试现场示校机器人时使用。这对验证机器人选型、焊钳选型的正确性，优化焊接路径，提高现场调试速度和质量尤为重要。

（8）机构运动仿真。Delmia 中 Device Building 模块可非常方便地实现焊装夹具的机构运动模拟。通过运动仿真模拟可及时发现机构及零部件之间的干涉情况，并能直观再现实际生产过程中焊接夹的运动状态，为焊接工装的制造、安装、调试带来益处。

（9）三维数字化工厂的建立。将利用 Delmia 软件规划的工艺结果及准备的各种资源进行有效组合后，利用 Plant Layout 模块即可创建出焊装三维数字化工厂。通过虚拟现实设备真实的再现焊装工厂的三维立体工艺规划全貌，这是以往二维规划所无法体现的，充分表现了三维焊装工艺规划的强大优势。

思考题

1. 简要叙述一下数字化工厂的一般特征。
2. 数字化工厂的运作模式包括哪几个方面？
3. 数字化工厂的技术性指标有哪几个？
4. 车间布局的原则以及影响车间布局的主要因素有哪些？
5. 简要概述一下数字化工厂的关键技术。
6. 数字化总装规划与验证有哪些具体内容？
7. 数字化装配技术的过程是什么？分析一下两种数字化装配方式的特点。
8. 数字化装配工艺的关键技术是什么？
9. 简要概述一下数字化装配系统的各模块的功能。

10. 如何进行数字化装配的干涉检验？
11. 影响装配性的因素及评价方法是什么？
12. 叙述一下数字化质量管理的运行模式。
13. 数字化质量管理的功能有哪些？
14. 概述数字化质量管理是如何采集质量数据的？
15. 数字化质量检测技术遵循的原则有哪些？
16. 与传统的工艺规划系统相比，数字化工艺规划系统有哪些优点？
17. 概述一下数字化数控加工技术的工作过程。
18. 数控加工技术有什么特点？
19. 举例说明数字化工厂技术在汽车行业的应用，并简要说明一下与传统的生产相比有什么优势。
20. 数字化工厂的软件技术有哪些？你掌握的有哪些？

参 考 文 献

[1] 崔胜民，姜立标，倪强. 6×6越野车前独立悬架的参数化设计［J］. 现代制造工程，2007.
[2] 王玉新. 数字化设计［M］. 北京：机械工业出版社，2003.
[3] JIANG L B. *Electroniclly Controlled Air Suspension Load Leveling System Based on Co-simulation between MATLAB and ADAMS/CAR*［J］. *First International Conference on Engineering Science and Mechanics Computational Methods*. CMESM 2006，100-103.
[4] 杨海成. 数字化设计制造技术基础［M］. 西安：西北工业大学出版社，2007.
[5] 苏春. 数字化设计与制造［M］. 北京：机械工业出版社，2006.
[6] 杨平，廖永波. 数字化设计制造技术概论［M］. 北京：国防工业出版社，2005.
[7] 阎楚良，杨方飞. 机械数字化设计新技术［M］. 北京：机械工业出版社，2007.
[8] 张明生. 中国汽车工业企业由大至强的几个问题［J］. 上海汽车集团股份有限公司技术中心，技术经济，2009.
[9] 王大川，刘惊涛. 数字化设计技术在汽车新产品开发中的应用［A］. 重庆长安汽车股份有限公司汽车工程研究院，2005年中国科协学术年会论文集，250-259.
[10] 潘振华，童荣辉. 基于KBE的白车身工艺及生产线规划系统设计［J］. 同济大学设计研究.
[11] 杨德一，张小莉，郭钢. 基于知识工程的产品开发系统［J］. 制造技术与机床，2004（2）.
[12] 隋如彬，钟桂娟. 大规模定制的内涵及其实现［J］. 哈尔滨商业大学物流学院，物流科技，2008，5.
[13] 周祖德，盛步云. 数字化协同与网络交互技术［M］. 北京：科学出版社，2005.
[14] 胡庆夕，俞涛，方明轮. 并行工程原理及应用［M］. 上海：上海大学出版社，2001.
[15] 史南达，鲍务均. 工程数据库在机械设计中的应用［J］. 重型机械科技，2005，1.
[16] 张慧芹，吴清烈. 浅析大规模定制模式基本运作过程［J］. 价值工程，2009，2.
[17] JIANG L B, WANG W. X D *Self-adaptive fuzzy neural network control for automotive semi-active air suspension*［J］. *Harbin Gongye Daxue Xuebao*，2005，12.
[18] 王国权. 虚拟实验技术［M］. 北京：电子工业出版社，2004.
[19] 周祖德，陈幼平. 虚拟现实与虚拟制造［M］. 武汉：湖北科学技术出版社，2005.
[20] 吴启迪. 系统仿真与虚拟现实［M］. 北京：化学工业出版社，2002.
[21] Ron Wodask. *Virtual Reality Madness*［M］. SAMS Publishing，1996.
[22] 熊光楞等. 协同与虚拟样机技术［M］. 北京：清华大学出版社，2004.
[23] 姜立标，倪强. 基于ADAMS/View的6×6越野车前独立悬架的参数化设计与分析［J］. 北京航空航天大学学报，2008，34（2）.
[24] 姜立标，谢东. *Development of full truck template in ADAMS/Car*［J］. *Journal of Harbin Institute of Technology*，2006（2）.
[25] JIANG L B, W D F, HAN Z Y. *Actualization of CAN-BUS on data acquisition of commercial vehicle*［J］. *Harbin Gongye Daxue Xuebao*，2007，39（3）：489-491，2007.
[26] 王恒霖，曹建国. 仿真系统的设计与应用［M］. 北京：科学出版社，2003.
[27] JIANG L B, W D. *Simulation and analysis of a truck Model's ride comfort based on fuzzy adaptive control theory*［J］. *Journal of Harbin Institute of Technology*，Journal of Harbin

Institute of Technology (New Series), 14 (2) 33 - 35.

[28] 谢强,陈思忠. 汽车虚拟试验场(VPG)技术 [A]. 北京理工大学学术论坛,2003.

[29] 高利,迟毅林. 虚拟产品开发中的虚拟样机技术和数字样机技术 [J]. 机械研究与应用,2005,10.

[30] 方杰,吴光强. 汽车虚拟试验场中整车的建模技术与要点 [J]. 湖北汽车工业学院学报,2005,19 (4).

[31] 陈勇. 计算机仿真5种方法在汽车工程中的应用 [J]. 辽宁工业大学科技导报,2007,25 (17).

[32] JIANG LiBiAC. *Research of a truck's ride comfort based on fuzzy adaptative control theory* [D]. PDMS2007(*International Conference on Product Design and Manufacturing Systems*),2007,10.

[33] Goto Hiroyuki, Shibaya Takao. *Handling and Stability Analysis System Using ADAMS/Car* [J]. *Suzuki Tech Rev.* 2002.

[34] 杨子发. 轿车操纵稳定性的虚拟样机分析与试验研究 [D]. 长春:吉林大学,2006.

[35] 李白娜. 汽车操纵稳定性的仿真分析研究 [D]. 武汉:华中科技大学,2006.

[36] 伊鸿慧. 基于虚拟样机技术的整车操纵稳定性建模与试验研究 [D]. 杭州:浙江大学,2006.

[37] 黄伟. 越野车操纵稳定性和平顺性仿真及应用研究 [D]. 合肥:合肥工业大学,2007.

[38] 张建辉. 基于ADAMS的汽车操纵稳定性研究 [D]. 西安:长安大学,2008.

[39] 潘筱. 汽车前悬架运动学及整车操纵稳定性仿真 [D]. 郑州:郑州大学,2006.

[40] 于海峰. 基于ADAMS/Car的悬架系统对操纵稳定性影响的仿真试验研究 [D]. 大连:大连理工大学,2007.

[41] 赵秋芳. 基于ADAMS的汽车操纵稳定性仿真试验初步研究 [D]. 大连:大连理工大学,2006.

[42] 覃文洁,廖日东. 运用ADAMS进行发动机曲轴系的动力学分析 [J]. 江苏理工大学学报,2009(2).

[43] 郑振森. 基于ADAMS的汽车行驶平顺性初步研究 [D]. 大连:大连理工大学,2007.

[44] 黄承修. 基于虚拟样机技术的汽车行驶平顺性仿真研究 [D]. 杭州:浙江大学,2006.

[45] SAYERS M W. *A Generic Multi-body Vehicel Model for Simulation Handling and Braking*. *Vehicle System Dynamics* [D]. 1996.

[46] Orlandea N. M. A. Chace. *Simulation of a Vehicle Suspension with the Adams Computer Program* [D]. SAE770053.

[47] 陈军. MSC. ADAMS技术与工程分析实例 [M]. 北京:中国水利水电出版社,2008.

[48] 王运赣. 快速模具制造与其应用 [M]. 武汉:华中科技大学出版社,2003.

[49] 刘光富,李爱平. 快速成形与快速制模技术 [M]. 上海:同济大学出版社,2004.

[50] 莫健华. 快速成形及快速制模 [M]. 北京:电子工业出版社,2006.

[51] 王广春,赵国群. 快速成形与快速模具制造技术及其应用 [M]. 北京:机械工业出版社,2003.

[52] 王广春. 快速原型技术及其应用 [M]. 北京:化学工业出版社,2006,

[53] 张欣宇. 基于逆向工程的汽车外形设计方法的应用研究 [D]. 武汉:武汉理工大学,2008.

[54] 解科峰. 逆向工程技术的相关理论及工程应用研究 [D]. 合肥:合肥工业大学,2007.

[55] 赵勇,廖延彪,赖淑蓉. 复杂轮廓表面激光检测及三维重构技术的研究 [J]. 光学技术,2002(3):172 - 173.

[56] 曹金学. 虚拟制造技术在生产线规划中的应用研究 [D]. 扬州：扬州大学，2006.
[57] 段明德，马伟，李济顺. 反求工程中实物表面的数字化技术 [J]. 矿山机械，2004：73-75.
[58] 齐从谦，陈亚洲，甘屹. 反求工程中复杂曲面数字化重构关键技术的研究 [J]. 机械工程学报，2003，39(4)：131-135.
[59] 柯映林. 逆向工程 CAD 系统和技术 [J]. 快速制造技术，2000 (1)：11-14.
[60] 张庆才. 整车设计流程与开发 [J]. 轿车情报，2007(3)：108-113.
[61] 靳春梅，樊灵. CAE 模拟分析在汽车数字化开发中的应用及展望 [J]. 上海汽车，2008，12：14-15，20.
[62] 陈益涵. 机械系统数字化转配仿真研究 [D]. 武汉：武汉理工大学，2008.
[63] 马健萍，周新建. 基于 Delmia/QUEST 的数字化装配线仿真应用 [J]. 华东交通大学学报，2006，23(2).
[64] 田蕴，张慧. 基于 Top-down 数字化装配模式的产品设计 [J]. 机械设计与制作，2005(4).
[65] 徐荣璋. 数字化工厂中的产品虚拟制造 [J]. 模具技术，2003.
[66] 周新建，潘磊. 基于数字化工厂的虚拟制造技术 [J]. 机械设计与制造，2006(7).
[67] 杨拴强，张文建. 基于虚拟现实环境下的转配技术的探讨 [J]. 重型机械科技，2006(2).
[68] 姚伟. 数字化生产车间的布局及优化研究 [D]. 西安：西安电子科技大学，2009.
[69] 肖菊. 数字化生产线性能评估系统研究 [D]. 西安：西安电子科技大学，2009.
[70] 侯健. 面向数字化装配的转配仿真系统开发 [D]. 南京：南京理工大学，2006.
[71] 袁双喜. 数字化工厂中的单元分析与仿真 [D]. 上海：同济大学，2008.
[72] 王金庆. 数字化工厂及其关键技术研究 [D]. 南京：南京航空航天大学，2001.
[73] 高洁，张浩. 数字化工厂软件系统的设计与关键技术研究 [J]. 制造业自动化，2004，26(9).
[74] 沈琦萍. 数字化装配序列规划系统的研究与开发 [D]. 南京：南京理工大学，2006.
[75] 薛文涛. 数字化装配建模技术研究 [D]. 南京：南京理工大学，2004.
[76] 孙威，张浩. 数字化工厂技术在生产线规划中的应用 [J]. 计算机辅助工厂，2005，14(3).
[77] 樊留群，王晨晴. 数字化工厂技术在发动机缸盖工艺规划中的应用 [J]. 中国制造业信息化，2009，38(11).
[78] 贾晨辉，张浩. 数字工艺规划验证研究及在轿车总装中的应用 [J]. 系统仿真学报，2006，18(10).
[79] 戴国洪，李长春. 面向装配序列规划的装配建模研究 [J]. 机械设计，2005，22(2).
[80] 卢继平，何永熹. 虚拟制造技术与数字化工厂 [J]. 航天工艺，1999(5).
[81] 张根保. 质量管理新进展：数字化质量管理系统 [J]. 专家论坛，2004(4).